GODS LEVENDE WOORD

© Copyright 2009, DPM Nederland
Gods levende Woord (bijbels dagboek)
© Int. Copyright 2008, Derek Prince Ministries International
Declaring God's Word

Tweede herziene druk, 2013

Vertaling: Theo Veldhuis
Bewerking: Ivar van der Sterre
Vormgeving: Rebekka Fokkema - de Vries,
First Concept Communications

Voor tekstcitaten is in het algemeen gebruik gemaakt van de Herziene
Statenvertaling. Soms zijn echter andere vertalingen gebruikt, omdat daarin
de uitleg door de auteur duidelijker naar voren kwam:

NBG = vertaling Nederlands Bijbelgenootschap 1951
NBV = Nieuwe Bijbelvertaling 2004
WV = Willibrord Vertaling 1995
GNB = Groot Nieuws Bijbel
SV = Statenvertaling 1637

NASB = New American Standard Bible (letterlijk vertaald)
NKJV = New King James Version (letterlijk vertaald)
NIV = New International Version (letterlijk vertaald)

ISBN: 978-1-78263-074-6

Contactadres: DPM Nederland
                Postbus 326
                7100 AH Winterswijk
                0251-255044
                www.derekprince.nl
                info@dpmnederland.nl

Derek Prince

GODS LEVENDE WOORD

BIJBELS DAGBOEK

De gelovigen overwonnen satan door het bloed van Jezus Christus,
en zij getuigden van wat het Woord van God zegt
dat Jezus' bloed voor ons doet.

(Derek Prince' parafrase van Openbaring 12:11)

Voorwoord bij de tweede, herziene druk

Gods levende Woord... een prachtige titel voor een prachtig Bijbels dagboek systematisch de rijkdom van Gods Woord voor je ontvouwt. Dit boek, volledig samengesteld uit het Bijbelonderwijs van Derek Prince en het is opgedeeld in doorlopende weekthema's, zodat Derek Prince – die een Bijbelleraar was bij uitstek – je gedurende een jaar stap voor stap meeneemt in vele Bijbelse principes, die je helpen groeien in geloof en discipelschap.

Als je alle weekthema's hebt doorlopen, zul je merken dat dit dagboek werkelijk de rijkdom en kracht van Gods levende Woord diep in je leven laat doorwerken! De kracht van herhaling - kenmerkend voor de 'leraar' Derek Prince – gecombineerd met praktische toepassing door proclamatie, zorgt dat allerlei principes diep doordringen in je denken, b.v. over Gods Vaderschap, de werking van Gods Geest, genade of wet, geestelijke strijd, en nog veel meer.

Havermout
Eveneens kenmerkend voor Derek Prince' Bijbelonderwijs, is zijn grote nadruk op de kracht van Jezus' bloed en zijn plaatsvervangende offer aan het Kruis. Dit thema wordt dan ook diepgaand uitgewerkt in de eerste weken. Dat is – eerlijk is eerlijk – voor sommigen even doorbijten. Geen ontbijtje van lichte cornflakes, maar stevige havermout... Na enige tijd ontdek je echter dat in havermout veel meer gezonde bouwstoffen zitten dan in licht verteerbare, hapklare ontbijtjes. En je raakt onder de indruk van de levenskracht die Gods Woord je iedere dag geeft!

In de loop van het jaar komen ook vele praktische onderwerpen voorbij die in het leven van elke discipel van Jezus een rol spelen, zoals genezing (naar geest, ziel en lichaam), de noodzaak van vergeven, omgaan met financiën, gehoorzaamheid, de keus voor zegen of vloek, Gods stem verstaan, zorg voor je lichaam, etc. etc.

Laten wij...
Ongeveer vanaf oktober neemt Derek je mee door 12 zogenaamde 'Laten wij-stellingen' uit Hebreeën, die zeer vormend zijn voor je karakter.

Thema's als de vreze des Heren, een offer van lofprijs, levensheiliging en het binnenkomen in Gods tegenwoordigheid, dagen je uit om je leven met de Heer serieus te nemen en doen je liefde voor zijn Woord groeien.

Derek Prince was een man van gebed en proclamatie. Bovendien was hij erg praktisch en bood zijn hoorders of lezers altijd de gelegenheid om concreet te reageren op de boodschap van Gods Woord. Daarom hebben we de les van iedere dag samengevat in een kort voorbeeldgebed, dat cursief staat afgedrukt onderaan elke overdenking. Als je deze gebeden hardop bidt, denk dan eens aan de extra dimensie die aan je persoonlijke gebed wordt toegevoegd, door het feit dat duizenden anderen wereldwijd ditzelfde gebed rond dit thema vandaag met je meebidden en proclameren!

HULP VOOR NASLAG
Als hulp voor naslag hebben we de verschillende weekthema's achterin dit boek voor je in een schema gezet, zodat je een bepaald onderwerp later makkelijk kunt terugvinden. Ook staat bij sommige overdenkingen onderaan de titel van een boek, dvd of ander materiaal dat wij aanbevelen voor meer studie over het thema van die dag. Ik bid dat Gods levende Woord voor jou een dagelijkse bron wordt van geestelijke kracht en groei zal zijn.

Ivar van der Sterre

DPM Nederland

WEEK 1

DOOR HET BLOED VAN JEZUS BEN IK VERLOST UIT DE HANDEN VAN DE DUIVEL.

Laten zo spreken wie de Heer bevrijd heeft

uit de hand van de vijand.

PSALM 107:2

1 JANUARI

WARE GELOVIGEN

Ons spreken bepaalt de richting van ons leven. Daarom beginnen we deze eerste periode van het nieuwe jaar met een Bijbeltekst die ons aanmoedigt om te spreken. En wat moeten we dan spreken? Dit Bijbelvers gaat over het fundament van ons geloof: de verlossing door het bloed van Jezus. In de komende tijd zullen we kijken naar alles wat het bloed van Jezus voor ons als gelovigen doet. In Efeze 1:7 staat: *In Hem hebben wij de verlossing, door Zijn bloed, namelijk de vergeving van de misdaden, overeenkomstig de rijkdom van Zijn genade...*

Merk op dat we, als we deze zegeningen willen ontvangen, eerst 'in Hem' - dus in Christus - moeten zijn. We moeten ware gelovigen van Christus zijn. Als we in Christus zijn, ontvangen we als eerste de verlossing door Zijn bloed.

Verlossing betekent 'terugkopen' of 'een losprijs betalen'. Vroeger waren we in handen van de duivel en waren we zijn eigendom - overgeleverd aan zijn beschikking. Maar Jezus betaalde de losprijs - Zijn bloed aan het kruis - om ons terug te kopen.

—

Dank U Heer voor het bloed van Jezus. Ik proclameer dat ik door Zijn bloed verlost ben - teruggekocht - en een ware gelovige in Christus. Door het bloed van Jezus ben ik verlost uit de handen van de duivel. Amen.

Bron:Spiritual Conflict Series, vol. 3; God's people triumphant/ Spiritual weapons - the blood, the Word, our testimony (CD)

2 JANUARI

ZONDELOOS LAM

Door Jezus' bloed zijn we verlost, vrijgekocht, van ons oude, slechte leven zonder God, en van de gewoonten die daarbij hoorden. Verlost uit de greep van satan en van de veroordeling die de zonde brengt. Zoveel christenen lopen – ondanks hun redding – toch nog onder een juk van schuld door de zonde. Maar Romeinen 8:1 leert ons dat dit niet hoeft: Dus wie in Christus Jezus zijn, worden niet meer veroordeeld. De wet van de Geest die in Chistus Jezus leven brengt, heeft u bevrijd van de wet van de zonde en de dood. Ook hoeven we door Jezus niet langer open te staan voor de aanvallen van de grote verslinder en verwoester die ons steeds weer verleidt tot zonde, want Hij heeft ons teruggekocht uit het invloedsgebied van satan – bevrijd van de wet van de zonde en de dood. Maar hoe heeft Hij ons teruggekocht? *U weet toch dat u niet met vergankelijke dingen, zilver of goud, verlost bent van uw zinloze levenswandel die u door de vaderen overgeleverd is, maar met het kostbaar bloed van Christus als van een smetteloos en onbevlekt Lam.* (1 Petrus 1: 18,19) We zijn verlost door het kostbare bloed van Jezus Christus. Jezus was zonder vlek, zonder erfzonde, zonder rimpel, zonder persoonlijke zonde. Hij was het zondeloze Lam van God, dat de zonden van de wereld heeft weggenomen. Het is door Zijn bloed dat wij zijn verlost. Geen andere prijs was hoog genoeg om onze verlossing te kopen, maar Jezus gaf Zijn leven, om ons terug te brengen in het volle leven van God!

—

Dank U Heer, voor het bloed van Jezus. Ik proclameer dat Jezus, het zondeloze Lam van God, mijn zonden heeft weggenomen. Door het bloed van Jezus ben ik verlost uit de handen van de duivel.

Bron: Spiritual Conflict Series, vol. 3; God's people triumphant/ Spiritual weapons – the blood, the Word, our testimony (CD)

3 JANUARI

DE GROTE OVERGANG

Laten zo spreken wie de Heer bevrijd heeft uit de hand van de vijand. (Psalm 107:2) Sommige mensen weten misschien dat de Heer hen heeft verlost uit de handen van de duivel; anderen lijken dat niet te weten, of althans, dat blijkt niet of nauwelijks uit de woorden die ze spreken. Ze spreken negatief over zichzelf, zelfveroordeling, schuld… Het klinkt alsof ze zich niet bewust zijn dat de Redder hen heeft bevrijd. Zelf ben ik er net als zij diep van doordrongen hoe mijn hart en mijn leven eruit zien zonder Jezus – maar dat was hoe ik eraan toe was voordat Jezus in mijn leven kwam. Geloof me, ik weet wat het is om in handen van de duivel te zijn – en daar wil ik nooit meer terechtkomen. Door wat de Bijbel zegt, weet ik ook dat het bloed van Jezus ervoor zorgde dat ik uit de handen van de duivel ben verlost, en in handen ben gekomen van de Goede Herder. Jezus zei over de gelovigen: Ik geef hun het eeuwige leven; en zij zullen beslist niet verloren gaan in eeuwigheid en niemand zal ze uit mijn hand rukken (Johannes 10:28). Dat was de grote overgang – de duivel moest mij loslaten en me laten overgaan in de handen van God. Merk echter wel op dat deze overgang alleen maar effectief is en ons voordeel oplevert, als we één ding doen, namelijk 'zo spreken...'. Laten zo spreken wie de Heer bevrijd heeft uit de hand van de vijand. Als je verlost bent, spreek dat dan uit: „Ik weet: Hij heeft mij gered!" Als je het niet uitspreekt, is je verlossing niet effectief. Het is door het woord van je getuigenis dat Jezus' bloed effectief wordt.

—

Dank U Heer, voor het bloed van Jezus. Ik verklaar dat ik door Zijn bloed ben overgegaan uit de hand van de vijand in de hand van de Heer. Alle schuld, veroordeling en negativiteit die hoorden bij mijn leven onder invloed van de vijand, heb ik achtergelaten. Door het bloed van Jezus ben ik verlost uit de handen van de duivel. Amen.

Bron: Spiritual conflict series. Vol.3; God's people triumphant/ Spriritual weapons- the blood, the Word, our testimony (CD)

4 JANUARI

DE BESCHERMING VAN DE ALMACHTIGE

Psalm 91 is door sommigen wel eens de Psalm van het atoomtijdperk genoemd. Dit lied van David spreekt over een volmaakte bescherming tegen elke vorm van kwaad, gevaar en pijn – hoe het ook komt, op wat voor manier en op welk tijdstip dan ook. Laten we de eerste twee verzen van deze bekende psalm eens bekijken: *Wie in de schuilplaats van de Allerhoogste is gezeten, overnacht in de schaduw van de Almachtige* (vers 1). Het woord 'overnachten' wordt vaak vertaald met 'verblijven', maar is hier vanuit het Hebreeuws heel correct vertaald: dit woord wordt meestal gebruikt om het doorbrengen van de nacht aan te duiden. Zo vertelt dit vers ons dus dat de ware gelovigen tijdens enorme duisternis, de nachtmerries die het leven soms kan brengen, toch onder de schaduw of de bescherming van de Almachtige verblijven. Er staat niet dat gelovigen niet door moeilijkheden en perioden van duisternis heen zullen moeten – er staat dat we in die perioden schuilplaats en bescherming kunnen vinden bij de Almachtige. Vers 2 vervolgt met de woorden: *Ik zeg tegen de HEERE: mijn toevlucht en mijn burcht, mijn God, op wie ik vertrouw.* Hier zien we de toegangspoort, de entree tot de volmaakte bescherming die in de rest van deze psalm wordt geopenbaard. Wat is die poort? Het is jouw getuigenis: *Ik zeg tegen de Heere...* Gisteren zagen we al het enorme belang van onze belijdenis – toen in verband met onze redding en het vrij komen van schuld en aanvallen van de boze. Vandaag, in verband met het schuilen bij God, is het recept hetzelfde: je moet het uitspreken. Doe je dat wel eens? Spreek je wel eens uit naar God: „Heer, U bent mijn toevlucht en mijn burcht! U bent mijn kracht en ik vertrouw op U!" Als je niets zegt, dan ontvang je ook niets. Het vraagt moed om alles wat volgt in Psalm 91 uit te spreken. Maar alleen zij die dit doen, hebben het Bijbelse recht om te leven in de bescherming van de Almachtige, zelfs als het duister en moeilijk is om je heen. Het is het woord van ons getuigenis dat de beloften van Gods Woord effectief maakt.

—

Dank U Heer, voor het bloed van Jezus. Ik verklaar dat ik door Zijn bloed leef onder de bescherming van de almachtige God. U bent mijn schuilplaats Heer, U vult mijn hart steeds weer met een verlossingslied! Bij U ben ik veilig. Amen.

Bron: Spiritual Conflict Series, vol. 3; God's people triumphant/ Spiritual weapons – the blood, the Word, our testimony (CD)

5 JANUARI

GEKOCHT EN BETAALD

Het woord 'verlossing' betekent 'terugkopen'. Wij waren slaven, op satans slavenmarkt tentoongesteld om verkocht te worden aan wrede, overheersende meesters. De apostel Paulus schreef: *Ik ben vleselijk, verkocht onder de zonde* (Romeinen 7:14). In de Romeinse cultuur van zijn tijd stond een slaaf te koop op een blok, met een speer boven zijn hoofd die op de slaaf was gericht. Als iemand jou op die manier zag staan, wist hij dat jij als slaaf werd verkocht.

Als we dit beeld toepassen op Paulus' uitspraak, dan zegt hij dus eigenlijk: „Mijn zonde is de speer boven mijn hoofd, waardoor ik ben gekenmerkt als slaaf die te koop staat op de slavenmarkt." En dit geldt voor ons allemaal; precies zoals Paulus waren we slaven, te koop en tot beschikking van iedere wrede heerser, vanwege onze zonden.

Maar op een dag wandelde Jezus over de slavenmarkt, zag jou en mij en vele anderen en zei: „Ik koop ze." Wat was de prijs? Zijn eigen bloed. Daardoor werden we vrijgekocht uit het rijk van satan en werden we Gods koninkrijk binnengebracht.

Een slaaf heeft geen keuze welk soort werk hij voor zijn meester zal gaan doen. Sommige slaven moeten koken, andere worden gedwongen tot prostitutie – dat is de keuze van de meester. Ook dat was onze situatie. Sommigen van ons waren misschien heel fatsoenlijke, respectabele slaven, maar we waren geen haar beter dan hen die smerige taken moesten vervullen. Veracht nooit prostituees of alcoholisten, want het was de keuze van hun wrede meester, die hen heeft gemaakt tot wat ze zijn – en jij en ik waren net zo zeer slaaf van de zonde. Satan besloot wat deze mensen zouden zijn, maar Jezus' bloed verbrak satans grip op hun leven en zette hen vrij van alle vernietigende plannen van de duivel.

—

Dank U Heer dat U mij in Uw liefde heeft vrijgekocht. Ik proclameer dat ik uit satans koninkrijk ben teruggekocht en overgebracht in Gods koninkrijk – met zoveel anderen. Door het bloed van Jezus ben ik verlost uit de handen van de duivel. Amen.

Bron: The good news of the kingdom, vol. 1; The kingdom for all (CD)

6 JANUARI

DUBBEL VAN HEM

Ooit vertelde ik aan een groep Polynesische Maori's een gelijkenis. Dit zijn geweldige houtsnijwerkers, en daarom gebruikte ik dit verhaal om te illustreren welke prijs Jezus betaalde om ons vrij te kopen van onze zonden.

Er was eens een jongen die een prachtige, kleine houten zeilboot sneed. Op een dag nam hij het bootje mee naar de oceaan om ermee te zeilen, maar de wind draaide en nam zijn bootje mee de zee op. Omdat hij het niet meer te pakken kon krijgen, ging hij zonder bootje verdrietig terug naar huis. Tijdens de volgende vloed kwam het bootje weer terug, en werd gevonden door een man die langs het strand liep. Hij bekeek het bootje en zag dat het prachtig was gemaakt, dus verkocht hij het aan een handelaar die het schoonmaakte en het in zijn etalage te koop zette. Een tijdje later kwam de jongen langs de winkel en zag zijn bootje staan. Hij zag meteen dat het zijn bootje was, maar kon dat natuurlijk niet bewijzen. Als hij het terug wilde, zou hij het dus moeten kopen. De jongen ging aan het werk om het benodigde geld te verdienen door auto's te wassen, gras te maaien, etc. Toen hij eindelijk het geld bij elkaar had, ging hij naar de winkel en kocht zijn bootje terug. Hij pakte het bootje vast, hield het tegen zijn borst en zei: „Je bent nu van mij. Ik heb je gemaakt en gekocht."

Zie jezelf als dat bootje. Misschien voel je je nergens toe in staat en voel je je waardeloos; misschien vraag je je af of God het wel met je ziet zitten. Maar de Heer zegt tegen jou: „Jij bent dubbel van Mij – allereerst heb Ik je gemaakt en ook al was je op drift geraakt en vies geworden, daarna heb ik je ook nog gevonden en teruggekocht; je bent helemaal van Mij."

—

Dank U Heer voor het bloed van Jezus. Ik proclameer dat de Heer mij heeft gemaakt en gekocht, en dat ik volledig van Hem ben. Door het bloed van Jezus ben ik verlost uit de handen van de duivel. Amen.

Bron: The good news of the kingdom, vol. 1; The kingdom for all nations (CD)

7 JANUARI

UIT HET ENE KONINKRIJK NAAR HET ANDERE

De Heer heeft ons verlost, zodat we niet langer in de hand van de vijand zijn, maar in de handen van de Heer. *Daarbij danken wij de Vader, die ons bekwaam gemaakt heeft om deel te hebben aan de erfenis van de heiligen in het licht. Hij heeft ons getrokken uit de macht van de duisternis en overgezet in het Koninkrijk van de Zoon van Zijn liefde* (Kolossenzen 1:12,13).

Het is een onomstotelijk feit dat God ons heeft bevrijd uit de macht van de duisternis – satans koninkrijk – en ons heeft overgebracht in het koninkrijk van Christus, 'de Zoon van Zijn liefde'. Daarmee zijn we verlost en zijn onze zonden vergeven. We bevinden ons niet langer in satans territorium - en dus zijn we ook niet meer onder zijn autoriteit. De ongelovigen die Christus afwijzen, opstandig zijn en Hem niet gehoorzamen, staan onder satans wettige gezag, maar wij, gelovigen in Jezus, niet.

Het is een absolute en heerlijke waarheid dat als we ons hebben bekeerd en overgegeven aan Jezus Christus, als we Hem de Heer van ons leven hebben gemaakt, dat we overgebracht worden – met ziel, geest en lichaam – van satans koninkrijk naar het koninkrijk van Christus. Dit zijn feitelijke waarheden in de onzichtbare werkelijkheid waar God woont. En we geloven deze feiten, omdat we niet langer leven vanuit ons gevoel, maar vanuit de geestelijke waarheid over ons leven. Dus als ons gevoel ons wil doen twijfelen of we wel zijn overgebracht naar het Koninkrijk van Zijn liefde, dan bedekken we ons met het schild van geloof. Het schild van geloof bedekt ieder gebied van ons leven, ook ons gevoel. Geen vurige pijl hoeft er ooit doorheen te komen met aanklacht, beschuldiging, angst, of de ontkenning dat we bij het Koninkrijk van Jezus horen (zie Efeze 6:16).

—

Heer, dank U voor het bloed van Jezus. Ik proclameer dat ik door Zijn bloed ben bevrijd uit de duisternis en overgezet ben in het koninkrijk van de Zoon van Gods liefde. Door het bloed van Jezus ben ik verlost uit de handen van de duivel. Amen.

Bron: The good news of the Kingdom, vol.1: The Kingdom for all nations (CD)
Meer studie: Geestelijke strijd (boek)

WEEK 2

Ik getuig tegen satan persoonlijk
wat de Bijbel zegt dat het bloed van Jezus
voor mij doet.

En zij hebben hem overwonnen door het bloed van het Lam
en door het woord van hun getuigenis,
en zij hebben hun leven niet liefgehad tot in de dood .

Openbaring 12:11

8 JANUARI

HET WOORD KENNEN

Ook deze week blijven we ons richten op de fundamentele geloofswaarheden, die de basis vormen van ons dagelijkse leven met God. Het is heel belangrijk dat Jezus' offer aan het kruis en de enorme kracht van Zijn bloed diep in ons hele wezen worden geworteld. Vanuit de Bijbel heeft God mij laten zien hoe we satan kunnen overwinnen. De meeste christenen weten dat we hem moeten overwinnen door het bloed van het Lam en het woord van ons getuigenis (Openbaring 12:11). Vele christenen die ik ben tegengekomen passen dit toe door de kracht van Jezus' bloed in het algemeen te belijden: ,,Dank U Heer, voor de kracht van Uw bloed...". Maar ze houden deze belijdenis algemeen en maken dit pleiten verder niet concreet. En hoewel ik de waarde van deze vorm van pleiten zeker niet tekort wil doen, reik ik je een principe dat ik heb ervaren als veel praktischer en doelgerichter.

Hoe kunnen we satan overwinnen door het bloed van het Lam en het woord van ons getuigenis? Drie elementen zijn ervoor nodig:

1. het bloed;
2. het Woord van God;
3. ons getuigenis.

Volgens mij is de meest efficiënte toepassing van Openbaring 12:11 dat we persoonlijk getuigen wat Gods Woord zegt dat het bloed van Jezus voor ons doet. Om dit heel concreet te kunnen doen, moeten we precies weten wat Gods Woord hierover zegt. In de komende weken gaan we vanuit de Bijbel allerlei aspecten ontdekken van de concrete werking van het bloed van Jezus, zodat we deze waarheden kunnen belijden over ons leven en zo de kracht van de tegenstander teniet doen.

—

Dank U Heer, voor het bloed van Jezus. Op basis van wat Gods Woord hierover zegt, proclameer ik dat ik satan heb overwonnen door te getuigen van wat het bloed van Jezus voor mij heeft gedaan. Ik getuig tegen satan persoonlijk over wat de Bijbel zegt dat Jezus' bloed voor mij doet. Amen.

Bron: The fullness of the cross, vol.4: The sevenfold power of the blood (CD), The Roman Pilgrimage, vol.1: Romans 1:1-1:17 (CD/DVD)

9 JANUARI

HET BLOED TOEPASSEN

Vandaag maken we een begin met onze zoektocht naar wat Jezus' bloed allemaal precies voor ons bewerkt. Vervolgens moeten we het bloed opnemen en in ons leven brengen. Er is een oudtestamentische parallel die het toepassen van het bloed van Jezus duidelijk maakt, namelijk de ceremonie van het Pesachfeest, waarin Gods voorziening lag besloten van bevrijding en uitredding voor het volk Israël (zie Exodus 12:21-27). De vader van elk gezin moest een lammetje slachten (het offer) en het bloed opvangen in een schaal. Dit laat trouwens ook de enorme verantwoordelijkheid zien die vaders hebben als priester in hun gezin.

Het bloed op zichzelf kon echter, zolang het in de schaal was, geen enkele Israëlitische familie beschermen. Het moest eerst worden aangebracht op de deurposten van de woning van het gezin. En het bloed mocht alleen aangebracht worden met hysop, een veel voorkomend plantje in het Midden Oosten, dat verwant is aan ons tegenwoordige kruid majoraan. Ze moesten dus een bundeltje hysop nemen, het in het bloed dopen, en dit aanbrengen op de deurposten van het huis. Het mocht niet op de drempel worden aangebracht, want niemand mag over het bloed lopen.

Als deze handeling was uitgevoerd, zou de engel van de dood het huis niet kunnen betreden. Maar alleen de Israëlieten die zich in huis bevonden, achter het aangebrachte bloed, waren beschermd. Dat was die verschrikkelijke, duistere nacht in Egypte, toen de duivel al zijn registers opentrok tegen het volk van God, de enige plaats van veiligheid.

—

Dank U Heer Jezus, voor het bloed. Ook vandaag nog ben ik veilig voor de tegenstander, door het bloed van Jezus toe te passen op mijzelf en op mijn gezin. Ik getuig tegen satan persoonlijk wat de Bijbel zegt dat het bloed van Jezus voor mij doet. Amen.

Bron: The fulness of the cross, vol.4: How to appropriate the blood (CD)

10 JANUARI

WANDELEN IN GEHOORZAAMHEID

In de ceremonie tijdens Pesach, werd het bloed van de lammeren opgevangen in schalen. Als het bloed uit de schalen was aangebracht op de deurposten van de huizen waarin de Israëlieten woonden, waren ze veilig, op voorwaarde dat ze binnen bleven.

Deze waarheid is van groot belang: het bloed beschermt hen die gehoorzaam zijn. Je bent veilig als je leeft in gehoorzaamheid. Paulus bevestigt dit principe, door ons te waarschuwen dat we de genade nooit mogen misbruiken door willens en wetens te blijven zondigen. Hij zegt in Romeinen 6:15: *Wat dan? Zullen wij zondigen, omdat wij niet onder de wet, maar onder de genade zijn? Volstrekt niet!*

In 1 Petrus 1:1 groet de apostel de vreemdelingen in de verstrooiing. In het Grieks staat hier het woord 'diaspora'. Petrus schreef dus aan de Joden die buiten het land Israël woonden en die waren *uitverkoren (...) overeenkomstig de voorkennis van God de Vader, door de heiliging van de Geest, tot gehoorzaamheid en besprenkeling met het bloed van Jezus Christus* (vers 2).

Wat ik in deze tekst opmerkte, is dat gehoorzaamheid komt vóór de besprenkeling. Het bloed wordt niet gesprenkeld op ongehoorzame kinderen van God, en het beschermt niet degenen die het huis uit gaan. Het beschermt alleen degenen die achter het bloed blijven, dus wie erdoor bedekt zijn. Houd dus in gedachten dat hoewel het bloed voorziet in volmaakte bescherming, dit alleen geldt als we in alle oprechtheid leven in gehoorzaamheid. Wanneer we incidenteel zondigen, is er altijd genade en vergeving, maar als we bewust leven in ongehoorzaamheid, dan kunnen we niet rekenen op bescherming door het bloed van Jezus.

—

Dank U Heer, voor de bescherming door het bloed van Jezus. Vandaag spreek ik uit dat ik in volledige gehoorzaamheid aan U zal wandelen. Laat het mij zien Heer, als er gebieden zijn waarin ik niet gehoorzaam ben aan U, zodat ik mij kan bekeren en helemaal leef tot Uw eer. Amen.

Bron: The fullness of the cross, vol.4: The sevenfold power of the blood(CD)
Meer studie: Genade of niets (boek)

11 JANUARI

ZONDE VERNIETIGEN

We blijven nog even bij het beeld van de Pesach-ceremonie van het volk Israël. Er dringt zich een brandende vraag aan ons op over de toepassing vandaag, namelijk: hoe brengen we het vergoten bloed aan op de deurposten van ons leven – oftewel, hoe passen we de kracht van Jezus' bloed toe op de plaatsen en situaties waarin we ons bevinden? Zolang het bloed in de schaal blijft, hebben we er niets aan. Oftewel, zolang we alleen maar weten dat Jezus' bloed in het algemeen krachtig is maar we passen het niet toe, hebben we er niets aan. De Israëlieten waren alleen beschermd als ze een eenvoudig bosje hysop namen en hiermee het bloed aan de deurposten van hun huis smeerden. Maar er ging nog iets aan vooraf.

Laten we eens kijken naar een minder bekend stukje uit Paulus' eerste brief aan de gemeente van Korinthe. In het vijfde hoofdstuk past Paulus het onderwijs van het Pesach en het feest van de ongezuurde broden toe op christenen. Iedere Joodse familie moest alles waar gist in zat uit het huis verwijderen, en zeven dagen lang mocht er niets waar gist in zat het huis in komen. De orthodoxe Joden houden zich tot de dag van vandaag aan dit gebod. *Verwijder dan het oude zuurdeeg om een nieuw deeg te mogen zijn, zoals u ongezuurd bent; want ook ons Pascha is voor ons geslacht, namelijk Christus. Laten wij dus feestvieren, niet met oud zuurdeeg, ook niet met zuurdeeg van slechtheid en boosaardigheid, maar met ongezuurde broden van zuiverheid en waarheid* (1 Korinthe 5:7,8). Ook wij moeten dus het gist – de zonde – uit ons leven verwijderen om in gehoorzaamheid aan God te leven. Als we dat doen, dan kan het bloed ieder gebied van ons leven beschermen.

—

Heer, dank U voor het bloed van Jezus. Omdat ik geloof in de enorme kracht daarvan en deze wil ervaren in mijn leven, doe ik alle zuurdeeg van slechtheid en boosaardigheid weg die mogelijk in mijn leven aanwezig is, en vier het feest van vrijheid met ongezuurd brood van zuiverheid en Uw waarheid. Amen.

Bron: The fullness of the cross, vol.4: The sevenfold power of the blood(CD)
Meer studie: Genade of niets (boek)

12 JANUARI

VERTROUWEN OP HET LAM

Vandaag zoomen we in op een ander zinnetje uit de eerdere tekst uit 1 Korinthe 5:7. We zagen gisteren al dat Paulus hier een directe verbinding legt tussen het oudtestamentische Pesach en de kruisiging van Jezus: *Want ook ons Pascha is voor ons geslacht, namelijk Christus.* Hier past Paulus het Pesach offer duidelijk toe op Jezus' offer aan het kruis. We kunnen zeggen dat het Pesachlam bijna twintig eeuwen geleden is geslacht en het bloed van het Lam bevindt zich in de schaal. Zijn bloed heeft gevloeid, maar het biedt ons geen bescherming als het alleen maar in de schaal blijft. We moeten het vergoten bloed aanbrengen op de plaatsen waar we zijn. Hoe doen we dat?

In het Oude Testament werd hier hysop voor gebruikt, maar wat gebruiken we vandaag de dag? Het antwoord is: ons getuigenis. Ons persoonlijke getuigenis – datgene wat we belijden - neemt het bloed uit de schaal en brengt het aan op onze 'huizen', dat is ons leven, de situaties waar we ons in bevinden, en onze gezinnen. We overwinnen satan als we persoonlijk getuigen wat de Bijbel zegt dat het bloed van Jezus voor ons doet.

—

Dank U Heer, voor het bloed van Jezus. Maak mij vrijmoedig Heer, om met mijn mond te belijden wat Jezus' offer voor mij doet. Dank U wel dat U zich voor mij heeft opgeofferd. Ik vertrouw dat Uw bloed mij reinigt en vrijmaakt van alle zonde. Hiermee getuig ik persoonlijk wat de Bijbel zegt dat het bloed van Jezus voor mij doet. Amen.

Bron: The fullness of the cross, vol.4: The sevenfold power of the blood(CD)

13 JANUARI

EEN VOLMAAKT OFFER

Voor de Joden was de belangrijkste dag in het jaar de Grote Verzoendag, ook wel bekend als Yom Kippur. Dit was de enige dag in het jaar dat de hogepriester het Heilige der heiligen mocht betreden. Daarbij nam hij het bloed mee van de offers, dat de zonden van Israël voor dat jaar bedekte. *Hij moet dan een deel van het bloed van de jonge stier nemen en met zijn vinger op het verzoendeksel sprenkelen, aan de kant naar het oosten toe. En vóór het verzoendeksel moet hij zeven keer met zijn vinger van dat bloed sprenkelen* (Leviticus 16:14).

Alleen het offerbloed kon de zonden van Gods volk bedekken, en het moest dan in de aanwezigheid van de Almachtige gebracht worden, in het Heilige der Heilige. Merk ook op dat het bloed maar liefst zeven keer gesprenkeld moest worden. Dat is natuurlijk niet toevallig, want in de Bijbel staat het getal zeven voor het werk van de Heilige Geest. Zeven is ook het getal van volmaaktheid en compleetheid. Het hogepriesterlijk voorschrift werd op volmaakte wijze vervuld in de manier waarop Jezus' bloed vloeide. Ook Zijn bloed werd precies op zeven verschillende manieren vergoten voordat het offer volmaakt was. Morgen zullen we deze zevenvoudige sprenkeling van Jezus' bloed nader bekijken. Voor vandaag verheugen we ons over het feit dat we in Jezus een hogepriester hebben, wiens offer volmaakt was. Door Hem is er vergeving van al onze zonden en mogen wij het Heilige van God binnengaan. Laten we hier ook vaak gebruik van maken en tijd nemen om in Gods tegenwoordigheid te zijn, wetend dat we in Christus rein zijn – verzoend met God.

—

Dank U Heer, voor het bloed van Jezus, dat voor eens en voor altijd de verzoening met U voor mij bewerkte. Ik proclameer dat Zijn volmaakte werk aan het kruis mijn zonden heeft weggenomen. Ik getuig tegen satan persoonlijk wat de Bijbel zegt dat het bloed van Jezus voor mij doet. Amen.

Bron: Onbegrijpelijke liefde (boek)

14 JANUARI

DE MAAT VAN JEZUS' LIEFDE

Op de Grote Verzoendag moest het bloed van de offers zeven keer gesprenkeld worden voor God de Vader (zie Leviticus 16:14). Vandaag zullen we zien dat deze eis volmaakt werd vervuld in Jezus' offer aan het kruis. Ten eerste werd Zijn zweet tot bloed. In de hof van Gethsemané was Jezus zo angstig dat Hij bloed zweette (zie Luc. 22:44). Kamp jij met angst? Weet dan dat Jezus' bloed vloeide om jouw angst weg te nemen. Ten tweede sloegen de Romeinse soldaten Jezus met vuisten en stokken. (zie Micha 4:14) Ook voor jouw 'stokslagen' van afwijzing en beschuldiging vloeide Jezus' bloed. Ten derde werd Hij gegeseld met een zweep. De diepe wonden die de zonde ons toebrengt, droeg Hij. In de vierde plaats werd Zijn baard uitgetrokken (zie Jes. 50:6). Ten vijfde werd een doornenkroon in Zijn schedel gedrukt. Het hoofd is de plaats waar de gedachten zijn; welke gedachten jou ook kwellen, van Hem afleiden of beangstigen, Jezus' bloed vloeide voor jouw vrijheid. In de zesde plaats werden Zijn handen en voeten met spijkers doorboord en ten zevende werd Zijn zijde doorboord met een speer (zie Joh. 19:34).

In deze zevenvoudige sprenkeling zien we de volmaakte maat van Jezus' liefde voor ons. Het kostte Hem letterlijk alles wat Hij had, om voor elk gebied in ons leven vrijheid te kopen. Hij gaf niet slechts Zijn heerlijkheid, Zijn troon en Zijn Goddelijke majesteit op. Hij gaf niet slechts Zijn weinige aardse bezittingen op die Hij had als mens. Nee, Hij gaf zichzelf. Het was Zijn eigen leven dat Hij uitgoot; Zijn levensbloed was de losprijs voor ons. Denk eens na over die verbijsterende waarheid en besef dat dit de maat is van Gods liefde voor jou persoonlijk. Gods liefde is buitengewoon, overvloedig, volmaakt en onbegrijpelijk.

—

Dank U Heer, voor het bloed van Jezus. Ik proclameer dat Hij alles gaf wat Hij had – Hij goot Zijn leven volledig uit – zodat ik vrij kon worden van de zonde. Dank U dat U mij zo liefheeft. Ik getuig tegen satan persoonlijk wat de Bijbel zegt dat het bloed van Jezus voor mij doet. Amen.

Bron: Onbegrijpelijke liefde (boek)

WEEK 3

DOOR HET BLOED VAN JEZUS ZIJN
AL MIJN ZONDEN VERGEVEN.

In Hem hebben wij de verlossing door Zijn bloed,

de vergeving van de zonden,

naar de rijkdom van Zijn genade.

EFEZE 1:7, NKJV

15 JANUARI

HET VOLLEDIGE RECHT VAN VERLOSSING

In Efeze 1:7 lezen we over de voorziening die er is in het bloed van Jezus: *In Hem hebben wij de verlossing door Zijn bloed, namelijk de vergeving van de misdaden, overeenkomstig de rijkdom van Zijn genade.* De vergeving van onze zonden is gekocht met Jezus' bloed. Vergelijk dit vers eens met wat Jezus zei tijdens het laatste avondmaal, toen Hij de beker aan Zijn discipelen gaf, als een beeld van Zijn bloed: *want dit is mijn bloed, het bloed van het nieuwe verbond, dat voor velen vergoten wordt tot vergeving van zonden.* (Matteüs 26:28) Hebreeën 9:22 zegt dat zonder het vergieten van bloed geen vergeving van zonden kan plaatsvinden. Dus het bloed van Jezus werd vergoten, opdat onze zonden konden worden vergeven.

In Efeze 1:7 maakt Paulus twee begrippen gelijkwaardig, namelijk de verlossing door het bloed van Jezus en de vergeving van zonden. Het is belangrijk om dit te begrijpen, omdat we het volledige recht op verlossing alleen ontvangen als onze zonden zijn vergeven. Ben jij er diep van doordrongen dat jouw zonden vergeven zijn? Besef jij dat al je fouten, verkeerde keuzes en onvolkomenheden werkelijk zijn weggewassen door Jezus' bloed. Het is mijn ervaring dat vele christenen gehinderd worden in hun functioneren en niet leven in werkelijke vrijheid, omdat ze onvoldoende begrijpen dat Jezus' bloed hen echt heeft vrijgekocht en schoongewassen van de zonde. Als jij dit herkent, bid God dan dat Hij je de enorme kracht van Jezus' bloed openbaart.

———

Heer, dank U wel voor het bloed van Jezus. Ik proclameer dat ik het volle recht van verlossing heb ontvangen, omdat al mijn zonden zijn vergeven door het bloed. Openbaar mij de diepte en kracht van Uw offer Heer Jezus. Amen.

Bron: Spiritual conflict series, vol. 3: God's people triumphant – the blood, the word, our testimony (CD)

16 JANUARI

WETTIG VRIJ KOMEN

Als al onze zonden zijn vergeven, dan hebben wij volledig recht op verlossing! Maar als er een zonde in ons leven is die we nog niet hebben beleden – en die dus niet vergeven is – dan hebben we op dat gebied nog niet het wettig recht op verlossing. Satan kan dan nog steeds claims doen gelden op ons leven. Het bewijs hiervan heb ik talloze malen gezien in de bevrijdingsbediening. Als satan een claim heeft op een bepaald gebied in ons leven doordat in ons leven onvergeven zonde aanwezig is, dan zal hij die claim niet zomaar opgeven. Je kunt naar hem schreeuwen of een week vasten, maar dat zal niets aan de situatie veranderen. De tegenstander weet namelijk dat hij wettig recht heeft om in jouw leven druk uit te oefenen op een gebied waarin jij hem ruimte hebt gegeven, door zonde waar nog niet mee is afgerekend.

Een andere manier waarop gelovigen satan een wettige claim geven in hun leven, is door zelf anderen niet te vergeven. Jezus leerde ons dat we door God vergeven worden, zoals wij ook anderen vergeven: *En vergeef ons onze schulden, zoals ook wij vergeven onze schuldenaren* (Matteüs 6:12). En na dat Hij dit voorbeeldgebed heeft afgesloten, benadrukt Hij nog eens dat als wij anderen niet vergeven, God de Vader ons ook niet zal vergeven (zie Matteüs 6:15). We hebben geen recht om Gods vergeving te ontvangen, als we niet in dezelfde mate bereid zijn vergeving te schenken. Als we dus mensen niet hebben vergeven in Gods mate, zijn wij zelf ook niet vergeven. Met andere woorden, ieder gebied in ons leven waarin we anderen niet vergeven hebben, is een gebied waarin satan een wettige claim op ons kan doen gelden. Je kunt doen wat je wilt, maar je kunt satan niet weg krijgen tenzij je hen hebt vergeven die nog bij jou in het krijt staan.

—

Dank U Heer voor het bloed van Jezus. Als er zonden zijn in mijn leven die ik niet heb beleden, openbaart U mij dit dan, zodat ik recht voor U sta en rechtens vrij ben van zonde. Ook kies ik ervoor alle mensen (noem eventueel specifieke namen) te vergeven die mij hebben gekwetst of verkeerd behandeld. Door het bloed van Jezus zijn al mijn zonden vergeven. Amen.

Bron: Spiritual conflict series, vol. 3: God's people triumphant – the blood, the word, our testimony (CD)

17 JANUARI

VERGEVING IN TWEE RICHTINGEN

'Vergeving' is in iedere taal een van de mooiste woorden. Wat is de oorzaak van de schoonheid van dit woord? Kijk maar eens naar een aantal gevolgen van vergeving: verzoening, vrede, harmonie, begrip, gemeenschap. Allemaal begrippen waar onze wereld van vandaag schreeuwend behoefte aan heeft.

Maar kijk eens welke gevolgen het heeft als we geen vergeving ontvangen en schenken: bitterheid, ruzie, disharmonie, haat en oorlog. Soms lijkt het wel alsof het hele menselijk ras het gevaar loopt om overweldigd te worden door deze slechte, negatieve krachten. We kunnen alleen boven deze situatie uitstijgen, als we de principes van vergeving gaan begrijpen en toepassen.

In de Bijbel worden twee richtingen van vergeving beschreven, en ze zijn terug te vinden in het schitterende symbool van het christendom: het kruis. Het kruis heeft twee balken – een verticale en een horizontale. Deze twee stellen de twee richtingen van vergeving voor. De verticale balk stelt de vergeving voor die we allemaal van God moeten ontvangen en die alleen kan worden verkregen door ons te identificeren met het offer en de opstanding van Jezus Christus. De horizontale balk stelt onze relatie voor met onze medemens; deze balk spreekt over de vergeving die in dat geval ook twee kanten kent: de vergeving die we van anderen moeten ontvangen en de vergeving die we een ander moeten schenken. De enige plaats waar we de genade en kracht kunnen vinden voor deze vorm van vergeving, is het kruis.

—

Dank U Heer voor het bloed van Jezus. Ik proclameer dat ik niet alleen Gods vergeving heb ontvangen; ik open mezelf ook om de vergeving van anderen te ontvangen en mijn vergeving aan anderen te schenken. Hoe moeilijk ik dit laatste soms ook vindt, dank U voor de kracht die er is in Uw bloed. Door het bloed van Jezus zijn al mijn zonden vergeven, en kan ik anderen vergeven. Amen.

Bron: Ik vergeef je (boek)

18 JANUARI
EEN SCHONE LEI

Vergeving is een van de meest wonderlijke aspecten van Gods karakter. Als Hij vergeeft, dan doet Hij dat volkomen. In het boek van de profeet Micha wordt deze waarheid prachtig beschreven: *Wie is een God als Gij, die de ongerechtigheid vergeeft en de overtreding van het overblijfsel van Zijn erfdeel voorbijgaat, die Zijn toorn niet voor eeuwig behoudt, maar een welbehagen heeft in goedertierenheid! Hij zal zich wederom over ons ontfermen, Hij zal onze ongerechtigheden vertreden. Ja, Gij zult al onze zonden werpen in de diepten der zee* (Micha 7:18,19). Is dat niet geweldig? Alles wat we ooit verkeerd hebben gedaan – alles waardoor we ons schuldig voelen; elke terechte of onterechte beschuldiging die de vijand tegen ons uit, heeft God onder Zijn voeten vertrapt en onze zonden heeft Hij in de diepten van de zee geworpen.

Corrie ten Boom merkte op dat als God onze zonden in de zee werpt, Hij er een bordje bij zet: 'Verboden te vissen!' Keer nooit terug en probeer nooit dingen weer op te halen die God al heeft weggedaan en begraven. Als God je heeft vergeven, dan *ben* je ook vergeven. Er worden verder geen vragen meer gesteld. Gods vergeving is volmaakt. In Jesaja 43:25 zegt Hij tegen Zijn volk: *Ik, Ik ben het, die uw overtredingen uitdelg om mijnentwil en Ik gedenk uw zonden niet.* Als God ons vergeeft, dan wist Hij het verslag van onze zonden uit; onze lei is schoon. God heeft geen last van een slecht geheugen, maar Hij heeft de kracht om ervoor te kiezen onze zonden te vergeten. En als Hij vergeeft, dan vergeet Hij ook.

—

Dank U Heer, voor het reinigende bloed van Jezus. Ik proclameer dat U mij volledig heeft vergeven en het verslag van mijn zonden hebt uitgewist. U bent mijn zonden vergeten, en dat zal ik ook doen. Door het bloed van Jezus zijn al mijn zonden vergeven. Amen.

Bron: Ik vergeef je (boek)

19 JANUARI

DE ONTELBARE ZEGENINGEN VAN VERGEVING

De soort van vergeving die we nodig hebben en die we alleen van God kunnen ontvangen, is de verticale soort. Er liggen zoveel zegeningen in Gods vergeving. Misschien wordt deze waarheid wel het mooist beschreven door David: *Welzalig is hij van wie de overtreding vergeven, van wie de zonde bedekt is. Welzalig de mens wie de HEERE de ongerechtigheid niet toerekent, en in wiens geest geen bedrog is* (Psalm 32:1,2). In de Hebreeuwse taal begint deze psalm met een meervoudsvorm, oftewel: ,,De welzaligheden (of gezegendheden) van wie de overtreding vergeven, van wie de zonde bedekt is." Dat houdt in dat er talloze zegeningen zijn verbonden aan het feit dat onze zonden door God vergeven zijn.

Het is belangrijk om te zien dat de Bijbel nergens spreekt over ook maar één mens die geen vergeving nodig heeft. De Bijbel stelt duidelijk dat wij allemaal vergeving van God nodig hebben; zonder uitzondering. In andere psalmen zegt David dat er geen mens is die niet zondigt. We hebben allemaal gezondigd. Daarom hebben we ook allemaal vergeving nodig. De vraag is niet of we vergeving nodig hebben, maar of we die vergeving daadwerkelijk ontvangen. Mag ik je herinneren dat het aan God niet zal liggen? Als jij je openstelt om Zijn vergeving te ontvangen, dan is onze genadige God snel om te vergeven. Prijs Zijn Naam daarvoor!

—

Dank U Heer, voor het bloed van Jezus. Ik proclameer dat ik Uw vergeving nodig heb en dat als U mij vergeeft, U geweldige zegeningen aan mij schenkt. Door het bloed van Jezus zijn al mijn zonden vergeven. Amen.

Bron: Ik vergeef je (boek)

20 JANUARI

ONZE ZONDEN ERKENNEN

In Psalm 32 schrijft David vanuit zijn eigen ervaring het volgende: *Toen ik zweeg, verouderden mijn beenderen, terwijl ik de hele dag schreeuwde. Want dag en nacht drukte Uw hand zwaar op mij; mijn levensvocht verdroogde als zomerse hitte. Mijn zonde maakte ik U bekend, mijn ongerechtigheid bedekte ik niet. Ik zei: Ik zal mijn overtredingen belijden voor de HEERE. En U vergaf mijn ongerechtigheid, mijn zonde.* (vers 3-5) Toen David dit schreef, had hij volgens mij zijn zonde met Batseba voor ogen. Batseba was de vrouw van de Hethiet Uria. In deze verschrikkelijke situatie had David overspel gepleegd, en daarna een moord om zijn zonde te maskeren. Vervolgens gedroeg hij zich zoals velen van ons. Lange tijd weigerde hij de realiteit van zijn zonden onder ogen te zien. Hij probeerde het te negeren. Maar uiteindelijk – door de profeet Nathan geconfronteerd met zijn zonde - geeft hij het toe, belijdt zijn zonde en ontvangt vergeving. In het vervolg van de psalm doet David dan een algemene oproep: *Daarom zal iedere heilige tot U bidden in de tijd dat U zich laat vinden. Zeker, een overstroming van woeste wateren zal hem niet bereiken. U bent mijn schuilplaats, U beschermt mij voor benauwdheid; U omringt mij met vrolijke gezangen van bevrijding* (vers 6,7).

Het is nooit te laat om onze zonden aan God te belijden en bescherming te vinden in Zijn verlossing. Hij zal ons bevrijden van de zonden die we erkennen en waar we ons van bekeren.
Je hoeft nooit te twijfelen of God jou wel wil vergeven. Als wij onze zonden belijden, dan is God getrouw en rechtvaardig om onze zonden te vergeven en ons te reinigen van alle ongerechtigheid (1 Joh. 1:9).

—

Dank U Heer voor het bloed van Jezus. Ik proclameer dit omdat ik bereid ben iedere zonde die ik geprobeerd heb te verbergen openlijk te belijden, omdat U de schuld van mijn zonden vergeeft. U beschermt me voor ellende en omringt mij met liederen van verlossing en bevrijding. Door het bloed van Jezus zijn al mijn zonden vergeven. Amen.

Bron: Ik vergeef je (boek)

21 JANUARI

PERSOONLIJK GETUIGEN

In Hem hebben wij de verlossing door Zijn bloed, namelijk de vergeving van de misdaden, overeenkomstig de rijkdom van Zijn genade (Efeze 1:7). Tenslotte wil ik – kijkend naar deze verklaring uit Gods Woord over het bloed van Jezus – iets vertellen van het enorme belang dat dit vers en de proclamatie ervan heeft gehad in mijn eigen leven.

Dit vers vertelt ons twee dingen die we door Jezus' bloed ontvangen, mits we in Christus zijn. Als we buiten Christus staan, hebben we er niets aan. Tijdens het eerste Pesach in Egypte, beschermde het bloed niet degenen die buitenshuis waren. Alleen in hun huizen werden de Israëlieten beschermd, en alleen in Christus hebben we de verlossing en de vergeving van de zonden.

Het vers hierboven, uit Efeze 1:7, ken ik uit mijn hoofd. Al maakte je me midden in de nacht wakker en zette me op mijn kop, dan nog kon ik dit vers zonder problemen opdreunen. Ik leef namelijk vanuit dit vers. Ik houd de hysop in mijn handen. Geloof me, er gaan nooit veel dagen voorbij zonder dat ik die hysop in mijn leven gebruik. Ik heb ontdekt dat het doet wat het belooft.

Ik geloof dat het belangrijk is om de vergevende, reddende kracht van Jezus' bloed met regelmaat te proclameren over ons leven, om onszelf te herinneren aan het enorme voorrecht om 'in Jezus' te mogen leven. Ik wil je aanmoedigen om dit eenvoudige gebed uit je hoofd te leren en vaak – gewoon op momenten tussendoor – uit te spreken: „Heer Jezus, dank U dat ik in U de verlossing heb door Uw bloed en de vergeving van mijn zonden, overeenkomstig de rijkdom van Uw genade!"

—

Dank U Heer voor het altijd krachtige bloed van Jezus. Ik pas het toe met de hysop van mijn persoonlijke getuigenis, en proclameer dat ik door Uw bloed de verlossing heb en dat daardoor al mijn zonden zijn vergeven.

Bron: Praying to change history; God's atomic weapon: the blood of Jesus (CD)

WEEK 4

HET BLOED VAN JEZUS CHRISTUS, GODS ZOON, REINIGT MIJ VOORTDUREND VAN ALLE ZONDE.

Maar als wij in het licht wandelen,
zoals Hij in het licht is,
hebben wij gemeenschap met elkaar,
en het bloed van Jezus Christus, Zijn Zoon,
reinigt ons van alle zonde.

1 JOHANNES 1:7

22 JANUARI

EEN VOORTDUREND PROCES

We leerden al dat door het bloed van Jezus onze zonden vergeven zijn. Maar een andere voorziening is dat er door het bloed van Jezus een voortdurende reiniging van zonde plaatsvindt. *Maar als wij in het licht wandelen, zoals Hij in het licht is, hebben wij gemeenschap met elkaar, en het bloed van Jezus Christus, Zijn Zoon, reinigt ons van alle zonde* (1 Johannes 1:7). In deze tekst staan drie werkwoordsvormen in de voortdurende tegenwoordige tijd: 'wandelen', 'gemeenschap hebben' en 'reinigen'. Dit moeten we goed begrijpen; als we voortdurend blijven wandelen in het licht, hebben we voortdurend gemeenschap met onze medegelovigen en worden we voortdurend gereinigd door het bloed van Jezus.

Het is belangrijk om te zien dat hierin een voorwaarde ligt. Als we voortdurend wandelen in het licht van Gods Woord, door te gehoorzamen aan wat erin staat, dan is het eerste resultaat dat we gemeenschap hebben met elkaar – we beleven eenheid. Als we niet in het licht wandelen, hebben we geen gemeenschap. En andersom, als we geen gemeenschap hebben, wandelen we niet in het licht. Maar als we in het licht wandelen en gemeenschap hebben met elkaar, dan zal het bloed van Jezus ons voortdurend blijven reinigen. Bewaak in je leven dat je in gemeenschap leeft met andere kinderen van God, dat je transparant en eerlijk bent naar God en elkaar toe, en zo dus in Jezus' licht wandelt. Dan blijft Jezus' bloed je voortdurend reinigen.

Dank U Heer, voor het bloed van Jezus. Ik spreek uit dat ik voortdurend in het licht wil wandelen, in gemeenschap met andere gelovigen, en zo voortdurende reiniging van zonde mag ontvangen. Breng deze andere kinderen van U op mijn weg Heer, en help mij me voor hen open te stellen. Het bloed van Jezus Christus, Gods Zoon, reinigt mij voortdurend van alle zonde. Amen.

Bron: The roman pilgrimage, vol. 1; Romans 1:1-17 (CD, DVD)

23 JANUARI

REINIGING VOOR MIJ, VANDAAG

Een ander aspect van de reiniging door Jezus' bloed, is dat het iets is wat op dit moment kan plaats kan vinden; het is geen vage, algemene uitspraak. Het is hier en nu, maar ook voortdurend - en het blijft oneindig doorgaan.

In Oost Afrika wordt Swahili gesproken. In de tijd dat ik in deze regio in de zending werkte, leerde ik het een en ander over deze taal, bijvoorbeeld dat zij een speciale uitdrukkingsvorm hebben voor zaken die volledig en permanent zijn. Een bekend lied dat zegt: 'Het bloed van Jezus reinigt ons van alle zonde', zingen zij als volgt: 'Het bloed van Jezus reinigt ons compleet en onherroepelijk'. Deze zin is mij altijd bijgebleven, omdat ze zo volmaakt beschrijft wat er gebeurt. De belijdenis die we deze week aan het begin van iedere dag uitspreken, kun je in dit licht bekijken. Jezus' reiniging is compleet, onomkeerbaar en volmaakt en voortdurend!

In psalm 51, de bekende belijdenispsalm van David, staat een prachtig commentaar op deze waarheid. Psalm 51 is het lied waarin hij zijn berouw over zijn zonde van overspel en moord tot uiting brengt. Het is een van de mooiste psalmen - een psalm die we allemaal een aantal keren per jaar zouden moeten lezen om er het gebed van ons eigen leven van te maken. Zo lees ik overigens heel veel psalmen; alsof het mijn eigen gebeden zijn.

Ontzondig mij met hysop, en ik zal rein zijn, was mij, en ik zal witter zijn dan sneeuw (Psalm 51:9). Hysop - je herinnert je het vast nog - is datgene wat gebruikt wordt om het bloed aan te brengen op de plaats en situatie waar ik ben; ik heb hysop daarom altijd geïnterpreteerd als mijn belijdenis. Door mijn belijdenis breng ik de werking van Jezus' bloed aan op de plaats en situatie waar ik mij in bevind. Ook vult het me met ontzag, hoe David hier dus een prachtige, profetische vooruitwijzing doet naar de reiniging door het bloed van Jezus.

———

Dank U Heer voor het bloed van Jezus. Ik proclameer dat Zijn bloed mij nu en voortdurend reinigt van alle zonde. Al vanaf Koning David werd het voorzegd, maar het reikt door het offer van Jezus, dwars door de tijd heen, naar mij vandaag! Uw reiniging is compleet en onherroepelijk, ook voor mij. Het bloed van Jezus Christus, Gods Zoon, reinigt mij voortdurend van alle zonde. Amen.

Bron: The roman pilgrimage, vol. 1; Romans 1:1-17 (CD, DVD)
Meer studie: De kracht van het offer (boek)

24 JANUARI

AAN DE VOORWAARDEN VOLDOEN

We kijken nog eens naar 1 Johannes 1:7: *Maar als wij in het licht wandelen, zoals Hij in het licht is, hebben wij gemeenschap met elkaar, en het bloed van Jezus Christus, Zijn Zoon, reinigt ons van alle zonde.* We zagen al eerder dat deze drie elementen in Gods Woord aan elkaar verbonden zijn: in het licht wandelen, gemeenschap hebben en de reiniging door het bloed. Massa's gelovigen maken aanspraak op de reiniging en bescherming van het bloed van Jezus, zonder dat ze voldoen aan de voorwaarden om die te kunnen ontvangen. De reiniging door Jezus' bloed volgt op het woordje 'als...'. Deze reiniging is dus voorwaardelijk - en aan die voorwaarde moet eerst worden voldaan. Het bloed van Jezus reinigt ons als we in het licht wandelen zoals Hij in het licht is. Daarna volgen er twee resultaten; niet één, maar twee. De reiniging door het bloed is het tweede resultaat; het eerste resultaat is dat we gemeenschap hebben met elkaar. Sommige mensen betogen dat je dit woordje 'als' niet moet lezen als voorwaardelijk, maar als een tijdsbepaling; dus 'terwijl' we in het licht wandelen. Dat is wat mij betreft ook prima, want daarmee blijft nog steeds staan dat alleen terwijl we bezig zijn in het licht te wandelen, we gemeenschap met elkaar hebben, en de voortdurend reinigende kracht van het bloed zijn werk doet in ons leven.

Voor mij is het logisch dat als we geen gemeenschap hebben met andere gelovigen, dit direct ook betekent dat we niet in het licht wandelen; in het licht wandelen heeft immers te maken met transparantie, eerlijkheid naar God en elkaar. God plaatst niet voor niets 'gemeenschap met elkaar' en 'in het licht wandelen' in één context. En als we dus niet in het licht wandelen, kunnen we ook geen aanspraak maken op het reinigende bloed van Christus. Het bloed van Jezus reinigt alleen in het licht. Dit is een van de belangrijkste principes die we goed tot ons moeten laten doordringen.

———

Dank U Heer voor het bloed van Jezus. Heer, plaats mij in Uw licht, in gemeenschap met mijn medegelovigen. Dank U voor de voortdurende reiniging van zonden die in mijn leven werkzaam is. Het bloed van Jezus Christus, Gods Zoon, reinigt mij voortdurend van alle zonde. Amen.

Bron: Spiritual conflict volume 3, God's people triumphant: spiritual weapons, the blood, the word, our testimony (CD)

25 JANUARI

ZONDE IN HET LICHT BRENGEN

We zagen al: gemeenschap is de plaats van licht. Dat is ook de reden dat gemeenschap met andere gelovigen een plaats is waar God ons karakter test. Hoe intiemer de gemeenschap, hoe stralender het licht, en uiteindelijk zullen er geen donkere schuilhoeken meer zijn. In waarachtige gemeenschap zijn geen schaduwen; er wordt niets onder het tapijt geveegd en niets is verborgen en bedekt. Voor de vleselijke mens kan dit een beangstigende plaats zijn. Maar het is de enige plaats waar het bloed van Jezus volledig Zijn reinigende werk kan doen. Als je verlangt naar reiniging, dan komt alles in het licht. Als je op wat voor manier dan ook niet recht staat tegenover God, of er staat iets tussen jou en je naaste in, dan ben je niet volledig in het licht. En het bloed zal nooit volledig doorwerken, tenzij in het volle licht.

Wat moet je doen? Kom in het licht! Wat betekent dat? Het betekent dat je je zonden belijdt en ze open en eerlijk erkent voor Gods aangezicht. Voor vleselijke mensen is dat een van de moeilijkste opgaven. Het licht lijkt zo fel. Misschien denk je: Ik kan die verschrikkelijke herinnering of dat zondige geheim niet in het licht brengen. De natuurlijke mens krimpt ineen bij de gedachte aan het licht. Maar de waarheid is dat als we het in het licht brengen, de zonde verdwijnt, omdat het bloed het daar wel kan reinigen. In het licht ervaar je de genade! Maar als je iets niet in het licht brengt, dan blijf je er zelf mee rondlopen. Wat een belangrijke waarheid. Het bloed werkt alleen in het licht.

—

Hemelse Vader, dank U voor het bloed van Jezus. Ik belijd dat ik alle vreselijke herinneringen van verborgen zonden (noem ze op) in het licht breng, en ik stel ze open voor het licht van Jezus en de reiniging door Zijn bloed. Het bloed van Jezus Christus, Gods Zoon, reinigt mij voortdurend van alle zonde. Amen.

Bron: Spiritual conflict volume 3, God's people triumphant: spiritual weapons, the blood, the word, our testimony (CD)

26 JANUARI

GEHOORZAAMHEID EN WAARHEID

Gemeenschap is de eerste toetssteen of we werkelijk in het licht wandelen. De volgende vraag die we kunnen stellen is: hoe doen we dat, in het licht wandelen? De eerste voorwaarde hiervoor is dat we wandelen in gehoorzaamheid aan Gods Woord. Psalm 119:105 zegt (of beter: zingt...): *Uw woord is een lamp voor mijn voet en een licht op mijn pad.* Het tweede vereiste wordt door Paulus samengevat in Efeze 4:15: *dat wij, door ons in liefde aan de waarheid te houden, in alle opzichten zouden groeien in Hem die het Hoofd is, namelijk Christus.*

We moeten bereid zijn om vanuit waarheid in relatie te staan met anderen, maar het enige fundament daarvoor is liefde. Wandelen in het licht bestaat dus uit twee zaken die samenvloeien: wandelen in gehoorzaamheid aan Gods Woord (het 'licht op ons pad') en wandelen in waarheid en liefde, in relatie met onze medegelovigen. Als we aan deze voorwaarden voldoen, kunnen we volkomen zeker zijn dat het bloed van Jezus ons reinigt van alle zonden.

We zijn ons altijd erg bewust van de fysieke, door zonde vervulde atmosfeer om ons heen, maar ook de geestelijke atmosfeer is verrot door zonde, corruptie en goddeloosheid. Misschien herken je wel, dat je er soms moe van kunt zijn om voortdurend geconfronteerd te worden met de atmosfeer van zonde die heerst in de wereld waarin we leven. Om daar schoon van te blijven, hebben we de voortdurende reiniging door het bloed van Jezus nodig, en de simpele sleutels daarvoor, zijn te wandelen in gehoorzaamheid aan Gods Woord, het heerlijke, bevrijdende licht op ons pad, en het wandelen in waarheid en liefde – dus echte gemeenschap – met onze medegelovigen.

—

Dank U Heer voor het bloed van Jezus. Ik proclameer dat ik door Zijn bloed gereinigd ben, omdat ik vastbesloten ben om in gehoorzaamheid aan Uw Woord te wandelen en in oprechte, liefdevolle relatie met anderen. Het bloed van Jezus Christus, Gods Zoon, reinigt mij voortdurend van alle zonde. Amen.

Bron: Spiritual conflict volume 3, God's people triumphant: spiritual weapons, the blood, the word, our testimony (CD)

27 JANUARI

HET BLOED 'SPREEKT'

Het bloed van Jezus voorziet ook nog op een andere prachtige wijze in ons leven. Veel christenen zijn zich hier echter niet van bewust. We lezen Hebreeën 12: 22-24: *Maar u bent toegetreden tot de berg Sion (…) en tot de Middelaar van het nieuwe verbond, Jezus, en tot het bloed van de besprenkeling, dat van betere dingen spreekt dan dat van Abel.*

Op de hemelse berg Sion werd het bloed van Jezus voor ons gesprenkeld in het Heilige der heiligen, in de directe aanwezigheid van God. Christus betrad die plaats als onze voorloper. Door Zijn offer voorzag Hij in eeuwige verlossing, en Hij sprenkelde het bewijs van die verlossing uit in de aanwezigheid van God de Vader.

In de eerste dagen van de menselijke geschiedenis doodde Kaïn zijn broer Abel. Daarna probeerde Kaïn bij de verantwoordelijkheid voor die moord weg te lopen, maar de Heer daagde hem uit en zei: *Je kunt je schuld niet verbergen, want het bloed van je broer dat op de grond is gevloeid roept naar mij om wraak* (zie Genesis 4:1-15). Het contrast met het bloed van Jezus is levensgroot. Zijn bloed roept niet om wraak, maar om genade. Het bloed van Jezus is een voortdurende smeekbede in Gods aanwezigheid, om Zijn genade voor ons. Als we persoonlijk getuigen van de kracht van Jezus' bloed, dan hoeven we deze woorden niet iedere paar minuten te herhalen, want het bloed van Jezus pleit voortdurend voor ons in de hemel. Iedere keer dat we het moeilijk hebben, in verleiding komen, angstig of bezorgd zijn, mogen we onszelf eraan herinneren dat het bloed van Jezus in Gods tegenwoordigheid op ditzelfde moment voor ons spreekt.

———

Dank U Heer voor het bloed van Jezus. Ik proclameer dat Zijn bloed voortdurend Gods genade afroept over mijn leven, in de aanwezigheid van de almachtige God. Wat een heerlijke plaats om te leven! Het bloed van Jezus Christus, Gods Zoon, reinigt mij voortdurend van alle zonde. Amen.

Bron: Spiritual conflict volume 3, God's people triumphant: spiritual weapons, the blood, the word, our testimony (CD)

28 JANUARI

GLADDE STENEN

Het feit dat iemand zich van zijn zonden heeft bekeerd en de verlossing in Christus heeft aangenomen, wil nog niet zeggen dat zijn karakter onmiddellijk is veranderd. Het proces van verandering is in werking gesteld, maar het duurt vaak vele jaren voordat die verandering echt doorwerkt in elk gebied van iemands karakter.

Toen David gladde stenen nodig had die in zijn slinger pasten, zodat hij Goliath ermee kon vellen, waar ging hij toen naartoe? Naar boven, op de berg? Nee, hij ging de vallei in – een lage plaats, een plaats van nederigheid. Daar, in de beek, vond hij de stenen die hij nodig had. Wat had de stenen zo glad gemaakt? Twee zaken: ten eerste het water dat voortdurend over de stenen had gestroomd. Ten tweede, het voortdurend tegen elkaar aan schuren van de stenen.

Wat een prachtig beeld van hoe ons karakter als christen wordt gevormd. Ten eerste is het nodig om voortdurend gewassen te worden door het waterbad van Gods Woord (zie Efeze 5:25). Ten tweede hebben we persoonlijke relaties nodig, waarin onze scherpe kantjes eraf worden geslepen, net zolang tot we glad geworden zijn. We zijn 'levende stenen' die voortdurend moeten worden gladgemaakt (zie 1 Petrus 2:5).

Als Jezus 'gladde stenen' nodig heeft voor Zijn overwinningen op de Goliaths van onze tijd, waar gaat Hij dan bruikbare stenen zoeken? Dan gaat Hij ook naar de beek in de vallei, de plaats van nederigheid. Daar, in de beek – het beeld van de gemeente - kiest hij mooie, ronde stenen uit die glad geworden zijn door de voortdurende wassing met Gods Woord en door de positieve, maar soms o zo schurende druk van voortdurende gemeenschap met andere gelovigen, die elkaar slijpen in hun onderlinge relaties. Het is een bewijs van geestelijke volwassenheid als we onze medegelovigen oprecht liefhebben, niet alleen om wie ze zijn, maar ook om wat ze betekenen voor Jezus, die Zijn eigen bloed voor ieder van hen heeft vergoten.

—

Dank U Heer voor het bloed van Jezus. Was mij voortdurend door Uw Woord, Heer, en help mij mezelf te laten corrigeren en de scherpe kantjes van mijn karakter te laten slijpen in de gemeenschap met andere geloven. Ik wil een bruikbare steen zijn voor U, in de strijd tegen elke Goliath die het gemunt heeft op Uw volk. Het bloed van Jezus Christus, Gods Zoon, reinigt mij voortdurend van alle zonde. Amen.

Bron: Spiritual conflict volume 3, God's people triumphant: spiritual weapons, the blood, the word, our testimony (CD)

WEEK 5

DOOR HET BLOED VAN JEZUS BEN IK VRIJGESPROKEN, RECHTVAARDIG GEMAAKT, ALSOF IK NOOIT GEZONDIGD HEB.

Veel meer dan zullen wij,
nu wij gerechtvaardigd zijn door Zijn bloed,
door Hem behouden worden van de toorn.

ROMEINEN 5:9

29 JANUARI 2013

HONGER EN DORST NAAR GERECHTIGHEID

Van de werking van het bloed gaan we de komende dagen naar het thema 'rechtvaardiging'*. Dit is een nogal stoffige theologische term, waarvan de betekenis vaak niet helemaal duidelijk is. Laten we, voordat ik de betekenis ervan geef, eerst het woord 'rechtvaardig' zelf bestuderen. Rechtvaardigheid is het centrale thema van de Romeinenbrief. Om deze brief kun je niet heen, als je 'rechtvaardigheid' wilt bestuderen. Vele eeuwen voor de brief geschreven werd, stelde Job al de vraag: *Hoe kan een mens rechtvaardig worden voor God?* (Job 25:4). En eeuwen later zei Jezus: *Zalig zijn zij die hongeren en dorsten naar de gerechtigheid, want zij zullen verzadigd worden* (Matteüs 5:6). We kunnen honger en dorst hebben naar genezing, of naar welvaart, zonder verzadigd te worden. Maar als we honger en dorst krijgen naar gerechtigheid, dan belooft Jezus hier dat we werkelijk verzadigd zullen worden. In Romeinen 5:9 staat: *Veel meer dan zullen wij, nu wij gerechtvaardigd* zijn door Zijn bloed, door Hem behouden worden van de toorn.*
We zien nu dus twee termen: 'gerechtigheid' en 'rechtvaardigheid', maar het is goed om te weten dat zowel het Hebreeuws als het Grieks slechts één woord kent dat vertaald wordt met 'rechtvaardigheid' of 'gerechtigheid'. In het Hebreeuws is dat 'tsadaq' en in het Grieks 'dikaio'. Deze woorden voor 'rechtvaardigheid' omvatten zowel het gerechtvaardigd worden in legale termen (dus in de context van de wet rechtvaardig bevonden worden), alsook rechtvaardigheid in termen van karakter en gedrag. Gerechtigheid of gerechtvaardigd* worden betekent dus hetzelfde.

(*In het Engels luidt het woord 'gerechtvaardigd' justified - en hieruit heeft Derek Prince de woordspeling gehaald: just-as-if-I'd never sinned - alsof ik nooit gezondigd had, red.)

—

Dank U Heer voor het bloed van Jezus. Ik spreek uit dat ik honger en dorst heb naar gerechtigheid - ik wil rechtvaardig zijn door Zijn bloed. Door het bloed van Jezus ben ik vrijgesproken van elke schuld, rechtvaardig gemaakt, alsof ik nooit gezondigd heb. Amen.

Bron: The roman pilgrimage, vol. 1; Romans 1:1-1:17

30 JANUARI

WAT RECHTVAARDIGING BETEKENT

Veel meer dan zullen wij, nu wij gerechtvaardigd zijn door Zijn bloed, door Hem behouden worden van de toorn (Romeinen 5:9). Het woord dat is vertaald met 'gerechtvaardigd' heeft een breed scala aan gerelateerde betekenissen.

Ten eerste heeft het woord een legale, wettelijke betekenis; we zijn vrijgesproken van alle misdaden en alles wat we ooit verkeerd hebben gedaan. We moesten verschijnen in de rechtbank, maar we hebben gratie gekregen. Dat is geweldig nieuws. Denk je eens in hoe een moordenaar zich zou voelen als hij zou worden vrijgesproken? Wij zouden ons net zo blij moeten voelen.

Ten tweede betekent het dat we onschuldig zijn verklaard.

Ten derde worden we beschouwd als rechtvaardig.

Veel mensen stoppen hier. Maar ik verzeker je dat de volledige betekenis van het woord nog veel verder gaat. We worden namelijk ook rechtvaardig gemaakt in termen van ons karakter. Het bloed van Jezus zorgt niet alleen dat we beschouwd worden als rechtvaardig, maar het maakt ons daadwerkelijk rechtvaardig.

Ten vierde worden we gerechtvaardigd alsof we nooit gezondigd hebben, dus van onze herinneringen aan de pijnlijke details van onze fouten, komen we vrij. We zijn namelijk rechtvaardig gemaakt met de rechtvaardigheid van Christus zelf, die geen slecht verleden of schaduw van schuld had. In deze rechtvaardigheid heeft satan geen enkele grond om ons te beschuldigen. We zijn rechtvaardig gemaakt met Christus' eigen rechtvaardigheid. Er is geen schuld meer, geen probleem uit het verleden. Laat daarom nooit het verleden, hoe moeilijk ook, je toekomst bepalen. Alles is uitgewist.

—

Dank U Heer voor het bloed van Jezus. Ik proclameer dat ik door Zijn bloed ben vrijgesproken en rechtvaardig gemaakt, alsof ik nooit gezondigd heb. Dank U dat het verleden geen rol meer hoeft te spelen in mijn toekomst. Want U bent zelf mijn toekomst, vanaf nu! Amen.

Bron: The roman pilgrimage, vol. 1; Romans 1:1-1:17 (CD / DVD)

31 JANUARI

GERECHTIGHEID EN RECHTVAARDIGHEID

Veel meer dan zullen wij, nu wij gerechtvaardigd zijn door Zijn bloed, door Hem behouden worden van de toorn (Romeinen 5:9). We zagen al eerder: telkens als we het woord 'gerechtigheid' tegenkomen in de Bijbel, kunnen we dit vervangen door 'rechtvaardigheid'. Dit gaat op voor zowel het Hebreeuws in het Oude Testament en het Grieks in het Nieuwe Testament. In veel vertalingen wordt vaak het woord 'gerechtigheid' gebruikt als het gaat om legale, wettige processen, en het woord 'rechtvaardig' in de context van ons praktische leven, onze ethiek en ons gedrag. Maar het is hetzelfde woord.

Er ontstaat een probleem doordat 'gerechtigheid' vaak wordt gebruikt in de context van een wettig proces in de hemelse rechtbank; daardoor wordt voornamelijk gefocust op onze eeuwige redding. Dit is natuurlijk waar en heerlijk, maar het beeld is daarmee niet compleet. Dat is slechts het eerste deel van de betekenis. Gerechtvaardigd worden betekent in de eerste plaats vrijgesproken worden, maar ook rechtvaardig (in ons alledaagse leven zuiver, ethisch juist) gemaakt worden. Het woord 'rechtvaardig' is veel meer verbonden met de plaats waar we leven – ons gezin, onze werkplek, onze persoonlijke relaties en vriendschappen, waarin we ons 'rechtvaardig' opstellen. De Bijbel leert ons hiermee volgens mij dat we onszelf niet moeten beschouwen als vrijgesproken (de eerste betekenis), als we het vervolgens niet ook 'praktisch leven' – als we niet ook rechtvaardig zijn gemaakt. Gerechtigheid is dus veel meer dan alleen een wettige ceremonie waarbij het vonnis over ons leven veranderd is; het is tevens een voortdurende verandering van ons karakter en ons leven - en die wordt in ons bewerkt door de kracht van Jezus' bloed. Door de genade zijn we gerechtvaardigd met de gerechtigheid van een ander, die van Jezus Christus.

—

Dank U Heer, voor het bloed van Jezus. Ik proclameer dat ik door Zijn bloed gerechtvaardigd ben met een rechtvaardigheid die niet van mijzelf is. Heer Jezus, als ik word aangevallen, dan laat ik U in mij opstaan en zichtbaar worden, juist in die alledaagse, praktische situaties. Dank U dat ik voor eeuwig gered ben, maar ook voortdurend door U gerechtvaardigd wordt. Door het bloed van Jezus ben ik vrijgesproken, rechtvaardig gemaakt, alsof ik nooit gezondigd heb. Amen.

Bron: Spiritual Conflict Series, vol. 3; God's people triumphant/ Spiritual weapons
– the blood, the Word, our testimony (CD)

1 FEBRUARI

RECHTVAARDIGHEID ZONDER VOORWAARDEN

... en worden om niet gerechtvaardigd door Zijn genade, door de verlossing die in Christus Jezus is. Hem heeft God openlijk aangewezen als middel tot verzoening, door het geloof in Zijn bloed. Dit was om Zijn gerechtigheid te bewijzen (Romeinen 3:24,25). Na wat we gisteren hebben gelezen, Jezus' voortdurende rechtvaardiging in ons leven, is het belangrijk om even in te zoomen op de woordjes 'om niet' in deze Bijbeltekst. Wat ben ik blij met de woorden 'om niet' die hier zijn toegevoegd aan de rechtvaardiging. Het probleem met religieuze mensen is dat ze altijd zullen blijven proberen om verlossing te verdienen, maar ze komen er nooit. Ze raken nooit tevreden en kunnen nooit ontspannen, omdat ze het idee hebben dat ze nog een klein beetje meer moeten doen om gerechtvaardigd te worden. Het zal ze echter nooit lukken. Of moet ik zeggen: het zal *ons* nooit lukken? We herkennen deze strijd immers allemaal wel...

We zijn gerechtvaardigd, enkel en alleen vanwege ons geloof in het bloed van Jezus. *Aan hem nu die werkt* (een religieus persoon), *wordt het loon niet toegerekend naar genade, maar naar wat men hem verschuldigd is* (Romeinen 4:4). Veel mensen denken dat als ze altijd goed geleefd hebben en hun taak hebben verricht, dat God hen dan rechtvaardigheid toekent - alsof het een schuld is die Hij aan hen inlost vanwege hun inspanningen. Maar God is niemand iets schuldig. Let op hoe vers 5 verder gaat: *Aan hem echter die niet werkt, maar gelooft in Hem die de goddeloze rechtvaardigt, wordt zijn geloof gerekend tot gerechtigheid.* Het eerste wat we moeten doen is ophouden te proberen onszelf rechtvaardig te maken. Stop ermee te proberen het een beetje beter te doen. Houd ermee op! Wat we moeten doen is eenvoudig geloven. Zo simpel is het. Anders komen we er nooit.

—

Dank U Heer voor het bloed van Jezus. Dank U wel, dat ik om niet ben gerechtvaardigd door Zijn genade. Ik geloof in Hem die mij rechtvaardigt, en mijn geloof wordt mij gerekend als gerechtigheid. Door het bloed van Jezus ben ik vrijgesproken, rechtvaardig gemaakt, alsof ik nooit gezondigd heb. Amen.

Bron: Spiritual conflict, vol. 3: God's people triumphant: spiritual weapons - the blood, the Word, our testimony (CD)
Meer studie: Genade of niets (boek)

2 FEBRUARI

VRIJMOEDIG DOOR RECHTVAARDIGHEID

God maakt onrechtvaardige mensen rechtvaardig. Het staat in de Bijbel en ik geloof wat er staat. We lezen een tekst die deze waarheid bevestigt: *Want Hem die geen zonde gekend heeft, heeft Hij voor ons zonde gemaakt, opdat wij zouden worden: gerechtigheid van God in Hem* (2 Korinthe 5:21).

In deze tekst kun je natuurlijk ook de namen invullen in plaats van de persoonlijke voornaamwoorden: „Want Jezus, die geen zonde gekend heeft, heeft God tot zonde gemaakt voor mij, zodat ik zou worden, gerechtigheid van God in Jezus." Hier zien we een volledige omwisseling: Jezus werd tot zonde gemaakt met onze zondigheid, zodat wij rechtvaardig gemaakt konden worden met Zijn rechtvaardigheid. Deze rechtvaardigheid is beschikbaar door simpelweg te geloven in de werking van Zijn bloed.

Rechtvaardigheid brengt bepaalde onmiddellijk meetbare resultaten voort. Laten we één van deze resultaten bekijken zoals de Bijbel die noemt. Overigens zal onze levensstijl, onze houding, onze relaties en de effectiviteit van ons leven als christen afhangen van de mate waarin wij ons realiseren dat we rechtvaardig zijn gemaakt. In Spreuken 28:1 lezen we: *De goddelozen vluchten zonder dat iemand hen achtervolgt, maar de rechtvaardigen zijn vrijmoedig als een leeuw.* Veel christenen hebben een gebrek aan vrijmoedigheid. Ze zijn timide (dus geïntimideerd door situaties, omstandigheden en woorden van mensen of van geestelijke machten) en hebben de neiging zich terug te trekken als ze worden geconfronteerd met het kwaad of met de duivel. De wortel hiervan is dat ze het feit dat ze in Gods ogen rechtvaardig zijn – net zo rechtvaardig als Jezus zelf - niet op waarde schatten. Als we die waarheid aanvaarden, dan worden we vrijmoedig en dapper, en zien we elke dag – en ook de toekomst - vrijmoedig tegemoet!

—

Heer, ik dank U voor het bloed van Jezus. Ik realiseer mij dat ik gerechtvaardigd ben met Zijn rechtvaardigheid en in geloof stap ik de vrijmoedigheid binnen die deze waarheid brengt. Door het bloed van Jezus ben ik vrijgesproken, rechtvaardig gemaakt, alsof ik nooit gezondigd heb. Amen.

Bron: Spiritual conflict, vol. 3: God's people triumphant: spiritual weapons
– the blood, the Word, our testimony (CD)

3 FEBRUARI

VREDE EN VEILIGHEID

In het boek van de profeet Jesaja lezen we een volgend resultaat van het gerechtvaardigde christelijke leven: *De vrucht van de gerechtigheid zal vrede zijn en de uitwerking van de gerechtigheid: rust en veiligheid tot in eeuwigheid* (32:17). Hier worden drie resultaten van rechtvaardigheid genoemd: vrede, rust en veiligheid. Alledrie komen ze voort uit het besef dat we gerechtvaardigd zijn met de rechtvaardigheid van Jezus Christus.

In Romeinen 14:17 lezen we: *Want het Koninkrijk van God bestaat niet in eten en drinken, maar in gerechtigheid en vrede en blijdschap in de Heilige Geest.* Gisteren lazen we al dat rechtvaardigheid leidt tot vrijmoedigheid; vandaag voegen we daar vrede, rust, veiligheid en vreugde aan toe. Dit komt allemaal voort uit Jezus' rechtvaardigheid. Als we Christus' rechtvaardigheid niet door geloof aanvaarden, blijven we worstelen en proberen in eigen kracht deze resultaten te verkrijgen, maar zonder succes. Soms is het meelijwekkend om te zien hoe hard sommige christenen proberen blij of vredig te zijn, of ontspannen en veilig. Iemand heeft ze ooit verteld dat ze dat zouden moeten zijn, maar er is blijkbaar nooit bij verteld dat je die dingen niet kunt bereiken op basis van je eigen inspanning. Daarentegen is mijn ervaring dat als je de zekerheid van vergeving van zonden en rechtvaardigheid ontvangt, deze resultaten gewoon vanzelf komen. Vreugde stroomt natuurlijk, vrede komt zonder er moeite voor te doen. Op die basis mag je je in Hem ook veilig weten – ondanks soms moeite en verdrietige omstandigheden. Je kunt vrijmoedig de toekomst tegemoet zien, maar ook blijmoedig! De kern van het probleem zit hem erin dat mensen zich bewust moeten worden dat ze gerechtvaardigd zijn met de gerechtigheid van Jezus Christus zelf, waar Zijn bovennatuurlijke vrede en blijdschap in de Heilige Geest, automatisch in besloten liggen.

—

Dank U Heer voor het bloed van Jezus. Ik proclameer dat ik gerechtvaardigd ben met Zijn gerechtigheid, en in geloof ontvang ik de vrede, veiligheid en vreugde die hieruit voortkomen. Door het bloed van Jezus ben ik vrijgesproken en rechtvaardig gemaakt, alsof ik nooit gezondigd heb.

Bron: Spiritual conflict, vol. 3: God's people triumphant: spiritual weapons
– the blood, the Word, our testimony (CD)

4 FEBRUARI

EEN GOEDE BELIJDENIS

Sommige mensen – en soms hele kerkgemeenschappen of denominaties - denken dat het bijzonder godvruchtig of heilig is, als ze toch maar vooral blijven benadrukken dat ze stinkende zondaars zijn. In hun gedachten is het aanmatigend of hoogmoedig om te zeggen dat we rechtvaardig zijn. Daarentegen vindt men het juist vroom om maar te blijven praten over onze fouten en gebreken, onze onvolmaaktheid en de vele verkeerde dingen die we hebben gedaan en doen. In de kerk waarin ik ben opgevoed, moesten we iedere zondagmorgen hardop belijden: „Vergeef ons ellendige zondaars." Altijd leefde ergens diep bij mij het gevoel dat ik helemaal geen ellendige zondaar wilde zijn, maar als ik dan keek naar alle andere overtreders en zondaars, werd me toch wel duidelijk dat we er met zijn allen echt ellendig aan toe waren. Uiteindelijk zei ik tegen mezelf: 'Als godsdienst er alleen maar voor kan zorgen dat ik me ellendig voel, kan ik maar beter een zondaar zijn zonder godsdienst, en me op die manier zeker de helft minder ellendig voelen.' De taal van religie zegt voortdurend: „We zijn ellendige zondaars; we hebben verkeerd gedaan en zijn als verloren schapen van Gods wegen afgeweken; we hebben dingen gedaan die we niet hadden mogen doen en we hebben de dingen niet gedaan die we wel hadden moeten doen." Nu zit hier best waarheid in, maar de boodschap is niet compleet. Vandaag zou ik die woorden niet meer dagelijks of wekelijks kunnen uitspreken; dat zou hypocriet zijn. Hoe zou ik op maandag kunnen bidden voor overwinning over de zonde, in de wetenschap dat ik de volgende zondag weer uitspreek dat ik heb gezondigd en ben afgedwaald, en dat ik allerlei dingen heb gedaan die niet mochten en dingen heb nagelaten die ik wel moest doen? Het zou de basis van mijn geloof volkomen ondermijnen. En toch klinkt het zo goed, zo vroom.
Laten we onze belijdenis afstemmen op Gods Woord en werkelijk geloven: door het bloed van Jezus ben ik vrijgesproken, rechtvaardig gemaakt, alsof ik nooit gezondigd heb.

—

Dank U Heer, voor het bloed van Jezus. Ik breng mijn belijdenis in lijn met Gods Woord en proclameer: Door het bloed van Jezus ben ik vrijgesproken, rechtvaardig gemaakt, alsof ik nooit gezondigd heb. Amen.

Bron: Spiritual conflict, vol. 3: God's people triumphant: spiritual weapons
– the blood, the Word, our testimony (CD). Meer studie: Genade of niets (boek)

WEEK 6

DOOR HET BLOED VAN JEZUS
BEN IK HEILIG GEMAAKT,
APART GEZET VOOR GOD.

Daarom heeft ook Jezus,

om door Zijn eigen bloed het volk te heiligen,

buiten de poort geleden.

HEBREEËN 13:12

5 FEBRUARI

WAT HEILIGMAKING BETEKENT

'Heiligmaking' of 'heiliging' is een van die lange, ingewikkelde theologische begrippen. Laten we om te beginnen het woord ontleden. Het werkwoord heiligen is direct gerelateerd aan het originele Bijbelse woord voor 'heilig'. Heiligen betekent dus heilig maken. Het Nederlandse woord heiliging is verbonden met het woord heilige. Heiligmaking is dus het proces van iemand maken tot een heilige. *Daarom heeft ook Jezus, om door Zijn eigen bloed het volk te heiligen, buiten de poort geleden* (Hebreeën 13:12). Jezus ging buiten de stad als een zondoffer (zie bijvoorbeeld Johannes 19:16-20 – hoe Jezus werd weggeleid buiten de stad, om te lijden als een zondoffer). We leren uit het Oude Testament dat een zondoffer niet kon worden gebracht midden in de menigte van Gods volk (zie bijvoorbeeld Exodus 29:14). Heiligmaking omvat altijd afscheiding, apart zetten.

Om onszelf heilig te maken, moeten we de juiste belijdenis uitspreken: Door het bloed van Jezus ben ik heilig gemaakt, apart gezet voor God, afgescheiden van al het kwade. Tussen mij en al het kwade staat het bloed van Jezus.

Degene die geheiligd wordt, bevindt zich in een gebied waar God toegang tot hem heeft, terwijl de duivel dat niet heeft. Geheiligd worden is weggehaald worden uit het gebied waarin satan kan komen en overgezet worden in een gebied waarin we beschikbaar zijn voor God – maar waar we niet thuis zijn als satan aanbelt. Dat is heiligmaking, heilig gemaakt worden, apart gezet voor God.

—

Dank U Jezus voor Uw bloed! Heer, wat een voorrecht om beschikbaar te zijn voor U, en niet thuis te hoeven geven als de duivel aanbelt. Dank U voor mijn heiliging! Ik proclameer dat ik door het bloed van Jezus heilig ben gemaakt, apart gezet voor God. Amen.

Bron: The roman pilgrimage, vol. 1: Romans 1:1-1:17 (CD/ DVD)

6 FEBRUARI

RESPECT VOOR HET BLOED

Als we kijken naar de heiligende kracht van Jezus' bloed, kunnen we een belangrijke tekst uit Hebreeën niet ongenoemd laten. Deze tekst gaat over een afvallige - iemand die zich heeft afgekeerd van het christelijk geloof en is gekomen tot een bewuste ontkenning en afwijzing van de Here Jezus Christus. Deze tekst gaat over alle heilige zaken die hij of zij afwijst, en in zekere zin besmeurt. *Hoeveel te zwaarder straf, denkt u, zal hij waardig gekeurd worden die de Zoon van God vertrapt heeft en het bloed van het verbond, waardoor hij geheiligd was, onrein geacht heeft en de Geest van de genade gesmaad heeft?* (Hebreeën 10:29) Uit dit vers zien we duidelijk naar voren komen dat we worden geheiligd door het bloed van het verbond. Maar hier is iemand die door dit bloed is geheiligd, en zich er vervolgens van afkeert. *Hij heeft het bloed van de Zoon van God vertrapt.* Wat betekent dat? Deze tekst verwijst eigenlijk naar de ceremonie van het Pesachfeest, waarbij het bloed van het lam aan de deurposten en bovendorpel werd aangebracht, maar nooit aan de drempel. Want het bloed dat ons heiligt, mag nooit vertreden worden.

We mogen nooit respectloos met Jezus' bloed omgaan. Laat deze tekst voor ons een waarschuwing zijn, maar tegelijk ook een aanmoediging om het bloed van het verbond, Jezus' bloed dat ons heeft geheiligd, altijd op waarde te schatten – een waarde die op geen enkele manier in al zijn volheid is uit te drukken.

—

Dank U Heer voor het bloed van Jezus. Ik spreek uit dat ik eerbiedig respect heb voor het bloed van het verbond, waardoor ik heilig ben gemaakt, apart gezet voor U. Heer, het is zo'n voorrecht om helemaal bij U te mogen horen. Amen.

Bron: Spiritual conflict, vol. 3: God's people triumphant: spiritual weapons
– the blood, the Word, our testimony (CD)
Meer studie: De kracht van het offer (boek)

7 FEBRUARI

EEN TOTALE OVERSTAP

Net als rechtvaardigheid, komt heiligmaking niet door er je best voor te doen of door allerlei religieuze handelingen, maar alleen door geloof in het bloed van Jezus. Heilig gemaakt worden is apart gezet worden voor God. We behoren nu toe aan God; we staan onder Gods gezag en zijn beschikbaar voor Hem. Alles wat niet van God is, heeft geen recht om over ons te beschikken; al die dingen worden weggehouden door de kracht van het bloed. Daarom is het zo belangrijk die kracht over ons leven te belijden.

Daarbij danken wij de Vader, die ons bekwaam gemaakt heeft om deel te hebben aan de erfenis van de heiligen in het licht. Hij heeft ons getrokken uit de macht van de duisternis en overgezet in het Koninkrijk van de Zoon van Zijn liefde. (Kolossenzen 1:12,13) Door geloof in het bloed van Jezus zijn we weggehaald uit de invloedssfeer van satans gezag en overgezet in het koninkrijk van God. Het woord 'overgezet' betekent dat we van de ene plaats zijn overgebracht naar een andere plaats. In de Bijbel wordt een woord gebruikt dat een totale overstap aangeeft. In het Oude Testament lezen we over twee mannen die van het ene op het andere moment werden overgebracht van de aarde naar de hemel, namelijk Henoch en Elia. In beide gevallen was die overstap totaal. Elia liet alleen zijn mantel achter, maar zijn lichaam was verdwenen.

Zoals ik de Bijbel begrijp, geldt zo'n zelfde overstap voor ons, in de geestelijke werkelijkheid. We zijn totaal overgezet. Het is niet iets wat nog in de toekomst moet gaan gebeuren; het is al gebeurd. En het is totaal gebeurd: onze geest, onze ziel en ons lichaam behoren niet langer tot satans territorium en onder zijn gezag. Nee, we bevinden ons in het territorium van de Zoon van God en onder zijn autoriteit. Wat een heerlijke plaats om te zijn!

—

Dank U Heer voor het bloed van Jezus. Ik ben heilig gemaakt door geloof in het bloed van Jezus. Ik ben totaal overgezet van het territorium – dus ook de invloedssfeer - van de duivel, naar het territorium van de Zoon van God. Door het bloed van Jezus ben ik heilig gemaakt, apart gezet voor God. Amen.

Bron: Spiritual conflict, vol. 3: God's people triumphant: spiritual weapons
– the blood, the Word, our testimony (CD)

8 FEBRUARI

VOLLEDIG TERUGGEKOCHT

In de Romeinenbrief lezen we over twee koninkrijken en hun tegengestelde wetten. Het wetsysteem waarop deze koninkrijken werken is totaal verschillend. De wet van de duivel is de wet van zonde en dood; de wet van Gods koninkrijk is de wet van de Geest van het leven in Christus Jezus. *Want de wet van de Geest van het leven in Christus Jezus heeft mij vrijgemaakt van de wet van de zonde en van de dood* (Romeinen 8:2). Wij als christenen bevinden ons niet langer in satans territorium – we zijn niet langer onder zijn wet van zonde en dood. Zijn koninkrijk heeft geen zeggenschap over ons, want wij bevinden ons onder een andere heerschappij. Door het bloed van Jezus zijn we totaal overgebracht, naar geest, ziel en lichaam.

Welke gevolgen heeft dat voor het lichaam van een gelovige? Uit ervaring kan ik zeggen dat daar de verandering het eerst begint door te werken. De dag nadat ik als jonge man gered was, verzette mijn lichaam zich actief tegen de dagelijkse gewoonte van bier drinken. Kijk eens naar deze tekst: *Of weet u niet, dat uw lichaam een tempel is van de Heilige Geest, die in u is en die u van God hebt, en dat u niet van uzelf bent? U bent immers duur gekocht. Verheerlijk daarom God in uw lichaam en in uw geest, die van God zijn.* (1 Korinthe 6:19,20)
De woorden 'duur gekocht' uit de tekst hierboven nemen ons mee terug naar het thema van onze verlossing. Weet je het nog? Met het bloed van Jezus zijn we teruggekocht uit de hand van de vijand. Hoeveel van ons werd teruggekocht? Alleen onze geest? Nee, zowel onze geest als ons lichaam behoren toe aan God, omdat Jezus de volle prijs van verlossing voor ons betaalde met Zijn bloed.

—

Dank U Heer, voor het bloed van Jezus. Ik proclameer dat ik volledig ben teruggekocht uit het koninkrijk van de duivel en ben overgezet in het koninkrijk van God. Mijn geest en mijn lichaam zijn van God, omdat Jezus de totale prijs betaalde voor verlossing door Zijn kostbare bloed. Door het bloed van Jezus ben ik heilig gemaakt, apart gezet voor God. Amen.

Bron: Spiritual conflict, vol. 3: God's people triumphant: spiritual weapons
– the blood, the word, our testimony (CD)

9 FEBRUARI

GODS PLAN OM ONS HEILIG TE MAKEN

We weten dat het woord 'heiligen' is afgeleid van het woord 'heilige', en dit is in de grondtalen Hebreeuws en Grieks weer direct verbonden met het woord 'heilig'. God wil dat wij heilig worden gemaakt.

Onder de vele eigenschappen die God heeft, is heiligheid uniek. Hij heeft vele prachtige eigenschappen – liefde, kracht, wijsheid, etc. – maar al deze eigenschappen kunnen we in zekere mate ook in mensen weerspiegeld zien. We hebben liefde ervaren van andere mensen. We kennen krachtige mensen, en ook mensen met grote wijsheid. Natuurlijk zijn deze eigenschappen in Gods karakter ontelbaar keer groter en hoger dan bij de mensen, maar toch krijgen we een idee van wat deze eigenschappen inhouden, doordat we ze om ons heen zien in de persoonlijkheid van anderen. Maar als het gaat over heiligheid, dan is er niets om mee te vergelijken. Ook is heiligheid een absolute waarde, waarbij je niet kunt spreken in gradaties of hoeveelheden. Andere eigenschappen zoals kracht, liefde en wijsheid kun je waarnemen in een zekere mate – nog steeds niet absoluut meetbaar in cijfers – maar mensen kunnen wel een bepaalde mate van kracht of liefde uitstralen. Heiligheid daarentegen, is absoluut. Iemand is heilig, of niet.

God is uniek in Zijn heiligheid. Heiligheid is iets wat niet gevonden kan worden buiten God. In zekere zin kun je God precies zoveel leren kennen, als de mate waarin je Zijn heiligheid kent. Ik probeer het meestal zo over te brengen: We danken God om Zijn goedheid, we prijzen Hem om Zijn grootheid, maar we aanbidden God om Zijn heiligheid. Aanbidding is onze natuurlijke, automatische reactie op Gods heiligheid.

In het Oude Testament zei God: *U moet u heiligen en heilig zijn, want Ik ben heilig* (Leviticus 11:44). En in 1 Petrus 1:16 wordt dit herhaald: *Wees heilig, want Ik ben heilig.* De komende dagen zal ik uitleggen dat er twee manieren zijn om deze heiligheid te verkrijgen, één is via het oude verbond, de andere via het nieuwe verbond.

—

Dank U Heer voor het bloed van Jezus. Ik proclameer dat God heilig is en Hij is mijn aanbidding waard. Door het bloed van Jezus ben ik heilig gemaakt, apart gezet voor God. Amen.

Bron: Holiness, the Jesus way (CD)
Meer studie: Dankzegging, lofprijs en aanbidding (boek)

10 FEBRUARI

GEEN LIJST MET REGELS

Laten we eens kijken naar de manier waarop heiligheid werd gepresenteerd onder het oude verbond. *U moet u heiligen en heilig zijn, want Ik ben heilig* (Leviticus 11:44). Het hele elfde hoofdstuk van Leviticus bevat een gecompliceerd systeem van allerlei regelgeving over wat je moet eten, wat je moet dragen en wat iemand rein of onrein maakt.

Gods eis was dat je je moest 'heiligen'. Maar in dit hoofdstuk wordt duidelijk dat het vasthouden van heiligheid bijzonder ingewikkeld was. Er was een hele serie regels en verordeningen waar je je aan moest houden. Bijvoorbeeld: *Van de kruipende dieren die zich over de aarde voortbewegen, zijn deze voor u onrein: de mol, de muis, elke soort pad, de gekko, de varaan, de hagedis, de skink en de kameleon. Onder al de kruipende dieren zijn die onrein voor u. Al wie ze aanraakt als ze dood zijn, is onrein tot de avond* (Leviticus 11:29-31). Volgens deze regels zou iemand tot de avond onrein zijn als hij een dode muis bij de staart zou oppakken. Maar de regels gingen nog verder; ieder voorwerp waar zo'n dode muis bijvoorbeeld in zou vallen, of de kleding die deze muis zou aanraken, moest ook weer ritueel gereinigd worden. Het onderhouden van deze regels zou zo ongeveer een fulltime baan betekenen!

God zei dat als je je aan al deze regels zou houden, dan zou je heilig zijn. Maar als je heiligheid wilt verkrijgen door je aan een lijst regels te houden, dan moest je ook werkelijk alle regels voortdurend opvolgen, zonder uitzondering. Je mocht niet één keer van de regels afwijken. Dat is voor mensen onmogelijk. Prijs God dat Hij voorzag in een betere manier! Daar zullen we in de volgende dagen naar kijken.

—

Dank U Heer voor het bloed van Jezus. Ik proclameer dat het Gods plan is om mij heilig te maken – niet door het houden van een lijst met regels, maar door het bloed van Jezus, waardoor ik ben heilig gemaakt, apart gezet voor God. Amen.

Bron: Holiness, the Jesus way (CD)

11 FEBRUARI

HEILIGHEID DOOR GELOOF

We kunnen stellen dat er sprake is van opwekking, als Gods volk meer geïnteresseerd is in heiligheid, dan in genezen te worden van hun ziekten. Onze prioriteiten liggen vaak verkeerd. Als ik een genezingsdienst organiseerde, kwamen de mensen in drommen opdagen, maar als ik aankondigde onderwijs te geven over heiligheid, dan daalde het bezoekersaantal meestal schrikbarend. En dat terwijl heiligheid vele malen belangrijker is dan genezing! Genezing is tijdelijk en helpt je alleen voor dit aardse leven. Dank God voor genezing. Maar heiligheid is eeuwig; het zal voortdurend bij je zijn in de hemel. De kracht van de Heilige Geest zal iets in ons moeten veranderen, om ons besef van wat waardevol is om te keren. *En nu, broeders, ik draag u op aan God en aan het woord van Zijn genade, aan Hem die machtig is om u op te bouwen en u een erfdeel te geven onder al de geheiligden.* (Handelingen 20:32) Het erfdeel is weggelegd voor hen die geheiligd zijn. Dit gedeelte leert ons dat Gods Woord ons in ons erfdeel kan brengen. Maar hoe kunnen we heiligmaking ontvangen in het nieuwe, betere verbond? Jezus gaf Saulus van Tarsus een opdracht toen Hij zichzelf voor het eerst aan hem openbaarde: *Ik zal u verlossen van dit volk en van de heidenen, naar wie Ik u nu zend, om hun ogen te openen en hen te bekeren van de duisternis tot het licht en van de macht van de satan tot God, opdat zij vergeving van de zonden ontvangen en een erfdeel onder de geheiligden door het geloof in Mij.* (Handelingen 26:17,18) We kunnen geheiligd worden door ons aan alle regels van het Oude Testament te houden – maar dan mogen we nooit ook maar het kleinste foutje maken. Deze manier is voor zondige mensen als wij onmogelijk. De andere manier is volkomen anders – niet door een lijst met regels te houden, maar door geloof in Jezus.

———

Heer, dank U wel voor het bloed van Jezus. Ik proclameer mijn geloof in Jezus Christus en bevestig dat ik door geloof in Hem heilig ben gemaakt, apart gezet voor God. Hoed mij ervoor Vader, dat ik ooit mijn heil en heiligheid zou verwachten van het houden van regels. Amen.

Bron: Holiness, the Jesus way (CD)

WEEK 7

**Mijn lichaam is een tempel
van de Heilige Geest, verlost en
gereinigd door het bloed van Jezus.**

*Of weet u niet, dat uw lichaam een tempel is
van de Heilige Geest, die in u is en die u van God hebt,
en dat u niet van uzelf bent?*

1 Korinthe 6:19

12 FEBRUARI

DE INWONENDE HEILIGE GEEST

Een uniek kenmerk van iemands persoonlijkheid is het vermogen om te spreken. Toen op de Pinksterdag de Heilige Geest uit de hemel neerdaalde, sprak Hij in 'andere tongen' (Handelingen 2:4, NBG) door de mond van de discipelen. Hierdoor liet Hij zien dat Hij was gekomen, als een Persoon, om Zijn woning hier op aarde te betrekken. Hij is nu de permanente, persoonlijke vertegenwoordiger van de Godheid op aarde.

Sinds Pinksteren neemt de Heilige Geest, telkens als Hij komt, Zijn intrek (als een Persoon) in het lichaam van een gelovige; en het is passend dat Hij Zijn aanwezigheid laat blijken door middel van een nieuwe taal die zich op bovennatuurlijke wijze manifesteert door de gelovige heen. Daarmee zegt Hij: „Nu weet je dat ik hier als Persoon ben gekomen, om woning te maken in jouw lichaam."

Om deze reden zegt Paulus in 1 Korinthe 6:19: *Of weet u niet, dat uw lichaam een tempel is van de Heilige Geest, die in u is en die u van God hebt, en dat u niet van uzelf bent?* Hiermee benadrukte hij dat het spreken in tongen niet slechts een korte, bovennatuurlijke ervaring is, maar veel meer dan dat; het is een goddelijk teken dat de Heilige Geest – als Persoon – Zijn woonplaats in het lichaam van de gelovige heeft betrokken, waardoor dit lichaam wordt tot een heilige tempel. Deze waarheid legt een verantwoordelijkheid bij iedere gelovige neer, om zijn of haar lichaam in een conditie van heiligheid te bewaren, die passend is voor een tempel van God.

—

Dank U Heer voor het bloed van Jezus en het werk van de Heilige Geest. Ik proclameer dat mijn lichaam een tempel is van de Heilige Geest, verlost en gereinigd door het bloed van Jezus.

Bron: Wie is de Heilige Geest? (onderwijsbrief, opgenomen in het gelijknamige boekje:
Wie is de Heilige Geest)

13 FEBRUARI

MIJN LICHAAM: TEMPEL VAN GOD

Maar de Allerhoogste woont niet in tempels die met handen gemaakt zijn, zoals de profeet zegt: De hemel is voor Mij een troon en de aarde een voetbank voor mijn voeten. Wat voor huis zult u voor Mij bouwen, zegt de Heere, of wat is de plaats van mijn rust? Heeft mijn hand niet al deze dingen gemaakt? (Handelingen 7:48-50) God woont in een tempel die niet door mensenhanden is gemaakt, maar door goddelijk handwerk en naar een goddelijk ontwerp. Die tempel is het lichaam van de gelovige, jouw en mijn lichaam, dat verlost is door het bloed van Jezus Christus. Paulus legt in 1 Korinthe 6:13 uit dat *het voedsel voor de buik is en de buik voor het voedsel, maar God zal zowel die buik als dat voedsel tenietdoen. Het lichaam nu is niet voor de hoererij, maar voor de Heere en de Heere voor het lichaam.* Dit vers spreekt over voedsel voor de buik en de buik voor het voedsel. In Spreuken staat: *De rechtvaardige eet tot de bevrediging van zijn ziel* (13:25). Rechtvaardige kinderen van God overeten zich niet. Waarom? Omdat ons lichaam een tempel is voor God, en die tempel willen we niet vervuilen door vraatzucht, dronkenschap, immoraliteit of iedere andere vorm van misbruik. Het lichaam is voor de Heer en de Heer is voor het lichaam. Als ik mijn lichaam aanbied aan God, dan mag de Heer aanspraak maken op mijn lichaam en hoe ik ermee omga.

Denk eens aan de volgende vergelijking. Als ik een huis koop, dan ben ik ook verantwoordelijk om het te onderhouden, maar als ik een huis van iemand huur, dan is de eigenaar verantwoordelijk voor het onderhoud ervan. Als we Jezus slechts een tijdelijk recht op ons lichaam geven, aanvaardt Hij niet de verantwoordelijkheid voor het onderhoud ervan. Maar als Jezus ons lichaam in bezit heeft, dan neemt Hij die verantwoordelijkheid wel. Dat is de relatie waar Hij naar verlangt.

—

Dank U Heer voor het bloed van Jezus en het werk van de Heilige Geest. Ik proclameer dat mijn lichaam een tempel is van de Heilige Geest en dat de Heer alle rechten op mijn lichaam bezit. Daarom zal ik deze tempel niet vervuilen door vraatzucht, dronkenschap, immoraliteit of ander misbruik. Mijn lichaam is een tempel van de Heilige Geest, verlost en gereinigd door het bloed van Jezus. Amen.

Bron: Spiritual conflict, vol. 3: God's people triumphant: spiritual weapons
– the blood, the Word, our testimony (CD)

14 FEBRUARI

GODS EIGENDOM

De Bijbel leert ons dat we God moeten vereren, zowel met ons lichaam als met onze geest (zie 1 Korinthe 6:20), want die behoren beiden aan God toe. Zowel ons lichaam als onze geest zijn door Jezus' bloed verlost uit de handen van de duivel. Er is geen deel van mij – geest, ziel of lichaam – dat nog staat onder het gezag van satan.

Toch is het belangrijk goed te begrijpen dat mijn lichaam, ook al is het Gods eigendom, nog geen opstandingslichaam is; ik heb een sterfelijk lichaam dat onderhevig is aan de vergankelijkheid. Maar dat sterfelijke lichaam, met al zijn vezels, cellen en weefsel – is wel Gods eigendom; het is niet van de duivel. Als de duivel dat territorium betreedt, is hij in overtreding. Door Jezus' eigendomsrecht te doen gelden op ons lichaam, kunnen we er feitelijk een bordje ophangen met 'verboden toegang'. Wettig gezien behoort ons lichaam niet toe aan satan, maar aan Jezus, die er een geestelijk doel mee heeft. Ons lichaam hoort een plaats te zijn waar de derde Persoon van de Godheid Zijn persoonlijke verblijfplaats heeft. Ons lichaam is heilig, want het is de aangewezen woonplaats van de Heilige Geest.

De Bijbel zegt vele malen dat God niet woont in tempels die door mensenhanden zijn gemaakt (bijvoorbeeld in Handelingen 7:48). Hij woont dus niet in kerkgebouwen, kapellen, synagogen of andere tastbare plaatsen die we gebruiken om God te aanbidden. God woont, door Zijn Heilige Geest, in Zijn kinderen.

—

Heer, dank U wel voor het bloed van Jezus en het werk van Uw Heilige Geest. Ik proclameer dat mijn lichaam Gods eigendom is, niet dat van de duivel. Mijn lichaam behoort Jezus toe, en Hij heeft een speciale bestemming voor mijn lichaam. Mijn lichaam is een tempel van de Heilige Geest, verlost en gereinigd door het bloed van Jezus.

Bron: Spiritual conflict, vol. 3: God's people triumphant: spiritual weapons
– the blood, the Word, our testimony (CD)

15 FEBRUARI

LUISTEREN NAAR GODS STEM

Onze eindbestemming – goed of slecht – wordt bepaald door de stemmen waar we naar luisteren. Luisteren naar de stem van de Heer en er aan gehoorzamen zal zegen brengen. De stem van God negeren brengt vele vloeken over ons leven.* Het is onmogelijk om God te gehoorzamen zonder eerst naar Zijn stem te luisteren, want Zijn stem vertelt ons wat Hij van ons vraagt.

Vele belijdende christenen zijn ongevoelig voor de stem van God. We kunnen ons leven lang allerlei godsdienstige activiteiten en taken verrichten, maar die zijn onderhevig aan routine en formaliteit, uitgesleten patronen die we hebben ontwikkeld om te compenseren dat we Gods stem niet verstaan. In alle perioden van de geschiedenis vraagt God van ons dat we ons voortdurend bewust zijn van Zijn stem.

In Jeremia 7 legt God uit wat Hij werkelijk van Israël verlangde, toen Hij het volk verloste uit Egypte. Het eerste was niet het houden van de offerwet, maar het luisteren naar Zijn stem. Het was Zijn stem die het volk zou leiden tot het gehoorzamen van de wet en het brengen van de juiste offers. Het onderhouden van de uiterlijke regels van de wet had geen betekenis, als het niet werd gedaan vanuit het horen van de stem van de Heer. De basisvereiste van God is dat we luisteren naar Zijn stem. *Toen Ik uw voorvaderen uit Egypte leidde, heb Ik hun niets gezegd, hun geen voorschriften gegeven over brand- en slachtoffers. Dit alleen heb Ik bevolen: Luister naar Mij, dan zal Ik uw God zijn en u zult Mijn volk zijn. Volg de weg die Ik u wijs, dan zal het goed gaan.* (Jeremia 7:22,23) De eenvoudige eis is: „Luister naar mijn stem en Ik zal je God zijn." Dat is de simpelste samenvatting die mogelijk is. Neem vandaag een hartsbesluit om echt Gods stem te willen horen - het is de basis van je leven als christen.

—

Dank U Heer voor het bloed van Jezus en het werk van de Heilige Geest. Ik spreek uit dat ik wil luisteren naar de stem van de Heer en Hem wil gehoorzamen. Ik maak de waarheid van deze tekst persoonlijk: „Ik gehoorzaam Uw stem, en U zult mijn God zijn." Mijn lichaam is een tempel van de Heilige Geest, verlost en gereinigd door het bloed van Jezus. Amen.

Bron: Claiming our inheritance (CD). *Meer studie: Van vloek naar zegen (boek)

16 FEBRUARI

ZIJN HEILIGE GEEST IN ONS

Want als u naar het vlees leeft, zult u sterven. Als u echter door de Geest de praktijken van het lichaam doodt, zult u leven. (Romeinen 8:13) Paulus schreef aan 'geestelijke christenen' dat als we naar het vlees leven, we zullen sterven, want dan voeden we ons met iets wat ons vernietigt. Als je leeft naar het vlees, dan is dat precies wat je krijgt; vernietiging.

Er is een totale, lijnrechte tegenstelling tussen het vlees en de Geest, en die twee kunnen nooit met elkaar verzoend worden. Gods verlossingsplan is het doden van onze vleselijke natuur, om vervolgens door de Heilige Geest een totaal nieuwe natuur in ons te vestigen. Hoewel God op volmaakte wijze heeft voorzien in alle genade die nodig is voor deze verandering, moeten we haar volgens deze tekst toch zelf in ons leven uitwerken. We moeten 'de werken van het lichaam doden', en dat is iets wat God niet voor ons zal doen. God heeft ons het wettige recht, de macht en het gezag gegeven, maar we moeten die instrumenten wel gebruiken.

In de Bijbel staat: *Maar allen die Hem aangenomen hebben, hun heeft Hij macht gegeven kinderen van God te worden, namelijk die in Zijn Naam geloven* (Johannes 1:12). We ontvangen autoriteit als we opnieuw geboren worden. Maar autoriteit is volkomen nutteloos als ze niet wordt uitgeoefend. De wedergeboorte is de potentie, de mogelijkheid om iets prachtigs te worden, maar alleen als we onze autoriteit gebruiken. Als we geen Bijbelse stappen nemen om onze problemen en zonden te overwinnen, dan boeken we geen vooruitgang.

Het is nodig dat we overstappen van onze vleselijke manier van denken naar een geestelijke manier van denken. We hebben de hulp van de Heilige Geest nodig: *Immers, zo velen als er door de Geest van God geleid worden, die zijn kinderen van God.* (Romeinen 8:14)

———

Dank U Heer, voor het bloed van Jezus en het werk van Uw Heilige Geest. Ik proclameer dat ik door geloof de praktijken van mijn lichaam doodt en mijzelf openstel voor de volledig nieuwe natuur die de Heilige Geest in mij bewerkt. Leer mij Uw stem te horen. Mijn lichaam is een tempel van de Heilige Geest, verlost en gereinigd door het bloed van Jezus.

Bron: The roman pilgrimage, vol. 2: Romans 7:25-8:4 (CD/ DVD)

17 FEBRUARI

Reiniging en vernieuwing

Het proces van verlossing houdt reiniging en vernieuwing in: *Maar toen de goedertierenheid van God, onze Zaligmaker, en Zijn liefde tot de mensen verschenen is, maakte Hij ons zalig, niet uit de werken der rechtvaardigheid die wij gedaan hadden, maar naar Zijn barmhartigheid, door het bad van de wedergeboorte en de vernieuwing door de Heilige Geest* (Titus 3:5). De eerste fase van het proces is reiniging. De zonde maakt ons vuil. Van binnen zijn we smerig, en daarom hebben we reiniging nodig. Alleen het bloed van Jezus is in staat om de zondaar van alle zonde te reinigen. Hoe kunnen we die reiniging ontvangen? *Als wij onze zonden belijden: Hij is getrouw en rechtvaardig om ons de zonden te vergeven en ons te reinigen van alle ongerechtigheid* (1 Johannes 1:9). God vergeeft niet alleen de zonden uit het verleden, maar Hij wast ons ook schoon van alle vervuiling die de zonde in ons leven heeft gebracht. In vers 7 van hetzelfde hoofdstuk zegt Johannes dat alleen het bloed van Jezus, Gods Zoon, ons kan reinigen.

De tweede fase van onze verlossing is vernieuwing of wedergeboorte. Jezus zei tegen Nicodemus: *Voorwaar, voorwaar, Ik zeg u: als iemand niet opnieuw geboren wordt, kan hij het Koninkrijk van God niet zien* (Johannes 3:3). Deze geboorte komt van God. Iets verderop zegt Jezus: *Wat uit het vlees geboren is, is vlees; en wat uit de Geest geboren is, is geest* (vers 6). Als we uit onze moeder worden geboren, dan worden we fysiek geboren met onze vleselijke natuur. Dat is niet de geboorte die redding brengt. We moeten een volkomen nieuw leven ontvangen, waarin we geboren worden door de Geest van God. Dat is vernieuwing of wedergeboorte.

—

Heer, dank U voor het bloed van Jezus en het werk van Uw Heilige Geest. Ik proclameer dat de Here Jezus Christus mij door Zijn bloed reinigt van alle zonde, en ik ontvang het wonder van vernieuwing door de wedergeboorte – een volkomen nieuw leven door de Geest van God. Leer mij Heer, om in dat nieuwe leven te wandelen. Mijn lichaam is een tempel van de Heilige Geest, verlost en gereinigd door het bloed van Jezus. Amen.

Bron: The roman pilgrimage, vol. 2: Romans 7:25-8:4 (CD/ DVD)

18 FEBRUARI

VERNIEUWING DOOR DE GEEST

Gisteren bekeken we het proces van verlossing en zagen dat de tweede fase daarvan vernieuwing omvat. In Titus 3:5 lezen we: *Maar toen de goedertierenheid van God, onze Zaligmaker, en Zijn liefde tot de mensen verschenen is, maakte Hij ons zalig, niet uit de werken der rechtvaardigheid die wij gedaan hadden, maar naar Zijn barmhartigheid, door het bad van de wedergeboorte en de vernieuwing door de Heilige Geest.* Het laatste aspect dat Paulus hier noemt is vernieuwing. We moeten een nieuwe schepping worden. Paulus zei: *Daarom, als iemand in Christus is, is hij een nieuwe schepping: het oude is voorbijgegaan, zie, alles is nieuw geworden* (2 Korinthe 5:17). Het woord 'schepping' is belangrijk, aangezien er maar één Schepper is: God. Mensen kunnen fabriceren, repareren en produceren, maar ze kunnen niet scheppen. Ons hart en innerlijk is zo vervuild en verstoord geraakt door de gevolgen van de zonde, dat repareren of oplappen van onze oude natuur onmogelijk is. Alleen een nieuwe schepping worden is afdoende.

In het Oude Testament, nadat David in overspel was gevallen, pleegde hij een moord, en toen hij uiteindelijk geconfronteerd werd met de afschuwelijke conditie van zijn hart, riep Hij het uit naar God: *Schep in mij een rein hart o God* (Psalm 51:12). David wist dat schepping van God moest komen; het kon niet gebeuren via een menselijk proces. Herken jij dat ook bij jou er eigenlijk maar één oplossing mogelijk is voor alle gevolgen van de zonde, de gebrokenheid en de ravage die de duisternis in je leven heeft aangericht? Er is een wonder nodig: de schepping van een nieuw, rein hart.

In Titus 3:5 zagen we drie aspecten van het proces van verlossing: reiniging, vernieuwing en een nieuwe schepping. God doet iets in ons wat geen mens kan doen. En dit gebeurt allemaal door Gods genade, niet door mijn rechtvaardigheid. Het heeft niets met onze rechtvaardige daden te maken, die een beroep zouden kunnen doen op Gods rechtvaardige natuur. Nee, we hebben Zijn genade nodig. Onze 'rechtvaardigheid' brengt ons helemaal nergens. Verlossing komt tot ons door Gods soevereine genade.

———

Dank U Heer, voor het bloed van Jezus en het werk van Uw Heilige Geest. Ik proclameer dat ik vernieuwd word door de Heilige Geest. Ik ben een nieuwe schepping, niet door mijn eigen rechtvaardige daden, maar door Gods soevereine genade voor mij. Mijn lichaam is een tempel van de Heilige Geest, verlost en gereinigd door het bloed van Jezus.

Bron: The roman pilgrimage, vol. 2: Romans 7:25-8:4 (CD/ DVD)

WEEK 8

**Satan heeft geen plaats in mij,
geen macht over mij en geen onvereffende
aanspraken tegen mij. Alles is vereffend
door het bloed van Jezus!**

*Wie zal uitverkorenen Gods beschuldigen?
God is het, die rechtvaardigt; wie zal veroordelen?
Christus Jezus is de gestorvene, wat meer is, de opgewekte,
die ter rechterhand Gods is, die ook voor ons pleit*

Romeinen 8:31-39

19 FEBRUARI

ANDEREN VERGEVEN

Eén manier waarop gelovigen satan een claim op hun leven laten leggen, is door anderen niet te vergeven. Jezus leerde ons dat wij door God vergeven worden, in die mate waarin wij anderen vergeven. Hij zei: *Want indien gij de mensen hun overtredingen vergeeft, zal uw hemelse Vader ook u vergeven; maar indien gij de mensen niet vergeeft, zal ook uw Vader uw overtredingen niet vergeven* (Matteüs 6:14,15). We hebben niet het recht om vergeving van God te vragen in een mate die groter is dan wij zelf bereid zijn om anderen te vergeven. Als er iemand is die wij niet vergeven, dan zal in diezelfde mate, God ook ons niet vergeven. Dat betekent dat het gebied waarin wij niet vergeven, een gebied is waar satan legaal beslag op legt. We kunnen hem niet wegsturen totdat wij de mensen vergeven die onze vergeving nodig hebben.

Vergeven is soms een heel diepe weg, met name als ons heel grote, diepe dingen zijn aangegaan. Toch begint vergeving altijd bij een besluit, hoe onmachtig je je hiervoor ook voelt. Op basis van dat besluit kan God je de genade verlenen die je nodig hebt om de vergeving ook te gaan ervaren.

Verzoening is onlosmakelijk verbonden met de vergeving van zonden. Als al onze zonden vergeven zijn, hebben we de volle rechten van verzoening en verlossing. Dan heeft satan geen onbetaalde rekeningen van ons openstaan. Maar als er een gebied is waarin nog niet volledig met zonde is afgerekend, dan heeft satan een claim op ons leven. We kunnen alle predikers van Nederland en België laten komen om te preken en voor ons te bidden, maar het zal geen enkel effect hebben, want satan weet dat hij het recht heeft dat gebied te bezetten. We moeten beseffen dat satan een expert is in de wet. Hij weet precies waar hij wel of geen aanspraak op kan maken. Gods Woord biedt ons echter volkomen vergeving van zonden. Het is cruciaal dat we ons daaraan vasthouden en niets open laten staan dat nog niet vergeven is.

———

Dank U Heer voor het bloed van Jezus. Ik vraag U om al mijn zonden te vergeven, en ik vergeef iedereen die ik moet vergeven (noem eventueel namen). Nu ik dit gedaan heb, proclameer ik dat satan geen plaats in mij heeft, geen macht over mij heeft en geen onvereffende aanspraken tegen mij heeft. Alles is vereffend door het bloed van Jezus. Amen.

Bron: Spiritual conflict, vol. 3: God's people triumphant: spiritual weapons – the blood, the Word, our testimony (CD). Meer studie: Ik vergeef je (boek)

20 FEBRUARI

SPREEK HET UIT!

Ik herinner me nog goed dat ik voor het eerst dit soort belijdenissen begon uit te spreken. Ik vroeg me af waar de duivel me de volgende keer zou proberen te raken. Ik ken mensen die het uitspreken van dit soort belijdenissen maar eng vinden; ze zijn bang wat er met ze zal gebeuren, maar dan spelen we het spelletje van de duivel mee. Onthoud goed dat dit zijn manier is om je te weerhouden van de dingen die je juist helpen hem te overwinnen. Het is slechts door het woord van ons getuigenis dat we de voordelen van het bloed kunnen ontvangen.

De eerste keer dat je een belijdenis uitspreekt, kan er misschien allerlei onrust losbreken. Nou, prijs de Heer als dat gebeurt! Het bewijst de waarheid van je belijdenis, en het bewijst ook dat er dingen in beweging worden gezet. Als ik door zo'n belijdenis grote onrust ga ervaren, dan reageer ik juist door mijn belijdenis nog eens uit te spreken. In de Bijbel staat: *laten wij aan deze belijdenis vasthouden* (Hebreeën 4:14). En als de hel dan helemaal lijkt los te barsten, zegt de Bijbel: *Laten wij de belijdenis van de hoop onwrikbaar vasthouden, want Hij die het beloofd heeft, is getrouw* (Hebreeën 10:23). Blijf het uitspreken; het heeft niets te maken met ons gevoel. Het is niet afhankelijk van onze situatie, onze problemen of onze omstandigheden. Onze belijdenis te gaan vergeven is net zo eeuwig waar als het Woord van God zelf – want daaruit komt onze belijdenis immers voort, door de kracht van Zijn Geest.

Gods Woord staat voor eeuwig vast in de hemel (zie Psalm 119:89). Satan heeft geen plaats in ons, geen macht over ons, geen onvereffende aanspraken tegen ons.

—

Dank U Heer voor het bloed van Jezus. Ik proclameer dat satan geen plaats heeft in mijn leven, geen macht over mij heeft en geen onvereffende aanspraken tegen mij. Alles is vereffend door het bloed van Jezus. En ik ben vast van plan dit keer op keer te belijden. Amen.

Bron: Spiritual conflict, vol. 3: God's people triumphant: spiritual weapons – the blood, the Word, our testimony (CD). Meer studie: Ik vergeef je (boek)

21 FEBRUARI

JEZUS DE BEVRIJDER

De Christus die de enige Redder is, is ook de enige Bevrijder. Alleen Jezus kan de macht van demonische gebondenheid in mensenlevens verbreken en hen vrijzetten.

Voor hen die verlangen naar bevrijding is het nodig om een directe, persoonlijke ontmoeting met Jezus Christus te hebben. Hier zijn vier eenvoudige stappen die we moeten nemen:

Ten eerste: wees ervan overtuigd dat je je hebt bekeerd, oftewel, je heel bewust hebt afgekeerd van elke vorm van zonde.

Ten tweede: Kijk alleen naar Jezus. Hij alleen is de bevrijder.

Ten derde: Baseer je verzoeken alleen op wat Jezus voor ons deed door Zijn dood aan het kruis; niet op eigen werken uit onszelf.

Ten vierde: Wees ervan verzekerd dat je door een beslissing van je wil iedereen hebt vergeven die ooit tegen je heeft gezondigd.

Toen ik zelf bevrijd werd van een demon van depressiviteit, ontving ik deze belofte: *Ieder die de Naam van de HEERE zal aanroepen, zal behouden worden* (Joël 2:32) (Het Griekse woord voor 'behouden' is sozo, wat zowel gered, als behouden, bevrijd en genezen betekent.) Ik herinnerde me ook de woorden van Jezus in Markus 16:17: *in mijn Naam zullen zij demonen uitdrijven.* In Jezus' naam hebben wij ook het gezag om boze geesten uit te drijven.

—

Dank U Heer voor het bloed van Jezus. Ik proclameer dat Hij alleen mijn bevrijder is, en dat wie de Naam van de Heer aanroept, zal worden gered, genezen en bevrijd. Satan heeft geen plaats in mij, geen macht over mij en geen onvereffende aanspraken tegen mij. Alles is vereffend door het bloed van Jezus.

Bron: Zij zullen boze geesten uitdrijven (boek)

22 FEBRUARI

HET SLAGVELD BEGRIJPEN

Want al wandelen wij in het vlees, wij voeren geen strijd naar het vlees. De wapens van onze strijd zijn immers niet vleselijk, maar krachtig door God, tot afbraak van bolwerken. Want wij breken de valse redeneringen af en elke hoogte die zich verheft tegen de kennis van God, en wij nemen elke gedachte gevangen om die te brengen tot gehoorzaamheid aan Christus (2 Korinthe 10:3-5). Onze strijd tegen satan wordt bevochten in de geestelijke wereld. Daarom zijn onze wapens ook geestelijk en kunnen we ze ook alleen maar in die wereld gebruiken.

Het is heel belangrijk te begrijpen waar de strijd plaatsvindt. Paulus gebruikt in 2 Korinthe verschillende woorden om het slagveld en onze vijanden te benoemen. Door verschillende vertalingen te gebruiken, komen we tot de volgende opsomming van betekenissen; het woord 'valse redeneringen' wordt ook vertaald met: 'fantasieën', 'redeneringen', 'speculaties', 'argumenten', 'kennis', 'verzinsels' en 'bedenksels'. Elk van deze woorden heeft te maken met het gebied van ons denken. We moeten goed begrijpen dat de strijd zich afspeelt in ons denken. Satan voert een voortdurende, wereldomspannende oorlog om de gedachten van de mensen te winnen en beïnvloeden. Doelbewust en systematisch bouwt satan bolwerken in het denken van mensen. Deze bolwerken weerstaan de waarheid van het evangelie en het Woord van God, en zorgen ervoor dat we niet in staat zijn de boodschap van het evangelie te ontvangen.

Als Gods vertegenwoordigers is het onze verantwoordelijkheid om onze geestelijke wapens te gebruiken en deze bolwerken en al satans geschut neer te halen, zodat het denken van mannen en vrouwen bevrijd wordt. Daarna brengen we deze gedachten als krijgsgevangenen tot gehoorzaamheid aan Christus. Wat een verbluffende opdracht is dat!

—

Dank U Heer voor het bloed van Jezus. Door de kracht van Zijn bloed breek ik de bolwerken af die satan in mijn denken heeft opgebouwd. Ik verklaar dat satan geen plaats in mij heeft, geen macht over mij heeft en geen onvereffende aanspraken tegen mij heeft. Alles is vereffend door het bloed van Jezus. Amen.

Bron: Derek Prince - Experiencing God's power (Boek)

23 FEBRUARI

DE KRACHT VAN VASTEN

Op de dag dat u vast, zoekt u nog uw voordeel en beult u uw slaven af. U kijft en krakeelt als u vast en slaat er boosaardig met uw vuisten op los. Zie, bij een vasten als dit dringt uw stem niet in den hoge door. Is dat soms het vasten dat Ik verkies, is dat een dag waarop de mens zich vernedert? Zijn hoofd als een riet laten hangen en op de grond liggen in zak en as: noemt u dat soms vasten, en een dag die de HEER behaagt? (Jesaja 58:3-5). Voor de mensen die hier beschreven worden, was het vasten niet meer dan een algemeen aanvaard godsdienstig ritueel, maar hun hart was er niet in. In plaats van echte bekering of zelfverloochening, gingen ze gewoon door met hun normale leven en waren allerlei slechte eigenschappen zichtbaar in hun leven, zoals jaloezie, zelfzucht, trots en onderdrukking.

Het vasten waar God wel behagen in schept, komt echter voort uit hele andere motieven en houdingen: *Is dít niet het vasten zoals Ik het verkies: boosaardige boeien losmaken, de banden van het juk losmaken, de onderdrukten hun vrijheid hergeven, en alle jukken doorbreken?* (vers 6). Zowel de Bijbel als de ervaring bevestigt dat er veel banden zijn die niet kunnen worden doorbroken, jukken die niet verwijderd kunnen worden, en onderdrukten die niet bevrijd kunnen worden, totdat Gods kinderen – en met name de leiders – gehoorzamen aan Gods oproep tot oprechte verootmoediging door vasten en gebed.

Jesaja gaat verder met het beschrijven van de juiste houding ten opzichte van hen die behoeftig zijn en verdrukt worden: *Is vasten niet dit: uw brood delen met wie honger heeft; arme zwervers opnemen in uw huis; een naakte kleden die u ziet en u niet onttrekken aan de zorg voor uw broeder?* (vers 7). Vasten moet samengaan met oprechte en praktische hulp voor de mensen om ons heen, met name hen die onze hulp nodig hebben in materieel en financieel opzicht.

—

Dank U Heer voor het bloed van Jezus. Ik zal Uw oproep tot vasten gehoorzamen en bidden op Uw manier, om zo banden te verbreken, jukken te verwijderen en onderdrukten te bevrijden. Ik proclameer dat satan geen plaats in mij heeft, geen macht over mij heeft en geen onvereffende aanspraken tegen mij heeft. Alles is vereffend door het bloed van Jezus. Amen.

Bron: Verander de geschiedenis door bidden en vasten (boek)

24 FEBRUARI

HET MEEDOGENLOZE KRUIS

Sommige mensen worstelen met angst, depressie, eenzaamheid, of zonden als bijvoorbeeld lust, jaloezie of boosheid. Een pastoraal werker kan ons met dit soort problemen een eind op weg helpen, maar uiteindelijk ligt de oplossing toch in onze eigen handen – het kruis. Als we overweldigd worden door dit soort gevoelens, moeten we ons identificeren met Jezus die in ons woont. In de bevrijdingsbediening zijn er vaak twee demonen die de poort bewaken en de deur openen voor andere demonen die hun invloed willen uitoefenen in ons leven. Deze poortwachters heten *zelfmedelijden* en *bitterheid*. Zelfmedelijden is een bijzonder krachtig gereedschap in de handen van satan. Ook bitterheid of wrok kan niemand zich veroorloven. Op zeker moment moeten we meedogenloos zijn naar onszelf. Het kruis is op zichzelf een extreem meedogenloos martelwerktuig – er is niets aan het kruis wat gemakkelijk, aantrekkelijk of prettig is. Maar we danken God ervoor, omdat het kruis ook de ontsnappingsroute is; het kruis is Gods voorziening in elke nood. De meeste mensen hebben een 'gewoontezonde', een zonde waar we zo aan gewend zijn, dat we zijn gaan denken dat het gewoon een deel is van onszelf - dat het hoort bij wie we zijn. Daardoor vinden we het zelfs moeilijk deze zonde te haten, omdat het dan lijkt alsof we onszelf haten. Het is interessant dat mijn gewoonte-zonde ook die van mijn vader was. Kinderen erven een heleboel van hun ouders, en bepaalde gedragspatronen staan al vast voordat we geboren worden. Ik zie bepaald gedrag in mezelf dat direct afkomstig is van mijn vaders gedrag. We moeten de Heilige Geest vragen om ons de wortel, de aard van onze problemen te laten zien. Noem ze bij hun juiste naam (waarschijnlijk zijn het geen fraaie dingen) zoals bijvoorbeeld lust, liegen, trots of zelfgerichtheid. Daarna zeggen we: „In Jezus is dit allemaal gekruisigd, en ik nagel het aan het kruis. Ik sta niet toe dat _____ mij overheerst. Ik ben er vrij van door het kruis."

—

Dank U Heer voor het bloed van Jezus. Ik proclameer dat in Jezus mijn (gewoonte-) zonden van (_____noem ze) gekruisigd zijn. Ik zal ze niet langer mijn leven laten domineren en heb deze zonden aan het kruis geslagen. Satan heeft geen plaats in mij, geen macht over mij en geen onvereffende aanspraken tegen mij. Alles is vereffend door het bloed van Jezus. Amen.

Bron: The fullness of the cross, vol. 3: deliverance from the fleshly nature (CD).
Meer studie: Zij zullen boze geesten uitdrijven (boek)

25 FEBRUARI

BLIJF HET UITSPREKEN!

De eerste keer dat we een belijdenis als die van gisteren uitspreken, krijgen we misschien het gevoel dat satan ons uitlacht. Maar we moeten het blijven uitspreken. Satan is een meester-verleider en hij gaat methodisch te werk, zonder tijd te verspillen. Hij zal net zo lang blijven proberen ons te verleiden tot zonde, totdat we echt niet meer reageren. Als we er niet meer op reageren, zal hij uiteindelijk opgeven.

We kunnen bijvoorbeeld verleid worden op het gebied van wrok. Dan moeten we blijven uitspreken: „Deze boosheid is gekruisigd. Het heeft geen macht meer over mij en geen plaats meer in mij." De duivel zegt dan: „Dit klopt niet. Dat is alleen maar wat Derek Prince zegt, maar je hart weet beter..." Toch blijf je het uitspreken. Na een tijdje volhouden wordt de uitspraak zo'n deel van je leven, dat de duivel geen tijd meer zal verspillen door te blijven proberen je in verleiding te brengen. Een van de dingen die we moeten doen, is de muren van ons karakter opbouwen. De Bijbel zegt dat iemand die geen beheersing heeft over zijn geest, als een stad is zonder muren (zie Spreuken 25:28). In onze hedendaagse samenleving groeien veel mensen op die zijn als een verwoeste stad zonder muren. Vanwege disfunctionele gezinnen, afwezige ouders, buitenechtelijke seks, of drugs of andere slechte invloeden, krijgen ze niet de stabiliteit en karakterbouw mee die ze als mens nodig hebben. Iemand die diep in de drugs heeft gezeten, is in de eerste periode daarna absoluut als een stad zonder beschermende muren. Die muren bouwen we echter op door onze wil te trainen, door te leren onszelf te verloochenen en door ons de rechten toe te eigenen die voor ons verworven zijn aan het kruis. Dit proces van karakterbouw zien sommigen als een vreselijke ervaring, maar we realiseren ons dan niet hoeveel goed het ons zal doen. Uiteindelijk is ons karakter sterker geworden. Gaven zijn tijdelijk, maar karakter blijft – het gaat tot in de eeuwigheid met ons mee. God is veel meer geïnteresseerd in je karakter dan in je gaven.

—

Dank U Heer voor het bloed van Jezus. Ik proclameer dat ik mijn wil zal versterken en de rechten die U voor mij verworven heeft aan het kruis, zal gebruiken. Keer op keer zal ik blijven uitspreken: satan heeft geen plaats in mij, geen macht over mij, geen onvereffende aanspraken tegen mij. Alles is vereffend door het bloed van Jezus. Amen.

Bron: The fullness of the cross, vol. 3: deliverance from the fleshly nature (CD)

WEEK 9

MIJN LICHAAM IS EEN TEMPEL VAN DE HEILIGE GEEST,
VERLOST EN GEREINIGD DOOR HET BLOED VAN JEZUS.

Of weet u niet, dat uw lichaam een tempel is

van de Heilige Geest, die in u is en die u van God hebt,

en dat u niet van uzelf bent

1 KORINTHE 6:19

26 FEBRUARI

GOD VERHEERLIJKEN IN MIJN LICHAAM

Of weet u niet, dat uw lichaam een tempel is van de Heilige Geest, die in u is en die u van God hebt, en dat u niet van uzelf bent? U bent immers duur gekocht. Verheerlijk daarom God in uw lichaam en in uw geest, die van God zijn (1 Korinthe 6:19,20). Er zijn veel verschillende manieren waarop we ons lichaam gebruiken, en een van de belangrijkste is dat we ons lichaam verzorgen door te eten en te drinken. Paulus schreef dat we dit moeten doen op een manier die God verheerlijkt. *Of u dan eet of drinkt of iets anders doet, doe alles tot eer van God* (1 Korinthe 10:31). Wat betekent het om *te eten tot eer van God*? Ik laat het antwoord op die vraag aan de lezer over. Sommige mensen kunnen zich niet voorstellen dat ze God kunnen vereren door de manier waarop ze eten. Maar God heeft gezegd dat Hij een jaloers God is (zie bijvoorbeeld Exodus 34:14), en Hij wil in elk gebied van ons leven vereerd worden – ook de eenvoudige, dagelijkse, aardse zaken.

Laat me nog een vraag stellen. Is het mogelijk op zo'n manier te eten dat het juist geen eer brengt aan God? Ik geloof van wel. Als je je overeet en je helemaal vol propt, dan is dat feitelijk een vorm van genotzucht, waar God niet door verheerlijkt wordt. In Spreuken 13:25 staat: *De rechtvaardige eet tot de bevrediging van zijn ziel.* We mogen verzadigd worden, maar als we daarbuiten gaan – verder dan het bevredigen van onze gewone behoeften – dan zijn we zelfgericht. Onze tijd kent veel eetverslaafden, maar laten wij onze bevrediging zoeken in God die onze ziel wil vullen en onze geest en ons lichaam gelijkmatig en gezond wil voeden.

—

Dank U Heer voor het bloed van Jezus en het werk van de Heilige Geest. Ik proclameer dat mijn lichaam een tempel is van de Heilige Geest, verlost, gereinigd en geheiligd door het bloed van Jezus. Mijn lichaam is van God, en ik wil het gebruiken op een wijze die Hem verheerlijkt – ook door wat ik eet en drink. Amen.

Bron: Update cassette 92 (Juli 2000)

27 FEBRUARI

ONTZAGWEKKEND EN WONDERLIJK GEMAAKT

In Psalm 139: 13,14 zingt David tot de Heer: *Want U hebt mijn binnenste delen gevormd; U bedekte mij in de schoot van mijn moeder. Ik prijs U, want ik ben ontzagwekkend en wonderlijk gemaakt: wonderlijk zijn Uw werken; mijn ziel weet dat goed.* David zegt hier eigenlijk: „U was bij me toen ik nog in de baarmoeder zat, en U heeft mij gevormd en geweven."

Ik vraag me af of we ons realiseren hoe ontzagwekkend en wonderlijk we zijn gemaakt. Als ik bedenk wat er allemaal plaatsvond toen God mij schiep en een lichaam voor mij creëerde, dan voel ik ontzag en verwondering. Ik ben ontzagwekkend en wonderlijk gemaakt, en het is mijn verantwoordelijkheid om God de eer te geven door wat ik doe met het lichaam dat Hij voor mij heeft gemaakt. Tegenwoordig worden we zo in beslag genomen door computers en allerlei informatietechniek. Inderdaad zijn het vaak prachtige uitvindingen, maar ik wil benadrukken dat de meest geavanceerde computer die ooit zal worden uitgevonden nog niet in de schaduw kan staan van het menselijk lichaam. Veel christenen geven hun computer echter veel meer aandacht dan hun eigen lichaam. Als een computer vastloopt of crasht of veroudert, kunnen we voor relatief weinig geld een andere kopen. Maar als ons lichaam ons in de steek laat, dus als die 'computer' vastloopt, dan betekent dat het einde van ons leven hier op aarde. Daarom wil ik je vragen even stil te staan bij het feit dat jouw lichaam ontzagwekkend en wonderlijk is gemaakt; laten we er gepaste zorg voor dragen, door gezond te eten, voldoende te bewegen en ons lichaam voldoende rust te gunnen.

———

Dank U Heer voor het bloed van Jezus en het werk van Uw Heilige Geest. Ik constateer vol verwondering dat U mij ontzagwekkend en wonderlijk heeft gemaakt. Mijn lichaam is een tempel voor de Heilige Geest, verlost, gereinigd en geheiligd door het bloed van Jezus. Amen.

Bron: Update cassette 92 (Juli 2000)

28 FEBRUARI

HET BELANG VAN EEN GEZOND VOEDINGSPATROON

Een gezond voedingspatroon is een belangrijk aspect van ons leven. Iedereen volgt een dieet, of je daar nu bewust voor kiest of niet en of dat nu een gezond dieet is of niet. Verschillende dieetvormen worden ons van alle kanten aangeraden, onder andere vegetarisme. Ik heb veel mensen ontmoet die deze leefstijl volgen en ik heb daar respect voor. Wel denk ik dat we voorzichtig moeten zijn met al te stellige uitspraken over deze dingen. Het is interessant wat Paulus hierover schreef: *Neem dan aan wie zwak is in het geloof, maar niet om over meningsverschillen te strijden. De een gelooft wel dat hij alles eten mag, maar wie zwak is, eet plantaardig voedsel. Wie wel alles eet, moet hem niet minachten die niet alles eet. En wie niet alles eet, moet hem niet veroordelen die alles eet. God immers heeft hem aangenomen* (Romeinen 14:1-3).

Paulus leert ons dat we moeten oppassen voor onze houding naar andere mensen. En over vegetarisme meende Paulus dat degene die alleen groenten eet zwak is in het geloof, want hij vermijdt vlees als een manier om gerechtigheid te verkrijgen. Er is ook een andere vorm van dieet die door veel mensen wordt verdedigd en omhelsd, namelijk volledige onthouding van alcohol. Toch staat er in de Bijbel over God: *Hij doet het gras groeien voor de dieren, het gewas ten dienste van de mens. Hij brengt voedsel uit de aarde voort: wijn, die het hart van de mens verheugt, olie die zijn gezicht doet glanzen, en brood dat het hart van de mens versterkt* (Psalm 104:14,15).

God brengt uit de aarde verschillende dingen voort die wij mogen eten en drinken, inclusief wijn dat het hart van de mens verheugt. God vraagt niet van ons dat wij geheelonthouders zijn. Toch geldt ook hier hetzelfde uitgangspunt als wat Paulus aanhaalt in Romeinen 14: respect voor hen die anders denken en leven dan jij.

—

Dank U Heer voor het bloed van Jezus en het werk van Uw Heilige Geest. Ik zal U vereren in wat ik eet en hoe vaak ik dat doe. Mijn lichaam is een tempel voor de Heilige Geest, verlost, gereinigd en geheiligd door het bloed van Jezus. Amen.

Bron: Update cassette 92 (Juli 2000)

1 MAART

SAMENWERKEN MET DE GEEST

Deze eerste dag in maart beginnen we met een vrij indringend citaat uit Timotheüs 4:1-5:

Maar de Geest zegt uitdrukkelijk dat in latere tijden sommigen afvallig zullen worden van het geloof en zich zullen wenden tot misleidende geesten en leringen van demonen, door huichelarij van leugensprekers, die hun eigen geweten als met een brandijzer hebben toegeschroeid. Zij verbieden te trouwen en gebieden zich te onthouden van voedsel, dat God geschapen heeft voor de gelovigen en voor hen die de waarheid hebben leren kennen, om onder dankzegging aanvaard te worden. Want alles wat God geschapen heeft, is goed en niets is verwerpelijk, wanneer het onder dankzegging aanvaard wordt. Want het wordt geheiligd door het Woord van God en door het gebed (1 Timoteüs 4:1-5).

In dit gedeelte zegt Paulus in de eerste plaats dat het afzien van een huwelijksrelatie (celibaat, de leefstijl die hij zelf had, uit toewijding aan de zaak van Christus) niet automatisch leidt tot heiligheid. Sterker nog, als we de geschiedenis van de Kerk bestuderen, in gevallen waarin leiders verplicht werden om celibatair te leven, zien we overduidelijk dat dit lang niet altijd een leven van heiligheid voortbracht. In sommige gevallen zelfs het tegendeel! Hetzelfde geldt voor vele andere rigide regels en voorschriften. Over het volgen van een dieet, schrijft Paulus dat alles wat God geschapen heeft goed is. Nu moeten we wel in overweging nemen dat het goede voedsel dat God hier bedoelt, door ons mensen vaak kan worden vermengd met slechte en ongezonde ingrediënten, afhankelijk van hoe we het bereiden. Neem dus wel de tijd om onderscheid te maken tussen dingen die goed voor je zijn en voeding die slecht voor je is. Hierin is het goed om samen te werken met de Heilige Geest. Hij is het immers die jouw 'tempel' bewoont - dus probeer gevoelig te worden voor wat Hij je te binnen brengt, op het moment dat je keuzes maakt.

———

Dank U Heer voor het bloed van Jezus en het werk van Uw Heilige Geest. Ik wil met Uw Geest samenwerken om te onderscheiden wat goed en wat slecht is voor mijn lichaam. Ik wil zuinig zijn op mijn lichaam, omdat het een tempel is voor de Heilige Geest, verlost, gereinigd en geheiligd door Jezus' bloed. Amen.

Bron: Update 92, juli 2000 (CD). Meer studie: Genade of niets (boek)

2 MAART

ZORGEN VOOR DE TEMPEL

De Bijbel heeft me gebracht tot een aantal praktische conclusies over de zorg voor mijn lichaam. Deze wil ik niet op anderen leggen, maar in mijn eigen situatie heeft gebed hierover mij geleid tot radicale veranderingen in mijn levensstijl, die ik ervoer als Gods wil voor mij.

Mijn eerste conclusie – die de basis vormt van alle andere conclusies – is gebaseerd op Paulus' uitspraak: *Of weet u niet dat uw lichaam een tempel is van de Heilige Geest?* (1 Korinthe 6:19). Als ik werkelijk geloof dat mijn lichaam een tempel is van de Heilige Geest, dan hoor ik er dagelijks mee om te gaan met zorg en eerbied. Stel je voor dat God jou beheerder zou maken van een fysieke, materiële tempel – een gebouw van steen, hout en glas. Zo'n taak zou je gewetensvol oppakken en het gebouw keurig onderhouden. We zouden het schoonmaken, afstoffen, de ramen heel houden, ervoor zorgen dat de toiletten niet verstopt raken. We zouden het een grote verantwoordelijkheid vinden om het gebouw in de best mogelijke staat te bewaren. Nou, Paulus brengt ons hier het nieuws dat we precies zo'n verantwoordelijkheid dragen ten opzichte van ons lichaam, dat een geestelijke tempel is voor de Heilige Geest. We moeten ons lichaam in een zo goed mogelijke conditie houden, en ons best doen uit te vinden hoe we dat het beste kunnen doen. In zijn tweede brief aan Timoteüs schreef Paulus: *Want God heeft ons niet gegeven een geest van angst, maar van kracht en liefde en zelf-discipline* (1:7, NKJV). Hier zien we dat de Heilige Geest ook een Geest is van zelfdiscipline. Dit wisten we overigens al uit Galaten 5, waar staat dat de Heilige Geest de vrucht van zelfdiscipline in ons doet groeien. Er is echter een heel subtiele voorwaarde; Hij zal ons niet disciplineren als we niet bereid zijn discipline te ontvangen. Iemand heeft eens gezegd: ieder mens heeft in zijn leven de keuze tussen twee soorten pijn: de pijn van zelfdiscipline of de pijn van spijt... De eerste soort pijn brengt uiteindelijk vreugde. Als we de hulp van de Heilige Geest zoeken, zal Hij ons helpen Zijn discipline te ontvangen.

—

Dank U Heer, voor het bloed van Jezus en het werk van Uw Heilige Geest. Ik zal de hulp van de Heilige Geest zoeken om discipline te leren. Ik kies liever de pijn van zelfdiscipline dan dat het gebrek daaraan mij de pijn van spijt oplevert. Help mij om mijn lichaam in de best mogelijke conditie te houden, want het is een tempel van de Heilige Geest, verlost, gereinigd en geheiligd door het bloed van Jezus. Amen.

Bron: Update 92, juli 2000 (CD)

3 MAART

RADICALE GEHOORZAAMHEID

Het uitspreken van bovenstaande belijdenis vraagt om een radicaal leven. Het woord 'radicaal' komt van het Latijnse 'radix' wat 'wortel' betekent. Letterlijk betekent 'radicaal' dus: 'met wortel en al' of 'afrekenen met de wortel'. Toen Johannes de Doper het evangelie en Jezus introduceerde, zei hij: *De bijl ligt zelfs al aan de wortel van de bomen; elke boom dan die geen goede vrucht voortbrengt, wordt omgehakt en in het vuur geworpen* (Matteüs 3:10). God is niet bezig met takjes wegsnoeien of zelfs maar de stam omhakken. Hij gaat direct tot de wortel. Hij verwacht dat een boom vrucht voortbrengt, en als dat niet gebeurt, wil God dat die boom met wortel en al wordt omvergehaald.

Onder veel jongeren leeft een gezonde tendens tot radicaliteit. Ik meen dat we dit op de juiste wijze moeten aanmoedigen. Wij, de oudere generatie, hebben vaak het compromis gezocht, in plaats van radicaal stelling te nemen en de waarheid van God en Zijn Woord voor te leven. Laten we samenwerken met de Heilige Geest, die vaak vraagt om radicale stappen.

En als de Geest van Hem die Jezus uit de doden opgewekt heeft, in u woont, zal Hij die Christus uit de doden opgewekt heeft, ook uw sterfelijke lichamen levend maken door Zijn Geest, die in u woont (Romeinen 8:11).

Is het niet adembenemend dat Paulus ons hier vertelt dat dezelfde Geest van God, die het dode lichaam van Jezus uit het graf deed opstaan, in jou en mij woont? Als jij diezelfde Heilige Geest in je lichaam hebt wonen, dan kan Hij veel lichamelijke nood verhelpen door Zijn vitale levenskracht. Wat een heerlijke waarheid!

—

Dank U Heer voor het bloed van Jezus en het werk van Uw Heilige Geest. Ik spreek uit dat ik radicaal gehoorzaam wil zijn aan Uw leiding in mijn leven, door samen te werken met de Heilige Geest. Dank U dat Uw Heilige Geest in mij woont met de opstandingskracht van Jezus! Mijn lichaam is een tempel voor de Heilige Geest, verlost, gereinigd en geheiligd door het bloed van Jezus. Amen.

Bron: Update 92, juli 2000 (CD)

4 MAART

ZIJN WERK AFMAKEN

Graag wil ik je een aantal suggesties doen over hoe je je lichaam kunt gebruiken als een tempel voor de Heilige Geest.

Ten eerste, behandel je lichaam met eerbied; verzorg het, ga er wijs mee om, neem tijdig rust en verheerlijk God met de keuzes die je maakt.

Ten tweede, zoek de hulp van de Heilige Geest om zelfdiscipline te ontwikkelen.

Ten derde, besteed tijd en energie om onderscheid te maken tussen wat goed voor je is en wat schade toebrengt.

Ten vierde, wees bereid hierin radicaal te zijn, want het gaat om je leven.

Jezus zei tegen Zijn discipelen: *Mijn voedsel is dat Ik de wil doe van Hem die mij gezonden heeft, en Zijn werk volbreng* (Johannes 4:34).

Dat is het allerbeste dieet: de wil doen van Hem die ons gezonden heeft – en om Zijn werk af te maken. Op een gegeven moment daagde de Heer me uit om eerlijk te kijken of ik een zelfgenoegzaam leven leidde, waarin genot een belangrijke rol speelde. Hij vroeg me: „Wil je zo doorgaan met je leven? Of wil je de taak die Ik je heb gegeven volbrengen?" Dit leidde bij mij tot radicale keuzes, die het mes zetten in mijn vlees.

Zelfs toen ik al meer dan vijftig jaar in dienst van de Heer was, geloofde ik dat er nog taken voor mij in het verschiet lagen die ik nog niet had volbracht. Ik heb het nooit vanzelfsprekend gevonden dat ik die taken nog zou kunnen volbrengen. Ik erkende het belang van het verzorgen van mijn lichaam, zodat het niet zou sterven voordat ik Gods opdracht voor mij had kunnen afmaken.

—

Dank U Heer voor het bloed van Jezus en het werk van Uw Heilige Geest. Ik wil graag samenwerken met de Heilige Geest en mezelf in goede conditie houden om Uw werk te volbrengen. Mijn lichaam is een tempel van de Heilige Geest, verlost, gereinigd en geheiligd door het bloed van Jezus. Amen.

Bron: Update 92, juli 2000 (CD)

Meer studie: God wil, mijn levensdoel (boek)

WEEK 10

DE LEDEN VAN MIJN LICHAAM ZIJN
WERKTUIGEN VOOR DE GERECHTIGHEID,
AAN GOD OVERGEGEVEN VOOR ZIJN DIENST
EN TOT ZIJN VERHEERLIJKING.

Stel uw leden niet ter beschikking voor de zonde
als wapens van de ongerechtigheid,
maar stel uzelf ter beschikking aan God,
als mensen die uit de doden levend geworden zijn.
En laat uw leden wapens (werktuigen) van de
gerechtigheid zijn voor God.

ROMEINEN 6:13

5 MAART

ONSZELF AANBIEDEN

Gods oplossing voor onze oude mens, de oude natuur, kan in één woord worden samengevat: 'executie'. Executie is wat er plaatsvond aan het kruis, waar Jezus stierf en waar onze oude mens met Hem gekruisigd werd. Maar hoe passen we die oplossing toe in ons eigen leven?

Laat dan de zonde niet regeren in uw sterfelijk lichaam, om aan de begeerten daarvan te gehoorzamen. En stel uw leden niet ter beschikking voor de zonde als wapens van de ongerechtigheid, maar stel uzelf ter beschikking aan God, als mensen die uit de doden levend geworden zijn. En laat uw leden wapens van de gerechtigheid zijn voor God. Want de zonde zal over u niet heersen. U bent namelijk niet onder de wet, maar onder de genade (Romeinen 6:12-14).

Paulus' instructies kunnen alleen worden opgevolgd door hen die hun geloof in Jezus hebben gesteld en die Zijn plaatsvervangende offer voor hun leven hebben aanvaard. Iemand zei eens: „Als je naar de hemel wilt gaan, dan moet je leren nee zeggen." Dat is een belangrijke waarheid. Paulus zei dat we een radicaal standpunt moeten innemen tegen de zonde. Satan kan prima onderscheid maken tussen de woorden die we alleen maar uitspreken en de woorden die we echt menen. Door geloof in Jezus wordt onze wil bevrijd van de zonde die vroeger over ons heerste. Daarna wordt het onze verantwoordelijkheid om onze wil op de juiste manier te trainen. God doet dat niet voor ons. Dit is het punt waarop we onze eigen verantwoordelijkheid moeten herkennen en onze wil gaan beheersen.

—

Dank U Jezus voor Uw overwinning aan het kruis. Ik neem mijn positie in en spreek uit dat de zonde en satan geen macht meer over mij hebben. Ik proclameer dat de leden van mijn lichaam werktuigen zijn voor de gerechtigheid, aan God overgegeven voor Zijn dienst en tot Zijn verheerlijking. Amen.

Bron: The roman pilgrimage, vol. 2: Romans 6:23-7:16 (CD/DVD)

WEEK 10 *De leden van mijn lichaam zijn werktuigen voor de gerechtigheid,*
aan God overgegeven voor Zijn dienst en tot Zijn verheerlijking.

6 MAART

BEVRIJD VAN MARTELING

In de periode dat ik nog voorganger was van een gemeente in Londen, voerde ik een enorme strijd tegen depressiviteit, die geregeld als een wolk over me kwam en me helemaal leek te overweldigen. Het gaf me een gevoel van hopeloosheid en mislukking. Misschien herken je dit. Ik vocht tegen deze situatie op elke manier die ik kon, maar boekte geen enkele vooruitgang. Toen kwam ik Jesaja 61:3 tegen: *...om over de treurenden van Sion te beschikken, dat men hun geve hoofdsieraad in plaats van as, vreugdeolie in plaats van rouw, een lofgewaad in plaats van een kwijnende geest.*

Terwijl ik deze woorden las, liet de Heilige Geest me zien dat dit precies mijn probleem was: een kwijnende geest. Het was alsof het licht aanging. Ik realiseerde me dat ik niet tegen mezelf streed, maar tegen een boze geest, die mij martelde en hinderde in mijn functioneren. Toen ik me dat realiseerde, had ik al tachtig procent van de overwinning binnen. Ik had nog maar één andere bijbeltekst nodig: *...ieder die de Naam van de HEERE zal aanroepen, zal behouden worden* (Joël 2:32 –N.B. het woord dat hier vertaald is met 'behouden', betekent ook 'uitgered' of 'bevrijd').

Toen ik deze twee teksten samenvoegde, bad ik: „God, U heeft me laten zien dat ik word onderdrukt door een kwijnende geest. Ik kom nu tot U, ik roep de Naam van de Heer Jezus aan: Bevrijd mij!" God bevrijdde mijn denken van die kwijnende geest. Vanaf nu was de beurt aan mij, om mijn denken te herprogrammeren. Ik had steeds terugkerende negatieve gedachtepatronen, die – zo liet de Heer mij zien – mijn geloof in Jezus ontkenden en ondermijnden. Ik moest zelf mijn gedachten gaan trainen. In de jaren die volgden, als er een negatieve of pessimistische gedachte over me kwam, verwierp ik deze en verving die gedachte door een positieve belijdenis uit de Bijbel. Enkele jaren later was mijn innerlijke systeem compleet veranderd en was ik een ander mens geworden.

—

Dank U Jezus voor Uw overwinning aan het kruis. Ik proclameer vrijheid van marteling door negatieve of verkeerde gedachten. Dank U dat de ledematen van mijn lichaam werktuigen zijn voor de gerechtigheid, aan God overgegeven voor Zijn dienst en tot Zijn verheerlijking. Amen.

Bron: The roman pilgrimage, vol. 2: Romans 6:23-7:16 (CD/DVD) .
Meer studie: Aan de rand van bitter water (boek)

81

7 MAART

AAN GOD OVERGEGEVEN

Paulus schreef: *Laat dan de zonde niet regeren in uw sterfelijk lichaam, om aan de begeerten daarvan te gehoorzamen. En stel uw leden niet ter beschikking voor de zonde als wapens van de ongerechtigheid, maar stel uzelf ter beschikking aan God, als mensen die uit de doden levend geworden zijn. En laat uw leden wapens van de gerechtigheid zijn voor God* (Romeinen 6:12,13). We zijn bevrijd. De zonde moet onze handen, onze voeten en onze lippen niet langer beheersen. Integendeel, het is de bedoeling dat we onszelf en onze lichaamsdelen aan God overgeven als werktuigen van gerechtigheid voor God. Er is eigenlijk sprake van een dubbele overgave.

Ten eerste geven we onze wil over aan God door te zeggen: „Niet mijn wil, maar Uw wil geschiede." Net als in het Onze Vader: *Uw wil geschiede, zoals in de hemel zo ook op de aarde* (Matteüs 6:10). Als we bidden, Uw wil geschiede, dan begint dat bij de wil van degene die bidt; je zet in de eerste plaats jouw eigen wil erop dat Gods wil gebeurt, in het algemeen en in jouw eigen leven. Nadat we onze eigen wil hebben overgegeven aan Gods wil, bieden we vervolgens ook onze ledematen aan God aan, als werktuigen voor de gerechtigheid. In het Grieks staat het woord 'werktuigen' eigenlijk voor 'wapens' – dit impliceert dus geestelijke strijd. Onze ledematen zijn niet zomaar werktuigen, zoals een schoffel of een schop – nee, het is wapentuig, zoals bijvoorbeeld een zwaard – het is bewapening die wordt ingezet in de geestelijke strijd. De doop in de Heilige Geest speelt een belangrijke rol, want daarbij geven we namelijk eerst onze wil over aan God; en vervolgens ook het lichaamsdeel dat zich meestal het moeilijkst laat beheersen: onze tong. Met de doop in de Heilige Geest gehoorzamen we in feite dus ook aan de opdracht onze lichaamsdelen aan God over te geven als wapens van gerechtigheid. Als onze tong is overgegeven aan God en is overgenomen door de Heilige Geest, wordt het een krachtig wapen: in gebed (zowel in de geest als met het verstand), in getuigenis en in prediking.

—

Dank U Jezus voor Uw overwinning aan het kruis. Ik geef mijzelf en mijn wil over aan God en proclameer dat mijn ledematen werktuigen zijn van gerechtigheid, overgegeven aan God voor Zijn dienst en tot Zijn verheerlijking. Amen.

Bron: The roman pilgrimage, vol. 2: Romans 6:23-7:16 (CD/DVD)

8 MAART

VOORWAARTS

We staan voor een keuze. In ons leven zullen we altijd door iets worden beheerst of geregeerd. Wat zal het zijn: zonde of gerechtigheid? Als we willen dat het gerechtigheid is, dan kunnen we rekenen op beproevingen. De duivel zal niet opgeven, zolang hij denkt dat er ook maar een klein kansje is dat hij wint.

Als de duivel je verzoekt of verleidt, dan zal hij blijven volhouden tot het moment dat de verleiding echt geen vat meer op je heeft - zelfs de gedachte eraan heeft geen vat meer op je. De duivel is slim genoeg om aan zulke mensen geen tijd te verspillen. Maar als we blijven hinken op twee gedachten, dan zal de duivel dit uitbuiten. We hebben een radicale beslissing te nemen. *Ik spreek op menselijke wijze vanwege de zwakheid van uw vlees. Want zoals u uw leden slaafs beschikbaar gesteld hebt aan de onreinheid en van de ene wetteloosheid tot de andere wetteloosheid, stel zo nu uw leden beschikbaar ten dienste van de gerechtigheid, tot heiliging* (Romeinen 6:19). Als we kiezen voor de wetteloosheid, dan zal die toenemen. Paulus beschrijft hier duidelijk het patroon dat de ene zonde de deur opent voor de volgende - we zullen steeds wettelozer worden. Velen van ons herkennen die realiteit.

Maar God roept ons op tot een ander patroon: *Stel zo nu uw leden beschikbaar ten dienste van de gerechtigheid, tot heiliging.* Wat een zegen dat ook het positieve patroon blijft groeien; als je kiest voor de gerechtigheid, dan leidt dit tot toenemende heiliging. Laat dit goed tot je doordringen: in je geestelijk leven is het onmogelijk om stil te blijven staan. Je geloofsgroei gaat altijd vooruit of achteruit. We zullen òf verder wegzakken in ongehoorzaamheid en rebellie, òf we nemen toe in heiligheid.

—

Dank U Jezus, voor Uw overwinning aan het kruis. Ik bied mezelf aan als een dienstknecht van de gerechtigheid en verheug mij op Uw voortdurend groeiende werk van heiliging in mijn leven. De ledematen van mijn lichaam zijn werktuigen voor de gerechtigheid, aan God overgegeven voor Zijn dienst en tot Zijn verheerlijking. Amen.

Bron: The roman pilgrimage, vol. 2: Romans 6:23-7:16 (CD/DVD)

9 MAART

KIEZEN VOOR GENADE

Toewijding is onze wil ergens op zetten, en vervolgens overgave; in die volgorde. Als we het niet eerst echt willen, dan zullen we ons uit gewoonte overgeven aan het verkeerde. We moeten radicaal stoppen onze ledematen ter beschikking te stellen aan de zonde. Toen we nog ongelovig waren, hebben we dat juist heel lang gedaan, maar we moeten zeggen: „Vandaag stop ik ermee!" Als we onze wil overgeven aan God, dan hoeven we onze ledematen niet langer te lenen aan satan en zijn ongerechtigheid.

Want de zonde zal over u niet heersen (KJV: ...geen macht over u hebben.) *U bent namelijk niet onder de wet, maar onder de genade* (Romeinen 6:14). Dit vers heeft grote gevolgen. Paulus schrijft dat we niet onder de wet zijn, maar onder de genade. Het is dus het één of het ander, het kan niet allebei tegelijk. Als we onder de wet zijn, dan zijn we niet onder de genade. En als we onder de genade zijn, dan zijn we niet onder de wet.

Paulus schrijft ook dat de zonde geen macht over ons zal hebben, omdat we niet onder de wet zijn. Omgekeerd evenredig heeft de zonde dus wel macht over ons, als we onder de wet zijn. Voor sommigen klinkt dit misschien schokkend, maar dit is wat de Bijbel voortdurend leert.

We worden niet geregeerd door een serie regels. We zijn zonen en dochters van God geworden, en we gehoorzamen Hem omdat we van Hem houden. Vanaf dit moment is niet langer angst onze motivatie voor gehoorzaamheid, maar liefde en geloof. God maakt ons niet tot slaven; dat is wat de wet doet. God maakt ons tot zonen en dochters. Daarom moeten we kiezen voor de wet van Gods genade.

—

Dank U Heer voor Uw overwinning aan het kruis. Ik kies te leven vanuit de genade en geef mijn wil aan U over. Ik proclameer dat mijn ledematen werktuigen zijn van de gerechtigheid, overgegeven aan God voor Zijn dienst en tot Zijn verheerlijking. Amen.

Bron: The roman pilgrimage, vol. 2: Romans 6:23-7:16 (CD/DVD)

Meer studie: Genade of niets (boek)

10 MAART

WIE DIEN JIJ?

Weet u niet dat aan wie u uzelf als slaaf ter beschikking stelt tot gehoorzaamheid, u slaaf bent van wie u gehoorzaamt: óf van de zonde, tot de dood, óf van de gehoorzaamheid, tot gerechtigheid? (Romeinen 6:16). Paulus schrijft hier dat als we ons aan iemand overgeven, dan worden we slaaf van degene die we gehoorzamen. Als we ons bijvoorbeeld overgeven aan immoraliteit, dan worden we slaven van immoraliteit. We kunnen ons niet aan de zonde overgeven, zonder daar een slaaf van te worden. We moeten dus besluiten aan wie en wat we ons willen overgeven. Sommige mensen houden niet van keuzes maken, maar we kunnen er niet omheen.

Aan het einde van zijn leven stelde Jozua het volk Israël ook voor een keuze: *Vrees dus de HEER en dien Hem oprecht en trouw. Doe de goden weg die uw voorouders aan de overkant van de Rivier en in Egypte hebben vereerd, en wees dienaren van de HEER. Als u de HEER niet verkiest te dienen, kies dan nu wie u wel wilt dienen: de goden die uw voorouders aan de overkant van de Rivier hebben vereerd, of de goden van de Amorieten, van wie u nu het land bewoont. Ik en mijn familie, wij dienen de HEER* (Jozua 24:14,15).

Jozua daagde de Israëlieten uit tot een keuze. Deze uitdaging tot een duidelijke keuze is vandaag nog net zo relevant. Het is niet de vraag òf we iemand gaan dienen, maar wie of wat we dienen. Dienen zullen we sowieso. Voordat we verlost werden, hadden we helemaal geen keuze; er was geen andere optie dan om een slaaf van de zonde te zijn en een dienaar van satan. Nadat we door ons geloof in Jezus Christus verlost zijn, krijgen we een andere optie: we kunnen ervoor kiezen om God te dienen en 'slaaf' te worden van de gerechtigheid.

—

Dank U Jezus voor Uw overwinning aan het kruis. Ik kies ervoor om alleen U te dienen en een 'slaaf' te zijn van de gerechtigheid. Ik proclameer dat mijn ledematen werktuigen zijn voor de gerechtigheid, overgegeven aan God voor Zijn dienst en tot Zijn verheerlijking. Amen.

Bron: The roman pilgrimage, vol. 2: Romans 6:23-7:16 (CD/DVD)

11 MAART

MIJN LICHAAM IS VOOR DE HEER

Stel uzelf ter beschikking aan God, als mensen die uit de doden levend geworden zijn. En laat uw leden wapens van de gerechtigheid zijn voor God (Romeinen 6:13). We geven onze lichaamsdelen aan God en zeggen: „Here God, gebruik mij." Vervolgens moeten we de tempel van ons lichaam echter wel heilig houden. Paulus schreef: *Het lichaam nu is niet voor de hoererij, maar voor de Heere en de Heere voor het lichaam* (1 Korinthe 6:13). Vandaag de dag noemen we seksuele immoraliteit vaak 'seks voor het huwelijk' of 'buitenechtelijke seks'. God heeft Zijn woordkeuze voor de zonde echter nooit veranderd. Het lichaam is niet bedoeld voor seksuele ervaringen buiten het huwelijk; het lichaam is voor de Heer. En daarna: De Heer is voor het lichaam. Is dat niet prachtig? Als ons lichaam voor de Heer is, dan is de Heer ook voor ons lichaam. Maar er is ook een zekere voorwaarde in te lezen: De Heer kan alleen voor ons lichaam zijn, als wij ons lichaam eerst aan Hem geven.

Paulus was een nuchtere man die rechtstreeks met mensen sprak over de dingen waar ze mee bezig waren. In deze tekst betrekt hij het gebruik van ons lichaam op seksualiteit, en schreef rechtstreeks en onomwonden: *Vlucht weg van de hoererij. Elke zonde die een mens doet, blijft buiten het lichaam, maar wie hoererij bedrijft, zondigt tegen zijn eigen lichaam* (1 Korinthe 6:18). Vele mensen interpreteren deze tekst als een waarschuwing tegen seksueel overdraagbare aandoeningen zoals HIV, gonorroe of syfilis. Dit zijn zeker gevolgen van seksuele immoraliteit, maar ik geloof dat Paulus' onderwijs verder gaat dan dat. Ik geloof dat seksuele immoraliteit ook de algemene gezondheid van ons lichaam in gevaar brengt. Vaak als christenen om genezing bidden, ontvangen ze die niet omdat zonde zoals immoraliteit een blokkade vormt. In de meeste gevallen vraagt God ons om die grondoorzaak te zoeken, ons ervan te bekeren en het recht te zetten, zodat we genezing kunnen ontvangen.

—

Dank U Jezus, voor Uw overwinning aan het kruis. Ik geef mijn lichaam aan U Heer, en proclameer dat mijn ledematen werktuigen zijn van de gerechtigheid, aan U overgegeven voor Uw dienst en tot Uw verheerlijking. Amen.

Bron: Who am I?: Why you have a body (CD). Meer studie: Het geheim van een goed huwelijk (boek)

WEEK 11

IK OVERWIN SATAN DOOR HET BLOED VAN HET LAM

EN DOOR HET WOORD VAN MIJN GETUIGENIS

EN IK HEB MIJN LEVEN NIET LIEF TOT IN DE DOOD.

En zij hebben hem (satan) overwonnen door het bloed

van het Lam en door het woord van hun getuigenis,

en zij hebben hun leven niet liefgehad tot in de dood.

OPENBARING 12:11

12 MAART

OPSTANDINGSLEVEN

In Leviticus 17:11 staat: *Het leven van het vlees is in het bloed.* Toen Jezus Zijn bloed voor ons uitgoot, goot Hij feitelijk Zijn leven uit. Zoals ik het begrijp, werd het leven van God zelf op dat moment uitgegoten in het universum. Niemand kan werkelijk de volle betekenis en diepte hiervan begrijpen.

Jezus dan zei tegen hen: Voorwaar, voorwaar, Ik zeg u: Als u het vlees van de Zoon des mensen niet eet en Zijn bloed niet drinkt, hebt u geen leven in uzelf. Wie mijn vlees eet en mijn bloed drinkt, heeft het eeuwige leven; en Ik zal hem opwekken op de laatste dag (Johannes 6:53,54). Onthoud goed dat onze verlossing niet compleet is tot de dag van de opstanding. In Filippenzen 3:11,12 schrijft Paulus: *...om op enigerlei wijze te komen tot de opstanding van de doden. Niet dat ik het al verkregen heb of al volmaakt ben, maar ik jaag ernaar om het ook te grijpen. Daartoe ben ik ook door Christus Jezus gegrepen.*

Sommige mensen hebben het idee dat hun lichaam niet zo belangrijk is. Zoals we al eerder zagen, denkt God daar heel anders over – ons lichaam is de tempel van de Heilige Geest. We zijn *ontzagwekkend en wonderlijk gemaakt* (Psalm 139:14). God zal onze lichamen niet laten blijven in een vervallen staat. Nee, Hij zal ons lichaam doen opstaan met de heerlijkheid die Jezus ook heeft. Verlossing is de volmaakte uitwerking van Jezus' offer, die straks zijn hoogtepunt bereikt in de opstanding uit de doden.

—

Dank U Heer, voor het bloed van het Lam. Leer mij begrijpen hoe waardevol en eeuwig het leven is dat U uitgoot, ook voor mij. Net als Paulus jaag ik ernaar om de opstanding uit de doden te grijpen. Ik overwin satan door het bloed van het Lam en het woord van mijn getuigenis, en vanwege de waarheid over de opstanding, heb ik mijn leven niet lief tot in de dood. Amen.

Bron: The fullness of the cross, vol. 4: The sevenfold power of the blood
Meer studie: Opstanding uit de doden (DVD), Overwinning over de dood (boek)

13 MAART

DE HEERLIJKHEID DIE GEOPENBAARD ZAL WORDEN

Want ik ben ervan overtuigd dat het lijden van de tegenwoordige tijd niet opweegt tegen de heerlijkheid die aan ons geopenbaard zal worden. Met reikhalzend verlangen immers verwacht de schepping het openbaar worden van de kinderen van God (Romeinen 8:18,19). Veel christenen begrijpen niet hoe belangrijk Christus' opstanding voor ons is. Bij de opstanding worden Gods zonen (en dochters) openbaar; de hele schepping kijkt verlangend uit naar dat moment. De bomen, oceanen, rivieren en bergen kijken ernaar uit. Het is opmerkelijk dat de schepping met zoveel opwinding en 'reikhalzend' uitkijkt naar dit moment, terwijl die verwachting in de Kerk vaak nauwelijks leeft.

Want de schepping is aan de zinloosheid onderworpen, niet vrijwillig, maar door hem die haar daaraan onderworpen heeft, in de hoop dat ook de schepping zelf zal bevrijd worden van de slavernij van het verderf, om te komen tot de vrijheid van de heerlijkheid van de kinderen van God (vers 20, 21). De hele schepping zucht en lijdt, vanwege de zonde van de mens. Voordat de mens zondigde, bestonden er geen dorens en distels; niets stierf of bedierf. En we zien dus dat wij niet de enigen zijn die een glorieuze opstanding tegemoet gaan; ook de schepping zal dat overkomen. God heeft echter als prioriteit gesteld dat de schepping pas bevrijd zal worden, als wij eerst zijn bevrijd. Zoals Paulus schreef: *Want wij weten dat al het geschapene samen zucht en samen in barensnood verkeert tot nu toe* (vers 22). Paulus gebruikt vaak de frase 'wij weten...'. Helaas is het zo dat tegenwoordig maar weinig christenen 'weten'. Weten we bijvoorbeeld dat de schepping barensweeën heeft, omdat ze wacht op het zichtbaar worden van de zonen van God, de geboorte van een nieuw tijdperk, en dat ze erop wacht om bevrijd te worden van de zinloosheid?

—

Dank U Heer voor het bloed van het Lam. Ik proclameer dat ik in de heerlijkheid zal komen die is bestemd voor de kinderen van God. Help mij om te 'weten' met mijn hart, wat Uw wil en bestemming is voor mij en mijn omgeving. Ik overwin satan door het bloed van het Lam en door het woord van mijn getuigenis en ik heb mijn leven niet lief tot in de dood. Amen.

Bron: The fullness of the cross, vol. 4: The sevenfold power of the blood
Meer studie: Overwinning over de dood (boek)

14 MAART

HET BLOED VAN JEZUS

In Johannes 6 zegt Jezus tot vier keer toe over de gelovigen: *Ik zal hem opwekken op de laatste dag* (vers 39, 40, 44 en 54). De opstanding is dus een vast onderdeel van onze verlossing. *Wie mijn vlees eet en mijn bloed drinkt, heeft het eeuwige leven; en Ik zal hem opwekken op de laatste dag. Want mijn vlees is het ware voedsel en mijn bloed is de ware drank. Wie mijn vlees eet en mijn bloed drinkt, blijft in Mij en Ik in hem* (Johannes 6:54-56).

De woorden 'eten', 'drinken' en 'in Mij blijven' staan in de voortdurende tegenwoordige tijd, oftewel: „Wie voortdurend mijn vlees eet, en voortdurend mijn bloed drinkt, blijft voortdurend in Mij en Ik in hem." Het is duidelijk dat de Heer groot belang stelt in het eten van Zijn vlees en het drinken van Zijn bloed. Ik heb niet het laatste woord, maar ik geloof werkelijk dat Jezus hier spreekt over het avondmaal.

Ooit woonde ik in een Arabische stad met Arabische christenen. Als zij het avondmaal vierden, zeiden ze: „Laten we van het bloed van Jezus drinken." Deze christenen hadden het juiste beeld voor ogen - het drinken van Jezus' bloed is het avondmaal.

Iets in ons voelt zich ongemakkelijk bij het idee van bloed drinken. Ik weet dat het mij jaren heeft gekost om deze term te begrijpen. Maar Jezus zelf hecht groot belang aan het avondmaal – het is niet een optie die je zou kunnen overwegen, maar een opdracht van Jezus zelf. Om eeuwig leven te ontvangen, moeten we drinken van Jezus' bloed en eten van Zijn vlees. Denk daarbij nog eens aan die eerdere tekst uit Leviticus 17:11: Het leven is in het bloed... Laten we drinken van Jezus' leven!

—

Dank U Vader, voor het bloed van het Lam. Ik neem deel aan Jezus' eeuwige leven, door Zijn bloed te drinken en te eten van Zijn vlees. Hierdoor blijf ik in U en blijft Uw leven in mij. Ik overwin satan door het bloed van het Lam en door het woord van mijn getuigenis en ik heb mijn leven niet lief tot in de dood. Amen.

Bron: The fullness of the cross, vol. 4: The sevenfold power of the blood
Meer studie: Opstanding uit de doden (DVD)

15 MAART

HET BELANG VAN HET AVONDMAAL

We hebben geleerd dat het leven zit in het bloed (zie Lev. 17:11). Als we het leven willen, dan moeten we het bloed tot ons nemen. Dit doen we door het avondmaal te vieren en door het woord van ons getuigenis.

De viering van het avondmaal is voor mij heel belangrijk geworden. Paulus citeerde Jezus in 1 Korinthe 11:25: *Doe dat, zo dikwijls als u die drinkt, tot mijn gedachtenis.* Er zijn veel kerken die lijken te denken dat er staat: „Doe dit, zo zelden als u die drinkt..." De mooiste diensten die ik ooit heb meegemaakt waren liturgische avondmaalsdiensten, omdat ze deze Bijbelse inzetting in de praktijk brachten.

Op een gegeven moment kwamen Ruth en ik tot de conclusie dat we het avondmaal niet vaak genoeg vierden. Als de priester van ons gezin, besloot ik dat we vanaf dat moment iedere morgen het avondmaal zouden vieren tijdens onze stille tijd. Ik zeg niet dat iedere christen dit moet doen, maar ik ben wel dankbaar dat de Heer ons hiertoe leidde, want het is een dagelijkse bron van kracht en leven, en wij zouden anders zeker het gevoel hebben gehad dat er iets in ons leven ontbrak.

Iedere dag als we avondmaal vierden, zeiden we: „Heer, we ontvangen dit brood als Uw vlees, en deze wijn als Uw bloed. We doen dit tot Uw gedachtenis, en we proclameren Uw dood, totdat U komt." Tijdens het avondmaal is er geen verleden dan het kruis, geen toekomst dan de wederkomst. We doen dit om de dood en opstanding van Jezus te herinneren, totdat Hij terugkomt. Laat het avondmaal ons aansporen om na te gaan of we werkelijk onszelf vullen met het leven dat in het bloed is.

—

Dank U Heer, voor het bloed van het Lam. Ik maak gebruik van het leven dat in het bloed is door middel van het avondmaal; daardoor is er voor mij geen ander verleden dan het kruis, en geen andere toekomst dan de wederkomst. Ik proclameer dat ik satan overwin door het bloed van het Lam en door het woord van mijn getuigenis, en ik heb mijn leven niet lief tot in de dood.

Bron: The fullness of the cross, vol. 4: The sevenfold power of the blood

16 MAART

ONS LEVEN AFLEGGEN

Om de volle kracht van Jezus' bloed te ervaren, moeten we weten hoe we dit bloed kunnen toepassen. De Bijbeltekst en proclamatie van deze week verwijst naar een allesomvattend geestelijk conflict in de eindtijd, een confrontatie waarin zowel de hemel als de aarde betrokken zijn: enerzijds de engelen van God, satan en zijn engelen, anderzijds Gods gelovige volk op aarde. Door Gods engelen wordt verklaard: *En zij hebben hem overwonnen door het bloed van het Lam en door het woord van hun getuigenis, en zij hebben hun leven niet liefgehad tot in de dood* (Openbaring 12:11).

'Zij', dat zijn de mensen zoals jij en ik, gelovigen in Jezus Christus. Het woord 'hem' verwijst naar satan. Er bestaat dus een directe strijd tussen satan en ons. Deze tekst leert ons hoe de gelovigen satan overwonnen; door hun totale toewijding. Het enige waar satan bang voor is, is een toegewijde christen. Als er staat: *zij hebben hun leven niet liefgehad tot in de dood*, dan betekent dit dat in leven blijven niet hun eerste prioriteit was. De eerste prioriteit was trouw zijn aan de Heer en Zijn wil doen.

Als het gaat over 'soldaten in het leger van de Heer' hebben we meestal een vaag en sentimenteel idee over wat dit betekent. Toen ik soldaat was in het Britse leger, kreeg ik er geen garantiecertificaat bij van de commandant, waarop stond dat ik mijn leven niet zou verliezen. Iedere soldaat weet dat hij kan sneuvelen; dienen in het leger kan je het leven kosten. Zo is het ook in Gods leger. Er is geen garantie dat we ons leven niet zullen hoeven afleggen. Alleen degenen die werkelijk niet bang zijn hun leven te verliezen, zijn een bedreiging voor satan. Uiteindelijk is ons leven hier op aarde toch maar kort, in vergelijking met de eeuwigheid die we zullen doorbrengen met Hem in Zijn heerlijkheid.

—

Dank U Heer voor het bloed van het Lam. Ik proclameer dat 'in leven blijven' niet mijn eerste prioriteit is. Mijn leven is van U en in het geestelijk conflict wil ik een bruikbare soldaat zijn in Uw leger. Ik overwin satan door het bloed van het Lam en door het woord van mijn getuigenis en ik heb mijn leven niet lief tot in de dood. Amen.

Bron: How to apply the blood (CD). Meer studie: Opstanding uit de doden (DVD)

17 MAART

DE WAPENS VAN ONZE VELDTOCHT

In Openbaring 12:7-9 lezen we dat de hemel de draak (satan) en zijn engelen heeft uitgestoten. Verheug u, hemel; Wees op uw hoede, aarde! De duivel bevindt zich nu dus hier op aarde, en hij weet dat hij nog maar een korte tijd heeft om zijn verwoestende werk te verrichten. Mij is duidelijk geworden dat deze periode (of een gedeelte ervan) is gerelateerd aan de zeventigste week die Daniël beschreef (Daniël 9:21-24). Het betreft een specifieke, begrensde periode, en de duivel - die zeer bekend is met de Bijbelse profetieën – weet dat heel goed. Jezus zelf heeft gezegd dat die periode beperkt zal zijn (in Matteüs 24:21,22 bijvoorbeeld). Hoewel de Bijbel het in theorie heeft over drieënhalf jaar, zullen er minstens een paar 'dagen' vanaf worden getrokken aan het einde. Daarna zal de duivel gebonden worden en gevangengezet in de bodemloze put.

De duivel wil niet dat wij ons van deze feiten bewust zijn, want zolang we onwetend zijn, zullen we niet de dingen doen waarvoor God ons heeft geroepen. Maar God heeft ons speciale geestelijke wapens gegeven, om de bolwerken van satan in de hemelse gewesten neer te halen. *De wapens van onze strijd zijn immers niet vleselijk, maar krachtig door God, tot afbraak van bolwerken. Want wij breken de valse redeneringen af en elke hoogte die zich verheft tegen de kennis van God, en wij nemen elke gedachte gevangen om die te brengen tot gehoorzaamheid aan Christus* (2 Korinthe 10:4,5).

De geestelijke wapens die we hebben gekregen, stellen ons in staat om elke hoogte neer te halen die zich verzet tegen God en Zijn koninkrijk. De laatste hoogte die zich tegen God verzet, is satans eigen koninkrijk in de hemelse gewesten. God heeft ons de wapens toevertrouwd die ons in staat stellen die laatste hoogte te verslaan. Die wapens zijn het bloed van Jezus en het woord van ons getuigenis.

—

Dank U Heer, voor het bloed van het Lam. Ik neem dit op als een geestelijk wapen en gebruik het samen met mijn getuigenis: de belijdenis dat Jezus de ultieme overwinning heeft behaald en dat ik in Hem vergeving, redding, genezing en bevrijding heb ontvangen. Ik proclameer dat ik satan overwin door het bloed van het Lam en door het woord van mijn getuigenis. Amen.

Bron: Praying to change history: God's atomic weapon, the blood of Jesus (CD)

18 MAART

BELIJDEND GELOOF

Op een gegeven moment liet de Heer me zien dat veel gelovigen, eerlijk terugkijkend op hun leven, zouden toegeven dat ze heel wat negatieve belijdenissen hebben uitgesproken - over zichzelf en over anderen. Wellicht heb je bijvoorbeeld vaak uitgesproken waar je allemaal niet toe in staat bent, of bleef je maar terugkomen op je fouten, teleurstellingen, mislukkingen of verkeerde keuzes. Maar weet je, datgene wat we uitspreken, onze belijdenis, is bepalend voor de richting en bestemming van ons leven, en zelfs voor het leven van anderen! Een sprekend voorbeeld hiervan is het verhaal van de twaalf verkenners die Mozes vooruitstuurde naar het beloofde land. Twee van hen kwamen terug met positieve belijdenissen, tien met negatieve. De meerderheid van de Israëlieten geloofde het getuigenis van de tien, waardoor het hele volk zei: „We kunnen het niet!". De andere twee zeiden: „We kunnen het wel." Uiteindelijk kregen ze precies wat ze hadden uitgesproken: degenen die het negatieve beleden, zagen nooit het beloofde land, terwijl de twee die het positieve beleden, als enigen wel het beloofde land binnenkwamen. Hoe zit het met jou? Misschien spreek je weleens negatieve woorden, of dingen die Jezus niet verheerlijkten. Of misschien ben je zo gericht op eerdere teleurstellingen die je hebt meegemaakt, dat je als het ware gebonden bent aan mislukking of geestelijke onvruchtbaarheid. Als we stilstaan bij eerdere mislukking en dat steeds uitspreken, is dat ook wat we zullen oogsten. Maar als we geloof belijden, dan zal God ons deel zijn. Belijd daarom aan God: „Heer, het spijt me. Ik heb uw handen gebonden vanwege mijn ongeloof en mijn negatieve denken. Ik heb zo vaak uw mogelijkheden in mijn leven begrensd." In de Bijbel staat: Als wij onze zonden belijden: *Hij is getrouw en rechtvaardig om ons de zonden te vergeven en ons te reinigen van alle ongerechtigheid* (1 Johannes 1:9). Als jij je negatieve belijdenissen hebt beleden en weggedaan, dan mag je God danken dat je uit die duistere, eenzame vallei bent geklommen. Belijd nu: „*Ik kan alles door Christus die mij van binnenuit bekrachtigt.*" (letterlijke vertaling van Filippenzen 4:13).

—

Dank U Heer, voor het bloed van het Lam. Ik proclameer dat ik alles kan door Christus die mij van binnenuit kracht geeft. Dank U dat ik gericht mag zijn op Uw mogelijkheden in mijn leven. Ik overwin satan door het bloed van het Lam en het woord van mijn getuigenis. Amen.

Bron: What is holiness? vol. 2: Treat your body as God's temple (CD).
Meer studie: Leven door geloof (boek)

WEEK 12

MIJN LICHAAM IS VOOR DE HEER
EN DE HEER IS VOOR MIJN LICHAAM.

Het voedsel is voor de buik en de buik voor het voedsel,

maar God zal zowel die buik als dat voedsel tenietdoen.

Het lichaam nu is niet voor de hoererij, maar voor de Heere

en de Heere voor het lichaam.

1 KORINTHE 6:13

19 MAART

EEN PERSOONLIJKE GOD

Ooit was ik professor aan Cambridge, de grootste universiteit van Groot Brittannië, en bezitter van verschillende graden en academische onderscheidingen. In vele opzichten hoorde ik bij de intellectuele elite. Toch voel ik me op geen enkele wijze intellectueel ondergeschikt als ik zeg te geloven in het Bijbelse scheppingsverhaal. Voordat ik in de Bijbel geloofde, heb ik vele andere bronnen bestudeerd die probeerden het ontstaan van de mens en de wereld te verklaren, maar ze bevredigden me niet. In veel opzichten spraken ze elkaar tegen. Daarna bestudeerde ik de Bijbel – eerst niet als gelovige, maar beroepsmatig, als filosoof. Ik dacht bij mezelf: het kan nooit belachelijker zijn dan de andere dingen die ik heb gelezen. Tot mijn verbijstering ontdekte ik echter dat de Bijbel het antwoord gaf waar ik altijd naar had gezocht!

In Genesis lezen we een korte maar krachtige verklaring, die begint met: „*De Heere God*" en hier staat letterlijk *Jahweh God*... dus Gods persoonlijke Naam. Dit zegt ons dat een persoonlijke God een persoonlijke mens schiep, met als doel een persoonlijke relatie.

Toen vormde de HEERE God de mens uit het stof van de aardbodem en blies de levensadem in zijn neusgaten; zo werd de mens tot een levend wezen (Genesis 2:7). We zien hier de samensmelting van Gods goddelijke, eeuwige adem van boven, en het lichaam van stof en klei van hier beneden, dat door de handen van de Schepper was gevormd. De eenheid van geest die van boven en beneden ontstond, bracht een levende, menselijke persoonlijkheid voort – een persoonlijkheid die gemeenschap en relatie kan beleven met een levende, persoonlijke God.

———

Dank U Heer, dat U mijn lichaam geschapen hebt en ook mij Uw levensadem hebt ingeblazen. Ik proclameer dat U, een persoonlijke God, mij schiep, en dat U mij roept tot persoonlijke relatie met U. Mijn lichaam is voor de Heer en de Heer is voor mijn lichaam. Amen.

Bron: Bible psychology: What God's mirror reveals: God's provision for the believer's body (CD)
Meer studie: Besef je hoe waardevol je bent? (DVD)

20 MAART

EEN WONDERLIJKE SCHEPPING

We zijn bekend met de innerlijke persoonlijkheid van de mens – onze geest en onze ziel – maar laten we vooral de ogen niet sluiten voor het menselijk lichaam, dat eveneens een wonderbaarlijke en geweldige schepping is van God. Veel gelovigen waarderen hun lichaam – en de zorg ervoor – onvoldoende. Totdat Gods adem in de geboetseerde vorm werd geblazen, bestond het menselijk lichaam slechts uit klei. Maar het werd een levend, functionerend, fysiek lichaam met een voortdurend kloppend hart en alle organen, lichaamsdelen en functies, door het wonderbaarlijke werk van Gods Geest.

Neem nu bijvoorbeeld het menselijk oog. Ik zag een tv-programma van de Amerikaanse Vereniging van Oogspecialisten, die een aantal fascinerende feiten presenteerden over het menselijk oog. Er werd onder meer verteld dat het menselijk oog bestaat uit meer dan drie miljoen actieve deeltjes. Hoe is dat ontstaan? Door Gods adem. Al onze spieren, onze zenuwen en klieren – alle functies van ons lichaam – zijn er gekomen doordat de adem van God in ons lichaam werd geblazen. Door Gods adem transformeerde het vormsel van klei tot een ongelofelijk ingenieus organisme. In Psalm 139:14 verwoordt David: *Ik loof U, omdat ik ontzagwekkend wonderlijk gemaakt ben!* Als je die waarheid tot je door laat dringen, dan worden wonderbaarlijke genezingen eigenlijk heel logisch. Wie zou het lichaam immers beter kunnen repareren, herstellen, of zo nodig herscheppen, dan dezelfde Persoon die dat lichaam in eerste instantie ook heeft gemaakt? De Geest van God is de Schepper en de Genezer. Ik heb het voorrecht gehad om verschillende lichamelijke scheppingswonderen te mogen meemaken, waarbij missende botten werden teruggeplaatst. Ik bad ooit voor een meisje uit San José in Californië, die was geboren zonder bot in haar beide bovenbenen. In antwoord op gebed, schiep God beenderen in dit lichaam. Ik beweer niet dat het simpel is, maar het is wel voorstelbaar, als je de oorsprong van het menselijk lichaam begrijpt. Het was slechts klei, totdat de Geest van God erover kwam en een complex organisme schiep, dat Hij als Schepper ook weer heel kan maken.

—

Dank U Heer dat U ook de voorziener bent voor mijn lichaam. Ik ben een ontzagwekkend wonderlijke schepping van U en U bent niet alleen mijn Schepper, maar ook mijn Genezer. Ik proclameer dat mijn lichaam voor de Heer is en de Heer is voor mijn lichaam. Amen.

Bron: Bible psychology: What God's mirror reveals: God's provision for the believer's body (CD)

21 MAART

PRACHTIG GEMAAKT!

In het boek Job komen we een aantal verbluffende openbaringen tegen over ons lichaam. Er zijn veel overeenkomsten tussen de boeken Genesis en Job. Job 10:8-12 beschrijft een prachtige samenvatting van Gods scheppende werk in ons lichaam. In vers 8 lezen we: Uw handen hebben mij gevormd en gemaakt, een ingewikkelde eenheid (letterlijk vertaald uit de New King James Vertaling). Net als in Genesis 2, waar het Hebreeuwse woord voor 'gevormd' de betekenis heeft van een vakkundig werk, dat met grote zorg is gemaakt. Zo benadrukt dus ook het boek Job de enorme vakkundigheid en zorg waarmee God de schepping van het menselijk lichaam ter hand heeft genomen.

Uw handen hebben mij gevormd en gemaakt, een ingewikkelde eenheid; en toch wilt U mij vernietigen. Onthoud, bid ik, dat U mij als klei heeft gemaakt. En wilt U me opnieuw tot stof maken? Heeft U mij niet als melk uitgegoten, mij als kaas laten stremmen, mij met huid en vlees overtrokken, en me samengevlochten met botten en zenuwen? (vers 8-11). Wat een beeldende beschrijving! Bedenk eens hoe prachtig Job hier de relatie illustreert die er is tussen de verschillende delen van ons lichaam.

We lezen verder in vers 12: *U heeft mij het leven en Uw gunst gegeven, en Uw zorg (of bezoek) heeft mijn geest bewaard.* Verderop in Job zien we een ander deel van het menselijk wezen, namelijk het geestelijke deel: *Maar het is de geest van God in de mens, de adem van de Ontzagwekkende die inzicht brengt* (Job 32:8). Deze woorden van Job zijn volmaakt in harmonie met de woorden uit Genesis. Het is de eenheid van de adem van God van boven, samen met de klei van beneden, die de mens maakt tot een volkomen menselijke persoonlijkheid. Als je dit op je in laat werken, moet toch elk gevoel van minderwaardigheid verdwijnen! God heeft je prachtig gemaakt.

—

Dank U Heer dat U de voorziener bent voor mijn lichaam. Ik ben een verbinding van Uw hemelse adem met het klei van de aarde; ik ben wonderlijk gemaakt en onschatbaar waardevol. Dank U wel! Ik proclameer dat mijn lichaam voor de Heer is en de Heer is voor mijn lichaam. Amen.

Bron: Bible psychology: What God's mirror reveals: God's provision for the believer's body (CD)

Meer studie: Besef je hoe waardevol je bent (boek)

22 MAART

GODS BLAUWDRUK

*W*ant U hebt mijn binnenste delen gevormd; U bedekte mij in de schoot van mijn moeder. Ik prijs U, want ik ben ontzagwekkend en wonderlijk gemaakt: *wonderlijk zijn Uw werken; mijn ziel weet dat goed. Mijn beenderen waren voor U niet verborgen, toen ik in het verborgene gemaakt ben en geborduurd werd in het diepste van de aarde* (Psalm 139:13-15). Kijkend naar het menselijk lichaam, word ik vervuld met ontzag. De substantie die uiteindelijk mijn lichaam werd, is door God bedacht en gevormd, lang voordat ik ter wereld kwam. God heeft de bouwstoffen gemaakt die op een dag mijn lichaam zouden vormen. *Uw ogen hebben mijn ongevormd begin gezien, de dagen dat het gevormd zou worden, toen er nog niets van bestond; alles was in Uw boek beschreven* (vers 16). God had een blauwdruk van ons lichaam, nog voordat wij ter wereld kwamen. Vergelijk dit eens met de uitspraak van Jezus in Lukas 12:7: *Ja, ook de haren van uw hoofd zijn alle geteld. Wees dan niet bevreesd: u gaat veel musjes te boven.* Dit vers beschrijft de diepte van Gods zorg voor ons lichaam – Hij heeft zelfs de haren op ons hoofd geteld. Als we ons dit realiseren, moeten we erkennen dat God ook een doel heeft met dit geweldige stukje vakmanschap. Dit doel wordt geopenbaard in 1 Korinthe 6:19,20: *Of weet u niet, dat uw lichaam een tempel is van de Heilige Geest, die in u is en die u van God hebt, en dat u niet van uzelf bent? U bent immers duur gekocht. Verheerlijk daarom God in uw lichaam en in uw geest, die van God zijn.*
David zegt dat zijn ziel heel goed weet dat hij wonderlijk is gemaakt; kun jij dat ook zeggen? En het doel ervan is dat God erdoor verheerlijkt wordt... is dat ook jouw verlangen?

—

Dank U Heer dat U de voorziener bent voor mijn lichaam. Mijn ziel weet heel goed dat Uw werken wonderbaarlijk zijn. En ik aanvaard dat ook ik wonderlijk door U ben gemaakt – help mij dit steeds dieper te beseffen. Mijn ogen, mijn oren, mijn mond, mijn voeten, mijn hart en mijn handen... ze zijn Uw eigendom en ik zal U verheerlijken in mijn lichaam. Mijn lichaam is voor de Heer en de Heer is voor mijn lichaam. Amen.

Bron: Bible psychology: What God's mirror reveals: God's provision for the believer's body (CD)

23 MAART

EEN LEVEND OFFER

Ik vermaan u dan, broeders, met beroep op de barmhartigheden Gods, dat gij uw lichamen stelt tot een levend, heilig en Gode welgevallig offer: dit is uw redelijke eredienst (Romeinen 12:1). In de eerste elf hoofdstukken van de brief aan de Romeinen worden we meegenomen in een stuk prachtige basistheologie. De redding en de genade in Jezus Christus worden hier stap voor stap beschreven. En dan, in hoofdstuk twaalf, vinden we de praktische toepassing van de eerdere elf hoofdstukken. Het begint met ons lichaam, dat we in Gods handen leggen als een levend offer. Misschien denk je onbewust: ach, het lichaam is niet zo belangrijk, het gaat veel meer om de ziel. Maar laten we dan eens een praktische beeldspraak gebruiken. Als ik op een terrasje water bestel, dan krijg ik zowel het glas als de inhoud. Ik kan geen water krijgen zonder glas er omheen. Dat is wat God hier eigenlijk ook zegt. Hij wil het omhulsel, het vat – en de inhoud: de ziel. We kunnen de inhoud niet aan God geven zonder het vat dat er omheen is. Wat betekent het om ons lichaam te maken tot een 'levend offer'? De offers in het Oude Testament bestonden uit dieren die gedood werden en op het altaar werden gelegd. Maar hier zegt God: „Ik wil jouw lichaam precies zoals de Oudtestamentische offers, maar met één belangrijk verschil. Ik wil geen dood lichaam, maar een levend lichaam. Als ik je lichaam heb, dan heb ik jou."
In Matteüs 23 spreekt Jezus met de Farizeeën over welke dingen werkelijk belangrijk zijn in het dienen van God. Ze meenden dat het offer belangrijker was dan het altaar. Maar Jezus zei: *Dwazen en blinden, want wat is meer, de gave of het altaar, dat de gave heiligt?* (23:19). Het altaar heiligt het offer dat erop wordt gelegd. Het offer wordt heilig gemaakt doordat het op het altaar wordt geplaatst. Zo is het ook met ons lichaam. Als we ons lichaam op Gods altaar leggen als een levend offer, dan wordt het geheiligd, apart gezet voor God. En dat is wat we allemaal zouden moeten doen.

———

Dank U Heer, dat U de voorziener bent voor mijn lichaam. Ik geef mijn lichaam aan U als een levend offer. Laat de manier waarop ik voor mijn lichaam zorg, maar ook hoe ik het gebruik, Uw Naam verheerlijken. Ik proclameer dat mijn lichaam voor de Heer is, en de Heer is voor mijn lichaam. Amen.

Bron: How to find God's plan for your life (CD)

24 MAART

EEN LICHAAM VAN VERNEDERING

Toen de mens tegen God in opstand kwam, werd diens hele persoonlijkheid aangetast. Het woord dat de Bijbel gebruikt voor deze toestand is 'verderf' of 'verval'. Ieder gebied van de menselijke persoonlijkheid is hieraan onderworpen: geestelijk, moreel en lichamelijk heeft het proces van verderf vat op ons. Het eindpunt van het lichamelijke vervalproces is de dood. Paulus zei: *Daarom, zoals door één mens de zonde in de wereld is gekomen en door de zonde de dood, zo is ook de dood over alle mensen gekomen, in wie allen gezondigd hebben* (Romeinen 5:12). Door de zonde is het gif van het verderf in ons leven gekomen. Precies zoals een wesp het gif in het lichaam brengt via een angel, zo heeft satan het gif van verderf en de dood in ons leven geïnjecteerd, door de angel van de zonde.

Allemaal zijn we verderfelijke schepsels geworden. In Filippenzen 3:21 spreekt Paulus over ons vernederd lichaam. We zijn vernederd door onze opstand tegen de Schepper. Hoe elegant, gezond, welvarend of beroemd we als mens ook kunnen zijn, we leven in vernederde lichamen. We kunnen de beste voeding eten en de zuiverste drank drinken, we moeten nog steeds naar het toilet. We zijn misschien sterk en gezond, maar als het erg warm is, beginnen we te zweten. Of we nu rijk zijn of arm, allemaal zweten we. Deze ingebouwde lichaamsfuncties herinneren ons aan het feit dat we allemaal opstandelingen zijn, en onze lichamen zijn voortdurend onderhevig aan verderf.

Gedurende vijf jaar heb ik Afrikaanse onderwijzers opgeleid, en ik was erg onder de indruk van en geïnteresseerd in hun atletische vermogens. Niettemin zei ik tegen deze sterke jonge mannen: „Onthoud goed dat als een minuscuul malariamugje zijn gif in je lijf prikt, dan verander je onvermijdelijk toch in een bibberend, koortsig hoopje ellende." Dat is de realiteit van ons vernederde lichaam. Het goede nieuws is echter dat Jezus stierf om ons te verlossen - en niet alleen onze ziel. Hij verloste de hele mens - lichaam, ziel en geest.

—

Dank U Heer dat U de voorziener bent, ook voor mijn lichaam. Ik proclameer dat Jezus stierf om mij helemaal te verlossen. Daarom is mijn lichaam van de Heer en is de Heer voor mijn lichaam. Amen.

Bron: God's plan for your body (CD)

23 MAART

GENEZING VOOR MIJN LICHAAM

In de Bijbel staat over Jezus: *Die zelf onze zonden in zijn lichaam gedragen heeft op het kruishout, opdat wij, voor de zonden dood, voor de gerechtigheid zouden leven. Door Zijn striemen bent u genezen* (1 Petrus 2:24). Aan het kruis droeg Jezus onze zonden in Zijn lichaam, dat het zondoffer werd. De vloek die wij verdienen, nam Hij op zich, in Zijn lichaam, zodat wij bevrijd zouden worden van de zonde. In de Bijbel staat ook: *Hij heeft onze zwakheden op zich genomen, en onze ziekten gedragen* (Matteüs 8:17). Dit deed Hij zodat wij door Zijn wonden genezen zouden zijn. Voor zover het van God afhangt, is onze bevrijding van de zonde een voltooid feit. Het is al gebeurd.

Het is interessant om op te merken dat het Nieuwe Testament genezing niet in de toekomst plaatst, maar in het verleden. We zijn genezen sinds de dood van Jezus; *door Zijn striemen bent u genezen*. Er is reeds voorzien in genezing. Christenen vragen me soms: „Hoe weet ik of het Gods wil is dat ik genezen word?" Meestal antwoord ik dan: „Als je een toegewijd christen bent, verlost door het bloed van Jezus, dan denk ik dat je de verkeerde vraag stelt. De vraag is niet of het Gods wil is dat ik genezen word, maar hoe ik de genezing kan ontvangen waarin God al heeft voorzien!" Gods bedoeling is ons volledig te herstellen, naar geest, ziel en lichaam. Zoals Paulus zei: *Moge de God van de vrede zelf u geheel en al heiligen en mogen uw geest, ziel en lichaam in hun geheel onberispelijk bewaard worden tot de komst van onze Heere Jezus Christus* (1 Thessalonicenzen 5:23).

—

Dank U Heer dat U ook de voorziener bent voor mijn lichaam. Hier hoort ook de genezing bij, die U aan het kruis al voor mij hebt bewerkt. Ik proclameer dat ik door de dood van Jezus aan het kruis, ben vergeven en genezen, en dat het Gods plan is om mij geheel te bewaren, naar geest, ziel en lichaam. Mijn lichaam is voor de Heer en de Heer is voor mijn lichaam. Amen.

Bron: How to find God's plan for your life.

Meer studie: Gods Woord geneest (boek)

WEEK 13

DE HEER ZAL ZIJN VOLK NIET VERLATEN.

De Heer zal Zijn volk niet verlaten,

om Zijn grote Naam,

omdat het de Heer behaagd heeft u

tot Zijn volk te maken.

1 SAMUËL 12:22

26 MAART

GOD IS ALTIJD AANWEZIG

God beloofde Abraham en Jakob dat hun nakomelingen zo talrijk zouden zijn als het zand aan de kust van de zee. Dit is een sprekend beeld van het volk Israël in de afgelopen tweeduizend jaar. Golven hebben voortdurend op hen ingebeukt. Razernij van mensen, demonen en satan zelf heeft talloze slachtingen en moordpartijen op de Joden tot gevolg gehad in vele delen van de wereld. De zee is opgestuwd, heeft gebruld en heeft zich keer op keer verwoestend op het zand van de kust gestort. Maar weet je wat er gebeurt? Het zand wint altijd! Waarom? Omdat God heeft gezegd dat dit zo zou zijn. Het is de uitwerking van Gods woord.

Het is belangrijk te begrijpen dat de Joden er niet voor hebben gekozen om Gods volk te zijn. Het is de Heer die hen heeft uitgekozen. Ik geloof dat elke keuze die God maakt juist is. Hoe tegenstrijdig dingen ook mogen lijken, God heeft het juiste gedaan. Hij zal Zijn volk niet verlaten. Niet omdat Zijn volk Gods trouw zou verdienen. Nee, Hij doet het vanwege Zijn grote Naam. Gods Naam is verbonden met en toegewijd aan Israël; Zijn eer staat op het spel.

In het Nieuwe Testament biedt Jezus ons dezelfde zekerheid: *Ik zal u zeker niet loslaten en Ik zal u zeker niet verlaten* (Hebreeën 13:5). Soms zijn we ons totaal niet bewust van Zijn aanwezigheid, maar door Zijn Heilige Geest is Hij bij ons. Waar we ook gaan, God is aanwezig door Zijn Geest - onzichtbaar, soms onherkenbaar, maar altijd aanwezig. Voor een ongelovige kan dit een beangstigende gedachte zijn, maar voor de gelovige is het een troostende, versterkende zekerheid: God is altijd bij mij!

—

Dank U Heer, dat U zich heeft toegewijd aan Israël. Ik doe op dit moment voorbede voor Uw volk. Ik proclameer dat, net zoals U aanwezig bent bij Uw volk Israël, U ook bij mij bent, elke dag en ieder moment, want U, mijn Heer, zult Uw volk niet verlaten. Amen.

Bron: Update 78: januari 1996 (CD)

Meer materiaal: proclamatiekaarten voor Israël

27 MAART

GOD ZAL BESCHERMEN

Toen de staat Israël werd geboren in 1948, woonde ik in Israël. Ik herinner me het moment dat de vlag van Israël werd uitgestoken in het centrum van Jeruzalem. Ik zei tegen mezelf: 'Dit is een heel belangrijk moment!'
Volken, luister naar de woorden van de HEER, vertel het verder op de verste eilanden: Hij die Israël verstrooid heeft, zal het samenbrengen en het hoeden, zoals een herder zijn kudde (Jeremia 31:10). Tweeënhalf duizend jaar geleden bepaalde God dat deze boodschap in elk land op aarde geproclameerd zou worden. En in onze dagen, voor onze ogen, is het in vervulling gegaan. Nu kunnen we met recht zeggen: „Hij die Israël verstrooid heeft is het aan het samenbrengen en aan het hoeden, zoals een herder zijn kudde."
In de natuurlijke wereld leven we in een tijd dat niemand weet wat er morgen met Israël zal gebeuren. Binnen 24 uur kan er, zonder enige waarschuwing vooraf, een oorlog uitbreken. Maar temidden van dit alles zal God Israël beschermen als een herder zijn kudde. Er is een garantie dat ondanks de politieke druk en het geweld dat oplaait, God zijn samengebrachte volk Israël zal beschermen.
De Heer geeft ons dezelfde belofte in Psalm 121:7,8: *De HEERE zal u bewaren voor alle kwaad, uw ziel zal Hij bewaren. De HEERE zal uw uitgaan en uw ingaan bewaren, van nu aan tot in eeuwigheid.* Wat is het goed om te weten dat God bij je is, niet alleen aan het begin van je reis, maar ook als je aan het einde komt; niet alleen als je 's ochtends opstaat, maar ook als je 's avonds weer thuis bent. God blijft bij je en Hij zal je beschermen en bewaren, nu en voor eeuwig. De Schepper is onze Bewaarder.

—

Dank U Heer, dat U zich heeft toegewijd aan Uw volk Israël. Ik bid voor Uw volk, dat zij U zullen kennen als hun beschermer. Ik proclameer ook dat de beschermer van Israël ook mijn beschermer en bewaarder is, want de Heer zal Zijn volk niet verlaten.

Bron: Update 98: November 2002 (CD)

Meer materiaal: proclamatiekaarten voor Israël

28 MAART

GENEZER VAN GEBROKEN HARTEN

In Psalm 147:2-3 lezen we: *De HEERE bouwt Jeruzalem weer op, Hij verzamelt Israëls verdrevenen. Hij geneest de gebrokenen van hart, Hij verbindt hun wonden.* Dat zijn prachtige woorden, maar het meest opwindend is dat ze in onze generatie worden vervuld, op ditzelfde moment - zowel in Israël als wereldwijd, overal waar gelovigen in Jezus Christus redding en genezing ontvangen.

De uitwerking van de eerste zin heb ik met eigen ogen letterlijk gezien. In mei 1948, toen ik in het Joodse deel van Jeruzalem woonde, werd de staat Israël na tweeduizend jaar opnieuw geboren. Vandaag bouwt de Heer aan Jeruzalem. Hij vergadert de verdrevenen van Israël. Ook is Hij - zowel in Israël als wereldwijd - gebroken harten aan het genezen en wonden aan het verbinden. Dit is goed nieuws voor iedereen die zich tot God keert. Het is goed nieuws voor Gods volk, Israël. En het is ook goed nieuws voor de Kerk van Jezus Christus, omdat dezelfde God die Israël tot zich trekt, ook de God is die de Kerk tot zich trekt, ons binnenleidt in de erfenis, onze wonden verbindt en onze gebroken harten geneest.

Er is een voortdurende bediening van de Heilige Geest die zich heel speciaal richt op de gebrokenen van hart. Het is een bediening voor mensen die verwond zijn. Als jij innerlijk verwond bent, ga dan naar God en zeg: „Here God, dit is een tijd van herstel, en een tijd dat U mensen weer bij elkaar brengt. U geneest gebrokenen van hart en U bent hun wonden aan het verbinden. U weet ook van de wond die ik al zo lang in mijn hart draag. Wilt U mij genezen?" De onzichtbare vinger van God, de Heilige Geest, zal dan neerdalen, daar waar geen chirurg kan komen. Hij zal die verwonde plaats in je leven aanraken en genezing en herstel brengen.

—

Dank U Heer, dat U zich hebt toegewijd aan Israël. Ik doe voorbede voor Uw volk. Dank U dat U hun wonden heelt - en net zoals God de gebrokenen van hart geneest en de wonden van Israël verbindt, brengt U ook genezing en herstel in mijn leven, want de Heer zal Zijn volk niet verlaten. Amen.

Bron: Word from the Word 21/2 (radiofragment)
Meer studie: Gods antwoord voor afwijzing(boek)

29 MAART

ONTFERMING BETONEN AAN ISRAËL

Het is belangrijk dat we de waarheid erkennen in wat Jezus zei tegen de Samaritaanse vrouw bij de waterput: *De redding is uit de Joden* (Johannes 4:22). Zonder de Joden hadden we geen aartsvaders, geen profeten, geen apostelen, geen Bijbel en bovenal… geen Verlosser! Zonder Israël zou er voor ons dus helemaal geen redding mogelijk zijn! De Bijbel maakt duidelijk dat God van christenen verlangt dat zij ten opzichte van de Joden hun dankbaarheid erkennen en doen wat in hun vermogen ligt om de Joden daarvoor te belonen. In Romeinen 11: 30,31 somt Paulus op wat hij eerder schreef over de verantwoordelijkheid van christenen naar de Joden: *Zoals u God eens ongehoorzaam was, maar door hun ongehoorzaamheid Gods barmhartigheid hebt ondervonden, zo zijn zij nu ongehoorzaam om door de barmhartigheid die u ondervonden hebt, ook zelf barmhartigheid te ondervinden.*

Wat ik in deze tekst lees, is dat omdat God door Israëls ongehoorzaamheid barmhartigheid aan ons heeft betoond, Hij verwacht dat wij op onze beurt barmhartigheid tonen aan Israël, zodat ook zij door onze ontferming de barmhartigheid (genade) leren kennen. Hoe kunnen we deze verplichting vervullen? Op vier praktische manieren:

1. We kunnen een houding van oprechte liefde voor het Joodse volk aannemen en uiten.
2. We kunnen het goede voor Israël zoeken door ons gebed en voorbede, zoals de Bijbel ons aanspoort te doen (Romeinen 10:1)
3. We kunnen onze dankbaarheid naar Israël tonen door praktische daden van liefdadigheid en vriendschap.
4. We kunnen zo genieten van de overvloed van Gods zegen in Jezus Christus en deze laten zien, dat we de Joden daarmee tot jaloersheid wekken en zij daar ook naar gaan verlangen.

—

Dank U Heer, dat U zich hebt toegewijd aan Israël. Ik doe voorbede voor dit volk. Ik erken mijn dankbaarheid ten opzichte van de Joden en neem een besluit om dit ook op praktische manieren te zullen uiten, en door ontferming te betonen, want de Heer zal Zijn volk niet verlaten. Wilt U mij helpen dit concreet te maken. Amen.

Bron: Wachters op de muur (boek)

30 MAART

Genade voor Sion

De Heer zegt dat het vergaderen van Israël in deze tijd een banier is die door Hem wordt opgericht voor het oog van de volken. De gebeurtenissen in Israël en het Midden Oosten staan voortdurend in het centrum van de aandacht van de wereldpers. Deze huidige periode, waarin Israël aan het einde der tijden bijeen vergaderd wordt, is drieduizend jaar geleden al duidelijk voorspeld in Gods agenda. Psalm 102: 14-19 maakt dat al duidelijk: *U zult opstaan, U zult zich ontfermen over Sion, want de tijd om haar genadig te zijn, de vastgestelde tijd is gekomen. Want Uw knechten hebben haar stenen lief en hebben medelijden met haar gruis. De heidenen zullen de Naam van de HEERE vrezen, alle koningen van de aarde Uw heerlijkheid, wanneer de HEERE Sion heeft opgebouwd, in Zijn heerlijkheid verschenen is, zich gewend heeft tot het gebed van de allerarmsten en hun gebed niet heeft veracht. Dit wordt beschreven voor het volgende geslacht. Het volk dat geschapen werd zal de HEERE loven.*

Vandaag is Gods aangewezen tijd om ontferming aan Israël te betonen en haar genade te verlenen. Dit is niet iets wat Sion of het Joodse volk hebben verdiend, maar iets wat voortkomt uit Gods soevereine goedheid en genade. Een van de doelen van wat God aan het doen is, is glorie te brengen aan Zijn eigen Naam voor het oog van alle volken. Dit doet Hij door Zijn beloften aan Israël te vervullen. De herbouw van Sion is een van de grote Bijbelse tekenen dat de tijd aanstaande is dat de Heer zal verschijnen in al Zijn heerlijkheid. Wij hebben het grote voorrecht om in de tijd te leven die de psalmist voorzegde. Ik geloof dat wij *het volgende geslacht zijn, het volk dat geschapen werd en dat de HEERE zal loven* (vs.19) om wat we zien gebeuren.

—

Dank U Heer dat U bent toegewijd aan Israël. Ik doe voorbede voor Uw volk. Dank U dat ik voor mijn ogen mag zien dat U trouw bent en doet wat U heeft beloofd. Ik proclameer dat God Zijn Naam verheerlijkt door Zijn beloften aan Israël te vervullen, want de Heer zal Zijn volk niet verlaten. Amen.

Bron: The drama of the Middle East, part 1 (CD)

Meer studie: Beloofd Land (boek)

31 MAART

DE GOD VAN VERBOND

In Psalm 89:35 staat: *Ik zal mijn verbond niet ontheiligen en wat over mijn lippen is gekomen, niet veranderen.* Het is heel belangrijk de waarheid te begrijpen, dat als God een verbond sluit, Hij dat nooit zal verbreken. Dat besef moet diep in ons wezen verankerd zijn. Juist vandaag, Goede Vrijdag, is een bijzondere dag om extra stil te staan bij het verbond dat God voor altijd sloot met Zijn volk. Jij en ik mogen daarbij horen door het bloed van Jezus. Wat een genade! Onze Bijbel bestaat uit twee verbonden: het oude en het nieuwe. De essentie van goddelijke openbaring is dus gelegen in verbond. Als God Zijn verbond zou breken, dan zouden wij geen hoop hebben. Het is mijn persoonlijke mening dat als God Zijn verbond met Israël zou breken, wij geen enkele reden hadden om te denken dat Hij Zijn verbond met de Kerk niet zou verbreken. Misschien zeg je: „Ja, maar Israël liet God in de steek." Dat is ongetwijfeld waar, maar als we eerlijk zijn; geldt dat ook niet voor ons, de Kerk? Door mijn beperkte denken ben ik niet in staat om Gods idee hierover volledig te vatten en te presenteren, maar wat ik wel zie, is dat Israël een verbond ontving en het verbrak - en datzelfde geldt misschien in nog wel hogere mate voor de Kerk. Wat zegt God tot ons over het herstel van Israël? Ik denk dat God tenminste vier dingen hierover zegt, die allemaal even helder, relevant en belangrijk zijn voor de Kerk van nu:

Ten eerste: God zegt dat de Bijbel een waar, relevant en actueel boek is.

Ten tweede: God zegt dat Hij Zijn verbond houdt.

Ten derde: God zegt dat Hij soeverein is.

Ten vierde: God zegt dat door de Israëlieten in hun eigen land te herstellen, Hij daarmee het decor bouwt voor de laatste scène van dit tijdperk. Iedere profetie die gaat over het einde van dit tijdperk wordt voorafgegaan door één belangrijke factor – de aanwezigheid van Israël als een soevereine natie binnen haar eigen grenzen. Gods verbondstrouw, zowel aan het oude als het nieuwe verbond, is eeuwig.

—

Dank U Heer, voor Uw toewijding aan Israël. Juist vandaag, als ik denk aan Uw verbondstrouw die U aan mij bewezen heeft in Jezus, doe ik ook voorbede voor Uw volk. Dank U voor Uw genade, zowel met Israël als de Kerk. Ik proclameer dat God zich houdt aan Zijn verbonden, want de Heer zal Zijn volk niet verlaten. Amen.

Bron: Perspective for a decade: Israel, God's banner to the nations (New Wine artikel)

1 APRIL

GOD VERLANGT EEN REACTIE

Ik geloof dat God van Zijn gelovige kinderen een reactie verwacht ten aanzien van wat Hij aan het doen is in Israël en het Midden Oosten. Neutraal of onverschillig blijven is geen optie. God verlangt een reactie, een antwoord. In het boek Jeremia lezen we wat de Heer van ons verwacht: *Want zo zegt de HERE: Jubelt van vreugde over Jakob, juicht om het hoofd der volkeren, verkondigt (of: proclameer), looft en zegt: de HERE heeft Zijn volk verlost, het overblijfsel van Israël* (Jeremia 31:7).

In dit vers vinden we als het ware vijf reacties die God van ons verlangt, en ze hebben allemaal betrekking op onze stem: Zing (jubel), juich, loof, proclameer en zeg (bid). De Kerk, wij die geloven dat de Bijbel het Woord van God is, moet hieraan gehoorzamen.

God verlangt van ons dat we voorbede doen voor Israël. Hij zegt: „Ik ben mijn volk aan het herstellen. Ik ben ze aan het verzamelen, en ik vraag je om je met mij te verenigen en mijn doelen in gebed te brengen." Ik denk dat we de gebeurtenissen allemaal moeten aanvaarden als een van die mysterieuze eigenschappen van God: Als Hij iets van plan is, zegt Hij tegen Zijn kinderen: „Bid dat Ik het zal doen." Met andere woorden: „Dit is mijn bedoeling, maar het zal pas gebeuren als je ervoor bidt."

Als christenen hebben we een geweldige verantwoordelijkheid om volledig toegewijd te zijn aan de uitwerking van Gods bedoelingen in de geschiedenis en in de toekomst. Laten we als ware zonen en dochters van God onze belijdenis (in zang, gejuich, lofprijs, proclamatie en gebed) in lijn brengen met Gods plan: het herstel van Israël, want de Heer zal Zijn volk nooit verlaten!

—

Dank U Heer voor Uw toewijding aan Israël. Ik doe voorbede voor dit land. Ik proclameer dat de Heer Zijn volk herstelt en bijeenbrengt, en ik voeg mij in gebed met de gebeden van anderen. De Heer zal Zijn volk niet verlaten.

Bron: Perspective for a decade: Israel, God's banner to the nations (New Wine artikel)

Meer studie: Beloofd Land (boek)

WEEK 14

JEZUS WERD GESTRAFT,
ZODAT WIJ VERGEVING KONDEN ONTVANGEN.

Hij heeft onze ziekten op zich genomen,

en onze smarten heeft hij gedragen; wij echter beschouwden

hem als een geslagene, door God gekastijd en vernederd.

Hij werd doorstoken vanwege onze opstandigheid,

vanwege onze zonden werd hij gebroken.

Hij werd gestraft; ons bracht het vrede,

en dankzij Zijn striemen is er genezing voor ons.

JESAJA 53:4,5

2 April

Gestraft om onze vrede

Ik herinner me een gesprek met een Joodse man die me vertelde waarom hij niet geloofde dat Jezus de Messias was: „Hij kon geen goed mens zijn; God zou Hem nooit zo hebben laten lijden." En toch is dat precies wat de profeet Jesaja over Hem schreef: *Wij echter beschouwden hem als een geslagene, door God gestraft en vernederd* (53:4). Maar vers 5 zegt: *Hij werd doorstoken vanwege onze opstandigheid, vanwege onze zonden werd hij gebroken. Hij werd gestraft; ons bracht het vrede, en dankzij Zijn striemen is er genezing voor ons.*

In dit vers wordt de meest belangrijke transactie of omwisseling genoemd die plaatsvond aan het kruis, namelijk de vergeving van zonde. De straf voor onze zonden kwam op Jezus en Hij stierf, zodat wij Zijn vergeving en vrede kunnen ontvangen. Tot het moment dat de straf voor de zonde werd gedragen, bestond er geen kans op vrede. Maar Jezus stierf en stond op uit de dood, zodat wij met Hem kunnen opstaan in een nieuw leven van vrede tussen ons en God! In Efeze 2:14-17 beschrijft ook Paulus de ruil die er plaatsvond aan het kruis: *Want Hij is onze vrede, die beiden één gemaakt heeft; en door de tussenmuur die scheiding maakte af te breken, heeft Hij de vijandschap in Zijn vlees tenietgedaan, namelijk de wet van de geboden, die uit bepalingen bestond, om die twee in zichzelf tot één nieuwe mens te scheppen door vrede te maken, en om die beiden in één lichaam met God te verzoenen door het kruis, waaraan Hij de vijandschap gedood heeft. En bij Zijn komst heeft hij door het evangelie vrede verkondigd aan u die veraf was, en aan hen die dichtbij waren.*

Let op de nadruk op het woord 'vrede'. Voor een zondaar kan er geen vrede zijn voordat hij weet dat zijn zonden zijn vergeven. Jezus werd gestraft, zodat wij, door de vergeving van zonden, vrede met God konden krijgen (zie ook Kolossenzen 1:19,20).

—

Dank U Jezus, dat U voor mij stierf aan het kruis en dat U bent opgestaan, zodat ik vergeving heb ontvangen en nu in vrede met God mag leven! Ik proclameer: Jezus werd gestraft, zodat ik vergeving kon ontvangen en daardoor vrede heb met God. Amen.

Bron: The fullness of the cross, vol. 1: Exchange introduced (CD)

3 APRIL

VRIJGEKOCHT!

De essentie van Jezus' verlossingswerk is identificatie; aan het kruis werd Jezus geïdentificeerd met al het kwade dat wij ooit hebben gedaan. In ruil daarvoor ontvingen wij volledige vergeving, werden we bevrijd van de macht van het kwaad en werden we bekleed met Zijn zondeloosheid. *In Hem hebben wij de verlossing, door Zijn bloed, namelijk de vergeving van de overtredingen, overeenkomstig de rijkdom van Zijn genade* (Efeze 1:7). Als we vergeving van zonden ontvangen, dan krijgen we daar meteen verlossing bij; we zijn vrijgekocht! Het woord 'vrijkopen' betekent 'terugkopen' of 'een losprijs betalen', precies zoals de vrijheid van een slaaf werd teruggekocht. Door de betaling met Zijn bloed, dat Hij gaf als een offer voor ons, kocht Jezus ons voor God terug van satan. We zijn niet langer slaven van de zonde. Sta daar eens even bij stil: je bent niet langer een slaaf van de zonde. Jezus heeft jou vrijgekocht!

Iemand die slaaf is, heeft geen keuzemogelijkheden. Twee vrouwen worden door dezelfde meester gekocht; de ene moet werken als kokkin, de andere als prostituee. Hetzelfde geldt voor ons als zondaars. Misschien zijn we keurige, fatsoenlijke zondaars, en kijken we neer op prostituees en verslaafden, maar het is dezelfde slavendrijver die ons drijft, en die bepaalt wat een slaaf moet doen in het leven.

Het goede nieuws is dat Jezus de slavenmarkt bezocht en zei: „Ik koop haar; ik koop hem. Satan, ik heb de prijs betaald. Hij is nu mijn zoon, zij is nu mijn dochter!" Dat is verlossing, en die is alleen mogelijk door de vergeving van de zonde, die voorheen als een slavendrijver over ons heerste. Als je wordt gehinderd door hang naar zonde – of door schuldgevoel over een patroon van zonde waarin je verstrikt bent geraakt, ga dan vandaag nog naar Jezus, ontvang Zijn vergeving en hoor hoe Hij zegt: „Ik heb jou gekocht! Je bent vergeven en je bent nu mijn zoon, mijn dochter!"

—

Dank U Jezus, dat U aan het kruis voor mij stierf. Jezus heeft mij van satan teruggekocht en nu ben ik Uw eigendom. U werd gestraft, zodat ik vergeven kon worden. Amen.

Bron: Atonement, vol. 1: A divine ordained exchange (CD)
Meer studie: Betaald met bloed.

4 APRIL

ONZE BEHOEFTE AAN VERGEVING

Wat maakt het woord 'vergeving' eigenlijk zo bijzonder en prachtig? Dat blijkt als je een aantal gevolgen ontdekt die vergeving met zich meebrengt: verzoening, vrede, harmonie, begrip, gemeenschap. Of... kijk eens naar de gevolgen als we niet vergeven: bitterheid, strijd, disharmonie, haat en oorlog. Soms lijkt het wel alsof het menselijk geslacht wordt overweldigd door deze kwade, negatieve krachten. Dit vreselijke lot kunnen we echter ontlopen als we de principes van vergeving kennen en toepassen. De Bijbel leert ons twee richtingen van vergeving. Ze worden duidelijk zichtbaar in het symbool van ons geloof, het kruis. Het kruis bestaat uit twee balken; een horizontale en een verticale. Deze balken stellen de twee richtingen van vergeving voor. De verticale balk toont ons de vergeving die wij nodig hebben van God. De horizontale balk laat de vergeving zien die wij zelf van anderen nodig hebben, of die we zelf aan de ander moeten schenken. De genade die nodig is voor deze vormen van vergeving is uitsluitend afkomstig van het kruis.

De vergeving die we van God moeten ontvangen, wordt prachtig beschreven in Psalm 32:1,2 waar David schrijft: *Welzalig is hij van wie de overtreding vergeven, van wie de zonde bedekt is. Welzalig de mens wie de HEERE de ongerechtigheid niet toerekent, en in wiens geest geen bedrog is.*

De Bijbel spreekt niet over een bepaald persoon die vergeving nodig heeft. Er wordt duidelijk gesteld dat wij allemaal vergeving nodig hebben van God. Er zijn geen uitzonderingen. Andere psalmen maken duidelijk dat er niemand is die niet heeft gezondigd (14:1-3; 53:1-3). We hebben allemaal gezondigd, dus hebben we allemaal vergeving nodig. Gelukkig is die er in overvloed, als we geloven in de kracht van het offer dat Jezus bracht aan het kruis.

—

Dank U Jezus, dat U aan het kruis voor mij stierf. Ik erken mijn eigen behoefte aan vergeving, en ik belijd dat Jezus werd gestraft, zodat ik vergeven kon worden. Amen.

Bron: Forgiveness (CD)

5 APRIL

GENEZING DOOR VERGEVING

*W*elzalig de mens wie de HEERE de ongerechtigheid niet toerekent, en in wiens *geest geen bedrog is* (Psalm 32:2). Om vergeving te ontvangen, moeten we volkomen eerlijk zijn naar God, zonder dingen achter te houden of allerlei excuses aan te voeren voor onze zonden. David werd schuldig bevonden aan overspel en moord inzake Bathseba en schreef hier het volgende over: *Toen ik zweeg, verouderden mijn beenderen, terwijl ik de hele dag schreeuwde. Want dag en nacht drukte Uw hand zwaar op mij; mijn levensvocht verdroogde als in zomerse hitte. Mijn zonde maakte ik U bekend, mijn ongerechtigheid bedekte ik niet* (vers 3-5). Zoals zoveel mensen, weigerde David in eerste instantie zijn zonde te erkennen en probeerde hij net te doen alsof het nooit was gebeurd. Maar al die tijd was hij als iemand met brandende koorts. *Zijn levensvocht verdroogde en zijn beenderen verouderden.* Onvergeven zonden kunnen letterlijk lichamelijke gevolgen hebben.

Een psychiater vertelde me ooit het volgende verhaal. Hij bezocht regelmatig het ziekenhuis en ontmoette daar een vrouw die er hopeloos aan toe was. Haar nieren functioneerden niet meer, haar huid had alle kleur verloren en ze lag in coma. Eigenlijk lag ze te wachten op haar dood. Op een dag voelde hij zich door de Heilige Geest geleid om voor haar te bidden: „In de Naam van Jezus Christus, ontsla ik je van je zondenlast." Achteraf vroeg hij zich af of het niet een beetje een dwaze actie was geweest. Maar ongeveer een week later zag hij deze vrouw tot zijn verbijstering op straat lopen; volkomen genezen. Onvergeven zonde had haar lichamelijke conditie zwaar aangetast, maar toen haar zonden werden vergeven door de voorbede van deze man, werd haar geest gereinigd en opende dit voor haar de weg tot genezing.

—

Dank U Heer, dat U aan het kruis voor mij stierf. Geef ook mij de moed werkelijk open te zijn over alle zonden die ik geprobeerd heb te verbergen. Ik vraag ook voor mijzelf om de lichamelijke genezing die voortkomt uit vergeving; ik belijd dat Jezus werd gestraft, zodat ik vergeven kon worden. Amen.

Bron: Forgiveness (CD)

6 APRIL

VERGEVEN ZOALS WIJ VERGEVEN ZIJN

Tijdens de Bergrede leerde Jezus ons bidden: *En vergeef ons onze schulden, zoals ook wij vergeven onze schuldenaren* (Matteüs 6:12). Met andere woorden: „Vergeef ons zoals wij ook vergeven...". Besef je dat hier eigenlijk staat dat in die mate waarin jij anderen vergeeft, God ook jou zal vergeven? Als je anderen volledig vergeeft, zal God ook jou volledig vergeven. Maar als je aan een ander slechts ten dele vergeeft, zal God jou ook slechts ten dele vergeven.

Een belangrijke reden waarom veel christenen weinig of geen gebedsverhoring zien, is het feit dat ze anderen – vaak één bepaald persoon – niet vergeven. In mijn ervaring als pastoraal werker heb ik ontdekt dat onvergevingsgezindheid een van de meest voorkomende blokkades is in ons geestelijk leven. Ik vroeg ooit aan een vrouw die ik begeleidde, of er iemand was die ze nog niet had vergeven. „Ja", zei ze, en noemde een vooraanstaand iemand bij het ministerie van justitie. Ik zei: „Als je vrij wilt komen, zul je hem moeten vergeven. Het kan niet anders. Als je hem niet vergeeft, zal God jou ook niet vergeven." Dat klinkt misschien hard, maar het is Bijbelse realiteit; direct nadat Hij het Onze Vader heeft afgesloten, zegt Jezus ons dit expliciet. (zie Matteüs 6:14)

Zijn we bereid te vergeven? Misschien denken we: „Ik weet niet of ik dat wel kan...", maar zou God misschien hetzelfde denken? „Ik weet niet of ik jou wel kan vergeven..."? Nee, want vergeving is geen gevoel; het is een beslissing. Ik noem dat de onvereffende rekening verscheuren. Iemand is ons misschien nog 30.000 euro schuldig, maar wat de schuld ook is, in verhouding zijn wij zelf God wel drie miljoen schuldig. Als we willen dat Hij Zijn debiteuren verscheurt, moeten we eerst onze eigen schuldenaren vrijspreken door de belastende papieren te verscheuren. Dit is Gods onveranderlijke wet, die staat vastgebeiteld in het 'Onze Vader'. Het laatste gebedspunt uit het Onze Vader is een smeekbede om verlossing van de boze, satan. We hebben echter geen recht om te bidden voor bevrijding, voordat we alle anderen hebben vergeven, zoals we willen dat God ons vergeeft.

—

Dank U Jezus voor Uw sterven aan het kruis voor mij. Ik verklaar mijn bereidheid om anderen te vergeven, en ik proclameer dat Jezus werd gestraft zodat ik vergeven kon worden. Amen.

Bron: Praying to change history; seven basic conditions for answered prayer (CD)
Meer studie: Ik vergeef je (boek)

7 APRIL

ZIJN WELDADEN ONTHOUDEN

Loof de HEERE, mijn ziel, en al wat in mij is Zijn heilige Naam. Loof de HEERE, mijn ziel en vergeet niet een van Zijn weldaden (Psalm 103:1,2). We zien hier dat Davids geest zijn eigen ziel oproept om in actie te komen. Davids geest wist wat er moest gebeuren, maar dat kon niet gebeuren voordat Davids ziel met zijn geest ging samenwerken en reageerde op de uitdaging.

Neem vandaag een moment om eens even de weldaden op te sommen waarvan we er 'niet één moeten vergeten'. Het is zelfs nog beter om een stuk papier te pakken en ze op te schrijven, zodat dit je helpt om ze letterlijk 'niet te vergeten'. Veel christenen ervaren de weldaden van God nauwelijks, omdat ze ze simpelweg niet onthouden. Maak hiervan in je leven een gewoonte; houd de goede dingen die God doet vast in je geheugen.

Kun je er zo gauw geen bedenken? In de verzen die volgen op de eerste twee verzen, worden sowieso al zes specifieke weldaden van God beschreven die gelden voor ons allemaal: *Die al uw ongerechtigheden vergeeft, die al uw ziekten geneest, die uw leven verlost van het verderf, die u kroont met goedertierenheid en barmhartigheden, die uw mond verzadigt met het goede, uw jeugd vernieuwt als die van een arend* (vers 3-5).

God vergeeft al onze ongerechtigheden, Hij geneest al onze ziekten, verlost ons leven van de dood, kroont ons met goedheid en genade, verzadigt ons met goede dingen en vernieuwt onze jeugd als die van een arend. Ik geloof dat er een duidelijke connectie ligt tussen het vullen van onze mond met goede dingen, en onze jeugd die vernieuwd wordt als die van een arend.

Ik ben ervan overtuigd dat het niet Gods wil is dat Zijn kinderen oud worden op de manier zoals de mensen in de wereld oud worden. Ik wil niet zeggen dat er geen veranderingen optreden bij het ouder worden, maar dit hoeft niet noodzakelijk gepaard te gaan met allerlei gebrek, pijn en ziekte. Als de Bijbel ons belooft dat onze jeugd zich vernieuwt, dan mogen we erop vertrouwen dat God die belofte in ons leven ook zal waarmaken.

———

Dank U Jezus dat U aan het kruis voor mij stierf. Leer mij Uw weldaden te onthouden en er een gewoonte van te maken Uw zegeningen in mijn gedachten te houden. Ik proclameer dat Jezus werd gestraft, zodat ik vergeven kon worden. Amen.

Bron: Decision, not emotion (CD)

8 APRIL

ONTSNAPPEN AAN DE VLOEK

Wist je dat de Bijbel leert dat de zonden die wij doen, gevolgen kunnen hebben voor ons nageslacht? (zie Deut. 28) Zo is het dus ook mogelijk dat negatieve gevoelens, gebeurtenissen of tegenslagen die jij in je leven ondervindt, te maken hebben met zonden van je ouders of voorouders. Het kan zijn dat er door zonden van je voorgeslacht een vloek op je leven is gekomen. Ook al heb jij persoonlijk geen schuld aan hun misstappen of zonden, toch lijd je wel aan de gevolgen ervan. Als we zo'n vloek willen verbreken, is het belangrijk om alle zonden te belijden die jij of je voorouders hebben begaan en waar jij je van bewust bent. Dit kun je doen door deze zonden te noemen en God te vragen om vergeving en reiniging. In Spreuken 28:13 staat: *Hij die zijn zonden bedekt, zal niet voorspoedig zijn, maar wie zijn zonden belijdt en achterlaat, die zal ontferming vinden.* Als je de zonden bedekt, zul je niet voorspoedig zijn of gezegend worden. Maar als je daarentegen de zonden belijdt en achter je laat, dan zul je Gods ontferming en genade vinden, en verlossing ontvangen van iedere mogelijke vloek. In dit proces speelt vergeving dus ook weer een rol. Jezus zei: *En wanneer u staat te bidden, vergeef als u tegen iemand iets hebt, opdat ook Uw Vader, die in de hemelen is, u uw misdaden vergeeft* (Markus 11:25). Jezus maakt hier duidelijk dat als we onvergevingsgezindheid koesteren en bitterheid of weerstand in ons hart vasthouden, dat we daarmee blokkades opbouwen die onze gebedsverhoring tegenhouden. Deze dingen houden ons onder een vloek. Door een beslissing van onze wil moeten we in ons gebed alle weerstand, bitterheid of onvergevingsgezindheid opgeven. In de mate waarin wij een ander vergeven, zal God ons vergeven. Als we volkomen vergeving van God willen ontvangen, moeten we ook volkomen vergeving schenken aan anderen. Het is in je eigen belang, dat je anderen oprecht en van harte vergeeft.

—

Dank U Jezus, dat U voor mij stierf aan het kruis. Help mij om anderen te vergeven en mijn leven vrij te maken van de vloek, door elke zonde – zowel die van mijzelf als die waarvan ik mij bewust ben vanuit mijn voorgeslacht – te belijden en vergeving te ontvangen. Omdat Jezus werd gestraft, kon ik vergeven worden. Amen.

Bron: Van vloek naar zegen (Boek)

WEEK 15

JEZUS WERD VERWOND,
ZODAT WIJ GENEZEN ZOUDEN WORDEN.

Hij heeft onze ziekten op zich genomen,

en onze smarten heeft hij gedragen; wij echter beschouwden

hem als een geslagene, door God gekastijd en vernederd.

Hij werd doorstoken vanwege onze opstandigheid,

vanwege onze zonden werd hij gebroken.

Hij werd gestraft; ons bracht het vrede,

en dankzij Zijn striemen is er genezing voor ons.

JESAJA 53:4,5

9 APRIL

VOLKOMEN REDDING

De wedergeboorte is letterlijk een levensbelangrijke ervaring. *Als we niet opnieuw geboren worden, kunnen we het koninkrijk van God niet zien en niet binnenkomen* (zie Johannes 3:3-5). Toch is het geen eenmalige ervaring; redding of verlossing is een doorgaand proces. Een deel van de verlossing is de doop in water. Ik wil geen controverse ontketenen, maar je kunt best wedergeboren worden zonder gedoopt te worden. Als je echter blijvend gered wilt worden, is de doop daar wel een onderdeel van: *Wie gelooft en zich laat dopen, zal behouden worden* (Markus 16:16). Gered worden betekent meer dan dat je ziel wordt klaargemaakt voor de eeuwigheid. Iemand zei eens: „Het evangelische idee van redding is dat zielen worden voorverpakt om naar de hemel te gaan." In zekere mate klopt dit, alleen redding omvat nog veel meer dan een soort voorverpakking voor de eeuwigheid in de hemel.

Ik wil je graag meenemen naar een vers uit het Nieuwe Testament, waarin de schrijver het Griekse woord sozo gebruikt, een woord dat doorgaans wordt vertaald met 'redding' of 'verlossing'. Als we dit woord bekijken op verschillende plaatsen waar het wordt gebruikt, krijgen we een completer beeld van wat redding allemaal inhoudt.

Het evangelie van Matteüs gaat over Jezus' bediening aan de zieken: En toen de mannen van die plaats Hem herkenden, stuurden ze bericht rond in heel die streek en brachten allen bij Hem die er slecht aan toe waren; en zij smeekten Hem, alleen maar de zoom van Zijn bovenkleed te mogen aanraken. En allen die Hem aanraakten, werden gezond (14:35,36). Het Griekse woord dat hier vertaald wordt met 'gezond' is sozo, maar het wordt voorafgegaan door een Grieks voorzetsel dat 'volkomen' of 'volledig' betekent. Volkomen gered worden is dus ook volkomen genezen zijn. Dit vers heeft dus niet alleen betrekking op de ziel, maar ook op het lichaam – dus op degenen die ziek zijn. Iedere persoon die Jezus aanraakte, werd volkomen gezond. Hoe volkomen is onze verlossing?

—

Heer Jezus, dank U voor Uw werk aan het kruis. Ik begrijp dat volkomen redding ook volkomen gezondheid inhoudt. Dank U Jezus, dat U ook voor mij volkomen redding bewerkte, naar geest, ziel en lichaam. Jezus werd verwond, zodat ik genezen kan worden. Amen.

Bron: The fullness of the cross, vol. 1: salvation is all-inclusive (CD)

10 APRIL

GENEZING EN VERLOSSING

Gisteren zijn we begonnen een aantal plaatsen in de Bijbel te bekijken waar het Griekse woord sozo wordt gebruikt. We zagen toen dat het in de eerste plaats 'redding' of 'behoudenis' betekent. In het evangelie van Markus ontmoet Jezus de blinde Bartimeüs op de weg naar Jericho (10:46-52). *En Jezus antwoordde hem en zei: Wat wilt u dat Ik voor u doen zal? En de blinde zei tegen Hem: Rabboni, dat ik kan zien* (vers 51). De blinde bedelaar Bartimeüs had maar één verlangen. Alles wat hij wilde, was zijn zicht terugkrijgen. Toen zei Jezus: *Ga heen, uw geloof heeft u behouden. En meteen kon hij zien en volgde Jezus op de weg* (vers 52). De letterlijke vertaling van Jezus' woorden is: „Je geloof heeft je verlost". Voor het woord 'verlost' staat hier het woord sozo. In deze context betekent het dus 'genezing'. Een ander voorbeeld waar het woord 'sozo' staat voor genezing, vinden we in Lukas 8:43-48, waar we lezen over een bloedvloeiende vrouw die achter Jezus aanging en Hem aanraakte. Ze wilde niet herkend worden, omdat volgens de Joodse wet iedereen die bloed verloor onrein was, en die persoon mocht niemand aanraken. De vrouw voelde zich beschaamd, maar ze was zo wanhopig op zoek naar genezing, dat ze de wet overtrad. Lees het ontroerende verslag van wat er verder gebeurde: *Toen de vrouw zag dat zij niet onopgemerkt was, kwam zij bevend naar Hem toe, en nadat zij voor Hem neergevallen was, vertelde zij voor heel het volk om welke reden zij Hem aangeraakt had en dat zij onmiddellijk genezen was. Hij zei tegen haar: Heb goede moed, dochter, uw geloof heeft u behouden; ga heen in vrede!* (vers 47,48)

Wat prachtig! Opnieuw wordt hier het woord sozo gebruikt; genezen worden (in deze gevallen van blindheid en van vrouwelijke problemen) zijn dus beide onderdeel van de totale verlossing die Jezus voor ons heeft bewerkt.

—

Dank U Jezus voor Uw volmaakte, complete werk aan het kruis, en dat mijn genezing onderdeel is van de verlossing die U daar bewerkte. Ik proclameer dat Jezus verwond werd, zodat ik genezen kan worden. Amen

Bron: The fullness of the cross, vol. 1: salvation is all-inclusive (CD)

11 APRIL

DANKZEGGING

Er ligt geweldige kracht in dankzegging. Niet alleen zet het de wonderkracht van God vrij, maar nadat deze kracht in werking is gezet, is onze dankbaarheid ook de verzegeling van de zegen die we ontvangen hebben. *En toen Hij een zeker dorp wilde binnengaan, kwamen tien melaatse mannen naar Hem toe, die op een afstand bleven staan. En zij verhieven hun stem en zeiden: Jezus, Meester, ontferm U over ons. En toen Hij hen zag, zei Hij tegen hen: Ga heen en toon uzelf aan de priesters. En het gebeurde, terwijl zij heengingen, dat zij gereinigd werden. En toen een van hen zag dat hij genezen was, keerde hij terug, terwijl hij met luide stem God verheerlijkte. En hij wierp zich met het gezicht ter aarde voor Zijn voeten en dankte Hem. En dit was een Samaritaan. Toen antwoordde Jezus en zei: Zijn de tien niet gereinigd? Waar zijn dan de negen anderen? Zijn er dan geen anderen gevonden die terugkeren om God de eer te geven dan deze vreemdeling? En Hij zei tegen hem: Sta op en ga heen. Uw geloof heeft u behouden* (Lukas 17:12-29). Alle tien de melaatsen waren lichamelijk genezen. Maar met de ene die terugkwam om Jezus te bedanken gebeurde iets extra's. Jezus zei: Sta op en ga heen. Uw geloof heeft u behouden. Het woord 'behouden' hier is sozo. Ook hier betekent dit woord veel meer dan alleen lichamelijke of tijdelijke voorziening van God. Het is een woord voor redding en verlossing, waar alles in besloten ligt: genezing, bevrijding, herstel en eeuwig behoud.

Er was één belangrijk verschil tussen de verschillende melaatsen. Negen werden lichamelijk genezen. Maar de tiende die terugkwam om zijn dankbaarheid te uiten, werd niet alleen lichamelijk, maar ook geestelijk gezond; zijn ziel werd gered. Hij kwam recht voor God te staan, voor eeuwig. De negen anderen ontvingen een gedeeltelijke en tijdelijke zegen; de tiende ontving volkomen, permanente zegen. Het verschil werd bepaald door de dankbaarheid die hij uitte. Laten ook wij leven vanuit constante dankbaarheid.

—

Dank U Jezus, voor Uw werk aan het kruis. Dankzegging brengt volkomen, permanente zegen met zich mee – ik neem daarom een grondhouding van dankbaarheid aan, zoals Uw Woord voorschrijft. Ik proclameer dat Jezus werd verwond zodat ik genezen kan worden. Amen.

Bron: Thanksgiving (CD). Meer studie: Dankzegging, lofprijs, aanbidding (boek)

12 APRIL

HIJ DROEG ONZE ZIEKTEN

Hij heeft onze ziekten op zich genomen, en onze smarten heeft hij gedragen; wij echter beschouwden hem als een geslagene, door God gekastijd en vernederd. Hij werd doorstoken vanwege onze opstandigheid, vanwege onze zonden werd Hij gebroken. Hij werd gestraft; ons bracht het vrede, en dankzij Zijn striemen is er genezing voor ons (Jesaja 53:4,5).

Op deze tekst uit het Oude Testament wordt door de schrijvers van het Nieuwe Testament voortdurend teruggegrepen, als het ware om heel duidelijk neer te zetten dat Jezus' verlossingswerk ook onze lichamelijke genezing omvat. *Hij dreef de boze geesten uit met een enkel woord, en Hij genas allen die er slecht aan toe waren, zodat vervuld werd wat gesproken was door de profeet Jesaja toen hij zei: Hij heeft onze ziekten op zich genomen, en onze ziekten gedragen* (Matteüs 8:16,17). En in de brief van Petrus: *Die zelf onze zonden in Zijn lichaam gedragen heeft op het kruishout, opdat wij, voor de zonden dood, voor de gerechtigheid zouden leven. Door Zijn striemen bent u genezen* (1 Petrus 2:24).

We zien dat Matteüs en Petrus, allebei geïnspireerd door de Heilige Geest, heel goed begrepen wat Jesaja bedoelde. Als je de drie teksten combineert, kom je tot drie belangrijke conclusies over de gevolgen van Jezus' offer voor de natuurlijke wereld en drie conclusies over de geestelijke wereld.

Op natuurlijk gebied: 1. Hij droeg onze zonden 2. Hij droeg onze ziekten 3. Wij zijn genezen.

Op geestelijk gebied: 1. Hij werd verwond om onze zonden 2. Hij werd gebroken voor onze opstandigheid 3. Hij kreeg de straf die onze vrede brengt. Ervaar jij rust en vrede? Je mag er op basis van de prijs die Jezus betaalde namelijk wel aanspraak op maken.

—

Dank U Jezus, voor Uw volmaakte, volbrachte werk aan het kruis. U nam mijn zwakheden en ziekten, en U genas me. U werd verwond zodat ik genezen kan worden. Ik maak aanspraak op de innerlijke rust en vrede die Uw offer voor mij mogelijk maakte. Amen.

Bron: Complete salvation and how to receive it (boek)
Meer studie: Veilig bij God (boek)

13 APRIL

BLOKKADES VOOR GENEZING OPRUIMEN

Vaak zijn er dingen in ons hart en ons leven die genezing blokkeren. De belangrijkste wil ik hier opsommen.
1. Onwetendheid over Gods wil en Zijn Woord (zie Jesaja 5:13; Hosea 4:6)
2. Ongeloof (zie Hebreeën 3:12,13)
3. Onbeleden zonden (zie Spreuken 28:13)
4. Afkeer van anderen en onvergevingsgezindheid (zie Markus 11:25,26)
5. Occulte betrokkenheid (zie Exodus 23:24-26)
6. Onbijbelse verbonden, zoals vrijmetselarij (zie Exodus 23:31-33)
7. De gevolgen van een vloek (zie Deuteronomium 28:15-68)

Soms wordt ziekte veroorzaakt door of is verbonden met de aanwezigheid van boze geesten. We zien hiervan een voorbeeld in het evangelie van Lukas: *Toen de zon onderging, brachten allen die zieken met verschillende kwalen hadden, deze zieken bij Hem en Hij legde ieder van hen de handen op en genas hen. Ook gingen er van velen demonen uit, die schreeuwden en zeiden: U bent de Christus, de Zoon van God! Maar Hij bestrafte hen en liet hun niet toe te spreken, omdat zij wisten dat Hij de Christus was* (vers 40,41). Als de bovennatuurlijke kracht van God begint te werken, kunnen boze geesten het niet langer uithouden, ze moeten eruit komen. Er zijn verschillende manieren waarop boze geesten zich met ziekte verbinden. Er zijn bijvoorbeeld geesten van zwakheid, geesten van kreupelheid, van dood en van pijn, om er vier te noemen. Jezus ontmoette op een dag een vrouw die voorovergebogen was en zich niet kon oprichten. In plaats van haar conditie te benaderen als een lichamelijke kwaal, zei Hij dat deze vrouw al achttien jaar 'gebonden was door een geest van zwakte'. Daarna bevrijdde Hij haar van die geest, en kon ze zich meteen weer oprichten (zie Lukas 13:11-13). Als kinderen van God gaan we vaak voorbij aan de geestelijke dimensie die verbonden kan zijn aan ziekte. Laten we groeien in onderscheiding en kennis over de geestelijke realiteit, om vanuit Gods kracht genezing te zien doorwerken in mensenlevens.

—

Dank U Jezus voor Uw werk aan het kruis. Ik proclameer dat als Gods bovennatuurlijke kracht begint te werken, alle blokkades voor genezing wegvallen. Omdat Jezus verwond werd zodat ik genezing kan ontvangen. Amen.

Bron: Invisible barriers to healing (CD). Meer studie: Gods Woord geneest (boek)

14 APRIL

GENEZING IS VOOR IEDEREEN

Toen het nu avond geworden was, brachten ze velen die door demonen bezeten waren bij Hem, en Hij dreef de boze geesten uit met een enkel woord, en Hij genas allen die er slecht aan toe waren, zodat vervuld werd wat gesproken was door de profeet Jesaja toen hij zei: Hij heeft onze ziekten op zich genomen, en onze zwakheden gedragen (Matteüs 8:16,17). Matteüs gebruikte twee woorden voor lichamelijke problemen: 'ziekten' en 'zwakheden'. Om onderscheid tussen deze twee aan te brengen, zouden we 'zwakheden' kunnen definiëren als dingen waar we vatbaar voor zijn, zoals allergische reacties, infecties, wespensteken, etc.; ziekten zijn dan daadwerkelijke lichamelijke ziekten en afwijkingen, zoals auto-immuunziekten, diabetes of kanker.

Matteüs schreef dat de genezingsbediening van Jezus de vervulling was van Jesaja 53, waarin hij benadrukte dat Jezus 'iedereen' genas. Waarom? Omdat in het eeuwige plan van God Hij al onze ziekten en al onze pijn reeds had gedragen. Dat is goed nieuws! Als de Gemeente vandaag dat werkelijk zou geloven, dan zou evangelisatie veel gemakkelijker zijn.

Ooit sprak ik in Pakistan, wat ik een indrukwekkende ervaring vond, omdat 98% van de inwoners daar moslim is. Er kwamen 16.000 mensen naar de samenkomsten, zonder dat we veel geadverteerd hadden. Hoe kwam dat? Omdat we voor de zieken baden en ze werden genezen. Niet allemaal, maar wel een aantal. Blinden gingen zien, doven gingen horen en verlamden gingen lopen. Geloof me, het is geen probleem om een massa mensen bij elkaar te krijgen als er genezingen plaatsvinden. In het Nieuwe Testament is het een van de meest effectieve wegen om massa's mensen bij elkaar te krijgen.

—

Dank U Jezus, voor Uw werk aan het kruis. Ik proclameer dat door Jezus' offer, Gods genezing beschikbaar is voor iedereen, ook voor mij en voor de zieken die God op mijn pad brengt. Help mij groeien in geloof Heer, om vrijmoedig te bidden voor zwakken en zieken. Want Jezus werd verwond zodat wij zouden kunnen genezen. Amen.

Bron: The fullness of the cross, vol. 1: The exchange introduced (CD)
Meer studie: Gods Woord geneest (boek)

15 APRIL

GENEZING TOEPASSEN

In 1943 had ik een huidaandoening die steeds verder verergerde – in die tijd verbleef ik vele maanden in het ziekenhuis. Een vrouw uit het Leger des Heils kwam mij bezoeken om voor me te bidden. Op dat moment kreeg ik een woord van de Heer: „Denk aan het werk van Golgotha; een volmaakt werk – volmaakt in ieder aspect en volmaakt op elk gebied." Sindsdien ben ik voortdurend bezig geweest het kruis te bestuderen – en in al die tijd heb ik (ondanks vele ervaringen van genezing, bevrijding en innerlijk herstel in talloze mensenlevens) nog maar een glimp opgevangen van het geweldige werk van Jezus aan het kruis. Het is een volmaakt werk. Vanuit welk oogpunt we ook maar kijken naar het kruis: het is volbracht! Wat voor hulp we ook nodig hebben, er is in voorzien door Jezus' offer aan het kruis. 'Ja, dat klinkt gemakkelijk', hoor ik mensen vragen. 'Maar hoe kan ik er dan beschikking over krijgen en hoe wordt het toepasbaar voor mij?' Over het onderwerp genezing vragen mensen zich vaak af: hoe kan ik weten of het Gods wil is dat ik genees? Als we kinderen van God zijn, stellen we daarmee eigenlijk de verkeerde vraag. Genezing is het brood van de kinderen. Jezus zei: *Het is niet behoorlijk het brood van de kinderen te nemen en naar de hondjes te werpen* (Matteüs 15:26). De Syro-Fenisische vrouw had het recht om daarop te reageren: *Ja, Heere, maar de hondjes eten toch ook van de kruimels die er vallen van de tafel van hun bezitter.* Oftewel: „Ik heb geen heel brood nodig. Geef mij maar een kruimeltje - dat zal al voldoende zijn om die demon uit mijn dochter te krijgen." Deze vrouw had werkelijk geloof, meer dan de kinderen die lekker aan tafel zaten te eten van het brood, maar die nog steeds ziek waren. Een vader kan zijn gezin misschien geen ijs of biefstuk geven, maar een vader heeft altijd de verantwoordelijkheid om zijn gezin te voorzien van dagelijks brood. God de Vader heeft het brood voor Zijn kinderen op tafel gezet. Laat ik de vraag opnieuw formuleren: Hoe kan ik de genezing toepassen waar al in is voorzien? Genezing en verzoening zijn namelijk geen dingen voor de toekomst, maar zaken die we nu al kunnen opvragen als ons erfdeel. In al onze nood is door het Nieuwe Testament voorzien – het testament (Engels: the will) is verzegeld door de dood van Jezus.

—

Dank U Jezus, voor Uw volmaakte werk aan het kruis. Ik denk aan het kruis van Golgotha, een volmaakt werk in elk opzicht en in ieder aspect. Heer, doordring mij ervan dat het Uw wil is om te genezen. Geef mij de openbaring Heer, dat genezing is als brood voor Uw kinderen. Jezus werd verwond, opdat ik genezing zou kunnen ontvangen. Amen.

Bron: Complete salvation and how to receive it (CD/DVD/Boek)

WEEK 16

JEZUS WERD MET ONZE ZONDE TOT ZONDE GEMAAKT, OPDAT WIJ MET ZIJN GERECHTIGHEID RECHTVAARDIG GEMAAKT ZOUDEN WORDEN.

Want Hem die geen zonde gekend heeft,

heeft Hij voor ons zonde gemaakt,

opdat wij zouden worden:

gerechtigheid van God in Hem.

2 KORINTHE 5:21

16 APRIL

GEEN EIGEN POGINGEN MEER

God maakte Jezus, die geen zonde gekend heeft, tot zonde omwille van ons, zodat wij in Christus gerechtigheid van God ontvangen. Hier zien we een duidelijke ruil beschreven, een omwisseling; Jezus werd tot zonde, zodat wij rechtvaardig worden. Het is dus niet door onze eigen gerechtigheid dat wij rechtvaardig gemaakt worden, maar door de rechtvaardigheid van God. In Matteüs 6:33 zegt Jezus: *Maar zoek eerst het Koninkrijk van God en Zijn gerechtigheid, en al deze dingen zullen u erbij gegeven worden.* De enige aanvaardbare gerechtigheid in de hemel is de gerechtigheid die ontvangen wordt door geloof in Jezus Christus. In Jesaja 64:6 staat: *Wij zijn allemaal als een onrein ding, en al onze gerechtigheid is als een besmeurd vod.* Dit vers zegt dus niet dat onze zonden zijn als een besmeurd vod, maar juist onze gerechtigheid! Zelfs de beste pogingen die wij kunnen doen om vroom te lijken – om God te behagen door Hem in eigen kracht te dienen – zijn niets anders dan besmeurde vodden. En deze vodden staan ons niet in de voorportalen van de hemel. God wil dat wij al onze vodden van eigen gerechtigheid uittrekken. We moeten ophouden te vertrouwen op onze eigen goede werken en godsdienstige activiteiten, en erkennen dat we zondige mensen zijn. Vervolgens moeten we geloven dat Jezus aan het kruis voor ons tot zonde is gemaakt met onze zondigheid, zodat wij in ruil daarvoor rechtvaardig gemaakt worden met Zijn rechtvaardigheid.

—

Heer Jezus dank U voor Uw werk aan het kruis. Ik proclameer dat ik mijn eigen gerechtigheid wegdoe en daarvoor in de plaats Gods gerechtigheid zoek. Jezus werd met mijn zonde tot zonde gemaakt, en daardoor ben ik met Zijn gerechtigheid rechtvaardig gemaakt. Amen.

Bron: Betaald met bloed (Boek)

17 APRIL

HET BESLUIT VAN GOD

Het was de wil van de Heer Zijn dienaar te vermorzelen, hem met leed te overladen (Jesaja 53:10, GNB). In andere vertalingen staat dat het 'de Heer behaagde…' Deze vertaling is echter niet helemaal juist; het gaat erom dat het een besluit van God was, een doelstelling. Een crimineel in Groot-Brittannië wordt officieel veroordeeld door een rechter om opgesloten te worden 'tot welbehagen van de koningin'. Er wordt niet bedoeld dat de koningin er blij van wordt dat iemand wordt opgesloten, maar wel dat zij het noodzakelijk vindt. Deze uitspraak gaat terug tot de tijd van Koningin Elizabeth (1558-1603) in Engeland. Dus als hier vandaag staat: 'het behaagde de Heer', dan wordt er niet bedoeld dat God het fijn vond dat Hij Zijn zoon moest vermorzelen, maar wel dat het Zijn besluit was dit te doen. Hij zag dat het noodzakelijk was dat dit gebeurde; het was de enige mogelijkheid.

De Hebreeuwse taal is zo omsluierd, dat het bijna onmogelijk is er een accurate vertaling van te maken. Er staan in het eerste deel van dit vers slechts vier Hebreeuwse woorden. In het Nederlands kom je dan bij: *Het was de wil van de Heer Zijn dienaar te vermorzelen, hem met leed te overladen.* De beste vertaling waar ik zelf mee zou kunnen komen, is: „…hem tot ziekte te maken door hem te vermorzelen." Dit is de vertaling van het woord 'chalah'. Het woordje komt ook voor in Micha 6:13, waar God spreekt tot het opstandige, koppige Israël: …zal Ik u ook ziek maken, door u te treffen en te verwoesten vanwege uw zonden. God heeft een vast en eeuwig plan, waar wij, Zijn kinderen, een plaats in hebben. Onderwerping is ons gepaste antwoord op Gods plan.

—

Dank U Jezus, voor Uw werk aan het kruis. Ik proclameer dat God Jezus tot ziekte heeft gemaakt door Hem te vermorzelen en dat Jezus met mijn zonde tot zonde werd gemaakt, opdat ik met Zijn gerechtigheid rechtvaardig gemaakt zou worden. Dank U Heer, dat ik door Jezus' offer vergeven ben van mijn zonde. Amen.

Bron: Complete salvation and how to receive it (CD/DVD/Boek)

18 APRIL

HET VOLMAAKTE OFFER

Het 'behaagde' de Heer om Jezus ziek te maken, of 'Hem tot ziekte te maken door Hem te vermorzelen'. Jezus werd vermorzeld door lichamelijke ziekte. Zijn lichaam werd verbrijzeld, uiteengescheurd en zwaar verminkt – welk woord je ook maar wilt gebruiken. Aan het kruis werd Hij tot volkomen ziekte. *Wanneer hij zichzelf ten schuldoffer gesteld zal hebben, zal hij nakomelingen zien* (Jesaja 53:10). Het 'schuldoffer' is asham in het Hebreeuws. Dit betekent schuld, zonde of zondoffer. In de taal van het Oude Testament was schuld dus hetzelfde als schuldoffer. Maar waarom? Onder de Levitische wet, als het offerdier als schuldoffer werd gebracht, moest de man wiens zonde verzoend moest worden, zijn handen op de kop van het dier leggen en zo zijn zonden overdragen op het dier. Op die manier werd het dier tot zonde gemaakt, met de zonde van de zondaar. Daarna werd met dit dier afgerekend. In plaats van de zondaar, werd het dier gedood.

Dit is uiteraard allemaal een vooruitwijzing naar de dood van Christus. De schrijver van de Hebreeënbrief zei dat het niet mogelijk was dat het bloed van stieren of geiten werkelijk de zonde kon wegnemen (zie Hebr. 10:4). Het offersysteem was een beeld dat leidde tot de omwisseling die later aan het kruis zou worden vervuld. En in Jesaja 53:10 zegt de Bijbel dat God de ziel van Jezus tot zonde maakte. Paulus bevestigde dit toen hij dit vers citeerde: *Want Hem die geen zonde gekend heeft, heeft Hij voor ons zonde gemaakt, opdat wij zouden worden: gerechtigheid van God in Hem* (2 Korinthe 5:21).

—

Dank U Jezus, voor Uw volmaakte werk aan het kruis. Ik proclameer dat Jezus met mijn zonde tot zonde werd gemaakt, zodat ik rechtvaardig gemaakt kon worden met Zijn rechtvaardigheid. Amen.

Bron: Complete salvation and how to receive it (CD/DVD/Boek)

19 APRIL

VOLKOMEN VOORZIENING

Door middel van het kruis heeft God afgerekend met het probleem van schuld. Hij heeft in het verleden al volmaakt voorzien: *Hij vergaf al onze zonden* (Kolossenzen 2:13). Door de dood van Jezus Christus in onze plaats – door onze Vertegenwoordiger die onze schuld droeg en onze straf betaalde – is God in staat om alle zonden te vergeven, zonder afbreuk te doen aan Zijn eeuwige gerechtigheid. Zijn gerechtigheid is namelijk bevredigd door de dood van Christus. We moeten goed doordrongen zijn van het feit dat al onze vroegere zonden, hoe groot of zwaar ze ook waren, zijn vergeven als we geloven in Christus.

God heeft niet alleen volkomen voorzien in de zonden van het verleden, maar ook voor de zonden die in de toekomst liggen. *...en het handschrift dat tegen ons getuigde, uit te wissen. Dit handschrift was met zijn inzettingen tegen ons gericht, en Hij heeft dat uit het midden weggenomen door het aan het kruis te nagelen* (vers 14). De geschreven code is de wet van Mozes. Aan het kruis deed Jezus de wet van Mozes teniet als middel om rechtvaardig te worden voor God. Zolang de wet een voorwaarde was om rechtvaardig te worden, zorgde zelfs de kleinste overtreding ervoor dat we schuldig stonden tegenover God. Maar toen de wet werd weggenomen als middel tot rechtvaardigheid, voorzag God in een nieuwe weg om vrij van schuld te leven; nu wordt ons geloof in Jezus ons tot rechtvaardigheid gerekend. Zoals Paulus schreef: *Want het einddoel van de wet is Christus, tot gerechtigheid voor ieder die gelooft* (Romeinen 10:4). Christus is voor ieder die in Hem gelooft het einde van de wet als middel tot gerechtigheid – Jood, heiden, katholiek of protestant, het maakt niet uit. Niemand kan rechtvaardig worden via een andere weg dan geloof in Jezus. Hij is het einde van de wet als middel om rechtvaardig te worden voor God.

—

Dank U Jezus voor Uw werk aan het kruis. U heeft volkomen verzoening bewerkt voor het verleden, het heden en de toekomst. Ik proclameer en geloof dat Jezus tot zonde werd gemaakt met mijn zonde, zodat ik rechtvaardig ben gemaakt met Zijn rechtvaardigheid. Amen.

Bron: Geestelijke strijd (Boek)

20 APRIL

HET 'ROMEINEN-RECEPT'

Laten we de komende dagen eens kijken naar wat ik noem het 'Romeinen-recept'. Het woord 'recept' of 'menu' doet denken aan een kookboek. Als we de Bijbel nu eens op dezelfde eenvoudige manier zouden lezen als een kookboek, dan ontdekken we dat dit recept altijd lukt. Het 'Romeinen-recept' is Gods manier om te zorgen dat de waarheden van het evangelie gaan werken in ons leven. *Wat zullen wij nu zeggen? Zullen wij in de zonde blijven, opdat de genade toeneemt? Volstrekt niet! Hoe zullen wij die aan de zonde gestorven zijn, nog daarin leven? Of weet u niet dat wij allen die in Christus Jezus gedoopt zijn, in Zijn dood gedoopt zijn? Wij zijn dan met Hem begraven door de doop in de dood, opdat evenals Christus uit de doden is opgewekt door de heerlijkheid van de Vader, zo ook wij in een nieuw leven zouden wandelen. Want als wij met Hem één plant zijn geworden, gelijkgemaakt aan Hem in Zijn dood, dan zullen wij ook aan Hem gelijk zijn in Zijn opstanding. Dit weten wij toch, dat onze oude mens met Hem gekruisigd is, opdat het lichaam van de zonde tenietgedaan zou worden en wij niet meer als slaaf de zonde zouden dienen. Want wie gestorven is, is rechtens vrij van de zonde. Als wij nu met Christus gestorven zijn, geloven wij dat wij ook met Hem zullen leven. Wij weten toch dat Christus, nu Hij is opgewekt uit de doden, niet meer sterft. De dood heerst niet meer over Hem. Want wat Zijn sterven betreft, is Hij eens voor altijd voor de zonde gestorven en wat Zijn leven betreft, leeft Hij voor God* (Romeinen 6:1-10).

De uitkomst van dit 'recept' is overweldigend: De zonde zal niet langer je meester zijn. De zonde zal je niet langer overheersen of controleren. Bevrijding van de zonde en al het kwaad dat eruit voortkomt, is alleen mogelijk door ons te identificeren met Jezus Christus in Zijn dood, begrafenis, opstanding en hemelvaart.

———

Dank U Jezus, voor Uw werk aan het kruis. Ik proclameer dat de zonde niet langer mijn meester zal zijn - omdat Jezus met mijn zonde tot zonde werd gemaakt, opdat ik met Zijn gerechtigheid rechtvaardig gemaakt zou worden. Amen.

Bron: Identification, part 4 (CD)

21 APRIL

HET LEVEN BINNENTREDEN

Vandaag gaan we ons wat meer verdiepen in de ingrediënten van het Romeinen-recept. Hierin staan een aantal opeenvolgende punten over identificatie. Ten eerste zijn we '*gestorven aan de zonde*' (vers 1) toen Jezus stierf; wij identificeren ons met Zijn dood. Toen Jezus werd gekruisigd, werd ons '*oude ik*' (vers 6), de opstandige natuur die we van Adam hebben geërfd, ook gekruisigd. Ten tweede zijn we '*met Hem begraven*'. Door te worden gedoopt in Zijn dood, sterven we met Hem en worden we met Hem begraven. Ten derde zijn we '*met Hem verbonden in Zijn opstanding*' (vers 5). Hem volgen in Zijn dood en begrafenis brengt ons het opstandingsleven binnen; wij delen het leven met Hem. De praktische, opeenvolgende gevolgen van onze identificatie met Jezus in Zijn dood, begrafenis en opstanding zijn als volgt:

1. *Het lichaam van de zonde is tenietgedaan* (vers 6). De verdorven, slechte natuur die ons gebonden hield en ervoor zorgde dat wij verkeerde dingen deden, zelfs terwijl we verlangden om het goede te doen, is krachteloos geworden. Die oude natuur is ter dood gebracht.
2. Hierdoor zijn we *niet langer slaven van de zonde* (vers 6). De zonde dwingt ons niet langer om dingen te doen die pijn doen, of die verwoestende, rampzalige gevolgen hebben voor ons leven, onze omgeving of de wereld om ons heen.
3. Vervolgens worden we *bevrijd van de zonde* (vers 7). We zijn letterlijk gerechtvaardigd, vrijgesproken. Jezus betaalde de ultieme prijs voor onze zonde; er hoeft niets meer bijbetaald te worden. Vrijgemaakt van de macht en de schuld van de zonde, hebben we nu een goed geweten en kunnen we zonder angst voor de troon van God staan.
4. Tenslotte *mogen we ook leven met Christus* (vers 8). Wat een ontzagwekkende, heerlijke belofte! Wij delen nu al in Zijn eeuwige opstandingsleven. Hij is eenmalig voor de zonde gestorven; Hij kan niet opnieuw sterven. Hij leeft eeuwig voor God en wij treden dat eeuwige leven binnen.

—

Dank U Heer, voor Uw werk aan het kruis. Ik proclameer dat ik door mijn identificatie met Jezus niet langer een slaaf ben van de zonde, maar doordat Jezus met mijn zonde tot zonde werd gemaakt, ben ik met Zijn gerechtigheid rechtvaardig gemaakt en mag ik eeuwig met Hem leven! Amen.

Bron: Identification, part 4 (CD)

22 APRIL

DE ZONDE HEERST NIET LANGER

Het volgende onderdeel van het 'Romeinen-recept' is de praktische toepassing. Deze vinden we in Romeinen 6:11-13.

Ten eerste: *beschouw jezelf als gestorven* (vers 11). In de Bijbel staat dat we dood zijn – geloof dat ook! Paulus schreef: *Ik ben met Christus gekruisigd; en ik leef, niet meer ik, maar Christus leeft in mij* (Galaten 2:20). Paulus beschouwde de kruisiging en dood van Christus als die van hemzelf. Hij dacht op die manier, sprak op die manier, en leefde vanuit die waarheid. Wij moeten hetzelfde doen.

De tweede en derde stap zijn 'negatieve' aanmoedigingen:

1. *Laat de zonde niet regeren in je sterfelijk lichaam* (vers 12) en 2. *Stel je leden niet ter beschikking van de zonde* (vers 13). Voorheen konden we niets doen tegen onze natuurlijke neiging om te zondigen, maar nu hebben we een keuze. In ons regeert een kracht die groter is dan de zonde. We zijn bevrijd, gerechtvaardigd. Maar we moeten wel onze wil inschakelen. Als de verleiding komt, moeten we resoluut weigeren ons lichaam ter beschikking te stellen van de zonde. Weiger om je naar satan toe te keren, en zeg tegen hem: ,,Ik hoor bij Jezus!"

Stap vier is positief: *Stel jezelf ter beschikking aan God* (vers 13). We kunnen niet neutraal en onafhankelijk blijven en toch vrij blijven van de zonde. We moeten ervoor kiezen om God te dienen in plaats van satan, en onszelf ter beschikking stellen als een offer aan God. We geven Hem alles wat we zijn en alles wat we hebben – en houden niets voor onszelf. Vervolgens zei Paulus: *Laat je leden wapens van de gerechtigheid zijn voor God.* Wijd ieder deel van je lichaam toe aan God, zodat Hij het kan gebruiken zoals Hij het wil, voor Zijn glorie.

Het resultaat is dat *de zonde niet langer je heerser zal zijn* (vers 14). We zijn bevrijd van schaamte, vernedering, kwelling – al het kwade dat de zonde brengt. Als we het Romeinen-recept volgen – onze identificatie met Christus' dood, begrafenis en opstanding toepassen – dan groeien we steeds meer in vrijheid in Hem.

—

Dank U Jezus, voor Uw werk aan het kruis. Ik proclameer dat door mijn identificatie met Jezus ik bevrijd zal worden van de zonde, want Jezus werd met mijn zonde tot zonde gemaakt, opdat ik met Zijn gerechtigheid rechtvaardig gemaakt zou worden. Amen.

Bron: Identification, part 4 (CD)

WEEK 17

JEZUS STIERF ONZE DOOD,
ZODAT WIJ ZIJN LEVEN ZOUDEN KUNNEN
ONTVANGEN.

Maar wij zien Jezus met heerlijkheid en eer gekroond,
die voor een korte tijd minder dan de engelen geworden is,
vanwege het lijden van de dood, opdat Hij door de genade
van God voor allen de dood zou smaken.

HEBREEËN 2:9

23 APRIL

VERZOENING: HET MIDDELPUNT

Om de rol van verzoening in de volledige boodschap van het evangelie te illustreren, kunnen we denken aan de structuur van een wiel. Een wiel bestaat uit drie basisonderdelen; de buitencirkel, de spaken en het middelpunt. In dit beeld is de buitencirkel Gods volkomen voorziening op alle gebieden van ons leven – geestelijk, lichamelijk, emotioneel, financieel, alle gebieden die je bedenken kunt, voor nu en voor de eeuwigheid. De spaken die de cirkel ondersteunen, zijn de manieren waarop God die voorziening tot stand brengt – bijvoorbeeld door te voorzien in vergeving (innerlijke vrede met God), genezing (gezondheid), bevrijding (geestelijke vrijheid), heiligmaking (heiligheid) etc. Maar zonder het middelpunt hebben de spaken niets om op te steunen. Dit middelpunt vormt ook de drijvende kracht om het wiel te laten draaien. In Gods voorziening vormt het verzoenende werk van Jezus aan het kruis dus de as die voorziet in alles wat je nodig hebt (alle kracht, zie 2 Petrus 1:3) voor je leven als christen.

Uit Hebreeën 2:9 leren we dat door Gods genade Jezus de dood proefde voor iedereen. Hij nam onze plaats in; datgene wat voor ons bestemd was, kwam op Hem. In Jesaja 53:6 staat: *Wij allen zijn als schapen verloren gelopen, en ieder van ons is eigen wegen gegaan; maar de HEER heeft de schuld van ons allen op hem laten neerkomen.* Het woord 'schuld', of zoals andere vertalingen het weergeven 'ongerechtigheid', betekent ook wel 'opstandigheid'. De opstandigheid van het hele menselijk geslacht wordt in dit vers opgesomd: we hebben onze rug naar God toegekeerd en zijn onze eigen weg gegaan. We hebben onze eigen moraal gekozen, ons eigen plezier nagejaagd en voor onszelf geleefd. We zijn opstandig geweest, maar de Heer heeft onze opstandigheid op Jezus gelegd; al onze schuld en ongerechtigheid kwam op Hem. Toen Hij aan het kruis hing, kwamen alle slechte gevolgen van onze opstandigheid op Hem: ziekte, afwijzing, pijn, kwelling, en tenslotte, ook de dood. Maar Hij stierf niet voor Zijn eigen ongerechtigheid. Hij stierf onze dood. Hij smaakte de dood in onze plaats, zodat wij Zijn leven mogen proeven. Hij is gekomen om jou en mij leven te brengen en overvloed! (zie Joh. 10:10)

—

Dank U Jezus, voor Uw verzoenende werk aan het kruis. Ik proclameer dat ik mij afkeer van mijn opstandigheid – ik zal mij niet langer keren naar mijn eigen weg. Omdat Jezus de dood proefde in mijn plaats – en omdat Jezus mijn dood stierf, mag ik Zijn leven ontvangen. Amen.

Bron: Victory over death, part 1 (CD)

24 APRIL

ZIJN LIJDEN VOOR ONS

Jesaja 53 geeft ons een gedetailleerde profetische omschrijving van Jezus' lijden. Bedenk je eens dat dit 700 jaar voordat het daadwerkelijk gebeurde al in alle detail werd beschreven:

Hij werd mishandeld, maar hij liet zich verdrukken en deed Zijn mond niet open; als een lam dat ter slachting geleid wordt, en als een schaap dat stom is voor Zijn scheerders, zo deed hij Zijn mond niet open. Hij is uit verdrukking en gericht weggenomen, en wie onder Zijn tijdgenoten bedacht, dat hij is afgesneden uit het land der levenden? Om de overtreding van mijn volk is de plaag op hem geweest. En men stelde Zijn graf bij de goddelozen; bij de rijke was hij in Zijn dood, omdat hij geen onrecht gedaan heeft en geen bedrog in Zijn mond is geweest (vers 7-9).

Al deze details zijn volledig vervuld in het lijden en sterven van Jezus. Ten eerste vermelden de evangeliën diverse malen dat Jezus geen enkele poging deed om Zijn aanklagers te antwoorden, zichzelf te rechtvaardigen of Zijn zaak te bepleiten. Een oneerlijke beschuldiging en een oneerlijk proces leidde tot Zijn dood (zie bijv. Markus 15:3-5), waardoor *hij werd afgesneden uit het land der levenden.*

De details van Zijn begrafenis zijn ook verbazend accuraat. *Men stelde Zijn graf bij de goddelozen; bij de rijke was hij in Zijn dood.* Het woord 'goddelozen' staat in het meervoud, en het woord 'rijke' staat in het enkelvoud. Dit slaat op de historische feiten dat Jezus de dood inging samen met twee moordenaars die aan weerszijden van Hem hingen aan het kruis, maar Hij werd begraven in de graftombe van een rijke man, genaamd Jozef van Arimathea.

Jesaja benadrukt dat Hij niet stierf vanwege Zijn eigen schuld of zonde. Jezus was volkomen onschuldig, en toch stierf Hij voor ons de dood van een misdadiger, om de overtreding van mijn volk, schrijft de profeet.

—

Dank U Jezus, voor Uw werk aan het kruis. Ik proclameer dat U leed en stierf voor Uw volk Israël – en voor ieder die daar door geloof in U bij mag horen. Jezus stierf mijn dood, zodat ik Uw leven zou kunnen ontvangen. Amen.

Bron: Victory over death, part 1 (CD)

25 APRIL

ONZE HEERLIJKE PLAATSVERVANGER

Laten we in de Bijbel lezen over hoe Jezus zichzelf identificeerde met de mens en de schuld van de mens zichtbaar maakte: *Omdat die kinderen mensen zijn van vlees en bloed, is de Zoon een mens geworden als zij om door Zijn dood definitief af te rekenen met de heerser over de dood, de duivel, en zo allen te bevrijden die slaaf waren van hun levenslange angst voor de dood.* (Hebreeën 2:14,15) Toen Adam in opstand kwam, in plaats van zich als een koning te gedragen, werd hij een slaaf, gebonden door satan, de dood en het verderf. Adam was niet langer vrij. Maar om de mensheid te verlossen uit die slavernij, nam Jezus zelf de gestalte van een mens aan, de natuur van Adam. Hij koos ervoor om van hetzelfde vlees en bloed te worden als wij, zodat Hij door Zijn dood degene kon vernietigen die de macht hield over de dood – namelijk de duivel – en ons allemaal zou bevrijden, wij die in slavernij werden gehouden door de angst voor de dood. Aan het kruis nam Jezus de natuur van de gevallen mensheid aan en droeg hij onze zonden. Dit wordt ook gesteld in 1 Petrus 2:24: *Die zelf onze zonden in Zijn lichaam gedragen heeft op het kruishout, opdat wij, voor de zonden dood, voor de gerechtigheid zouden leven. Door Zijn striemen bent u genezen.* Aan het kruis werd Jezus volledig geïdentificeerd met onze zonden en onze schuld. Hij werd het laatste schuldoffer dat de zonden en schuld van de mensheid wegnam. Hij droeg onze zonden en onze straf. Onze wonden werden Zijn wonden, en Hij stierf onze dood. Hij onderging die schuld van opstandigheid als onze plaatsvervanger, de laatste Adam, hangend aan het kruis, Zijn levensbloed uitgietend, heeft Hij zichzelf volledig overgegeven om ons vrij te kopen.

—

Dank U Jezus voor Uw werk aan het kruis. Ik proclameer dat U zichzelf volledig hebt overgegeven om mij te verlossen, en dat U mijn dood stierf, zodat ik het leven kan ontvangen. Amen.

Bron: Pride vs. Humility, part 1 (CD)

26 APRIL

IDENTIFICEREN MET JEZUS

Als we verder kijken dan alleen Jezus' identificatie met ons, dan ontdekken we dat wij op onze beurt door geloof en bekering kunnen worden geïdentificeerd met Christus – niet alleen in Zijn dood, maar ook in Zijn verheerlijking. *Maar God, die rijk is in barmhartigheid, heeft ons door Zijn grote liefde waarmee Hij ons liefgehad heeft, ook toen wij dood waren door de misdaden, met Christus levend gemaakt - uit genade bent u zalig geworden – en heeft ons mede opgewekt en mede in de hemel gezet in Christus Jezus* (Efeze 2:4-6). Dit is de andere kant van de identificatie. Jezus identificeerde zich met ons, de gevallen mensheid. Hij nam onze plek in, betaalde onze straf, en stierf onze dood. Hij ontsloeg ons van de schuld. Als wij ons dan identificeren met Hem en Zijn dood in geloof, dan worden wij ook met Hem geïdentificeerd in alles wat volgt op Zijn dood. Drie grote stappen van onze identificatie met Jezus worden verwoord in het eerste hoofdstuk van Efeze:

1. God heeft ons met Christus levend gemaakt.
2. God heeft ons opgewekt met Christus.
3. God heeft ons in de hemel geplaatst met Christus.

Dit zijn drie opeenvolgende stappen van identificatie met Jezus; we zijn levend gemaakt met Hem, opgewekt en met Hem op de troon gezet. De weg omhoog leidt omlaag; van het laagste gaan we naar het hoogste. God verhoogt degene die zich voor Hem vernedert; dit principe zien we in de hele Bijbel steeds naar voren komen. Het kun je zien als een universele wet: Wie zichzelf verhoogt zal vernederd worden (zie Matteüs 23:12), maar wie zichzelf vernedert, zal verhoogd worden. Dus als je deel wilt hebben aan Jezus' heerlijkheid en wilt ervaren dat je met Jezus in de hemelse gewesten bent geplaatst, zul je eerst achter Hem aan moeten gaan in Zijn dood; je zult moeten kiezen om net als Hij heeft gedaan, jezelf te vernederen en een ootmoedige houding aan te nemen. Als je die keuze maakt, dan mag je God vertrouwen dat Hij jou zal verhogen!

—

Dank U Jezus voor Uw werk aan het kruis. Ik proclameer dat ik mijzelf verneder voor God, mijzelf identificeer met Jezus om met Hem levend gemaakt te worden, op te staan in Hem, en met Hem op de troon te worden gezet, want Jezus stierf mijn dood, zodat ik Zijn leven mag ontvangen. Amen.

Bron: Pride vs. Humility, part 1 (CD). Meer studie: Hoger is lager (boek)

27 APRIL

VERBORGEN MET CHRISTUS

Als we voor het eerst geconfronteerd worden met het kruis, hebben we de neiging om daarvoor terug te deinzen. Maar het kruis van Jezus is de deur tot een geheime plaats waar geen dier kan komen, wat geen vogel kan zien, en waar de rest van de schepping geen weet van heeft (zie Job 28:7,8). Die plaats bevindt zich in de geestelijke wereld. Paulus schreef:
Als u nu met Christus opgewekt bent, zoek dan de dingen die boven zijn, waar Christus is, die aan de rechterhand van God zit. Bedenk de dingen die boven zijn en niet die op de aarde zijn, want u bent gestorven en uw leven is met Christus verborgen in God. Wanneer Christus geopenbaard zal zijn, die ons leven is, dan zult ook u met Hem geopenbaard worden in heerlijkheid (Kolossenzen 3:1-4). Het sleutelvers *uw leven is met Christus geborgen in God,* gaat niet over de toekomende wereld, maar over het hier en nu. Verborgen zijn met Christus in God betekent dat je je bevindt in de geheime plaats. Die plaats herbergt het geheim dat toen Jezus stierf, Hij niet voor zichzelf stierf; Hij stierf als onze plaatsvervanger, nam onze schuld en veroordeling op zich en gaf ons daarmee toegang tot die geheime plaats waar wij als mensen gemeenschap kunnen hebben met God en mogen delen in Zijn heerlijkheid.
Vanuit ons geloof in wat de Bijbel leert, weten we dat toen Jezus stierf en weer opstond uit de dood, ook wij met Hem gestorven zijn en weer zijn opgewekt. We passeerden de dood en werden gebracht naar een plaats die de zintuigen niet kunnen onderscheiden en die de schepping niet kan vatten. We zijn in Christus, en we zijn in God. Niets kan ons raken, tenzij via God en Christus. We leven in ons lichaam in de natuurlijke wereld, maar ons werkelijke leven bevindt zich niet in de eerste plaats in deze natuurlijke wereld. We gaan wellicht door veel moeilijkheden en druk in ons 'aarden vat', maar we hebben tegelijk een leven dat eeuwig is en dat niet onder invloed staat van bederf en vernietiging. Dat is volkomen veiligheid. Wat er ook binnenkomt in ons denken en wat er ook op onze weg komt, in Christus bevinden we ons in de geheime plaats van de Allerhoogste, beschermd tegen alle pijn en gevaar (zie Psalm 91:1,2). De deur naar deze plaats is het kruis.

—

Dank U Jezus voor Uw werk aan het kruis. Ik proclameer dat ik door het kruis de geheime plaats van de Allerhoogste ben binnengegaan. Ik ben beschermd tegen alle pijn en gevaar, omdat Jezus mijn dood stierf zodat ik Zijn leven zou kunnen ontvangen. Amen.

Bron: Veilig bij God (Boek). Meer studie: Veilig bij God ((luister)boek)

28 APRIL

OVERVLOEDIG, EEUWIG LEVEN

Jezus openbaart zichzelf als de 'goede herder' (Johannes 10:11,14). De voorziening die de herder biedt, zoals prachtig geïllustreerd wordt in Psalm 23, kan worden samengevat in één verbijsterend begrip: volkomen veiligheid. Maar het is belangrijk te onthouden dat al Gods voorziening voor ons merkbaar is naar de mate van onze toewijding. Als onze toewijding volkomen is, dan ervaren we ook volkomen veiligheid. Als er grenzen zijn aan onze toewijding, dan zullen we de volmaakte veiligheid die Jezus ons aanbiedt, niet volkomen ervaren.

We kunnen deze oudtestamentische illustratie bekrachtigen door te luisteren naar Jezus' woorden in het Nieuwe Testament: *De dief komt alleen maar om te stelen, te slachten en te verderven; Ik ben gekomen, opdat zij leven hebben en overvloed* (Johannes 10:10). Jezus legt hier de reden uit van Zijn komst op aarde: opdat zij leven hebben. Geen leven in een begrensde mate, maar overvloedig leven. Overstromend leven. Leven voor elk gebied van ons bestaan. Leven dat meer dan genoeg is voor iedere uitdaging en elke vorm van druk die op ons afkomt.

Iets verder gebruikt Jezus de term 'eeuwig leven': *Mijn schapen horen mijn stem en Ik ken ze en zij volgen Mij. En Ik geef hun het eeuwige leven; en zij zullen beslist niet verloren gaan in eeuwigheid en niemand zal ze uit mijn hand rukken* (vers 27,28). Ik geef hun het eeuwige leven en zij zullen beslist niet verloren gaan. Hierin zien we dat Jezus kwam om ons eeuwig leven te geven, een leven dat zich uitstrekt veel verder dan ons bestaan in deze wereld. Een leven dat verder gaat dan het graf. Een leven dat eeuwig duurt. Ik heb iemand ooit dit prachtige commentaar horen geven: „Ik geloof dat ik net zo lang zal leven als God, omdat Hij mijn leven is geworden." Dat is de vorm van leven die Jezus ons kwam aanbieden. Onvoorstelbaar. Zijn leven – eeuwigdurend – is in jou en mij!

—

Dank U Jezus, voor Uw werk aan het kruis. Door Uw dood heb ik overvloedig, eeuwig leven ontvangen. U stierf mijn dood, zodat ik Uw leven zou kunnen ontvangen. Amen.

Bron: The sheepfold (CD)

29 APRIL

DE VOLKOMEN OMWISSELING

Wij allen dwaalden als schapen, wij wendden ons ieder naar zijn eigen weg (Jesaja 53:6a). Dit vers, wat we enkele dagen geleden ook al tegenkwamen, kan in één woord worden samengevat: 'rebellie'. Dit is de algemene, universele zonde van de mensheid. Maar Jesaja schrijft verder: *maar de HERE heeft ons aller ongerechtigheid op hem doen neerkomen*. Het woord 'ongerechtigheid' is in het Hebreeuws avon en betekent letterlijk: 'rebellie', 'de straf op rebellie' of 'alle slechte gevolgen van rebellie'. Aan het kruis werd Jezus (onze plaatsvervanger, de laatste Adam) een rebel met onze rebellie, en onderging Hij al de kwade gevolgen van onze rebellie.

Als je dit kunt vatten, dan is dit de deur naar Gods schatkamer. Dit is de omwisseling: al het kwade van onze opstandigheid, kwam op Jezus, zodat al het goede dat Hij verdiende – vanwege Zijn volmaakte gehoorzaamheid – op ons neer kwam. Op welke manier we ook kijken naar die omwisseling, hij was volledig. Jezus werd gestraft, zodat wij vergeven kunnen worden. Hij werd verwond, zodat wij genezen kunnen worden. Hij droeg onze zonden zodat wij kunnen delen in Zijn rechtvaardigheid. Hij stierf onze dood zodat wij in Zijn leven kunnen delen. Hij werd tot een vloek gemaakt, zodat wij de zegen kunnen ontvangen. Hij verdroeg onze armoede, zodat wij kunnen delen in Zijn overvloed. Hij droeg onze schaamte, zodat wij Zijn heerlijkheid kunnen ontvangen. Hij droeg onze afwijzing, zodat wij Zijn acceptatie door de Vader zouden ontvangen.

Stel je de opstandeling voor aan het kruis, en weet dat jij die opstandeling bent. Inderdaad, jij zou daar moeten hangen. Maar Jezus nam jouw plaats in. Hij droeg niet alleen jouw rebellie, maar ook alle slechte gevolgen ervan, zodat jij kunt delen in alle zegeningen die voortkomen uit Zijn volmaakte gehoorzaamheid. Dat is de genade in actie. Je kunt het niet verdienen, je kunt er niet voor werken en je kunt er geen rechten op doen gelden. Er is maar één manier om het te ontvangen, en dat is door geloof. Eenvoudig door te geloven.

———

Dank U Jezus, voor Uw werk aan het kruis. Ik ontvang Uw leven door geloof, en op basis van Uw offer aan het kruis, mag ik de schatkamer ontdekken die U voor mij beschikbaar heeft. Ik proclameer dat Jezus mijn dood stierf, zodat ik Zijn leven zou kunnen ontvangen. Amen.

Bron: The Roman Pilgrimage, vol. 2 (Romans 6:1-23) (CD/DVD)

WEEK 18

Jezus werd tot een vloek gemaakt opdat wij de zegen zouden kunnen binnentreden.

Christus heeft ons vrijgekocht van de vloek van de wet door voor ons een vloek te worden, want er staat geschreven: Vervloekt is ieder die aan een hout hangt.

Galaten 3:13

30 APRIL

DE REALITEIT VAN ZEGEN EN VLOEK

Aan het kruis werd Christus een vloek gemaakt, zodat wij de zegen zouden mogen ontvangen. Om deze voorziening te kunnen ontvangen, is het nodig dat we begrijpen wat zegeningen en vloeken zijn. Als we die twee concepten niet begrijpen, zullen we niet in staat zijn om datgene wat Jezus voor ons verworven heeft ook echt te ervaren.

Hoewel je er in veel kerken nauwelijks over hoort spreken, zijn zowel de zegen als de vloek hoofdthema's in de Bijbel. Het woord 'zegenen' of 'zegen' komt meer dan 400 keer voor; het woord 'vloek' bijna 160 keer. De Bijbel heeft er dus veel over te zeggen. Beide begrippen vertegenwoordigen een absolute realiteit – zo realistisch dat Jezus tot een vloek moest worden gemaakt, zodat wij bevrijd kunnen worden van de vloek, en in plaats daarvan de zegen kunnen ontvangen. Heel veel mensen – zelfs mensen in de wereld - hebben het idee dat het begrip zegen van God echt is, maar dat vloeken maar inbeelding zijn of iets hypothetisch. Dat is een onlogische gedachte. Als we denken in tegenstellingen dan is de eerste logische gedachte dat als het ene echt en reëel is, dan ook het tegenovergestelde. Neem bijvoorbeeld de tegenstelling tussen dag en nacht. Als de dag reëel is, dan ook de nacht. Als hitte reëel is, dan is kou dat ook. Als het goede reëel is, dan ook het slechte. We kunnen niet het ene aanvaarden en het andere negeren. Zo is het ook met zegen en vloek. De zegen is reëel, dus de vloek ook.

De Bijbel leert ons veel over zegen en vloek, hoe ze werken, hoe je ze kunt herkennen in je leven, en hoe je van de vloek bevrijd kunt worden. Als we vloeken echter blijven negeren, dan zullen we daar zelf de prijs voor moeten betalen. We missen dan veel van de volkomen voorziening die God voor ons beschikbaar heeft gemaakt door de dood van Jezus die zich opofferde aan het kruis. Als we deze omwisseling niet begrijpen, dan missen we een belangrijk deel van wat Jezus voor ons heeft bewerkt.

—

Dank U Jezus, voor Uw werk aan het kruis. Ik belijd mijn geloof in de realiteit van zegeningen en vloeken, zo echt, dat Jezus tot een vloek werd gemaakt, zodat ik de zegen zou kunnen binnentreden. Amen.

Meer studie: Van vloek naar zegen (boek)

1 MEI

BEVRIJD VAN DE VLOEK

Vandaag zullen we nog wat dieper ingaan op het bereik van onze verlossing door Christus. De Bijbeltekst die we gaan lezen, staat in Galaten 3:13,14: *Christus heeft ons vrijgekocht van de vloek van de wet door voor ons een vloek te worden, want er staat geschreven: Vervloekt is ieder die aan een hout hangt, opdat de zegen van Abraham in Christus Jezus tot de heidenen zou komen, en opdat wij de belofte van de Geest zouden ontvangen door het geloof.* Paulus verwijst hier naar het boek Deuteronomium, en citeert uit de wet van Mozes. In dit gedeelte zegt God dat iedereen die wordt gedood door ophanging aan een boom, onder een vloek komt (het woord boom of 'het hout' verwijst natuurlijk naar het kruis). Het bewijs dat iemand onder de vloek komt, wordt dus geleverd doordat deze persoon aan het hout hangt.

Om ons van de vloek van de wet te bevrijden, werd Christus tot een vloek voor ons. Dit werd zichtbaar geïllustreerd doordat Hij aan het kruis hing. Het was nodig dat Jezus een vloek werd, omdat de vloek van God zich richt op alle zonde en ongehoorzaamheid.

Het geheim van wat er plaatsvond aan het kruis is dat er een goddelijke omwisseling plaatsvond – een ruil, die met natuurlijke ogen niet gezien kon worden, maar die alleen kan worden begrepen door goddelijke openbaring door de Heilige Geest en door Gods Woord. Jezus werd een vloek – Hij droeg de vloek die werd veroorzaakt door de zonde en ongehoorzaamheid – opdat wij, in ruil daarvoor, door geloof in Hem, toegang zouden hebben tot de zegen die het gevolg was van Zijn zondeloze gehoorzaamheid.

—

Jezus, dank U voor Uw werk aan het kruis. Dank U voor de openbaring Heer, dat Jezus tot een vloek werd, om mij te bevrijden van de vloek van de wet. Heer, leer mij om elke dag te leven in de vrijheid en de zegen die U voor mij bewerkte. Jezus werd tot een vloek gemaakt, opdat ik de zegen zou ontvangen. Amen.

Bron: Claiming our inheritance, part 1 (CD)

2 MEI

ALGEMENE INDICATIES VAN EEN VLOEK

Ik heb een lijst gemaakt met zeven algemene indicaties of kenmerken van een vloek. De meeste vloeken liggen niet op individuele personen, maar ze beslaan vaak hele families of gemeenschappen. Het noodzakelijke kenmerk van vloeken en zegeningen in de Bijbel is dat ze doorgegeven worden van generatie op generatie, tenzij er iets gebeurt dat ze opheft. Ik heb vele mensen mogen helpen die bevrijding nodig hadden van een vloek, en daarbij zelfs gewerkt met mensen van wie de problemen teruggingen tot honderden jaren in de familiegeschiedenis.

Op basis van mijn persoonlijke waarneming, volgen hier zeven indicaties die vaak aanduiden dat er een vloek werkzaam is in je leven of je familie. Als je slechts één ervan herkent, dan zeg ik niet dat er perse een vloek op je leven rust, maar als er meer van deze kenmerken herkenbaar zijn voor jou of in je familie, en in meerdere generaties zijn teruggekomen, dan kun je er bijna zeker van zijn dat je te maken hebt met een vloek.

1. Mentale en emotionele instorting
2. Herhaaldelijke of chronische ziekte, vooral erfelijke ziekten
3. Herhaalde miskramen of gerelateerde vrouwelijke problemen
4. Echtscheiding en verwijdering binnen het gezin, vooral met een geschiedenis daarvan in de familie
5. Voortdurend financieel tekort
6. Vaak voorkomende ongelukken ('pechvogel')
7. Geschiedenis in de familie van zelfmoord of onnatuurlijke dood

We zullen niet stil blijven staan bij het probleem, maar wel bij de oplossing. **Jezus werd tot een vloek gemaakt, opdat wij de zegen zouden kunnen binnentreden.**

———

Dank U Jezus voor Uw werk aan het kruis. Ik proclameer dat voor iedere indicatie van een vloek in mijn leven, Jezus' dood en opstanding de oplossing is. Want Jezus werd een vloek gemaakt opdat ik de zegen zou kunnen binnentreden. Amen.

Bron: De omwisseling aan het kruis (Boek)
Meer studie: Bevrijding van de vloek (DVD)

3 MEI

ZEGEN OP ALLE GEBIEDEN

Graag wil ik nogmaals Galaten 3:13-14 met je bespreken, omdat deze tekst aan de basis ligt van je hele positie als christen. *Christus heeft ons vrijgekocht van de vloek van de wet door voor ons een vloek te worden, want er staat geschreven: Vervloekt is ieder die aan een hout hangt, opdat de zegen van Abraham in Christus Jezus tot de heidenen zou komen, en opdat wij de belofte van de Geest zouden ontvangen door het geloof.* Wat was precies de 'zegen van Abraham'? We hoeven er gelukkig niet naar te raden, want het antwoord staat rechtstreeks en onomwonden in de Bijbel: *Abraham nu was oud en bejaard en de HEERE had Abraham in alles gezegend* (Genesis 24:1). Het woord 'bejaard' zou de indruk kunnen geven dat Abraham behoeftig strompelde met een wandelstok, maar er staat alleen dat hij 'oud en bejaard' was – oftewel dat hij al veel jaren had gekregen. Uit het verhaal wordt echter duidelijk dat hij nog geen moeite had met lopen, want een aantal jaar later zou hij nog een verre reis maken naar de berg Moria, en hier ook weer van terugkomen.

Wat is dan 'de zegen van Abraham'? Abraham was gezegend *in alles.* Die zegen beslaat dus alle dingen. In dit verband zegt Paulus dat we de belofte van de Geest door geloof moeten ontvangen. Ik geloof dat dit betekent dat we de zegen alleen kunnen ontvangen als we de Heilige Geest hebben ontvangen, want Hij is degene die onze zegenrijke erfenis uitdeelt.

—

Dank U Jezus voor Uw werk aan het kruis. Ik proclameer dat ik door geloof de belofte van de Heilige Geest ontvang – de zegen van Abraham, die ieder gebied van mijn leven bedekt. Jezus werd tot een vloek gemaakt, opdat ik de zegen zou kunnen binnentreden. Amen.

Bron: Keys to God's abundance, the conditions (CD)

Meer studie: Zegen of vloek, aan U de keus (boek)

4 MEI

DE UITVOERDER VAN DE ZEGEN

De Heilige Geest is de uitvoerder en uitdeler van de erfenis van 'de zegen van Abraham' (Galaten 3:14). In Genesis 24 lezen we een prachtig verhaal dat deze waarheid onderstreept. Het verhaal gaat over hoe Abraham een bruid zoekt voor zijn zoon. Het is een eenvoudige maar schitterende gelijkenis met vier belangrijke hoofdpersonen. Abraham weerspiegelt God de Vader; Izak (Abrahams zoon) weerspiegelt de eniggeboren Zoon van God, en Rebekka (de bruid) weerspiegelt de Kerk (de bruid van Christus). De echte hoofdpersoon in het verhaal is de dienaar van Abraham. Hij weerspiegelt de Heilige Geest. Als we het hoofdstuk lezen met dit in onze gedachten, dan zien we ongelofelijke waarheden.

Aan het begin van het hoofdstuk wordt vermeld dat al het bezit van Abraham onder het gezag stond van zijn dienaar. Hij was de beheerder en uitvoerder van het volledige bezit van Abraham (de vader) en Izak (de zoon). Dit geldt ook voor de Heilige Geest. Hij is de beheerder en gemachtigde uitvoerder van de gehele rijkdom van de Godheid. Wij zijn erfgenamen van God en mede-erfgenamen met Jezus Christus. Maar de uitvoerder van onze erfenis is de Heilige Geest. Zonder de Heilige Geest kunnen we onze erfenis niet ontvangen en er niet van genieten.

Als de Bijbel het heeft over onze erfenis als kinderen van Abraham, is dit meestal een verwijzing naar het ontvangen van de belofte van de Heilige Geest. Alleen Hij kan ons alle zegeningen geven die bij die erfenis horen. De zegen van Abraham zijn 'alle dingen' (Genesis 24:1), maar de uitvoerder van deze zegen is de Heilige Geest. Dat geldt dus ook voor Paulus' specifieke vermelding in Galaten, over het ontvangen van de *belofte van de Geest.*

—

Dank U Jezus voor Uw werk aan het kruis. Ik proclameer dat de Heilige Geest de uitvoerder is van mijn erfenis, en ik ontvang in geloof de belofte van de Heilige Geest – de zegen van Abraham in alle dingen. Omdat Jezus tot een vloek werd gemaakt mag ik de zegen binnentreden. Amen.

Bron: Keys to God's abundance, the conditions (CD)

5 MEI

„DE BELOFTE VAN MIJN VADER"

Als een gelovige de gave van de Heilige Geest ontvangt, is dat niet afhankelijk van zijn eigen goede werken of inspanningen. Het is alleen afhankelijk van het volmaakte werk van verzoening dat Jezus tot stand bracht. Het komt tot ons door geloof, niet door werken, *opdat wij de belofte van de Geest zouden ontvangen door het geloof* (Galaten 3:14). Dit idee stemt overeen met de laatste woorden die Jezus tot Zijn discipelen sprak, vlak voor Zijn hemelvaart. *En zie, Ik zend de belofte van mijn Vader op u; maar blijft u in de stad Jeruzalem, totdat u met kracht uit de hoogte bekleed zult worden* (Lukas 24:49). Jezus sprak hier over de doop in de Heilige Geest, die de discipelen tijdens het pinksterfeest zouden ontvangen.

De term 'de belofte van mijn Vader' geeft ons prachtig inzicht in het denken van God en Zijn bedoeling met de gave van de Heilige Geest. Iemand heeft eens voorzichtig geschat dat de Bijbel maar liefst zevenduizend afzonderlijke beloften van God aan Zijn gelovige kinderen bevat. Van al deze duizenden beloften, heeft Jezus er eentje uitgehaald als een unieke belofte: de belofte van de Geest.

Paulus noemt dit 'de zegen van Abraham' (Galaten 3:14), en verbindt deze belofte dus met het ultieme doel van God toen Hij Abraham voor zichzelf uitkoos. Toen God Abraham riep uit Ur, zei Hij: *Ik zal u zegenen… en u zult tot een zegen zijn… en in u zullen alle geslachten van de aardbodem gezegend worden* (Genesis 12:2,3). En in de loop van het verhaal bevestigt God dit doel vele malen: *Ik zal u rijk zegenen… en in Uw nageslacht zullen alle volken van de aarde gezegend worden* (Genesis 22:17,18). Al deze beloften van God keken vooruit naar Paulus' woorden in Galaten 3:14: *De belofte van de Geest.* Jezus vergoot Zijn bloed aan het kruis om deze zegen beschikbaar te maken, de zegen die werd beloofd aan het zaad van Abraham.

———

Dank U Jezus, voor Uw werk aan het kruis. Ik proclameer dat Jezus Zijn bloed vergoot aan het kruis, om de zegen van Abraham beschikbaar te maken – die Hij 'de belofte van de Vader' noemde – en ik ontvang die gezegende belofte van de Heilige Geest. Jezus werd tot een vloek, opdat ik de zegen zou kunnen binnentreden. Amen.

Bron: De pijlers van het christelijk geloof (boek). Meer studie: De Rijkdom van Pinksteren (boek)

6 MEI

INGEHAALD DOOR ZEGENINGEN

Toen ik ooit in Ierland was, zag ik een zesjarige jongen die van zijn ouders wat aardappels kreeg om te poten. Hij pootte de aardappels en een week later ging hij kijken of ze al opkwamen. Er was geen teken van leven te bespeuren. Twee weken later kon hij nog steeds niets ontdekken, dus groef hij de aardappels op om te zien of ze wel ontsproten waren. Uiteindelijk groef hij ze wel vier keer op, dus werd het nooit wat met die aardappels. Sommige christenen zijn net als die jongen in Ierland. Ze planten hun aardappels in geloof, maar graven ze vervolgens weer op om te zien of ze groeien. De essentie van geloof is echter dat we God de ruimte geven om ons te laten groeien. Wij voldoen aan de voorwaarden, maar God vervult de belofte en zegent ons. In Deuteronomium 28:2 wordt gezegd tegen hen die voldoen aan de voorwaarden: *al deze zegeningen zullen over u komen en u inhalen, omdat u de stem van de HEERE, Uw God, gehoorzaamt.* Ik ben gek op het woord 'inhalen'. Wij hoeven niet achter de zegeningen aan te rennen; de zegeningen komen ons achterna. We kunnen 's avonds naar bed gaan en mediteren over welke zegeningen ons hebben ingehaald tegen de tijd dat we weer wakker worden. Op dezelfde wijze staat in Matteüs 6:33: *Maar zoek eerst het Koninkrijk van God en Zijn gerechtigheid, en al deze dingen zullen u erbij gegeven worden.* We zoeken niet de 'dingen', maar het Koninkrijk. Vervolgens geeft God alles erbij wat we nodig hebben.

Dit zijn dus de voorwaarden om Gods overvloed te ontvangen:
1. Onze motivatie en houding moeten oprecht zijn
2. We moeten geloof oefenen
3. We moeten God, onze ouders en Gods dienaren eren door te geven
4. We moeten onze gedachten, woorden en daden goed gebruiken
5. We moeten God op Zijn tijd en wijze laten toevoegen in ons leven

Als we aan deze voorwaarden voldoen, kunnen we er zeker van zijn dat Gods overvloedige zegeningen ons zullen inhalen. Dit is een weg om Gods zegeningen binnen te treden.

—

Dank U Jezus voor Uw werk aan het kruis. Ik proclameer dat ik eerst het koninkrijk van God zal zoeken, en als ik dat doe, zullen Zijn zegeningen mij inhalen - omdat Jezus tot een vloek werd gemaakt, kan ik de zegen binnentreden. Amen.

Bron: Overwinning door lofprijs (onderwijsbrief)

WEEK 19

JEZUS ONDERGING ONZE ARMOEDE,
OPDAT WIJ KUNNEN DELEN IN ZIJN OVERVLOED.

Want u kent de genade van onze Heere Jezus Christus,

dat Hij om u arm is geworden, terwijl Hij rijk was,

opdat u door Zijn armoede rijk zou worden.

2 KORINTHE 8:9

7 MEI

DE VLOEK VAN ARMOEDE VERBROKEN

Jezus droeg de vloek van armoede; een vloek die wordt beschreven in Deuteronomium 28:48: *U zult uw vijanden dienen, die de HEERE op u af zal sturen, met honger en dorst, met naaktheid en gebrek aan alles.*

Een aantal jaar geleden toen ik aan het preken was over Gods financiële voorziening, ontving ik een openbaring van de Heilige Geest die verder ging dan wat ik in mijn prediking had voorbereid. Toen ik voor de mensen stond en tot hen sprak, kreeg ik tegelijkertijd een innerlijk visioen van Jezus aan het kruis. Ik zag Hem daar op de afschuwelijke wijze die de Bijbel beschrijft. De Heilige Geest liet me vier aspecten van de vloek van armoede zien, en hoe Jezus die vloek volkomen heeft gedragen.

Ten eerste had Jezus honger – toen Hij werd weggebracht om gekruisigd te worden, had Hij bijna 24 uur lang niets gegeten.

Ten tweede had Hij dorst - „Ik heb dorst", was een van Zijn laatste woorden.

Ten derde was Hij naakt – de Romeinse soldaten hadden Zijn kleren uitgetrokken en verdeelden deze onder elkaar.

Ten vierde ontbrak het hem aan alles – Hij had geen graf om in te worden gelegd, Hij had geen doodskleed dat om Hem heen gewikkeld zou worden. Jezus had helemaal niets. En waarom? Zodat Hij naar Gods eeuwige plan de volledige vloek van armoede voor ons droeg aan het kruis. In eerste instantie begreep ik de volledige toepassing niet die de Heilige Geest mij liet zien. Terugkijkend zie ik dat deze openbaring voor mij de basis is geweest voor het feit dat ik geloof dat God ons voorspoed wil geven – Hij wil dat het ons goed gaat! In de diepte van de omwisseling droeg Jezus de vloek van de armoede, zodat wij de zegen van Abraham zouden ontvangen, die God zegende 'in alle dingen' (Genesis 24:1); een zegen die door de Heilige Geest wordt uitgedeeld.

———

Dank U Jezus, voor Uw werk aan het kruis. Ik proclameer dat U de vloek van de armoede volkomen voor mij hebt gedragen. En omdat U mijn armoede droeg, mag ik delen in de overvloed die U voor mij heeft bedoeld; genoeg om te leven, en zelfs nog meer om weg te geven. Amen.

Bron: God's abundance, part 3 (New Wine Magazine)
Meer studie: De Belofte van Voorziening (boek)

8 MEI

GODS OVERVLOED

Veel Bijbelteksten ondersteunen het feit dat Jezus de vloek van de armoede droeg. Laten we er twee bestuderen, te beginnen met 2 Korinthe 8:9: *Want u kent de genade van onze Heere Jezus Christus, dat Hij om u arm is geworden, terwijl Hij rijk was, opdat u door Zijn armoede rijk zou worden.* De laatste woorden 'rijk zou worden' kunnen ook vertaald worden met 'rijk zou zijn', en dat is de betekenis die de Heilige Geest me liet zien. We kunnen rijk worden en vervolgens weer arm worden, maar rijk 'zijn' is een permanente staat. Jezus nam het kwaad – armoede – zodat wij het goede kunnen ontvangen – rijkdom. Jezus nam onze armoede, zodat wij Zijn welvaart kunnen ontvangen.

Er zijn mensen die menen dat Jezus gedurende Zijn hele aardse bediening arm was, maar persoonlijk deel ik die mening niet. We moeten daarbij goed het verschil zien tussen 'rijkdommen bezitten' en 'overvloed hebben'. Jezus was niet rijk in de zin van een dikke bankrekening of veel bezittingen, maar Hij had wel degelijk overvloed. Iemand die in staat is om vijfduizend mannen (vrouwen en kinderen niet eens meegerekend) van een maaltijd te voorzien, is beslist geen armoedzaaier. Trouwens, na de maaltijd was er nog veel meer voedsel over dan er in eerste instantie voorhanden was (zie Matteüs 14:15-21). Wat een prachtig beeld van overvloed!

Jezus gaf deze overvloed door aan Zijn discipelen. Toen Hij hen uitzond om het evangelie te verspreiden, zei Hij tegen ze dat ze niets extra's mee moesten nemen. Maar hun getuigenis achteraf maakte duidelijk dat ze niets tekort waren gekomen (zie Lukas 22:35). Opnieuw, dat is dus geen armoede! Jezus maakte zich nooit zorgen, en werd nooit onaangenaam verrast. Hij was kalm en had iedere situatie volkomen onder controle. Hij twijfelde nooit aan de goedheid van Zijn Vader, die zou voorzien in alles wat Hij nodig had. En de Vader hield zich er altijd aan.

—

Dank U Jezus, voor Uw geweldige werk aan het kruis. Ik proclameer dat U de vloek van de armoede voor mij heeft gedragen, zodat ik mag delen in Uw overvloed. Leer mij om net als U blindelings te vertrouwen op de voorziening van mijn Vader. Leer mij de houding te hebben van een Koningskind. Omdat Jezus mijn armoede droeg, mag ik delen in Zijn overvloed. Amen.

Bron: God's abundance, part 3 (New Wine Magazine)

9 MEI

ALLE GENADE; MEER DAN GENOEG

Armzijnbetekent:*honger, dorst, naaktheidengebrekaanalles* (Deuteronomium 28:48). Wanneer werd Jezus feitelijk arm? Hij werd arm op het moment dat Hij werd geïdentificeerd met onze zonden. Vanaf dat moment, aan het kruis, werd Zijn armoede steeds dieper. Hij vertegenwoordigde de absolute armoede die hierboven staat beschreven.

Begrijp goed dat aan het kruis Zijn armoede niet louter geestelijk was. Ook lichamelijk en materieel werd Hij arm. Daarom – naar de wetten van de logica – zal onze overvloed ook niet alleen maar geestelijk zijn. Jezus werd volkomen arm in de fysieke, materiële zin van het woord, zodat wij rijk zouden worden, voorzien in alle fysieke en materiële behoeften – en zelfs meer dan dat (overvloed), om Gods voorziening te delen met andere mensen. 2 Korinthe 9:8 is het tweede vers dat we bekijken. Ook in deze tekst wordt het feit ondersteund dat Jezus de vloek van de armoede droeg: *En God is bij machte elke genadegave overvloedig te maken in u; zodat u, die in alles altijd al het nodige bezit, overvloedig kunt zijn tot elk goed werk.* God is niet krenterig; Hij geeft niet precies genoeg om net van rond te komen; Hij geeft voldoende en meer nog dan dat. Dat is overvloed. In deze tekst staat maar liefst twee keer het woord 'overvloedig' en vier keer 'alles' of 'elk'. God wil dus bijzonder duidelijk maken dat Zijn genade zeer overvloedig is.

Het is interessant dat in 2 Korinthe 8 en 9 - twee hoofdstukken - gesproken wordt over geld, en het sleutelwoord daarbij is 'genade'. Het komt zeven keer voor in hoofdstuk 8 en twee keer in hoofdstuk 9. Het is een vorm van genade die werkzaam is op financieel gebied. Er zijn maar weinig belijdende christenen die het wezen van Gods genade begrijpen. Het lijkt soms wel of degenen die er het meest over spreken, er het minst van begrijpen. Hoe dan ook, Gods voorziening in onze materiële nood is een belangrijk onderdeel van Gods genade, en Hij deelt die overvloedig uit, opdat het uit ons leven overstroomt naar anderen.

———

Dank U Jezus, voor Uw volmaakt volbrachte werk aan het kruis. Ik proclameer dat Jezus volkomen arm werd, zodat Gods genade overvloedig in mij zou kunnen werken, zelfs op het gebied van financiën. U heef mij overvloedig voorzien van al het bezit dat ik nodig heb, om voldoende te hebben voor elk goed werk waartoe U mij roept. Jezus onderging mijn armoede, opdat ik mag delen in Zijn overvloed. Amen.

Bron: God's abundance, part 3 (New Wine Magazine). Meer studie: Belofte van voorziening (boek)

10 MEI

GODS GENADE IN FINANCIËN

Er zijn drie basisprincipes die gelden voor de werking van Gods genade. Ten eerste: genade kan nooit verdiend worden; iets wat wel verdiend kan worden, is dus nooit genade: *Maar als het door genade is, is het niet meer uit de werken, anders is genade geen genade meer. En als het uit de werken is, is het geen genade meer, anders is het werk geen werk meer*(Romeinen 11:6). Dit principe sluit de meeste religieuze mensen uit van Gods genade, omdat ze ten diepste menen dat ze de genade moeten en kunnen verdienen.

Ten tweede is er slechts één kanaal waardoor de genade tot ons komt: *Want de wet is door Mozes gegeven, de genade en de waarheid zijn door Jezus Christus geworden* (Johannes 1:17). Iedere vorm van genade die tot ons komt, komt altijd alleen maar door Jezus Christus.

Ten derde is er slechts één manier waarop we Gods genade kunnen ontvangen en dat is door geloof. Deze waarheid wordt prachtig verwoord in Efeze 2:8,9: *Want uit genade bent u zalig geworden, door het geloof en dat niet uit uzelf, het is de gave van God; niet uit de werken.*

Weinig gelovigen realiseren zich dat dit principe ook opgaat voor onze financiële en materiële voorziening, net als in de andere gebieden van ons leven. De Bijbel waarschuwt ons tegen onverantwoordelijk gedrag (Spr. 10:4), luiheid (Spr. 24:30-34) en oneerlijkheid (Ef. 4:28). Zolang we ons schuldig maken aan een van deze zonden, hebben we geen recht om te verwachten dat Gods genade werkzaam zal zijn in het financiële gebied van ons leven. Daarom zijn we als christen verplicht om eerlijk te zijn, hard te werken en verantwoordelijk met onze bezittingen om te gaan – niet om daarmee Gods genade te verdienen, maar om hiermee uiting te geven aan ons geloof en vertrouwen op Gods Woord.

—

Dank U Jezus, voor Uw werk aan het kruis. Ik proclameer dat U aan het kruis mijn armoede op u nam, en Gods genade vrijzette in mijn financiële en materiële behoeften. Zonden als roekeloosheid, luiheid en oneerlijkheid doe ik weg uit mijn leven, om eer te brengen aan Uw Naam en mijn geloof in U praktisch gestalte te geven. Jezus onderging mijn armoede, opdat ik zou delen in Zijn overvloed. Amen.

Bron: God's abundance, part 3 (New Wine Magazine). Meer studie: Belofte van voorziening (boek)

11 MEI

VOLDOEN AAN GODS VOORWAARDEN

We moeten onderscheid maken tussen het verdienen van Gods genade, wat onmogelijk is, en anderzijds het tegemoetkomen aan Gods voorwaarden, wat noodzakelijk is. We kunnen Gods overvloed nooit verdienen, omdat die alleen door genade tot ons komt, maar we worden wel geacht te voldoen aan de voorwaarden die God heeft geschapen om Zijn overvloed in geloof te ontvangen. Als we voorbijgaan aan Gods voorwaarden, dan heeft ons geloof geen Bijbelse basis - dan is het arrogante, overmoedige aanname en geen geloof. Om aan Gods voorwaarden te voldoen, moet onze motivatie en houding juist zijn. Daarom is het goed om allemaal onze motivaties zorgvuldig en regelmatig te onderzoeken, zeker als het gaat over geld. Onreine motieven kunnen zijn:

1. Geld of rijkdom tot afgod maken: *hebzucht, die afgoderij is* (Kol. 3:5); *Geldzucht is een wortel van alle kwaad. Door daarnaar te hunkeren, zijn sommigen afgedwaald van het geloof* (1 Tim. 6:10).
2. Rijkdom najagen op een zondige manier: *De man die oneerlijk rijk wordt, is als een patrijs op vreemde eieren. Ik zal hem alles ontnemen, nog voor hij oud is; op het eind van zijn leven blijkt hij een dwaas* (Jer. 17:11).
3. Vertrouwen op rijkdom als basis voor zekerheid en een prettig gevoel: *Wie bouwt op zijn rijkdom komt ten val* (Spr. 11:28).
4. Rijkdom gebruiken voor zelfgerichte doelen of eigen winst: *Wie vrijgevig is, wordt almaar rijker, wie gierig is, wordt arm* (Spr. 11:24).

In Lukas 12:16-21 vertelt Jezus de gelijkenis van een rijke man die grotere schuren bouwde om zijn winst in op te slaan. Maar de Heer zei tegen hem: *Dwaas! In deze nacht zal men uw ziel van u opeisen* (vers 20). En Jezus voegde eraan toe: *Zo is het met hem die voor zichzelf schatten verzamelt en niet rijk is in God* (vers 21). Het eerste waar we rijk in zouden moeten worden is in God, door Hem onze tienden en offers te geven voor het bouwen van Zijn koninkrijk.

—

Dank U Jezus, voor Uw werk aan het kruis. Ik proclameer dat ik door geloof Gods overvloed ontvang – toets mijn hart Heer, zodat ik voldoe aan de voorwaarden om Uw voorziening in genade te mogen ontvangen. Behoed mij voor overmoed, Vader. Dring diep door in mijn hart, met de wijsheid van Uw Woord op het gebied van financiën, zodat ik altijd de Gever zal zoeken en nooit de gift. Omdat Jezus mijn armoede onderging, zodat ik mag delen in Zijn overvloed. Amen.

Bron: God's abundance, part 3 (New Wine Magazine)

12 MEI

ZORGEN VOOR DE ARMEN

Gisteren zagen we vier verkeerde houdingen ten opzichte van geld. Er is echter nog een houding die we moeten voorkomen, en dat is een verkeerde houding ten opzichte van armen. De Bijbel waarschuwt ons voortdurend dat we armen nooit mogen negeren of uitbuiten. Vooral in het Bijbelboek Spreuken staan veel teksten die dit duidelijk maken:

Wie zijn naaste veracht, maakt zich schuldig, maar gelukkig is hij die zich over de armen ontfermt. (14:21)

Wie de armen helpt, leent uit aan de Heer: de Heer zal hem rijk belonen. (19:17)

Wie zijn oren sluit voor het gejammer van de arme, zal ooit zelf om hulp schreeuwen, en geen antwoord krijgen. (21:13)

Wie de armen helpt, zal nooit gebrek lijden, maar wie zijn ogen sluit voor hun ellende, wordt vervloekt. (28:27)

Een rechtvaardige erkent de rechten van de armen, een goddeloze is daar blind voor. (29:7)

Deze verzen – en nog vele andere – leggen een enorme verantwoordelijkheid bij ons neer om zorg te dragen voor de nood van arme en behoeftige mensen. Een kenmerk van rechtvaardigheid is dat we de zaak van de armen bepleiten. Een kenmerk van slechtheid daarentegen, is juist je ogen af te wenden van de zaak van de armen. Er staat ons een beloning te wachten als we voor de armen zorgen. Wie geeft aan de armen, leent uit aan de Heer. En als de Heer een lening terugbetaalt, doet Hij dat met een bijzonder gunstige rente!

—

Dank U Jezus voor Uw werk aan het kruis. Ik proclameer dat ik zorg zal dragen voor de behoeften van de armen, en dat ik mijn ogen nooit zal sluiten voor de nood in de wereld en de nood in mijn directe omgeving. Want Heer Jezus, U onderging mijn armoede, opdat ik (uit) kan delen van Uw overvloed. Amen.

Bron: God's abundance, part 3 (New Wine Magazine)

13 MEI

GENIET VAN DE ZEGEN

Laten we de lijst met vloeken uit Deuteronomium 28 eens bekijken. Lees dit hoofdstuk eens rustig door, en ga na of jij in je leven geniet van zegeningen, of dat je gebukt gaat onder vloeken. Als we verloste kinderen van God zijn, horen de vloeken niet bij ons, maar de zegeningen wel. Laten we vooral de zegeningen en vervloekingen bekijken die te maken hebben met rijkdom en armoede: *Daarentegen zal het gebeuren, als u de stem van de HEERE, Uw God, niet gehoorzaam bent, door u aan al Zijn geboden en zijn verordeningen, die ik u nu gebied, te houden door ze te doen, dat al deze vervloekingen over u zullen komen en u zullen treffen: Vervloekt zal zijn uw korf en uw baktrog. U zult op de middag rondtasten, zoals een blinde tast in het donker. U zult uw wegen niet voorspoedig maken. U zult alle dagen alleen maar onderdrukt en beroofd worden, en er zal geen verlosser zijn. Omdat u de HEERE, Uw God, niet gediend zult hebben met blijdschap en hartelijke vreugde, vanwege de overvloed van alles, zult u uw vijanden dienen, die de HEERE op u af zal sturen, met honger en dorst, met naaktheid en gebrek aan alles. Hij zal u een ijzeren juk op de hals leggen, totdat Hij u wegvaagt* (verzen 15,17,29,47,48).

De wil van God staat in vers 47 – dat we de Heer onze God zouden dienen met blijdschap en hartelijke vreugde voor de overvloed van alle dingen. Overvloed is een schitterend woord dat vele malen voorkomt in de Bijbel. In essentie betekent het dat je alles hebt wat je nodig hebt, en daarbij zegeningen in overvloed, met het doel deze uit te delen aan anderen. De wil van God is dat we Hem dienen als Zijn kinderen, met vreugde en blijdschap om de overvloed van alle dingen die Hij ons geeft.

—

Dank U Jezus, voor Uw werk aan het kruis. Ik proclameer dat Ik U zal dienen met blijdschap en hartelijke vreugde voor de overvloed in alle dingen, omdat U mijn armoede onderging, opdat ik kan delen in Uw overvloed. Amen.

Bron: Identification, part 2 (CD)

WEEK 20

JEZUS DROEG ONZE SCHAAMTE,
OPDAT WIJ KUNNEN DELEN IN ZIJN HEERLIJKHEID.

...terwijl wij het oog gericht houden op Jezus,
de Leidsman en Voleinder van het geloof.
Hij heeft om de vreugde die Hem in het vooruitzicht
was gesteld, het kruis verdragen en de schande veracht en
zit nu aan de rechterzijde van de troon van God.

HEBREEËN 12:2

14 MEI

BEVRIJD VAN SCHAAMTE

Schaamte is een wrede en lelijke emotie. Ook veel christenen hebben eronder te lijden. Vaak is het een gevolg van seksueel misbruik, of emotionele verwondingen, zoals bijvoorbeeld verbaal geweld of pesterijen op school. Ooit las ik het verhaal van een leraar die een jongen in zijn eentje liet opstaan uit de banken en vervolgens tegen de hele klas zei: „Jullie zijn allemaal voor jullie examens geslaagd, behalve hij." Wat een vreselijke schaamte moet deze jongen gevoeld hebben. Veel ervaringen in onze kindertijd kunnen een gevoel van schaamte tot gevolg hebben. Ervaringen die het langst geleden zijn, zijn vaak het moeilijkst te ontwortelen. Wat er het eerste in komt, gaat er pas vaak als laatste weer uit.

Misschien wel de meest voorkomende oorzaak van schaamte is seksueel misbruik (zelfs onder belijdende christenen). In mijn leven heb ik met ontelbare slachtoffers ervan gesproken en gebeden. Alleen als ze bij het kruis komen, kunnen ze bevrijd worden van die schaamte.

In de profetie van Jesaja wordt beschreven wat Jezus voor ons deed: *God, de HEER, heeft mijn oren geopend en ik heb geen verzet geboden, ik ben niet teruggedeinsd. Ik heb mijn rug blootgesteld aan mijn folteraars, wie mij de baard uittrokken, bood ik mijn wangen aan. Ik heb mijn gezicht niet verborgen toen ze mij beschimpten en bespuwden* (50:5,6).

Jezus zei: *Ik heb mijn rug blootgesteld.* Hij zou zichzelf hebben kunnen redden; Hij had twaalf legioenen engelen kunnen roepen om Hem te verlossen (zie Matteüs 26:53), maar Hij deed het niet. Hij bood Zijn rug aan om geslagen te worden. Stel je dat eens voor. Het is een realiteit die wij niet herkennen. Het was een afschuwelijke scene, met een gesel die bestond uit kleine stukjes metaal en bot aan de uiteinden van de touwen of leren riemen. Als deze op het lichaam van een mens neerkwamen, trokken ze de huid weg en groeven ze in het vlees. Dat is wat Jezus vrijwillig voor ons onderging. En Hij verborg Zijn gezicht niet van de schaamte en het spugen. Aan het kruis droeg Jezus onze schaamte.

—

Dank U Jezus, voor Uw werk aan het kruis. Ik proclameer dat Jezus mij aan het kruis bevrijdde van alle schaamte en schande - omdat Hij mijn schaamte droeg, mag ik delen in Zijn heerlijkheid. Amen.

Bron: Overcoming guilt, shame and rejection (CD/ DVD). Meer studie: Onbegrijpelijke liefde (boek)

15 MEI

GEEN REKENING HOUDEN MET DE SCHAAMTE

In Matteüs 27 staat een verslag van wat er gebeurde nadat Jezus in Getsémane werd gearresteerd. Pontius Pilatus had Jezus overgedragen aan de soldaten om Hem te kruisigen: *Toen namen de soldaten van de stadhouder Jezus met zich mee in het gerechtsgebouw en verzamelden heel de legerafdeling om Hem heen. En toen zij Hem ontkleed hadden, deden zij Hem een purperen mantel om, vlochten een kroon van dorens, zetten die op Zijn hoofd en gaven Hem een rietstok in Zijn rechterhand. Zij vielen op hun knieën voor Hem neer en bespotten Hem met de woorden: Gegroet, Koning van de Joden! Ook bespuwden zij Hem, pakten de rietstok en sloegen Hem op Zijn hoofd* (hiermee werden de doorns natuurlijk zijn schedel ingeslagen). *En toen zij Hem bespot hadden, trokken zij Hem de mantel uit, trokken Hem Zijn kleren aan en leidden Hem weg om Hem te kruisigen. Nadat zij Hem gekruisigd hadden, verdeelden zij Zijn kleren door het lot te werpen, opdat vervuld zou worden wat gezegd is door de profeet: Ze hebben mijn kleren onder elkaar verdeeld en om mijn kleding hebben ze het lot geworpen. En zij gingen zitten om Hem daar te bewaken* (vers 27-31, 35,36). Jezus werd tot twee keer toe naakt voorgeleid. En zij zaten erbij en bekeken Hem drie uur lang aan de voet van het kruis. De meeste schilderijen van Jezus aan het kruis beelden Hem af met een lendendoek om, maar in werkelijkheid was die er niet; Hij werd naakt tentoongesteld. Zijn schaamte werd dus getoond aan iedereen die passeerde, en Hij werd belachelijk gemaakt.

De brief aan de Hebreeën benadrukt deze waarheid: *Hij heeft om de vreugde die Hem in het vooruitzicht was gesteld, het kruis verdragen en de schande* (de schaamte) *veracht* (12:2).

—

Dank U Jezus. voor Uw werk aan het kruis. Ik proclameer dat Jezus te schande werd gemaakt voor mij. Hij verdroeg het kruis en verachtte de schande – omdat Hij mijn schaamte droeg, mag ik delen in Zijn heerlijkheid. Amen.

Bron: Overcoming guilt, shame and rejection (CD/ DVD). Meer studie: Betaald met bloed (boek)

16 MEI

Delen in Zijn heerlijkheid

Wat is het tegenovergestelde van schaamte? Wat mij betreft is dat 'heerlijkheid'. *Want het betaamde Hem, om wie alle dingen zijn en door wie alle dingen zijn, dat Hij, om veel kinderen tot heerlijkheid te brengen, de Leidsman van hun zaligheid door lijden zou heiligen*(Hebreeën 2:10). God bracht vele kinderen tot heerlijkheid, door de Leidsman van hun zaligheid door lijden heen te heiligen. Jezus droeg onze schaamte en leed daaronder, zodat wij kunnen delen in Zijn heerlijkheid. Sommigen van ons hebben een achtergrond van schaamte – vol met dingen waar we misschien nooit helemaal overheen gekomen zijn, gebeurtenissen die ons achtervolgen en onze rust en vrede roven. Deze negatieve gedachten en pijnlijke herinneringen hinderen ons, vooral in de momenten dat we God willen prijzen en aanbidden. Onthoud echter dat Jezus onze schaamte droeg – Hij hing drie uur lang naakt aan een kruis, in het openbaar, waar iedereen hem kon zien – zodat wij kunnen delen in Zijn heerlijkheid. Ooit sprak ik in Nederland over het feit dat Jezus onze schaamte droeg. Een vrouw uit die bijeenkomst stuurde me naderhand haar getuigenis. Als jong meisje was ze aangerand door een groep jongens. Later kreeg ze nog meer seksuele mishandeling te verduren. En nog later trouwde ze, maar haar huwelijk was niet gelukkig door de enorme bitterheid die ze diep in haar hart koesterde naar mannen. Ze kon niet ontsnappen aan de schaamte die ze met zich meedroeg. Toen deed de Heer iets geweldigs. Op een dag zat ze alleen in haar slaapkamer en kreeg een visioen van Jezus aan het kruis, naakt. Ze realiseerde zich toen twee dingen: ten eerste dat Hij haar schaamte had gedragen, en ten tweede dat Hij een man was. Hoewel ze zoveel bitterheid voelde ten opzichte van mannen, realiseerde ze zich dat het een man was die de schuld van de zonde had gedragen en ook haar schaamte had gedragen. Is dat niet prachtig? Onthoud dat Jezus naakt aan het kruis hing, en was blootgesteld aan de spotternij en het gescheld van voorbijgangers. Schaamte was het belangrijkste kenmerk van een kruisiging, en Jezus verdroeg en doorstond het allemaal – zodat wij mogen leven in Zijn heerlijkheid en de innerlijke rust die daarbij hoort.

—

Dank U Jezus, voor Uw werk aan het kruis. Ik proclameer dat Jezus de prijs voor onze schaamte betaalde. Heer, ik geef al mijn gevoelens van schaamte, minderwaardigheid vanwege mislukking, en alle verlamming door verlegenheid aan U, want U droeg het allemaal, zodat ik mag delen en leven in Uw heerlijkheid. Amen.

Bron: Overcoming guilt, shame and rejection (CD/ DVD)

17 MEI

DE VREUGDE DIE VOOR HEM LAG

In Hebreeën 12:2 wordt Jezus de 'voleinder van ons geloof' genoemd. In andere vertalingen wordt het woord 'voleinder' ook wel 'volmaker' genoemd, oftewel 'degene die het volmaakt maakt', degene die het afmaakt. Mag ik je bemoedigen met de waarheid dat alles wat Jezus begint, Hij ook afmaakt. Als Jezus in je leven ergens mee begonnen is, dan zal Hij het afmaken. Dat is te danken aan Zijn trouw; niet aan onze slimheid of het feit dat wij het zo goed hebben gedaan.

Hebreeën 12:2 gaat nog verder, door over Jezus te zeggen: *Hij heeft om de vreugde die Hem in het vooruitzicht was gesteld, het kruis verdragen en de schande veracht en zit nu aan de rechterzijde van de troon van God.* Aan het kruis verdroeg Jezus dus de schande, de schaamte, maar Hij liet zich er niet door verteren. Door de vreugde die voor Hem lag, beschouwde Hij de schaamte niet als een geldige reden om weg te lopen van Zijn bestemming. Wat was 'de vreugde die voor Hem lag'? De vreugde dat Hij vele kinderen tot heerlijkheid zou brengen. Om jou en mij – en miljoenen anderen – tot heerlijkheid te brengen, onderging Jezus de schaamte van het kruis.

Er is geen manier van sterven te bedenken die meer schande en schaamte brengt dan de narteldood van een kruisiging. Het is beschamend, omdat het de laagste vorm van executie was, gereserveerd voor de laagste soort van misdadigers. Het is ook schaamtevol vanwege de manier waarop de dood intreedt. De Bijbel leert bovendien duidelijk dat de Romeinse soldaten al Jezus' kleding van Hem afnamen. Jezus hing dus drie uur lang naakt aan het kruis, voor de ogen van de mensen. Mensen liepen langs en bespotten Hem. Hoe zou jij je voelen in die situatie? Beschaamd waarschijnlijk. Jezus verdroeg onze schaamte, omdat Hij zag dat Hij daardoor ons tot heerlijkheid kon brengen.

—

Dank U Jezus voor Uw werk aan het kruis. Ik belijd dat Jezus al mijn schaamte, schande en mislukking verdroeg, om vele zonen en dochters tot heerlijkheid te brengen – en daar hoor ik bij! Vanwege de vreugde die voor Hem lag droeg Jezus mijn schaamte, zodat ik kan delen in Zijn heerlijkheid. Amen.

Bron: Betaald met bloed (Boek)

18 MEI

GODS UITVERKORENEN HELPEN

Mijn vrouw en ik waren ooit betrokken bij de hulp aan twee Joodse vrouwen die waren ontsnapt uit de toenmalige Sovjet Unie. Deze vrouwen hadden hun hoop gevestigd op onze hulp. We gingen door behoorlijke strijd om hen bij te staan, en door de genade van God kregen we dat uiteindelijk voor elkaar. Op een dag liep ik in mezelf te mopperen, terwijl ik een steile heuvel in Haifa beklom om iets voor deze vrouwen te regelen. Het was een snikhete dag, en hoewel de vrouwen altijd erg dankbaar waren, vond ik dat ik toch wel heel veel voor hen moest doen. Toen gaf God me deze Bijbeltekst, waarvan ik niet meer wist waar die in de Bijbel stond: *Daarom verdraag ik alles ter wille van de uitverkorenen, opdat ook zij de zaligheid in Christus Jezus zouden verkrijgen, met eeuwige heerlijkheid* (2 Timoteüs 2:10). Tijdens die ervaring op de heuvel werd ik me pijnlijk bewust dat ik nog heel ver verwijderd was van wat Jezus deed aan het kruis. De ongemakkelijke ervaring die ik had, was niets vergeleken met wat Hij deed. Jezus' doel was om Gods uitverkorenen te laten binnenkomen in de verlossing met eeuwige heerlijkheid.

We zouden allemaal meer tijd moeten nemen om na te denken over het begrip 'heerlijkheid'. Dat is immers onze bestemming. Als er een prijs te betalen is voor de heerlijkheid, neem dan van me aan, die is het dubbel en dwars waard. Soms worden we misschien gevraagd om de twee afgoden van gemak en comfort op te geven. Als we visie krijgen op de winst die te behalen is als wij ons persoonlijk gemak opgeven en bereid zijn offers te brengen, dan zullen we op een dag mensen ontmoeten in de heerlijkheid, die daar zijn vanwege wat wij gedaan hebben.

Dat was Jezus' motivatie. Hij deed het niet voor zichzelf, maar om vele kinderen tot heerlijkheid te brengen.

—

Dank U Vader, voor Jezus' werk aan het kruis. Ik spreek naar U uit dat ik de twee afgoden van gemak en comfort opgeef, om alleen U te dienen, net zoals Jezus deed, om redding te brengen aan Gods uitverkorenen. Jezus droeg mijn schaamte, zodat ik mag delen in Zijn heerlijkheid. Amen.

Bron: Verzoening, jouw ontmoeting met God (Boek)

19 MEI

ROEMEN IN HET KRUIS

Op een dag sprak de Heilige Geest tot me, door middel van een boodschap in tongentaal en de uitleg daarvan: „Bestudeer het werk op Golgotha, een volmaakt werk; volmaakt in ieder aspect." God liet me zien dat als ik volledig kon begrijpen wat Jezus deed aan het kruis op Golgotha, ik zou ontdekken dat het perfect was en volledig compleet. Er hoefde niets aan te worden toegevoegd, en er zou niets van kunnen worden afgebroken. In elke nood was voorzien. Ik kreeg een verlangen om meer over het kruis te weten te komen. Door de jaren heen heeft de Heilige Geest de Bijbel steeds meer voor me geopend over dit onderwerp. *Maar ik zal mij volstrekt niet beroemen op iets anders dan op het kruis van onze Heere Jezus Christus, door wie de wereld voor mij gekruisigd is en ik voor de wereld* (Galaten 6:14). Paulus had maar één ding om over te roemen – het kruis van onze Here Jezus Christus. Wat een verbazingwekkend standpunt, als je weet dat het kruis in de tijd van Paulus de absolute belichaming was van schaamte en afstoot. We zagen dat al in een eerdere overdenking.

In zijn boek 'A doctor at Calvary' (een dokter op Golgotha) probeert de katholieke chirurg Pierre Barbet uit te leggen wat iemand die wordt gekruisigd lichamelijk ervaart. Wetenschappelijk was het ingewikkeld daarachter te komen, omdat er de afgelopen eeuwen niemand meer is gekruisigd, waaraan medische gegevens ontleend konden worden. Daaruit blijkt direct ook hoe ver het kruis van onze belevingswereld is komen te staan, als martelwerktuig van schaamte en vernedering.

Paulus beroemde zich niet op zijn Joodse afkomst, of de kerken die hij had gesticht, of de wonderen die hij had gezien. Hij beroemde zich enkel en alleen op het kruis. Wat zou het heerlijk zijn als wij allemaal diezelfde gezindheid zouden hebben. Dan hebben we een geest die bereid is om leeggemaakt te worden van iedere vleselijke opschepperij, alle trots en zelfgenoegzaamheid – een geest die nederig het kruis van Jezus Christus erkent.

—

Dank U Jezus, voor Uw werk aan het kruis. Ik proclameer dat ik zal roemen in het kruis van Jezus Christus, want Hij droeg mijn schaamte, opdat ik mag delen in Zijn heerlijkheid. Amen.

Bron: The work of the cross (CD)

20 MEI

BESTEMD VOOR HEERLIJKHEID

Want die Hij tevoren gekend heeft, die heeft Hij ook tevoren bestemd aan het beeld van Zijn Zoon gelijkvormig te zijn, opdat Hij de eerstgeborene zou zijn onder vele broeders. En die Hij tevoren bestemd heeft, die heeft Hij ook geroepen, en die Hij geroepen heeft, die heeft Hij ook gerechtvaardigd, en die Hij gerechtvaardigd heeft, die heeft Hij ook verheerlijkt. Wat zullen wij dan van deze dingen zeggen? Als God voor ons is, wie zal tegen ons zijn? Hoe zal Hij die zelfs Zijn eigen Zoon niet gespaard, maar voor ons allen overgegeven heeft, ons ook met Hem niet alle dingen schenken? (Romeinen 8:29-32) Als we met Jezus geïdentificeerd worden in Zijn dood, treden we met Hem Zijn overvloedige erfenis binnen. We worden erfgenamen van God en mede-erfgenamen met Jezus Christus. Maar daar zit een proces aan vast. Paulus beschrijft hier vijf stappen. De eerste twee stappen vonden plaats in de eeuwigheid, voordat de tijd begon: 1. God heeft ons tevoren gekend. 2. God heeft ons tevoren bestemd. 3. God heeft ons geroepen door de prediking van het evangelie. 4. Toen we het evangelie geloofden, heeft Hij ons gerechtvaardigd. Maar daar is het niet bij gebleven. 5. Hij heeft ons ook verheerlijkt. God zorgde ervoor dat wij de heerlijkheid met Jezus zouden delen in de hemel, als koningen en priesters. Dat is niet iets wat in de toekomst ligt, maar dat is al gebeurd en het is nu al realiteit!

Als u nu met Christus opgewekt bent, zoek dan de dingen die boven zijn, waar Christus is, die aan de rechterhand van God zit. Bedenk de dingen die boven zijn en niet die op de aarde zijn, want u bent gestorven en uw leven is met Christus verborgen in God. Wanneer Christus geopenbaard zal zijn, die ons leven is, dan zult ook u met Hem geopenbaard worden in heerlijkheid (Kolossenzen 3:1-4). We delen nu al in de heerlijkheid van Jezus, in de onzichtbare wereld. Waar Jezus is, daar zijn wij ook.

—

Dank U Jezus, voor Uw werk aan het kruis. Ik proclameer dat God mij tevoren heeft gekend, voorbestemd, geroepen, gerechtvaardigd en verheerlijkt. Heer, leer mij de diepte van dit vijfvoudige geheim en help mij te begrijpen wat het is om gestorven te zijn en opgewekt met U. Jezus droeg mijn schaamte, opdat ik zou delen in Zijn heerlijkheid. Amen.

Bron: Identification, part 3 (CD). Meer studie: Je Roeping (boek)

WEEK 21

JEZUS DROEG ONZE AFWIJZING,
OPDAT WIJ ZIJN AANVAARDING VAN DE VADER
KUNNEN ONTVANGEN.

Hij heeft ons tevoren voorbestemd om tot
Zijn kinderen aangenomen te worden door Jezus Christus,
overeenkomstig het welbehagen van Zijn wil,
tot lof van de heerlijkheid van Zijn genade,
waarmee Hij ons aanvaard (of: begenadigd)
heeft in de Geliefde.

EFEZE 1:5,6

21 MEI

WE ZIJN AANVAARD!

A fwijzing is het gevoel ongewild te zijn, of het gevoel dat – hoewel je dat graag zou willen – niemand van je houdt. Afwijzing kan ook het verlangen zijn om bij een groep te horen maar je hebt het gevoel dat dat niet zo is… het lijkt alsof je er altijd buiten staat. Een belangrijke oorzaak dat zoveel mensen vandaag lijden aan afwijzing, is de inrichting van onze moderne maatschappij en de grote druk van allerlei verwachtingen, pijn en gebroken beloften, die er ondermeer voor zorgen dat het gezinsleven afbrokkelt.

Wat is het tegenovergestelde van afwijzing? Aanvaarding, acceptatie. Ik houd van het laatste deel van Efez 1:6, waar staat: *Hij heeft ons aanvaard in de Geliefde.* Jezus, Gods enige echte Zoon, werd afgewezen zodat wij – onwaardige opstandelingen – Zijn aanvaarding door de Vader kunnen ontvangen. De beste oplossing voor onze problemen en pijn van afwijzing, is te geloven dat Jezus onze afwijzing droeg, zodat wij Zijn aanvaarding door de Vader ontvangen.

Gods gezin is de beste familie die er is, onvergelijkbaar. Zelfs als je eigen familie niet voor je zorgde – misschien hadden je vader of je moeder nooit tijd voor je – God wil jou wel. Je bent aanvaard. Je bent het voorwerp van Zijn speciale zorg en liefde. Alles wat Hij doet in het universum draait om jou.

Als God zegt dat we aanvaard zijn, dan betekent dit niet dat Hij ons alleen maar tolereert. We kunnen nooit teveel van Zijn tijd in beslag nemen. Het enige wat Hem doet fronsen, is als we te lang wegblijven. En dan nog fronst Hij niet uit afkeuring, maar uit liefdevolle bewogenheid. Hij drukt ons nooit in een hoek en zegt: „Wacht even, ik heb het nu te druk. Ik heb geen tijd voor je." In plaats daarvan zegt Hij: „Ik ben geïnteresseerd in je. Ik wil jou. Je bent welkom. Kom binnen. Ik heb op je gewacht."

—

Dank U Jezus, voor Uw werk aan het kruis. Ik proclameer dat U mij heel persoonlijk heeft aanvaard in Uw Geliefde Zoon'. Ik ben welkom bij U – altijd en ieder moment. Jezus onderging mijn afwijzing, zodat ik Zijn aanvaarding door de Vader kan ontvangen. Amen.

Bron: From rejection to acceptance (New wine Magazine).
Meer studie: Gods antwoord voor afwijzing (boek)

22 MEI

GENEZING VOOR AFWIJZING

Ik geloof dat het belangrijkste gevolg van afwijzing is het niet kunnen ontvangen of communiceren van liefde. Niemand van ons kan liefde geven als we die niet eerst hebben ontvangen. Johannes onderschrijft dit: *Wij hebben Hem lief, omdat Hij ons eerst liefhad* (1 Johannes 4:19). Ik geloof niet dat iemand in staat is om lief te hebben, zonder eerst zelf geliefd te zijn geweest. Iemand die niet geliefd is geweest, is niet in staat om zelf liefde uit te delen. In grote lijnen kunnen mensen die veel zijn afgewezen in hun leven, op drie verschillende manieren reageren: Ten eerste is daar de persoon die aan de afwijzing toegeeft, klein van zichzelf gaat denken en zich als het ware terugtrekt uit echt, betekenisvol contact met anderen. Ten tweede is er de persoon die stug blijft proberen acceptatie van anderen te ontvangen en daar krampachtig zijn best voor doet. En ten derde is er de persoon die 'terugvecht' en anderen gaat afwijzen door zijn of haar houding, of door wat hij zegt. Deze drie reacties hebben een gemene deler, namelijk dat ze allemaal eigenlijk een verdedigingsmechanisme zijn; een manier om de pijn te bedekken. Geen van deze reacties heeft positieve gevolgen.

In Jesaja 61:1 staat een belofte die werd vervuld door de komst van Jezus de Messias: *De Geest van God, de HEER, rust op mij, want de HEER heeft mij gezalfd. Om aan armen het goede nieuws te brengen heeft hij mij gezonden, om aan verslagen harten hoop te bieden, om aan gevangenen hun vrijlating bekend te maken en aan geketenden hun bevrijding.* Ter vervulling van deze belofte heeft God voorzien in een remedie voor afwijzing. Deze remedie komt tot ons door Jezus en het kruis. Gods eeuwige plan, al van voor de schepping, was dat wij zijn zonen en dochters zouden worden. Toen Jezus onze zonden droeg en onze afwijzing onderging, opende Hij de weg tot aanvaarding door de Enige wiens aanvaarding werkelijke en eeuwige waarde heeft.

—

Dank U Jezus voor Uw werk aan het kruis. Ik proclameer dat ik uit de gevolgen van afwijzing stap, en daarvoor in de plaats de remedie ontvang waarin God heeft voorzien in Jezus Christus, de Messias. Ik proclameer dat Jezus mijn afwijzing onderging, zodat ik door de Vader aanvaard wordt. Amen.

Bron: Rejection, cause and cure (CD). Meer studie: Gods antwoord voor afwijzing (boek)

23 MEI

DE SONDE VAN DE HEILIGE GEEST

De eerste stap om afwijzing te overwinnen, is het probleem te herkennen. Op het moment dat je het herkent, kun je ermee afrekenen. Laat me dit illustreren.

Tijdens de Tweede Wereldoorlog, toen ik diende bij de medische troepen in de woestijn van Noord-Afrika, werkte ik samen met een briljante arts. Een van onze soldaten was getroffen door een granaatscherf. Hij kwam het hospitaal binnen met een klein, zwart puntje in zijn schouder. Ik ging samen met hem aan het werk, en ik vroeg: „Zal ik verband halen om de wond te verbinden?"

De arts zei: „Nee, geef me de sonde." Ik gaf hem het kleine zilveren staafje, en hij stak het in de wond en draaide het rond. In de minuten die volgden gebeurde er niets. Toen opeens raakte de arts het scherfje in de wond aan, en de patiënt liet een schreeuw horen. De arts wist toen dat hij het probleem had gevonden. Toen ik opnieuw vroeg of de wond verbonden moest worden, zei de dokter: „Nee, geef me een pincet." Hij stak de pincet in de wond en verwijderde het scherfje. Pas daarna wilde hij dat de wond verbonden werd. Misschien wikkel je wel eens wat religieus verband over een wond die niet kan genezen, omdat er iets inzit dat zorgt voor ontstekingen. Als je echter je hart opent voor de Heilige Geest, zal Hij de bron van het probleem openbaren. Als de sonde van de Heilige Geest een scherf raakt, zal dat pijn doen. Schreeuw het desnoods uit, maar verzet je er niet tegen. Vraag Hem of Hij de pincet wil gebruiken om het probleem te verwijderen. Daarna kan God je werkelijk genezen, in plaats van het probleem alleen maar tijdelijk te bedekken.

—

Dank U Jezus voor Uw werk aan het kruis. Ik proclameer dat ik mijn hart open voor de sonde van de Heilige Geest, om de bron van mijn moeite en problemen te openbaren. Help mij om nooit door te lopen met diepgewortelde pijn, maar me over te geven aan Gods kundige, genezende hand, om werkelijk te herstellen. Jezus onderging mijn afwijzing, zodat ik Zijn aanvaarding door de Vader mag ontvangen. Amen.

Bron: Gods antwoord voor afwijzing (Boek)
Meer studie: Bevrijding van schuld, schaamte en afwijzing (DVD)

24 MEI

GODS AANVAARDING ERVAREN

Om Gods genezing voor afwijzing te ontvangen, moeten we twee fundamentele feiten begrijpen. Ten eerste: God heeft geen talloze voorzieningen getroffen voor een heleboel verschillende menselijke noden. Integendeel, Hij heeft één voorziening getroffen die voldoende is voor alle noden van de mensheid; Jezus' offerdood aan het kruis.

Ten tweede, dat wat plaats vond aan het kruis, was een omwisseling die God zelf had gepland. Alle slechte gevolgen van onze zonden kwamen op Jezus, zodat in ruil daarvoor alle voordelen van Jezus' zondeloze gehoorzaamheid voor ons beschikbaar kwamen. Wij hebben niets gedaan om dat te verdienen, en we kunnen er dus ook geen recht op laten gelden. Het is alleen voor ons beschikbaar door de onvoorstelbare liefde en genade van God.

Daarom is het nutteloos om tot God te komen op basis van iets wat wij menen te bezitten. We hebben niets uit onszelf te bieden. Alleen de gevolgen van het offer dat Jezus voor ons bracht, maakt Gods hulp voor ons beschikbaar. Onze goede werken vallen daarbij volkomen in het niet.

Christus droeg onze afwijzing aan het kruis, samen met onze schaamte, ons gevoel van verraad, onze pijn en onze gebroken harten. In feite was de doodsoorzaak van Jezus een gebroken hart. Wij zijn aanvaard door Zijn afwijzing. Aanvaard in de Geliefde! Het was een omwisseling. Jezus droeg het kwaad, zodat wij het goede ontvingen. Hij droeg onze zorgen, zodat wij Zijn vrede zouden ervaren. De weg is open voor jou en mij, om tot God te komen zonder schaamte, zonder schuld en zonder angst.

—

Dank U Jezus, voor Uw werk aan het kruis. Ik proclameer de waarheid van de omwisseling die Jezus voor mij bewerkte: Ik ben aanvaard doordat Hij werd afgewezen. Ik ontvang het goede, omdat Hij het kwade droeg. Al mijn afwijzing is gedragen door Jezus, opdat ik Zijn aanvaarding door de Vader zou krijgen. Amen.

Bron: Gods antwoord voor afwijzing (Boek)
Meer studie: Bevrijding van schuld, schaamte en afwijzing (DVD)

25 MEI

STAPPEN NAAR AANVAARDING

Er zijn vier stappen die je moet nemen om Gods aanvaarding te ervaren. De eerste stap is: iedereen vergeven die jou heeft afgewezen of gekwetst. Dit heeft Jezus ons geleerd: *En wanneer u staat te bidden, vergeef als u tegen iemand iets hebt, opdat ook Uw Vader, die in de hemelen is, u uw misdaden vergeeft* (Markus 11:25). Dit geldt altijd en overal: als je iets tegen iemand hebt, dan moet je vergeven. Daarna zal God ook jou vergeven. Maar als jij anderen niet vergeeft, dan vergeeft God jou ook niet. Deze waarheid geldt vooral in onze houding ten opzichte van onze ouders, die vaak het probleem van afwijzing veroorzaken. Levens zijn veranderd, toen mensen zich realiseerden dat ze een geestelijke verplichting hebben ten opzichte van hun ouders. In Efeze 6:2 staat: *Eer je vader en moeder (dat is het eerste gebod met een belofte).* Dat betekent niet dat je hun fouten volledig moet negeren, maar je moet hen vergeven en besluiten hen te eren op de best mogelijke manier. Ik heb nog nooit iemand ontmoet die in zijn leven werkelijk gezegend was en overvloedig, maar die tegelijkertijd een verkeerde relatie had met zijn ouders.

De tweede stap is dat je de negatieve gevolgen van afwijzing moet afleggen; bitterheid, wrok, haat, rebellie. Deze houdingen zijn giftig. Ze infecteren je hele leven en veroorzaken diepe emotionele en waarschijnlijk ook lichamelijke problemen. Je kunt het je niet veroorloven om deze gedachten te laten bestaan. Je moet ze met een resolute beslissing van je wil wegduwen. Zeg met overtuiging: „Ik leg bitterheid, verzet, haat en rebellie neer." Mensen die herstellen van alcoholisme wordt vaak verteld: „Wrok is een luxe die je je niet langer kunt veroorloven." Dat is waar. Maar het geldt niet alleen voor alcoholisten, het geldt voor iedereen die dit soort gedachten koestert, want de gevolgen zijn giftig.

—

Dank U Jezus voor Uw werk aan het kruis. Ik besluit ieder die mij heeft afgewezen te vergeven, en ik leg alle bitterheid, wrok, haat en rebellie af. Ik proclameer dat Jezus mijn afwijzing onderging, zodat ik Zijn aanvaarding door de Vader mag ontvangen. Amen.

Bron: Rejection; cause and cure. Meer studie: Ik vergeef je (boek)

26 MEI

JEZELF AANVAARDEN

Gisteren zagen we de eerste twee stappen naar het ervaren van Gods aanvaarding: 1. Vergeven; 2. Radicaal alle bitterheid, haat en rebellie afleggen. Vandaag kijken we naar de derde stap: door een daad van geloof mag je aannemen en zeker weten wat God in de Bijbel zegt: jij bent aanvaard in Christus! De Bijbel leert ons dat het Gods eeuwige bedoeling was om ons tot Zijn kinderen te maken, en Hij heeft Zijn doel bereikt. Hij heeft dat mogelijk gemaakt door Jezus' dood aan het kruis voor ons (zie Efeze 1:4-6). Als je tot God komt door Christus, dan zal Hij je aanvaarden. Hij zal je niet afwijzen.

Om deze stap naar aanvaarding te maken, moet je allereerst jezelf aanvaarden. Vaak is dit de moeilijkste stap. Vele mensen wijzen zichzelf af. We kijken terug naar onze vroegere mislukkingen, fouten. We kijken naar onze tekortkomingen op het gebied van uiterlijk, prestaties of bezit. Of we vergelijken onszelf met anderen en bestempelen onszelf als een mislukkeling of een 'loser'. Maar God geeft je een ander stempel: 'Mijn zoon', of 'Mijn dochter'! We moeten onszelf aanvaarden, omdat God ons heeft aanvaard.

Als je tot God komt in Christus, ben je een nieuwe schepping: *als iemand in Christus is, is hij een nieuwe schepping: het oude is voorbijgegaan, zie, alles is nieuw geworden En dit alles is uit God, die ons met zichzelf verzoend heeft door Jezus Christus* (2 Korinthe 5:17,18). Dat is de nieuwe schepping. Denk niet aan jezelf in termen van wie je was voordat je tot Christus kwam, want je bent een nieuwe schepping geworden. Begin deze dag met dit gebed: „Hemelse Vader, dank U wel dat U van me houdt, en dat U Jezus, Uw Zoon, heeft gegeven om in mijn plaats te sterven. Dank U dat Hij mijn zonden droeg, al mijn afwijzing op zich nam, en mijn schuld betaalde. Door Hem kom ik tot U. Ik ben niet afgewezen, niet ongewild, niet buitengesloten. U houdt echt van mij. Ik ben Uw kind. U bent echt mijn Vader. Ik hoor bij Uw gezin. De hemel is mijn thuis. Dank U wel Heer. Amen."

—

Dank U Jezus voor Uw werk aan het kruis. Ik geloof niet wat mensen zeggen (inclusief mijzelf…) maar ik geloof wat God zegt – dat ik aanvaard ben in Christus – en daarom aanvaard ik ook mezelf. Ik proclameer dat Jezus mijn afwijzing onderging, zodat ik Zijn aanvaarding van de Vader kan ontvangen. Amen.

Bron: Rejection; cause and cure

27 MEI

'ONTDEK JE PLEKJE'

De vierde stap om aanvaarding te ontvangen, is het ontvangen van aanvaarding van medegelovigen. Dit betekent het vinden van je plaats in het lichaam van Christus.

Als christenen zijn we nooit geïsoleerde individuen. God ziet ons altijd in relatie tot onze medegelovigen. Die relatie is een van de manieren waarop onze aanvaarding op dagelijkse basis wordt uitgeleefd. Het is niet voldoende om door God de Vader in de hemel aanvaard te worden. Dat is pas de eerste stap, en uiteraard veruit de belangrijkste. Maar daarna moet die aanvaarding duidelijk worden in onze relatie met medegelovigen.

Gelovigen zijn aan elkaar verbonden in één lichaam, en iedere gelovige is een lichaamsdeel. Niemand kan tegen zijn medegelovigen zeggen: „Ik heb jou niet nodig." We hebben elkaar allemaal nodig. God heeft het lichaam op zo'n manier geschapen dat de leden ervan afhankelijk van elkaar zijn. Niemand kan op zichzelf volledig en compleet functioneren. Dat geldt voor ons allemaal, dus ook voor jou. Je moet je plaats vinden in het lichaam van Christus. Jij hebt de andere leden nodig, en zij hebben jou nodig. Je plaats vinden in het Lichaam maakt je aanvaarding door God tot een dagelijkse ervaring.

Als jouw hart ook naar God roept om die betrokkenheid bij Zijn lichaam te ervaren, bid dan het volgende gebed: „Heer, ik verlang ernaar om in Uw huis en Uw gezin te zijn. Ik wil deel uitmaken van een geestelijke familie van toegewijde gelovigen. Als hiervoor blokkades zijn in mijn leven, vraag ik U deze weg te nemen. Leid me naar een groep waar dit verlangen vervuld kan worden, en help mij om me daaraan toe te wijden. In de Naam van Jezus. Amen."

—

Dank U Jezus voor Uw werk aan het kruis. Ik proclameer dat ik open ben om mijn plaats in het lichaam van Christus te vinden, zoals ik net gebeden heb. Ik proclameer dat Jezus mijn afwijzing onderging opdat ik Zijn aanvaarding van de Vader kan ontvangen. Amen.

Bron: Rejection; cause and cure. Meer studie: Bestemd om op te staan – Gods plan voor herstel van het Lichaam van Christus. (studie op de website)

WEEK 22

**JEZUS WERD DOOR DE DOOD AFGESNEDEN,
OPDAT WIJ VOOR EEUWIG MET GOD
VERBONDEN KUNNEN ZIJN.**

Hij werd uit het leven weggerukt,
met de dood gestraft om de zonden van mijn volk.

JESAJA 53:8

Wie zich echter met de Heere verbindt, is één geest met Hem .

1 KORINTHE 6:17

28 MEI

GEESTELIJK LEVEN; GEMEENSCHAP MET GOD

Nadat Petrus zijn zwaard trok om Jezus te verdedigen, zodat Hij niet zou worden gearresteerd in de tuin van Getsemané, zei Jezus tegen hem: *Steek uw zwaard in de schede. De drinkbeker die de Vader Mij gegeven heeft, zal Ik die niet drinken?* Jezus dronk die beker tot op de bodem leeg. Jezus' werk was namelijk niet af toen Hij stierf aan het kruis. De bitterste drank kwam pas na Zijn lichamelijke dood. Jezus dronk in ieder opzicht de beker tot de laatste druppel leeg. Ten eerste stierf Hij de geestelijke dood, ten tweede de lichamelijke dood en ten derde werd Hij geestelijk afgesneden van God Zijn Vader.

Jezus proefde de dood voor iedereen, zodat wij het leven kunnen hebben. En wij hebben dit leven ontvangen in alledrie de aspecten die Jezus zelf verloor. Het is een exacte parallel.

Ten eerste hebben we geestelijk leven ontvangen. We zijn gebracht in eenheid en gemeenschap met God in dit leven, op dit moment, door ons geloof in Jezus Christus. Jezus was verenigd met de Heer; Hij leefde door het leven van de Vader. Hij zei: *Ik en de Vader zijn één* (Johannes 10:30). Dit was het geval totdat Hij onze ongerechtigheid op zich nam, en werd gescheiden van de Vader. Hij werd van God afgesneden zodat wij met God verenigd kunnen worden. Door ons geloof in Jezus, kunnen wij één worden met de Heer in de Geest en wandelen in dezelfde eenheid met God die Jezus met God had. Dat is het doel van het evangelie.

1 Johannes 1:3 leert: *Wat wij gezien en gehoord hebben, verkondigen wij u, opdat ook u gemeenschap met ons hebt; en deze gemeenschap van ons is er ook met de Vader en met Zijn Zoon Jezus Christus.* Jezus verloor de gemeenschap met de Vader, zodat wij die gemeenschap juist konden gaan ervaren en daarin leven en wandelen!

—

Dank U Jezus voor Uw werk aan het kruis. Ik proclameer dat Jezus de dood proefde, om mij het leven te geven; Hij werd afgesneden zodat ik met God verenigd kan worden; Hij verloor de gemeenschap met God, zodat ik die juist mag ervaren. Jezus werd door de dood afgesneden van God, zodat wij voor eeuwig met God verbonden kunnen zijn. Amen.

Bron: Spiritual Conflict, vol. 2: God's secret plan unfolds: Jesus tasted death in all its phases (CD)

29 MEI

FYSIEK LEVEN: OPSTANDINGSLEVEN

Jezus proefde de dood in ieder aspect, zodat wij leven kunnen ervaren in ieder aspect. Gisteren hadden we het over het eerste aspect, het geestelijke leven. Vandaag kijken we naar het tweede aspect, het fysieke of lichamelijke leven. Dit leven kent twee opeenvolgende fasen: Ten eerste hebben we nu leven in ons lichaam. Maar ons lichaam is sterfelijk; en dus zal bij de opstanding uit de doden de tweede fase aanbreken. Ons lichaam wordt dan veranderd in een onsterfelijk lichaam. *En als de Geest van Hem die Jezus uit de doden opgewekt heeft, in u woont, zal Hij die Christus uit de doden opgewekt heeft, ook uw sterfelijke lichamen levend maken door Zijn Geest, die in u woont* (Romeinen 8:11).

We hebben allemaal het opstandingsleven van Christus in een sterfelijk lichaam. Sterfelijk vlees en een sterfelijk lichaam, maar met een opstandingsleven dat erin huist. En dit opstandingsleven werkt niet alleen in ons, het is werkelijk in ons lichaam aanwezig. Als deze tekst niet zou gaan over goddelijke genezing en goddelijke, lichamelijke kracht, dan begrijp ik niets van deze woorden. Maar dat is niet het laatste. De laatste fase is een veranderd lichaam. Paulus schreef hierover het volgende: *Zie, ik zeg u een geheimenis: Wij zullen wel niet allen ontslapen, maar wij zullen wel allen veranderd worden, in een ondeelbaar ogenblik, in een oogwenk, bij de laatste bazuin. Immers, de bazuin zal klinken en de doden zullen als onvergankelijke mensen opgewekt worden en ook wij zullen veranderd worden. Want dit vergankelijke moet zich met onvergankelijkheid bekleden en dit sterfelijke moet zich met onsterfelijkheid bekleden. En wanneer dit vergankelijke zich met onvergankelijkheid bekleed zal hebben en dit sterfelijke zich met onsterfelijkheid bekleed zal hebben, dan zal het woord geschieden dat geschreven staat: De dood is verslonden tot overwinning* (1 Korinthe 15:51-54).

—

Dank U Jezus voor Uw werk aan het kruis. Ik proclameer dat omdat Jezus de dood voor mij proefde, ik leven heb ontvangen – opstandingsleven voor nu en in de eeuwigheid. Ik proclameer dat Jezus door de dood werd afgesneden, opdat wij voor eeuwig met God verbonden kunnen zijn. Amen.

Bron: Spiritual Conflict, vol. 2: God's secret plan unfolds: Jesus tasted death in all its phases (CD)
Meer studie: Overwinning over de dood (boek)

30 MEI

EEUWIG BIJ GOD

Het derde aspect van het leven dat we in Christus hebben ontvangen, is het genieten van het werk van Jezus in de eeuwigheid – een eeuwigheid die we doorbrengen in de aanwezigheid van God. *Want de Heere zelf zal met een geroep, met een stem van een aartsengel en met een bazuin van God neerdalen uit de hemel. En de doden die in Christus zijn, zullen eerst opstaan. Daarna zullen wij, de levenden die overgebleven zijn, samen met hen opgenomen worden in de wolken, naar een ontmoeting met de Heere in de lucht. En zo zullen wij altijd met de Heere zijn* (1 Thessalonicenzen 4:16,17). Het genot van verlossing is de eeuwigheid in Gods tegenwoordigheid. De laatste twee hoofdstukken van Openbaring beschrijven de eeuwigheid in Gods aanwezigheid. *En ik zag een nieuwe hemel en een nieuwe aarde, want de eerste hemel en de eerste aarde waren voorbijgegaan. En de zee was er niet meer. En ik, Johannes, zag de heilige stad, het nieuwe Jeruzalem, neerdalen van God uit de hemel, gereedgemaakt als een bruid die voor haar man sierlijk gemaakt is* (Openbaring 21:1,2).

Persoonlijk geloof ik dat het nieuwe Jeruzalem de Kerk voorstelt die uit de hemel neerdaalt. En dit is Gods permanente verblijfplaats. Een van de ultieme doelen van God in de Kerk is om een verblijfplaats te hebben waar Hij permanent kan wonen. In vers 3 staat: *En ik hoorde een luide stem vanuit de hemel zeggen: Zie, de tent van God is bij de mensen en Hij zal bij hen wonen, en zij zullen Zijn volk zijn, en God zelf zal bij hen zijn en hun God zijn.*

—

Dank U Jezus, voor Uw werk aan het kruis. Ik proclameer dat ik de eeuwigheid met God in de hemel mag doorbrengen, in plaats van verstoten te worden, omdat Jezus door de dood werd afgesneden, opdat ik voor eeuwig met God verbonden kan zijn. Amen.

Bron: Spiritual Conflict, vol. 2: God's secret plan unfolds: Jesus tasted death in all its phases (CD)

31 MEI

ÉÉN MET CHRISTUS

*W*ie zich echter met de Heere verbindt, is één geest met Hem (1 Korinthe 6:17). Het woord 'verbindt' staat in de voortgaande tegenwoordige tijd. Met andere woorden: „Wie zich voortdurend met de Heer verbindt, is één met Hem." Er is een geestelijke eenheid met God, die parallel loopt met de lichamelijke verbinding tussen een man en een vrouw. Dat is hoe het in de Bijbel staat. Die geestelijke eenheid is zo echt, zo intiem, dat de gelovige zich met God kan verbinden zodat hij één wordt met Hem.

Net zoals Jezus één is met de Vader, zo kunnen gelovigen één zijn met de Zoon: *Wie zich echter met de Heere verbindt, is één geest.* Ik wil opnieuw benadrukken dat het hier niet gaat om een eenmalige gebeurtenis die in het verleden heeft plaatsgevonden. Het is iets wat steeds blijft doorgaan. Jezus leefde voortdurend in eenheid met Zijn Vader. Als deze eenheid ooit verbroken zou worden, wat echter nooit gebeurde tot Hij aan het kruis hing, zou Hij Zijn leven hebben verloren. En jij en ik leven geestelijk alleen op het moment dat we in die voortdurende eenheid leven met de Zoon, Jezus Christus. Door Gods genade is dat echter voortdurend zo. In eenheid leven met Hem betekent dat we één geest met Hem zijn.

De belangrijkste activiteit van de menselijke geest is eenheid met God. Het is het enige deel van de mens dat direct contact kan hebben met God. Dat is het enorme voorrecht dat we hebben, dat onze geest in eenheid kan leven met God en met Hem kan communiceren.

Wij moeten in deze eenheid met Christus leven, zoals Hij Zijn leven leefde in voortdurende eenheid met de Vader. Zorg dat je niet 'teert' op een ervaring van gisteren, maar dat je vandaag en iedere dag opnieuw, leeft vanuit jouw bovennatuurlijke, geestelijke eenheid met Christus.

—

Dank U Jezus, voor Uw werk aan het kruis. Ik proclameer dat ik leef in eenheid leef met Christus – en dat we één geest zijn. Jezus werd door de dood afgesneden, zodat ik voor eeuwig met God verbonden kan zijn. Amen.

Bron: Spiritual Conflict, vol. 2: God's secret plan unfolds: God's purpose for the new race (CD)
Meer studie: Wandelen met God ((luister)boek)

1 JUNI

EENHEID MET DE SCHEPPER

Jezus werd door de dood afgesneden, opdat wij voor eeuwig met God verbonden kunnen zijn. In 1 Thessalonicenzen 5:23 bidt Paulus: *Moge de God van de vrede zelf uw leven in alle opzichten heiligen, en mogen heel uw geest, ziel en lichaam zuiver bewaard zijn bij de komst van onze Heer Jezus Christus.* Paulus noemt hier de drie elementen waaruit een menselijke persoonlijkheid is opgebouwd, en hij noemt ze op in volgorde van het hoogste naar het laagste: ten eerste: geest. Ten tweede: ziel. Ten derde: lichaam.

De geest is dat deel van de menselijke persoonlijkheid dat rechtstreeks in de mens werd geblazen toen God hem schiep. Daarom is de geest van een mens in staat om in eenheid met de Schepper te leven en met Hem te communiceren. In 1 Korinthe 6:17 zegt Paulus: *Wie zich echter met de Heere verbindt, is één geest met Hem.* Het zou niet correct zijn als we zeggen dat we één 'ziel' met Hem zijn. Alleen de geest van de mens is in staat om in directe eenheid met God te leven. In het oorspronkelijke model van de schepping, was de menselijke geest verbonden met God in de hoge, en verbonden met zijn eigen ziel op de aarde. God communiceerde rechtstreeks met de geest van de mens, en door de geest met de ziel van de mens. De geest en de ziel van de mens uiten zich vervolgens door zijn of haar lichaam. De volgende definitie maakt veel duidelijk over de functies van geest, ziel en lichaam. De geest is God-bewust; de ziel is zelfbewust; het lichaam is wereld- of omgevingsbewust. Met onze geest zijn we ons bewust van God. Door onze ziel zijn we ons bewust van onszelf. En door ons lichaam zijn we ons bewust van de wereld om ons heen. Als de geest van de mens wordt teruggebracht in eenheid met God, dan wordt hij omgevormd tot een lamp. De Heilige Geest komt dan binnen om die lamp te vullen, en licht te brengen in de innerlijke persoonlijkheid van de mens (zie Spreuken 20:27).

—

Dank U Jezus, voor Uw werk aan het kruis. Ik verheug mij dat ik in directe eenheid met God en mijn Schepper leef en communiceer, doordat God Zijn eigen levensgeest in mij geblazen heeft. Omdat Jezus door de dood werd afgesneden, kan ik voor eeuwig met God verbonden zijn. Amen.

Bron: Zegen of vloek, aan u de keus (boek) & What is man?, part 2 (CD)
Meer studie: Waarom God jou belangrijk vindt. (boek)

2 JUNI

HUWELIJKSRELATIE MET GOD

In Romeinen 7 schrijft Paulus dat we door de wet getrouwd zijn. De wet was als een huwelijksverbond, een verbond dat gold voor ons leven lang. Met wie of wat waren we dan getrouwd? We waren getrouwd met onze vleselijke natuur. De hele essentie van de wet is dat we gebonden zijn om die helemaal, in elk detail, te houden en na te leven in onze eigen kracht. Maar we zijn hierin afhankelijk van onze vleselijke natuur, en daarom zijn we hier dus nooit toe in staat.

Onder de wet komen is alsof je deel hebt aan een huwelijksceremonie waarin je trouwt met je vleselijke natuur. Zolang deze natuur in leven blijft, moet je ermee getrouwd blijven en je kunt niet van hem scheiden en met een ander trouwen. Het goede nieuws is echter dat je partner al is gestorven. Dat gebeurde toen Jezus aan het kruis stierf. Onze oude mens werd toen samen met Hem gekruisigd. Als je dit feit goed begrijpt, dan kun je zeggen: „Prijs God. Ik ben vrij. Ik hoef niet verder te leven met deze verschrikkelijke partner die me nooit zegeningen, vrede of rechtvaardigheid gaf en die me alleen maar een vreselijk leven bezorgde. Ik ben niet langer gebonden aan die smerige partner. Ik kan nu met iemand anders trouwen."

Het alternatief is namelijk dat we in het huwelijk treden met Hem die uit de dood opstond – de opgestane, verheerlijkte Christus. Hij kan je echtgenoot – je vaste verbondspartner - worden, of je nu man bent of vrouw. Waar we het over hebben is een relatie in de Geest. In 1 Korinthe 6:15,16 schetst Paulus een beeld van de seksuele eenwording van een man en een prostituee. Hij gebruikte dat beeld van eenheid om zijn lezers voor te houden dat er ook een andere eenheid is die mensen kunnen beleven, namelijk eenheid met de Heer. Die eenheid is niet lichamelijk; maar geestelijk – een geestelijke huwelijksrelatie met de Heer. *Wie zich echter met de Heere verbindt, is één geest met Hem* (1 Korinthe 6:17). Niet met onze ziel of ons lichaam, maar in de geest.

—

Dank U Jezus, voor Uw werk aan het kruis. Ik proclameer dat ik in de Geest ben getrouwd met U die opstond uit de dood – de opgestane, verheerlijkte Christus. Ik proclameer dat Jezus door de dood werd afgesneden, zodat ik voor eeuwig met God verbonden kan zijn. Amen.

Bron: The roman pilgrimage, vol. 2: Romans 6:23-7:16 (CD/DVD)

3 JUNI

AANBIDDING: GEMEENSCHAP HEBBEN MET GOD

In Johannes 4:23,24 zei Jezus dat de Vader op zoek is naar mensen die Hem aanbidden in geest en in waarheid. Aanbidding is een daad van de geest. Aanbidding is de weg waardoor we in één geest met God verbonden worden. Daarom is aanbidding de hoogste activiteit waar de mens toe in staat is; het verbind je rechtstreeks met je Schepper.

Als we één worden met de Heer in aanbidding, dan beginnen we de dingen voort te brengen die God wil. Aanbidding is niet een soort toetje op het christelijke leven, een mooi extraatje waardoor we ons fijn voelen. Het is ook niet de opstart of de afsluiting van een eredienst. Het is het hoogtepunt en de bevestiging van een 'eredienst' in de ruimste zin van het woord. Je hele leven is een doorlopende eredienst voor God, en aanbidding speelt daarin een centrale rol. Zonder aanstoot te willen geven, je kunt aanbidding zien als de huwelijksgemeenschap, de intimiteit in onze huwelijksrelatie met de Heer. Het maakt onze geest één met Zijn Geest. Zoals huwelijksgemeenschap bedoeld is om de verbondseenheid te vieren en om nageslacht voort te brengen, zo brengt aanbidding van God ook altijd geestelijke vrucht voort. En met geestelijke vrucht bedoel ik de vrucht van de Geest, die in Galaten 5:22 wordt beschreven: *liefde, blijdschap, vrede, geduld, vriendelijkheid, goedheid, trouw, zachtmoedigheid, zelfbeheersing.* Mensen die deze vrucht voortbrengen uit hun gemeenschap met God, hoeven zich niet meer te laten leiden door de wet. Je ziet in het voorgaande stuk in Galaten 5 ook dat Paulus dit als inleiding geeft voor zijn aanmoediging om de vrucht van de Geest te zien groeien. Mensen die leven in gemeenschap met God zijn niet meer onder de wet, want ze zijn ontsnapt aan hun huwelijk met het vlees onder de wet. Ze zijn vrij om te trouwen met de opgestane Christus, door de Heilige Geest, om zo de vrucht voort te brengen die past bij die eenheid. De sleutel tot ons leven als christen is niet inspanning (de wet), maar eenwording (relatie).

———

Dank U Jezus voor Uw werk aan het kruis. Daardoor ben ik vrij om in gemeenschap met U te leven en wanneer ik U aanbid, dan ben ik één Geest met U. Dank U Heer Jezus, dat U zich door de dood liet afsnijden, zodat ik voor eeuwig met God verbonden kan zijn. Amen.

Bron: The roman pilgrimage, vol. 2: Romans 6:23-7:16 (CD/DVD)
Meer studie: Waarom God jou belangrijk vindt. (boek)

WEEK 23

IK BEN VERGEVEN EN BEVRIJD VAN MIJN ZONDEN.

In Hem hebben wij de verlossing, door Zijn bloed,

namelijk de vergeving van de zonden.

KOLOSSENZEN 1:14

4 JUNI

EEN SCHONE LEI

Één van de meest wonderlijke aspecten van God is dat als Hij vergeeft, Hij niet slechts gedeeltelijk vergeeft. Hij vergeeft volledig. De profeet Micha schrijft dit onomwonden: *Wie is een God gelijk aan U, die de ongerechtigheid vergeeft, die voorbijgaat aan de overtreding van het overblijfsel van Zijn eigendom? Hij zal niet voor eeuwig vasthouden aan Zijn toorn, want Hij vindt vreugde in goedertierenheid. Hij zal zich weer over ons ontfermen, Hij zal onze ongerechtigheden vertreden, ja, U zult al hun zonden werpen in de diepten van de zee* (Micha 7:18,19). Is dat niet prachtig? Alles wat we ooit verkeerd hebben gedaan – alles waardoor we ons schuldig voelen en elke beschuldiging die de vijand tegen ons inbrengt – vertreedt God onder Zijn voeten en gooit Hij in de diepten van de zee.

De bekende spreekster Corrie ten Boom merkte op dat als God onze zonden in de zee werpt, Hij er een bordje bijzet: VERBODEN TE VISSEN. Probeer nooit terug te keren om iets te laten herleven wat God al lang begraven heeft. Als God je heeft vergeven, dan ben je ook vergeven. Daar worden geen vragen meer over gesteld. Gods vergeving is volkomen. In Jesaja spreekt God tot Zijn volk en zegt: *Ik, Ik ben het, die uw overtredingen uitdelg om mijnentwil en Ik gedenk uw zonden niet* (43:25). Als God ons vergeeft, dan wist Hij het getuigschrift daarvan uit. Het is schoon. Het is alsof datgene wat vergeven is, nooit heeft plaatsgevonden. Hij geeft ons niet alleen een schone lei, maar Hij wist het ook uit Zijn eigen geheugen. Hij zegt letterlijk dat Hij onze zonden niet zal gedenken.

En dat is niet omdat God last heeft van een slecht geheugen, maar Hij heeft de mogelijkheid om te vergeten. En als Hij vergeeft, dan vergeet Hij ook.

—

Dank U Heer voor Uw vergeving. Ik proclameer dat Gods vergeving voor mij volkomen is: Hij heeft mijn zonden uitgewist en ik heb een schone lei. Help mij om hier diep van doordrongen te zijn Heer, en nooit te leven onder schuldgevoel. Ik ben vergeven en bevrijd van mijn zonden. Amen.

Bron: Ik vergeef je (Boek)

5 JUNI

NIETS ZAL ONS SCHADEN

*H*ij heeft ons getrokken uit de macht van de duisternis en overgezet in het *Koninkrijk van de Zoon van Zijn liefde. In Hem hebben wij de verlossing, door Zijn bloed, namelijk de vergeving van de zonden* (Kolossenzen 1:13,14). Door ons geloof in Jezus en Zijn opofferende dood aan het kruis, heeft God ons bevrijd uit de macht, oftewel het bereik, van de duisternis. In het Grieks staat hier het woord dat wij gebruiken voor 'gezag' of 'autoriteit'. Satan heeft gezag over de ongehoorzamen, de ongelovigen en de ongeredden. Maar door Jezus heeft God ons bevrijd uit het gezagsgebied van satan en ons overgeplaatst naar het koninkrijk van de Zoon van Zijn liefde, in wie we de verlossing hebben ontvangen.

In deze tekst is 'verlossing' het sleutelwoord. We zijn teruggekocht door Jezus, en daarom niet langer onder de macht van de zonde, vanwege de verlossende dood en het vergoten bloed van Jezus Christus. *Hiertoe is de Zoon van God geopenbaard, dat Hij de werken van de duivel verbreken zou* (1 Johannes 3:8b). Waarom kwam Jezus? Om de werken van de duivel te vernietigen. Dat geldt dus ook voor de vloek. *Zie, Ik geef u de macht om op slangen en schorpioenen te trappen en macht over alle kracht van de vijand; en niets zal u schade doen* (Lukas 10:19). Satan heeft misschien macht, maar Jezus heeft ons macht gegeven die groter is dan satans macht, zodat niets ons schade zal toebrengen. Geloof jij wat hier staat?

—

Dank U Heer voor Uw vergeving. Ik proclameer dat Jezus mij heeft bevrijd uit de autoriteit van de duisternis, en dat Hij mij autoriteit gegeven heeft over de macht van satan, zodat niets mij schade zal berokkenen. Ik ben vergeven en bevrijd van mijn zonden. Amen.

Bron: Transformed for life (Boek)

6 JUNI

DE OUDE, ZONDIGE MENS VERVANGEN

Om te voorzien in volledige bevrijding van de overheersing van de zonde, moest God afrekenen met drie dingen. Ten eerste moest Hij afrekenen met de zonden die we allemaal hebben begaan. Omdat Jezus de volle prijs voor onze zonden betaalde aan het kruis, kan God ons vergeven zonder Zijn eeuwige rechtvaardigheid geweld aan te doen. De eerste voorziening is dus vergeving.

Daarna moest God ook afrekenen met de verdorven natuur in ons, die ervoor zorgde dat we door bleven gaan met onze zonden. De voorziening die Hij hiervoor trof was executie – onze oude, zondige natuur werd ter dood gebracht. Het goede nieuws is echter dat die executie bijna tweeduizend jaar geleden al werd uitgevoerd, namelijk in Jezus, toen Hij voor ons stierf aan het kruis.

Maar daar houdt het niet op. Gods bedoeling is om die oude, zondige mens te vervangen met een nieuwe, door Hem geschapen mens. Deze derde voorziening noemt Paulus in Efeze 4:22-24: *...namelijk dat u, wat betreft de vroegere levenswandel, de oude mens zou afleggen, die ten verderve gaat door de begeerten van de verleiding, en dat u vernieuwd zou worden in de geest van uw denken, en de nieuwe mens zou aandoen, die naar het beeld van God geschapen is, in ware rechtvaardigheid en heiligheid.*

Helaas kunnen we er niet van uit gaan dat onze oude mens zich zonder slag of stoot gewonnen geeft en sterft. Integendeel, hij zal zich verzetten – en heftig ook – om zijn controle over ons te herwinnen. Daarom schrijft Paulus in Kolossenzen 3:3: *Want u bent gestorven.* En in vers 5: *Dood dan uw leden die op de aarde zijn.* We moeten gaan staan in geloof dat de dood van onze oude mens een volbracht feit is, en we moeten zijn pogingen om de controle terug te krijgen, actief weerstaan.

———

Dank U Heer voor Uw vergeving. Ik proclameer dat Jezus aan het kruis mijn zondige natuur gedood heeft en die heeft vervangen met een nieuwe schepping. Daarom weersta ik de pogingen van mijn oude mens om opnieuw de controle over te nemen in mijn leven. In Jezus ben ik ben vergeven en bevrijd van mijn zonden. Amen.

Bron: Rules of engagement (Boek). Meer studie: Je Roeping (boek)

7 JUNI

VOLMAAKTE, BLIJVENDE OVERWINNING

Het offer van Jezus aan het kruis is de enige basis van Gods voorziening voor iedere nood van het hele menselijk ras. In plaats van dat God een grote hoeveelheid handelingen verrichtte op diverse tijden, staat in de Bijbel: *Want met één offer heeft Hij tot in eeuwigheid volmaakt hen die geheiligd worden* (Hebreeën 10:14). De schrijver zegt dat Jezus, nadat Hij dat ene offer heeft gebracht, *ging zitten aan de rechterhand van God* (vers 12). Waarom ging Hij zitten? Omdat Hij dit offer nooit meer opnieuw hoefde te brengen.

Door Zijn werk aan het kruis, bracht Jezus satan en zijn koninkrijk, een totale, onherroepelijke en blijvende nederlaag toe. Jezus zal dit nooit opnieuw hoeven te doen. Satan is al verslagen, dat hoeven jij en ik niet te doen. Maar we moeten de overwinning die Jezus heeft behaald wel toepassen, en leren wandelen in Zijn overwinning.

In Kolossenzen 1:12 staat: *Daarbij danken wij de Vader, die ons bekwaam gemaakt heeft om deel te hebben aan de erfenis van de heiligen in het licht.* Onze erfenis is in het licht… daar is geen enkele duisternis in te vinden. Onze erfenis bevindt zich volkomen in het licht. Hoe heeft Jezus dat gedaan? *Hij heeft ons getrokken uit de macht van de duisternis en overgezet in het Koninkrijk van de Zoon van Zijn liefde. In Hem hebben wij de verlossing, door Zijn bloed, namelijk de vergeving van de zonden* (vers 13,14). Door de verlossing door Jezus' bloed zijn we bevrijd uit het domein van de duisternis en zijn in het licht geplaatst - we zijn overgebracht in het koninkrijk van de Zoon van Gods liefde, Jezus!

—

Dank U Heer voor Uw vergeving. Ik proclameer dat Jezus door het kruis satan en zijn koninkrijk een totale, permanente en onherroepelijke slag heeft toegebracht. Ik pas de overwinning toe die Jezus behaalde, en ik wandel in die overwinning, want ik ben vergeven en bevrijd van mijn zonden. Amen.

Boek Lucifer ontmaskerd (Boek)

8 JUNI

VRIJ VAN WETTICISME

In Romeinen 8:15 richt Paulus zich tot christenen die gedoopt zijn in de Heilige Geest en zegt: *Want u hebt niet de Geest van slavernij ontvangen, die opnieuw tot angst leidt.* Slavernij betekent gebondenheid en angst. Paulus waarschuwt de gelovigen ervoor te zorgen dat de duivel hen niet terug trekt in de slavernij. En het is duidelijk dat de vorm van slavernij die Paulus hier bedoelt, die van godsdienstige slavernij is – de onderwerping aan de wet waarvan ze nu juist werden bevrijd toen Jezus stierf aan het kruis.

De hele brief aan de Galaten behandelt dit thema van niet gebonden worden aan wetticisme nadat mensen zijn bevrijd door het evangelie en de kracht van de Heilige Geest. Sterker nog, Paulus behandelde deze zaak als iets wat nog veel erger is dan seksuele zonden als ontucht of overspel. Het is opvallend dat de brief aan de Galaten de enige brief is die Paulus niet begint met een woord van dankzegging voor de mensen aan wie hij schrijft. Hij is zo verontwaardigd over waar de christenen in Galatië mee bezig zijn, dat hij direct met de deur in huis valt: *Ik verwonder mij erover dat u zich zo snel afwendt van Hem die u in de genade van Christus geroepen heeft* (Galaten 1:6).

Dit is een duidelijk voorbeeld van religieuze demonen, die mensen terugslepen in de slavernij van wetticisme. Laten we acht slaan op Paulus' waarschuwing: *laat u niet weer met een slavenjuk belasten* (Galaten 5:1).

———

Dank U Heer, voor Uw vergeving. Ik proclameer dat ik niet meer zal worden gebonden aan wettisch denken, nadat ik door het evangelie en de kracht van de Heilige Geest bevrijd ben. Ik ben vergeven en bevrijd van mijn zonden.

Bron: Demons and demonology: Nature and activity of demons (CD)

9 JUNI

GEEN VEROORDELING

Zo is er dan nu geen veroordeling voor hen, die in Christus Jezus zijn. Want de wet van de Geest des levens heeft u in Christus Jezus vrijgemaakt van de wet der zonde en des doods. Want wat de wet niet vermocht, omdat zij zwak was door het vlees – heeft God gedaan, door Zijn eigen Zoon te zenden in een vlees, aan dat der zonde gelijk (Romeinen 8:1-3, NBG).

Er bestaan twee soorten koffie: filterkoffie en instant-koffie. Filterkoffie duurt langer om te maken, omdat het eerst door de filter moet. De brief aan de Romeinen is als filterkoffie. We kunnen geen instant-koffie uit Romeinen 8 halen zonder eerst de voorgaande zeven hoofdstukken te begrijpen. Deze eerste hoofdstukken vormen de filter. Pas als we daar doorheen zijn, kunnen we verder gaan met het woord 'Zo' of zoals het in andere vertalingen staat: 'Daarom…' De voorgaande hoofdstukken gaan over de volledig zondige staat van de hele mensheid, en het feit dat de godsdienst geen oplossing bood om deze zondige natuur te veranderen. Paulus gebruikt voorbeelden van Abraham en David, en vergelijkingen tussen Adam en Jezus, waarna hij in de hoofdstukken 5 en 6 Gods oplossing openbaart voor de oude mens: executie! God lapt de oude mens niet op. Hij probeert het niet opnieuw. Hij voltrekt het doodvonnis. Het goede nieuws is echter dat dit doodvonnis ten uitvoer werd gebracht in Jezus, toen Hij stierf aan het kruis. Romeinen 7 gaat vervolgens over onze relatie met de wet. Vroeger begreep ik nooit waarom Paulus pas hier in de Romeinenbrief begon over de wet, en niet eerder. Maar inmiddels heb ik geleerd dat het laatste stadium van de filterkoffie van Romeinen juist altijd betrekking heeft op onze relatie met de wet. Zonder het filter kunnen we het leven van Romeinen 8 niet binnengaan, omdat de essentiële voorwaarde hiervoor is: 'geen veroordeling'. Het moment waarop we onder veroordeling komen is het moment dat we niet meer in het Geestvervulde leven wandelen dat in Romeinen 8 wordt beschreven. Het ultieme doel van de duivel is ons onder veroordeling te brengen. Het doel van Gods Woord (met name de brief aan de Romeinen) is ons te bevrijden van die veroordeling.

—

Dank U Heer voor Uw vergeving. Ik ben vrij van de pogingen van de duivel om mij onder veroordeling te brengen, want is geen veroordeling voor mij omdat ik in Christus Jezus ben. Ik ben vergeven en bevrijd van mijn zonden. Amen.

Bron: Lucifer ontmaskerd (Boek)

10 JUNI

EÉN MET GOD

Gisteren leerden we wat de sleutel is om te kunnen leven volgens de wet van de Geest van leven, namelijk: zo is er dan geen veroordeling. Het is niet door de wet, niet door onze goede werken (of het achterwegen laten van slechte werken!), maar door geloof dat we vergeven en bevrijd zijn van onze zonden. Vele malen heb ik dit onderwezen, en vele malen heb ik christenen gezien die me stomverbaasd, met open mond, zaten aan te staren. Toch is dit de centrale waarheid van het evangelie. In Efeze 2, vanaf vers 14, spreekt Paulus opnieuw over wat Jezus voor ons gedaan heeft aan het kruis: *Want Hij is onze vrede, die de twee één heeft gemaakt, en de tussenmuur, die scheiding maakte, de vijandschap, weggebroken heeft, doordat Hij in Zijn vlees de wet der geboden, in inzettingen bestaande, buiten werking gesteld heeft.* Dit is voldoende. Door Zijn dood stelde Hij, in Zijn vleselijk lichaam, de wet van de geboden, die uit regels bestond, buiten werking. Daarmee maakte Hij een eind aan de grote scheiding, de vijandschap tussen ons en God. De wet brengt namelijk geen vrede, maar vijandschap. Dus om de gerechtigheid en vrede tussen ons en God te bewerken, heeft God de eisen van de wet van Mozes buiten werking gesteld. Christenen die rechtvaardigheid verwachten van het houden van regels, zijn als iemand die bezig is te verdrinken, maar die zich krampachtig probeert vast te houden aan een plank. Die plank is de wet. Als ze de plank loslaten, zijn ze bang te verdrinken. Maar we moeten juist verdrinken en daarna weer boven komen. De plank heeft geen enkel nut. De sleutel tot gerechtigheid is maar één woord: geloof! Door geloof zijn we niet meer onder de wet en onder de veroordeling, maar werkt de Geest van leven in ons en morgen we in Christus één zijn met de Vader.

—

Dank U Heer, voor Uw vergeving. Ik ben vrij de van de pogingen van de duivel om mij onder veroordeling te brengen, maar ik geloof dat Jezus door Zijn offer de scheiding tussen mij en U heeft weggenomen. Ik ben vergeven en bevrijd van mijn zonden. Amen!

Bron: Het Kruis, je kunt er niet omheen.

WEEK 24

IK BEN EEN KIND VAN GOD.

Maar allen, die Hem aangenomen hebben,

hun heeft Hij macht gegeven om kinderen van God te worden,

namelijk die in Zijn Naam geloven.

JOHANNES 1:12

11 JUNI

DE WARE IDENTITEIT

De reden dat Jezus op aarde kwam was – en is – om ons te verzoenen en verbinden met God de Vader. Als we deze openbaring van God niet zien, missen we volledig het doel van de verlossing. Als we de volheid van deze openbaring binnenstappen en in die rechtstreekse relatie komen met God als onze Vader, dan voorziet dit in een aantal zekerheden die heel veel mensen in onze samenleving moeten missen. De drie dingen die uit onze relatie met God voortkomen zijn: identiteit, eigenwaarde en zekerheid/ veiligheid.

Gebrek aan identiteit is een serieus probleem voor miljoenen mensen in deze tijd. Een interessante aanwijzing hiervoor was het overweldigende succes van het boek en de tv-serie Roots. De essentie van dit verhaal is de zoektocht van een man die op zoek is naar zijn wortels, zijn afkomst, met als doel om een sterker gevoel van identiteit te krijgen. De hele mensheid is eigenlijk bezig met deze zelfde zoektocht. Mannen en vrouwen willen weten waar ze vandaan komen, wie hen voorgingen, hoe het begon, en wie ze zijn. De Bijbel en de psychologie zijn het erover eens dat mensen de vraag 'Wie ben ik?' eigenlijk niet kunnen beantwoorden als ze niet weten wie hun vader is. In Efeze 1:5 lezen we: *In liefde heeft Hij* (in vers 1 staat dat dit de God en Vader van onze Here Jezus Christus is) *ons tevoren ertoe bestemd als zonen* (en dochters) *van Hem te worden aangenomen door Jezus Christus...*

Vandaag de dag zien we – mede als gevolg van vele echtscheidingen - een explosieve groei van gebroken of versplinterde ouder-kind relaties. Het gevolg is een wijdverbreide identiteitscrisis. Het antwoord van het evangelie op deze crisis is om mannen en vrouwen in een directe, intieme relatie met God de Vader te brengen door Jezus Christus, de Zoon. Mensen die God echt als Vader kennen, hebben niet langer een identiteitsprobleem. Ze weten wie ze zijn – ze zijn kinderen van God. Hun Vader schiep het universum, hun Vader houdt van hen en hun Vader zorgt voor hen.

—

Dank U Jezus dat U mij hebt verlost. Ik proclameer dat ik weet wie ik ben omdat ik door Jezus een kind ben geworden van God de Vader. Dank U voor deze overweldigende waarheid. Ik proclameer dat ik een kind van God ben. Amen.

Bron: Man & Vader. Meer studie: Man en vader (boek)

12 JUNI

WERKELIJKE EIGENWAARDE

In de jaren dat ik in de bediening heb gestaan, heb ik ontelbaar veel mensen mogen helpen van wie grootste probleem een verkeerd gevoel van eigenwaarde was. Ze hadden een veel te laag beeld van zichzelf, waardoor ze gebukt gingen onder allerlei geestelijke en emotionele pijn.

1 Johannes 3:1 zegt: *Bedenk toch hoe groot de liefde is die de Vader ons heeft geschonken! Wij worden kinderen van God genoemd, en dat zijn we ook.* Met dat laatste zinnetje lijkt het of Johannes wil benadrukken: zorg dat je werkelijk begrijpt dat je een kind van God bent, een kind waar Hij op een intieme en persoonlijke manier van houdt.

God is in ons geïnteresseerd, heeft het nooit te druk voor ons, en verlangt naar een directe en persoonlijke relatie met ons. Als we dat niet alleen geloven, maar ook echt 'bedenken' (dus diep en dagelijks weten), dan ervaren we een enorme groei in onze eigenwaarde.

Op een dag, op weg naar een bijeenkomst, liep ik letterlijk iemand tegen het lijf. Deze vrouw en ik liepen beide behoorlijk snel in tegenovergestelde richting. Na onze botsing krabbelde ze overeind en zei: „Meneer Prince, ik heb gebeden dat als God wilde dat u met me zou spreken, dat ik u dan zou tegenkomen."

„Nou" zei ik, „uw gebed is dus verhoord. Maar ik heb helaas slechts twee minuten tijd voor u. Ik heb een afspraak." Ze begon me haar probleem te vertellen en al snel onderbrak ik haar: „Lieve zuster, ik heb nog één minuut over, maar ik denk dat ik weet wat uw probleem is. Wilt u mij nabidden?" Ik leidde haar in een gebed waarin ze God dankte dat Hij haar Vader is en zij Zijn kind, dat God van haar houdt en voor haar zorgt, dat ze speciaal is en dat ze hoort bij de beste familie op aarde. Daarna scheidden zich onze wegen. Een maand later ontving ik een brief van haar: „Ik wil u vertellen dat sinds die dag dat u twee minuten met me hebt gesproken en gebeden, mijn leven totaal is veranderd. Ik kijk heel anders tegen het leven aan. Ik heb nu voor het eerst een gevoel van eigenwaarde."

—

Dank U Jezus dat U mij hebt verlost. Ik proclameer dat ik eigenwaarde ontvang door mijn persoonlijke, directe relatie met God als mijn Vader. Dank U wel dat ik Uw kind ben. Amen.

Bron: Fatherhood (CD/ Boek). Meer materiaal: God is mijn Vader (proclamatiekaart)

13 JUNI

BIJ DE VADER KOMEN

Toen Jezus op aarde kwam, was Zijn ultieme bedoeling om de mens die zich tot Hem zou keren bij de Vader te brengen. De Bijbel benadrukt deze waarheid op vele plaatsen, zoals bijvoorbeeld in 1 Petrus 3:18: *Want ook Christus heeft eenmaal voor de zonden geleden, Hij die rechtvaardig was, voor onrechtvaardigen, opdat Hij ons tot God zou brengen.*

Waarom stierf Jezus? *Opdat Hij ons tot God zou brengen.* Jezus was zelf niet het einddoel; Hij was de weg erheen. Hij zei dat zelf ook in Johannes 14:6: *Jezus zei tegen hem: Ik ben de Weg, de Waarheid en het Leven. Niemand komt tot de Vader dan door Mij.*

Jezus is de weg, maar de Vader is de bestemming. Ik denk dat we vaak de bedoeling van God niet helemaal begrijpen. We hebben het heel vaak over de Heer Jezus Christus als onze Redder, onze Pleitbezorger, onze Middelaar etc. Al deze dingen zijn prachtig en waar, maar dat is nog lang niet alles. Gods bedoeling is niet dat we alleen maar bij de Zoon komen, maar ook dat we – door de Zoon – bij de Vader komen.

—

Dank U Jezus dat U mij hebt gered. Ik proclameer dat ik door de Zoon bij de Vader kom. Ik proclameer dat ik een kind van God ben. Amen.

Bron: Fatherhood (CD/Boek)

Meer materiaal: God is mijn Vader (proclamatiekaart)

14 JUNI

AANVAARD!

Tot eer en glorie van Zijn genade, waarmee Hij ons heeft aanvaard in de geliefde (Efeze 1:6). Als God zegt dat we aanvaard zijn, dan betekent dat niet dat Hij ons alleen maar tolereert. Het betekent dat we bijzonder bij Hem in de gunst staan. We zijn het voorwerp van Zijn persoonlijke, liefdevolle zorg en aandacht. We zijn nummer 1 op Zijn prioriteitenlijst in het universum. Hij duwt ons niet in de hoek en zegt dat Hij het te druk heeft of geen tijd voor ons heeft. Hij zegt niet: ,,Maak niet zo'n herrie; papa slaapt." Hij zegt: ,,Ik ben in jou geïnteresseerd. Ik wil jou kennen. Je bent welkom, kom binnen. Ik heb heel lang op je gewacht."

Hij is als de vader in het verhaal van de verloren zoon. Hij stond buiten te wachten of zijn zoon al thuis zou komen. Niemand hoefde hem te vertellen dat zijn zoon eraan kwam, want hij was zelf de eerste die hem zou zien komen. De vader wist het al voor de rest van de familie. Gods houding naar ons in Christus is hetzelfde. We zijn niet uitgestoten. We zijn geen tweederangs burgers. En we zijn geen knechtjes.

Toen de verloren zoon terugkwam, was hij bereid om een dienaar te worden. Hij zei: ..Vader, maak mij maar één van uw knechten." Maar als je het verhaal goed leest, dan zie je dat terwijl de zoon zijn zonden belijdt, de vader hem onderbreekt – hij stond zijn zoon niet toe om uit te praten. Dus die woorden kwamen nooit over zijn lippen. Integendeel, de vader zei: *Haal het beste gewaad en trek het hem aan en geef hem een ring aan zijn hand en schoenen aan zijn voeten. En haal het gemeste kalf en slacht het, en laten we eten en vrolijk zijn. Want deze, mijn zoon, was dood en is weer levend geworden. En hij was verloren en is gevonden. En zij begonnen vrolijk te zijn* (Lukas 15:22-24). Prijs God!

—

Dank U Jezus, dat U mij hebt verlost. Help mij begrijpen dat ik door Uw genade aanvaard ben in Uw geliefde zoon Jezus. Ik proclameer dat ik een kind van God ben. Amen.

Bron: From rejection to acceptance (CD)

Meer studie: Vader God (DVD)

15 JUNI

IN DE ARMEN VAN DE VADER

Stel je een kind voor dat veilig in zijn vaders armen zit. Het kind heeft zijn gezicht tegen de schouder van zijn vader gedrukt. Misschien is er enorme verwarring en onrust om hen heen, de wereld kan bij wijze van spreken instorten, maar het kind voelt zich volkomen veilig en totaal niet bezorgd om alle dingen rondom hem. Hij is veilig in de armen van zijn vader.

Zo worden we ook veilig vastgehouden door onze hemelse Vader, of we dat nu voelen of niet. Jezus heeft ons ervan verzekerd dat onze Vader groter is dan alles wat ons kan omringen en wat er op ons afkomt. Niets of niemand is in staat ons los te rukken uit Vaders armen.

Jezus gaf ook een belofte aan Zijn discipelen: *Wees niet bevreesd, kleine kudde, want het is het welbehagen van Uw Vader u het Koninkrijk te geven* (Lukas 12:32). Misschien zijn we maar een kleine kudde, omringd door allerlei wilde beesten. Maar als onze Vader zichzelf heeft toegewijd om ons het koninkrijk te geven, dan is er geen kracht in het universum die ons daarvan kan weerhouden.

Neem vandaag een moment om hier voor jezelf over na te denken en God te danken voor de persoonlijke relatie die je met Hem mag hebben. Daardoor mag je je veilig weten, wat er ook op je afkomt en wat er ook gebeurt.

—

Dank U Jezus, dat U me heeft verlost. Ik proclameer dat ik veilig ben in de armen van de Vader. Ik ben een kind van God. Amen.

Bron: Om mijn Vader blij te maken (Onderwijsbrief)

16 JUNI

DE VADER BEHAGEN

In Filippenzen 2:3 waarschuwt Paulus ons als dienaren van God: *Doe niets uit eigenbelang of eigendunk.*

Door de jaren heen heb ik gezien dat persoonlijke ambitie en competitie onder leiders een voortdurend probleem is. Dit geldt voor leiders van bedrijven en instellingen, en het geldt in de politiek, maar niet in de laatste plaats in de Kerk, onder christelijke leiders. Voor het geval ik veroordelend overkom, laat ik beginnen met de erkenning dat ik dit probleem voor het eerst tegenkwam in mijn eigen leven.

Vaak maken we de vergissing om onze zekerheid te zoeken in succes. Heel subtiel denken we: Als ik de grootste gemeente of bediening heb, de grootste campagne organiseer of de meeste adressen op mijn mailinglijst heb, dan heb ik zekerheid. Maar dat is een totale misvatting. Sterker nog, hoe meer we ons richten op succes, hoe minder zekerheid we hebben. We voelen ons voortdurend bedreigd door de mogelijkheid dat een ander een grotere kerk of organisatie leidt, of een grotere achterban aan zich weet te binden.

Ik heb voor mezelf uiteindelijk het volmaakte voorbeeld gevonden, namelijk in de persoon van Jezus die simpelweg zei: *De Vader heeft Mij niet alleen gelaten, omdat Ik altijd doe wat Hem behaagt* (Johannes 8:29). Niet langer word ik gemotiveerd door persoonlijke ambitie. Ik heb een veel betere en zuiverder motivatie ontdekt: namelijk om mijn Vader te behagen.

Ik oefen mezelf om iedere situatie en beslissing te benaderen vanuit die ene simpele vraag: Hoe kan ik mijn Vader blij maken? In tijden van frustratie of schijnbaar falen, zoek ik er altijd naar om mijn focus af te richten van het probleem en me erop te richten mijn hemelse Vader blij te maken. Dat is een houding die ik altijd wil blijven hebben. Als dienaren van Christus zal er geen competitie onder ons zijn, als we ons laten motiveren door dat eenvoudige verlangen: onze Vader te behagen. Harmonie en zorg voor elkaar zal dan in de plaats komen voor strijd en zelfgerichtheid.

—

Dank U Jezus dat U mij hebt verlost. Ik proclameer dat ik in mijn leven het behagen van U steeds zal hebben als basismotivatie. Want ik ben een kind van U, en U bent mijn Vader. Amen.

Bron: Om mijn Vader blij te maken (Onderwijsbrief)

17 JUNI

ONS ECHTE THUIS

Toen ik ooit erg bezorgd was over mijn geestelijke conditie, vroeg ik God om de hemel wat meer reëel voor me te maken. Dat heeft de Heer gedaan en ik ben me gaan realiseren dat de hemel het thuis is voor elk kind van God. Ik ben zelden een kind tegengekomen dat niet goed wist hoe zijn thuis eruitzag. Een kind weet misschien de weg niet in de straten rondom, maar hij weet wat zijn thuis is. Ik denk dat een van de kenmerken van ons als Gods kinderen is dat we ons thuis voelen in onze relatie met de hemel. Deze wereld is prachtig; het leven is opwindend. Maar het is niet onze rustplaats – niet ons thuis. Het is belangrijk in ons leven altijd het perspectief voor ogen te houden dat we ooit voor eeuwig thuis zullen zijn bij Vader, in Zijn heerlijke, prachtige huis, waar Hij voor ons een eeuwige woonplaats heeft.

De heiligen uit de geschiedenis keken altijd vooruit, voorbij de tijd in de eeuwigheid, en ze vingen altijd een glimp op van wat er nog ging komen. De lichamelijke dood zou geen sprong in het onbekende zijn. Ze hadden redelijk heldere informatie over wat ze konden verwachten. Ik zie uit naar de hemel. Ik kijk uit naar de engelen en de vier levende dieren voor de troon. Er is zoveel waar ik met verlangen naar uitkijk. Ik denk aan de zee van kristal voor de troon, die overweldigend prachtig zal zijn (zie bijvoorbeeld Openbaring 3:5; 4:6-8; 7:15). In de hemel zal geen saai moment bestaan.

—

Dank U Jezus dat U ons hebt verlost. Ik proclameer dat de hemel het thuis is voor elk kind van God – ook dat van mij, omdat ik Uw kind ben en U mijn Vader bent. Amen.

Bron: God's last word, vol. 2: Review Hebrews 8:1-8:7 (CD)

WEEK 25

IK BEN EEN VRIEND VAN CHRISTUS.

Ik noem u niet meer slaven, want een slaaf weet niet

wat zijn heer doet; maar Ik heb u vrienden genoemd,

omdat Ik u alles wat Ik van mijn Vader gehoord heb,

bekendgemaakt heb.

JOHANNES 15:15

18 JUNI

GODS STANDAARD VOOR VRIENDSCHAP

In de wereld van vandaag heeft het idee van vriendschap behoorlijk aan diepgang en betekenis ingeleverd. Het is in veel gevallen een goedkoop woord geworden, omdat ook vriendschappen heel goedkoop en oppervlakkig kunnen zijn. Maar ik wil duidelijk maken dat Gods standaard voor vriendschap niet veranderd is. Voor God is vriendschap gebaseerd op de toewijding aan een verbond. Door deze verbondstoewijding werd Abraham een vriend van God. Onder het nieuwe verbond wil Jezus ons in zo'n zelfde relatie met God brengen. Hij wilde dat we Zijn vrienden zijn – zoals Abraham die binnenging onder het Oude Verbond.

In Johannes 15:15 zegt Jezus tegen Zijn discipelen: *Ik noem u niet meer slaven..., maar Ik heb u vrienden genoemd.* Dit is een promotie, van slaaf-zijn naar vriend-zijn. Maar we moeten goed begrijpen dat zowel voor Abraham als voor ons die vriendschap niet goedkoop is. Het kost je iets om een vriend van Jezus te zijn. Onze basis voor onze vriendschap met Jezus is dezelfde als die van Abraham: verbondstoewijding. Jezus stond op het punt Zijn leven voor ons neer te leggen toen Hij zei: *Niemand heeft een grotere liefde dan deze, namelijk dat iemand zijn leven geeft voor zijn vrienden* (Johannes 15:13). Als we dus vrienden van Jezus willen zijn, moeten we ons leven voor Hem afleggen. Het is een toewijding die van twee kanten moet komen.

—

Dank U Jezus, dat U mij heeft verlost. Ik besluit dat ik mijn leven voor U wil afleggen en het aan U wil overgeven, omdat U Uw leven voor mij heeft neergelegd. Ik ben een vriend van Christus. Amen.

Bron: Relationship with God (CD)

19 JUNI

VOLMAAKTE GEMEENSCHAP

In zijn eerste brief, schrijft Johannes: *Wat wij gezien en gehoord hebben, verkondigen wij u, opdat ook u gemeenschap met ons hebt; en deze gemeenschap van ons is er ook met de Vader en met Zijn Zoon Jezus Christus* (1 Johannes 1:1). Met andere woorden, het evangelie is een uitnodiging van God om te delen in de gemeenschap tussen de Vader en de Zoon. Het Griekse woord voor gemeenschap is 'koinonia'. Dit is een belangrijk woord in het Nieuwe Testament dat letterlijk betekent: 'samen hetzelfde delen'. Dat is dus 'gemeenschap': samen hetzelfde delen. We worden uitgenodigd om samen te delen in dezelfde relatie die God de Vader en God de Zoon hebben. In deze relatie is één ding duidelijk: God de Vader en Zijn Zoon hebben alles gemeenschappelijk. Ze houden niets voor elkaar achter.

In Johannes 17:10 zegt Jezus tot de Vader: *En al wat van Mij is, is van U, en wat van U is, is van Mij.* Dat is de volmaakte 'koinonia', volmaakte gemeenschap – het volmaakte delen in alle dingen. Dat is het volmaakte model dat God wil voor onze relatie met Hem.

Het is zoiets groots en bijzonders, dat de God van hemel en aarde, relatie wil hebben met jou en mij, op een manier waarop wij niets voor elkaar achter houden, maar alles samen delen! Jezus, die voortdurend leefde in contact met Zijn hemelse Vader, is hierin ons grote voorbeeld. Wat een uitdaging en een voorrecht, dat we hierin achter Hem aan mogen gaan.

—

Dank U Jezus, dat U mij hebt verlost. Ik proclameer dat ik ben uitgenodigd om te delen in dezelfde relatie die de Vader en de Zoon samen hebben. Ik ga die volmaakte gemeenschap binnen, omdat ik een vriend van Christus ben. Amen.

Bron: Relationship with God (CD)

Meer materiaal: In Christus ben ik aangenomen; In Christus ben ik waardevol;

In Christus heb ik zekerheid; God is mijn Vader; Laat de verlosten des Heren zo spreken

(proclamatiekaarten uit de serie 'identiteit')

20 JUNI

DE PRIJS VAN VRIENDSCHAP

God heeft zich totaal en onherroepelijk aan ons toegewijd door het offer van Zijn Zoon. Maar tegelijk wordt de mate waarin wij Gods toewijding aan ons ervaren, mede bepaald door de mate waarin wij ons toewijden aan Hem. God wijdt zich nooit gedeeltelijk toe, en Hij wil ook niet dat wij ons gedeeltelijk toewijden aan Hem. God heeft de prijs van onze relatie met Hem vastgesteld; die prijs is alles wat we hebben. *Zo kan dan ieder van u die niet alles wat hij heeft, achterlaat, geen discipel van Mij zijn* (Lukas 14:33). Misschien vind je dit hard of onbuigzaam klinken, maar het is wel de realiteit die Jezus leerde. Laat me je twee dingen vertellen over het Koninkrijk van God. Ten eerste: God houdt nooit uitverkoop. Hij verlaagt nooit de prijs van zijn producten. Als je de relatie met God wil die Petrus, Paulus en Johannes hadden, dan moet je dezelfde prijs betalen als zij. God geeft geen korting. Hij wil jouw toewijding helemaal.

Het tweede feit over Gods Koninkrijk is positief: er is geen inflatie! De prijs gaat niet omhoog en niet omlaag. Die blijft altijd hetzelfde.

Het gevolg van onze toewijding aan God is vrede, zekerheid en vreugde. Wil je dat? Dan moet je ervoor kiezen. Jezus zei: *Zie, Ik sta aan de deur, en Ik klop. Als iemand mijn stem hoort, en de deur opent, zal Ik bij hem binnenkomen en maaltijd met hem houden, en hij met Mij* (Openbaring 3:20). Let eens op de volgorde die Jezus aangeeft. Eerst geef je Jezus Zijn deel, daarna geeft Hij Zijn deel aan jou. Zoals Jezus tegen de Vader zei: *al wat van Mij is, is van U, en wat van U is, is van Mij* (Johannes 17:10). Ben je bereid een dergelijke toewijding aan God te maken?

—

Dank U Jezus dat U mij heeft verlost. Ik proclameer dat ik bereid ben om de prijs voor volledige toewijding te betalen voor mijn relatie met U, want ik ben een vriend van Christus. Amen.

Bron: Relationship with God (CD)
Meer studie: Overgave (boek)

21 JUNI

GENIETEN VAN GOD

Meteen in het begin van de geschiedenis van de mensheid, toen de mens voor het eerst in relatie leefde met God, was die relatie heel eenvoudig. Er waren weinig godsdienstige rituelen en benodigde attributen. Henoch *wandelde met God*, zo simpel was het (zie Genesis 5:22-24). Als we verder lezen in de Bijbel, ontmoeten we Abraham, de vader van het geloof. Zijn meest eervolle betiteling was *vriend van God* (Jakobus 2:23). Hij en God genoten eenvoudig van elkaars gezelschap.

Soms wil ik graag weg van alle theologie en godsdienstige formaliteiten, en gewoon een relatie hebben met God als vriend – met Hem wandelen en genieten van Zijn gezelschap, net zoals Henoch deed. Ik geloof echt dat God ervan houdt als Zijn kinderen van Hem genieten.

Soms zijn we zo bezig met methodes en theologische leerstellingen, dat we te midden van dit alles het zicht op God verliezen. We komen terecht in het midden van het bos, waar we alleen nog maar bomen zien, en zien we dus door de bomen het bos niet meer; het overkoepelende beeld. Dus moeten we terugkeren uit het bos, eens rustig om ons heen kijken en overwegen of we onze prioriteiten wel goed invullen.

Bid vandaag dat God je terugbrengt in die eenvoudige vriendschapsrelatie met Hem. Dan krijg je het overkoepelende beeld van Zijn grootheid, Zijn schoonheid en Zijn vriendschap in alle facetten weer terug.

—

Dank U Jezus, dat U mij hebt verlost. Ik verlang ernaar om met God te wandelen en te genieten van Zijn gezelschap, omdat ik een vriend van Christus ben. Amen.

Bron: Relationship with God (CD)

22 JUNI

DE MATE VAN TOEWIJDING

God ging een verbond aan met Abraham (zie Genesis 15). Zowel God als Abraham wijdden zich volledig aan elkaar toe. Er kwam een moment waarop God Abraham vroeg om zijn toewijding kracht bij te zetten door hem te vragen zijn zoon Izak aan Hem te offeren. Gods toewijding aan Abraham was net zo volledig als die van Abraham. Dus wijdde God zich tweeduizend jaar later opnieuw toe aan dat verbond, door Zijn eigen, enige Zoon over te geven om geofferd te worden; onze Heer Jezus Christus.

Onthoud dat de toewijding die jij aan God maakt, de mate bepaalt waarin jij Gods toewijding aan jou zult ervaren. Volledige toewijding *aan* God zorgt voor een volledige toewijding *van* God. Dat is de essentie van iedere verbondsrelatie: volledige, wederzijdse toewijding. Abrahams verbond met God had nog een praktisch effect op zijn persoonlijke relatie met God. In de brief van Jakobus staat geschreven wat Abraham deed toen hij Izak wilde offeren, en het gevolg van zijn bereidheid daartoe: *Is Abraham, onze vader, niet uit de werken gerechtvaardigd, toen hij Izak, zijn zoon, op het altaar offerde? Ziet u wel, dat het geloof samenwerkte met zijn werken en dat uit de werken het geloof tot zijn doel is gekomen? En de Schrift is vervuld die zegt: En Abraham geloofde God, en het is hem tot gerechtigheid gerekend, en hij werd een vriend van God genoemd* (Jakobus 2:21-23).

Door de verbondstoewijding en door de uitwerking van het opofferen van Izak, werd Abraham gerekend tot Gods vriend. Dat is een zeer belangrijke en eervolle titel. De les die hieruit volgt, is dat verbondstoewijding de toegang is tot vriendschap met God. Dit geldt ook op menselijk vlak: als twee mensen een verbond met elkaar sluiten en aan de voorwaarden voldoen, dan zien we ware gemeenschap in actie.

Dank U Jezus, dat U mij hebt verlost. Ik proclameer mijn volledige toewijding aan God, en Zijn toewijding aan mij. Ook op menselijk niveau wil ik die verbondsliefde van U in de praktijk brengen. Ik ben een vriend van Christus, en vanuit mijn vriendschap met U geef ik Uw zelfopofferende verbondsliefde door, binnen mijn huwelijk, in mijn gemeente en in al mijn vriendschappen. Amen.

Bron: Relationship with God (CD). Meer materiaal: Eenheid in het huwelijk (proclamatiekaart), Verbond = je leven afleggen (studie op de website)

23 JUNI

ONDERWERPING AAN GODS INSTRUCTIES

Als God gaat onderwijzen, kiest hij Zijn studenten op basis van karakter – niet op basis van intelligentie, academische onderscheidingen of sociale status. Hij kijkt naar de innerlijke houding van ons hart naar Hem, een houding van eerbiedige onderwerping en respect. Verder bepaalt God wat er op het programma staat. Hij onderwijst mensen *in de weg die Hij (God) zal kiezen* (Psalm 25:12). Vaak is de weg die God kiest anders dan de weg die wij zelf zouden kiezen. Misschien hebben we het liever over onderwerpen zoals profetie of andere openbaring die ons interessant lijkt, maar Gods lesprogramma richt zich misschien wel veel meer op wat nederig en eenvoudig is, zoals dienstbetoon, offervaardigheid en trouw.

Voor hen die zich onderwerpen aan Gods instructies, is er een heerlijke beloning: *Vertrouwelijk gaat de HEERE om met wie Hem vrezen* (Psalm 25:14). In menselijke relaties delen we onze geheimen alleen met mensen die we vertrouwen. Zo zal God ook Zijn geheimen alleen maar aan ons toevertrouwen wanneer we Zijn vertrouwen hebben gewonnen. Als we Zijn vertrouwen krijgen, dan is dat ons diploma van Gods opleiding.

Deze waarheid wordt schitterend geïllustreerd in de relatie die Jezus had met Zijn discipelen. Hij zei: *Ik noem u niet meer slaven, want een slaaf weet niet wat zijn heer doet; maar Ik heb u vrienden genoemd, omdat Ik u alles wat Ik van mijn Vader gehoord heb, bekendgemaakt heb* (Johannes 15:15). Jezus leerde in de eerste plaats zelf van de Vader, door zich volkomen aan Hem te onderwerpen. Vervolgens gaf Hij wat Hij van de Vader had geleerd door aan Zijn discipelen, aan hen die zich op dezelfde manier aan Hem onderwierpen. God kiest Zijn studenten nog altijd op die basis. Zijn eisen of lesprogramma's zijn niet veranderd.

—

Dank U Jezus dat U mij hebt verlost. Ik proclameer mijn verlangen om me volledig te onderwerpen aan Uw instructies, om daardoor Uw vriend te worden, want ik ben een vriend van Christus. Amen.

Bron: Zegeningen uit de psalmen (Boek)

24 JUNI

GODS PARTNERS

De eerste mens, Adam, was geen slaaf, want God riep hem om een partnerschap met Hem te vormen. Toen God wilde dat de dieren een naam kregen, zei Hij: ,,Adam, kom eens en kijk naar deze dieren. Hoe denk jij dat ze moeten heten?" In het Hebreeuws is een naam altijd een indicatie van het wezen en karakter van de persoon achter die naam. Dus ook in het benoemen van de dieren, moest Adam het wezen van de dieren kennen en hun relatie tot elkaar. Als Adam een dier een naam gaf, was dat de naam. God noemde de dieren niet bij naam; Hij wilde dat Adam dat zou doen. Maar God gaf Adam het inzicht dat hij nodig had om deze opdracht uit te voeren. In onze relatie met God door Jezus Christus, zijn ook wij geen slaven; eerder zijn we Gods partners, Zijn vrienden.

De tekst Johannes 15:15 blijft ontzagwekkend: *Ik noem u niet meer slaven, want een slaaf weet niet wat Zijn heer doet; maar Ik heb u vrienden genoemd, omdat Ik u alles wat Ik van mijn Vader gehoord heb, bekendgemaakt heb.* Jezus hield niets achter. Als er iets is wat we niet weten, dan komt dat omdat we ons nog niet voldoende hebben uitgestrekt naar dat wat geopenbaard is. De echte uitdaging is om te doen wat we *wel* weten. Jezus reageerde op alles wat de Vader Hem liet zien; als wij hetzelfde doen, ontvangen wij dezelfde openbaring.

—

Dank U Jezus dat U mij hebt verlost. Heer, ik strek mij uit naar alles wat God openbaart, om tegelijk ook na te volgen wat ik al wel weet. Dank U Heer, voor het avontuur dat ik steeds mag blijven groeien in mijn vriendschap met U en zorgvuldig Uw instructies opvolg. Ik proclameer dat ik een vriend van Christus ben. Amen.

Bron: Spiritual conflict, vol. 1: God's secret plan unfolds: God's purpose for the new race (CD)

WEEK 26

IK BEN GERECHTVAARDIGD DOOR GELOOF.

Wij dan, gerechtvaardigd uit het geloof,

hebben vrede bij God, door onze Heere Jezus Christus.

ROMEINEN 5:1

25 JUNI

GERECHTVAARDIGD

W e zijn gerechtvaardigd door geloof in het bloed van Jezus. Laten we lezen wat Paulus hierover te zeggen heeft in de brief aan de Romeinen: *Aan hem nu die werkt, wordt het loon niet toegerekend naar genade, maar naar wat men hem verschuldigd is. Aan hem echter die niet werkt, maar gelooft in Hem die de goddeloze rechtvaardigt, wordt zijn geloof gerekend tot gerechtigheid* (4:4,5). Het eerste wat je moet leren, is ophouden om te proberen jezelf te rechtvaardigen. Probeer niet steeds het een klein beetje beter te doen. We lazen zojuist: *Aan hem echter die niet werkt...* Wat moeten we dan doen? *Aan hem echter die niet werkt, maar gelooft in Hem die de goddeloze rechtvaardigt, wordt zijn geloof gerekend tot gerechtigheid.* Je hoeft dus alleen maar te geloven! Is het echt zo eenvoudig? Als het niet zo eenvoudig zou zijn, dan zouden we er nooit aan toekomen. God maakt onrechtvaardige mensen rechtvaardig – dat is wat de Bijbel zegt, en daar geloof ik in.

Want Hem die geen zonde gekend heeft, heeft Hij voor ons zonde gemaakt, opdat wij zouden worden: gerechtigheid van God in Hem (2 Korinthe 5:21).

God maakte Jezus, die geen zonde kende, tot zonde voor ons, zodat wij gerechtigheid van God zouden worden in Jezus. Dat is een volledige omwisseling. Jezus werd tot zonde gemaakt met onze zonde, opdat wij gerechtvaardigd zouden worden met Zijn rechtvaardigheid. Deze rechtvaardigheid is beschikbaar door geloof in Jezus' bloed.

—

Dank U Jezus, voor Uw offer. Ik proclameer dat rechtvaardigheid beschikbaar is gekomen, door geloof in Uw bloed. Ik ben gerechtvaardigd door geloof. Amen.

Bron: Spiritual conflict series, vol. 3: God's people triumphant: Spiritual weapons
– The blood, the Word, our testimony
Meer studie: De Omwisseling aan het Kruis (boek)

26 JUNI

EÉN DAAD VAN GEHOORZAAMHEID

Want zoals door de ongehoorzaamheid van de ene mens de velen tot zondaars gesteld zijn, zo zullen ook door de gehoorzaamheid van de Ene de velen tot rechtvaardigen gesteld worden (Romeinen 5:19). Door Adams ene daad van ongehoorzaamheid zijn velen – lees: allen – van zijn nakomelingen zondaars geworden. Maar door Jezus' (de enige uitzondering die niet zondig was) ene daad van gehoorzaamheid, zijn al degenen die in Hem geloven gerechtvaardigd.

Deze parallel is belangrijk omdat de mensen die zondaars werden als gevolg van Adams zonde, inclusief jij en ik, geen zondaars waren omdat ze dingen hebben gedaan, maar omdat we in de eerste plaats zondaars zijn van nature en ten tweede ook door onze daden.

Als we dus gerechtvaardigd worden door geloof in Jezus, betekent dit niet dat God het labeltje 'zondaar' weghaalt en vervangt door 'rechtvaardig'. Nee, we worden in Christus daadwerkelijk rechtvaardig gemaakt; dat is onze nieuwe natuur van waaruit we handelen.

Net zo zeker als Adams ongehoorzaamheid ons allemaal tot zondaars maakte, op dezelfde manier kan Christus' rechtvaardigheid ons allemaal rechtvaardig maken. Dat is niet alleen een theorie of een theologie, maar een daadwerkelijke manier van leven, door de natuur die in ons is.

—

Dank U Jezus voor Uw offer. Ik proclameer dat door één daad van gehoorzaamheid van U, ik ben gerechtvaardigd door geloof. Dank U dat ik door U niet langer hoef te leven in ongehoorzaamheid, maar in U rechtvaardig en heilig voor U mag leven. Amen.

Bron: The roman pilgrimage, vol. 1: Romans 5:1-5:21 (CD/DVD)

Meer studie: Betaald met bloed (boek)

27 JUNI

VREDE, RUST EN VEILIGHEID

Rechtvaardigheid produceert een aantal onmiddellijke en blijvende resultaten. Ons hele leven, inclusief onze houding, onze relaties en de effectiviteit van ons dienstbetoon als christen, is afhankelijk van de vraag of we goed begrijpen wat het betekent om gerechtvaardigd te zijn. We lezen in Spreuken 28:1: *De goddeloze gaat op de vlucht, zonder dat iemand vervolgt, maar de rechtvaardige voelt zich veilig als een jonge leeuw.* Er zijn maar weinig vrijmoedige christenen. De meesten zijn timide, hebben de neiging in de verdediging te schieten en trekken zich terug als ze met het kwaad worden geconfronteerd. De kern van dit probleem is het feit dat veel christenen zich niet realiseren dat ze in Gods ogen rechtvaardigen zijn – net zo rechtvaardig als Jezus Christus zelf. Als we dat feit erkennen en waarderen, worden we vrijmoedig.

Laten we kijken naar een ander resultaat van rechtvaardigheid. In Jesaja 32:17 staat: *De vrucht van de gerechtigheid zal vrede zijn en de uitwerking van de gerechtigheid: rust en veiligheid tot in eeuwigheid.* Deze tekst spreekt over drie resultaten van rechtvaardigheid: vrede, rust en veiligheid. Deze resultaten komen ons leven binnen als we ons realiseren dat we gerechtvaardigd zijn met Jezus' rechtvaardigheid. In Romeinen 14:17 staat: *Want het Koninkrijk van God bestaat niet in eten en drinken, maar in gerechtigheid en vrede en blijdschap in de Heilige Geest.* Vrede, rust, vreugde en veiligheid zijn resultaten van rechtvaardigheid. Als we geen rechtvaardigheid ontvangen door geloof, dan doen we misschien ons best om deze resultaten op een andere manier te verkrijgen, maar dat zal dan nutteloos zijn. Het is een zielig gezicht als je christenen krampachtig ziet proberen vreugde, vrede en veiligheid te verkrijgen – alleen maar omdat iemand hen heeft verteld dat dit van ze wordt verwacht. Mijn ervaring is dat als christenen echt de zekerheid van vergeving van zonden en rechtvaardiging door het geloof ontvangen, dan volgen de resultaten vanzelf. De sleutel is mensen te helpen beseffen dat ze inderdaad rechtvaardig zijn gemaakt met de rechtvaardigheid van Jezus.

Dank U Jezus voor Uw offer. Ik proclameer dat de rechtvaardigheid van Jezus vrijmoedigheid, vrede, rust en veiligheid geeft. Met die rechtvaardigheid ben ik bekleed, niet omdat ik het zo goed heb gedaan, maar omdat U zo goed bent, Heer! Dank U dat ik rechtvaardig ben door geloof. Amen.

Bron: Spiritual conflict series, vol. 3: God's people triumphant: Spiritual weapons
– The blood, the Word, our testimony

28 JUNI

DE GAVE VAN GERECHTIGHEID

Jezus zei in Matteüs 6:33: *zoek eerst het Koninkrijk van God en Zijn gerechtigheid, en al deze dingen zullen u erbij gegeven worden.* Iedere andere gerechtigheid die we proberen na te jagen is van een veel lager niveau. De enige gerechtigheid die ons toegang tot de hemel verschaft is de gerechtigheid van God, die we alleen kunnen ontvangen door geloof in Jezus. En dat is een gave. Gerechtigheid is de eerste specifieke uiting van Gods genade in het leven van hen die voor het eerst tot Hem komen door Jezus Christus. God kan niets voor ons doen, totdat Hij ons gerechtvaardigd heeft; het is het eerste wat Hij doet als we bij Hem komen.

De meerderheid van de christenen heeft dit nog niet goed begrepen. Veel van de liturgie – inclusief onze gezangen - die in veel kerken wordt gebruikt, maakt ons er voortdurend van bewust dat we nog altijd zondaren zijn. Soms lijkt het wel alsof het bijzonder geestelijk is om je voortdurend bewust te zijn van niets anders dan je eigen zondigheid. Dat is opvallend. De duivel vecht uit alle macht, om te voorkomen dat iemand zich gaat realiseren dat hij door geloof door God is gerechtvaardigd. Satan zal altijd proberen jou onder schuld en veroordeling te houden, en hij zal er ook voor zorgen dat je je daar erg godsdienstig en vroom over voelt.

Veel mensen voelen zich beschaamd of hoogmoedig als ze zichzelf zien als 'rechtvaardig' en zich zo noemen. Onbewust denken ze dat rechtvaardigheid iets is wat je moet verdienen. De Bijbel benadrukt echter dat rechtvaardigheid een gave is die niemand verdient, een cadeau. Het is een vrij, onverdiend cadeau. Je kunt het of als een cadeau ontvangen, of je zult het nooit ontvangen. De keuze is aan jou.

—

Dank U Jezus voor Uw offer. Ik proclameer dat ik rechtvaardigheid van God ontvang als een vrije en onverdiende gave, door mijn geloof in Jezus Christus. Ik neem dat geweldige geschenk van Uw genade aan, en ik proclameer dat ik gerechtvaardigd ben door geloof. Amen.

Bron: The nine Gifts of the Holy Spirit, vol. 1: Gifts of revelation and power: explanation of the Greek Word charisma (CD)
Meer studie: Genade of niets (boek)

29 JUNI

LEVEN IN DE ZOON

Door te geloven in het plaatsvervangend sterven van Jezus Christus voor ons, door Hem de schuld van onze zonden te laten dragen, ontvangen we rechtvaardigheid door geloof. In die rechtvaardigheid kan ik God, de dood en de eeuwigheid onder ogen komen zonder angst en beven.

In zijn eerste brief schreef de apostel Johannes: *En dit is het getuigenis, namelijk dat God ons het eeuwige leven gegeven heeft; en dit leven is in Zijn Zoon. Wie de Zoon heeft, heeft het leven; wie de Zoon van God niet heeft, heeft het leven niet. Deze dingen heb ik geschreven aan u die gelooft in de Naam van de Zoon van God, opdat u weet dat u het eeuwige leven hebt en opdat u gelooft in de Naam van de Zoon van God.*(1 Joh. 5:13)

God heeft een getuigenis aan alle mensen gegeven dat Hij ons eeuwig leven aanbiedt. Dit leven is in de persoon van Zijn Zoon, Jezus Christus. Als we Jezus Christus ontvangen, dan hebben we in Hem eeuwig leven ontvangen. Zie je dat dit gedeelte in de tegenwoordige tijd staat? *Wie de Zoon heeft, heeft het leven.* Het is niet iets wat pas gaat gebeuren na het sterven. Het is iets wat nu al gebeurt in ons leven op aarde. Als je wacht op de dood voor je dit leven wilt ontvangen, heb je te lang gewacht. Regel het nu! Wie de Zoon heeft, heeft het leven. Verzeker je ervan dat je dat leven hebt.

—

Dank U Jezus voor Uw offer. Ik proclameer dat ik het leven nu al heb ontvangen, omdat ik de Zoon heb. Dank U dat ik ben gerechtvaardigd door geloof! Amen.

Bron: Victory over death, part 3 (CD)
Meer materiaal: Overwinning over de dood (proclamatiekaart)

30 JUNI

HET LEVEN VAN DE WIJNSTOK

Om mensen het belang uit te leggen van het hebben van Christus in hun leven, gebruikte Jezus een gelijkenis over de wijnstok en de ranken (zie Johannes 15:1-8). Hij zei: *Ik ben de Wijnstok, u de ranken.* Hij was heel specifiek en gaf ons daarmee een oriëntatiepunt waardoor we het complete beeld kunnen zien. Jezus zelf is de wijnstok.

Om als wijnstok te kunnen leven en vrucht dragen, moet er sap zijn – een bron van voeding die vanaf de wortel door de wijnstok naar de ranken stroomt. Als het sap de ranken niet bereikt, dan zullen ze verdorren en geen vrucht voortbrengen. De sleutel van het leven in de wijnstok is het sap, wat een beeld is van de Heilige Geest. In Romeinen 8:10 zei Paulus: *Als Christus echter in u is, dan is het lichaam wel dood vanwege de zonde, maar de geest levend vanwege de gerechtigheid.* We hebben de dood van Christus ervaren door onze zonden. Maar in het ervaren van Zijn dood, komen we binnen in Zijn leven, vanwege Zijn rechtvaardigheid die ons door geloof wordt gegeven (zie Romeinen 6:6-8). En door die rechtvaardigheid mogen we delen in Zijn leven! Wij hebben deel aan het leven dat door de wortels, via de wijnstok in de ranken stroomt. Paulus vertelt ons in Romeinen 8:10 dat dit leven de Heilige Geest is. De Geest is leven!

—

Dank U Jezus, voor Uw offer. Het leven in de wijnstok is de Heilige Geest en die stroomt in mij en door mij. Dank U wel voor het wonder dat ik door de Geest van leven in Christus Jezus, Uw volle leven mag ervaren! Ik ben gerechtvaardigd door geloof. Amen.

Bron: The vine and the branches (CD)

Meer studie: Doop in de Geest, Gaven van de Geest en Wie is de Heilige Geest? (boeken)

1 JULI

TOEGEREKENDE EN 'PRAKTISCHE' GERECHTIGHEID

Laten wij blij zijn en ons verheugen en Hem de heerlijkheid geven. Want de bruiloft van het Lam is gekomen en zijn vrouw heeft zich gereedgemaakt. En het is haar gegeven zich met smetteloos en blinkend fijn linnen te kleden, want dit fijne linnen zijn de gerechtigheden van de heiligen. (Openbaring 19:7,8) Er bestaan twee Griekse woorden voor 'gerechtigheid': 'dikaiosune' en 'dikaioma'. Het eerste, 'dikaiosune', is gerechtigheid (of 'rechtvaardigheid') als abstract begrip. Het tweede, 'dikaioma' is gerechtigheid die zich uit door daden, of een praktische, rechtvaardige daad. Als wij geloven in Jezus Christus, dan wordt Zijn gerechtigheid (dikaiosune) aan ons toegerekend. We zijn rechtvaardig gemaakt met Zijn rechtvaardigheid. Als we ons geloof in de praktijk brengen, dan uiten we die toegeschreven rechtvaardigheid in 'dikaioma', in 'praktische' rechtvaardige daden van gerechtigheid.

Nu is interessant om te weten dat hier in Openbaring een meervoudsvorm staat van de tweede soort rechtvaardigheid, namelijk 'dikaiomata'. Het fijne linnen zijn de rechtvaardige daden van de heiligen. De tekst: *zijn vrouw heeft zich gereedgemaakt,* betekent dat zij zich heeft klaargemaakt door haar daden van gerechtigheid.

In iedere cultuur waarin ik huwelijksceremonies heb mogen bijwonen, bestaat één vaste regel: de bruidegom maakt zijn vrouw niet gereed; dat doet de bruid altijd zelf. Dat is haar verantwoordelijkheid. De Bijbel vertelt ons dat de vrouw van Christus, de Kerk, zichzelf gereed heeft gemaakt door haar rechtvaardige daden. De toegeschreven rechtvaardigheid van Christus is niet voldoende voor het bruiloftsfeest. Het moet praktisch gemaakt worden in daden die gelovigen doen vanwege Christus' cadeau van rechtvaardigheid, die ons is gegeven als een gratis geschenk.

—

Dank U Jezus voor Uw offer. Ik proclameer dat ik mijn geloof levend maak en bevestig door praktische daden van gerechtigheid. Ik proclameer dat ik ben gerechtvaardigd door geloof. Amen.

Bron: The vine and the branches (CD)

WEEK 27

IK BEN VERBONDEN MET GOD

EN ÉÉN GEEST MET HEM.

Wie zich echter met de Heere verbindt,

is één geest met Hem.

1 KORINTHE 6:17

2 JULI

VERBONDEN MET GOD

Het is zo belangrijk om het onderscheid te zien tussen de menselijke geest en de ziel. Niet onze ziel is met God verbonden, maar onze geest. Sterker nog, onze geest is geschapen om verbonden te zijn met God. Ze kan zelfs niet leven zonder die eenheid met God. Als gevolg van de verlossing is de geest van de wedergeboren gelovige in staat om één te worden met God. De volgende beschrijving over geest, ziel en lichaam helpt je begrijpen en onthouden wat hun specifieke functies zijn:

- De geest is Godbewust.
- De ziel is zelfbewust.
- Het lichaam is aarde bewust.

Onze geest maakt ons bewust van God en brengt ons met Hem in contact. Door onze ziel (vaak samengevat als onze wil, ons verstand en ons gevoel) zijn we ons bewust van onszelf. En door ons lichaam (via onze zintuigen) zijn we in contact met de aarde; de wereld om ons heen.

Als de geest van de mens opnieuw verbonden wordt met God, wordt deze opnieuw tot leven gewekt en wordt ze als een lamp. Gevuld met de Heilige Geest wordt onze innerlijk natuur verlicht, terwijl ze voorheen verduisterd was en ver bij God vandaan. Bedenk dat in de Bijbelse tijd elke lamp brandde op olijfolie, en dat is altijd een symbool van de Heilige Geest. *De geest van de mens is een lamp des HEREN, doorzoekende al de schuilhoeken van het hart* (Spreuken 20:27, NBG). Als de geest van de mens wordt teruggebracht in die eenheid met God, en de Heilige Geest komt binnen om die lamp te vullen, dan wordt die lamp – de geest van de mens – verlicht en schijnt ze haar stralen in alle kamers van zijn of haar hart. Dan leeft hij of zij niet langer in duisternis.

—

Dank U Heer, dat U mij met Uzelf hebt verbonden. Daardoor is mijn binnenste verlicht door de Heilige Geest en ben ik niet langer verduisterd in mijn gedachten. Ik proclameer dat ik nu verenigd ben met God en één geest met Hem ben geworden. Amen.

Bron: What is man?, part 2 (CD)
Meer studie: Waarom God jou belangrijk vindt (boek)

3 JULI

EÉN GEWORDEN MET DE HEER

Als de Bijbel je nog nooit geschokt heeft, dan heb je hem waarschijnlijk nog nooit echt gelezen. In de Bijbel staan namelijk heel wat wereldschokkende dingen. Bijvoorbeeld 1 Korinthe 6:16: *Of weet u niet dat wie zich met een hoer verbindt, één lichaam met haar is? Want die twee, zegt Hij, zullen tot één vlees zijn.* We snappen allemaal dat deze tekst gaat over seksuele immoraliteit, ontucht en lichamelijke eenwording met een prostituee. Met deze context in gedachten schrijft Paulus: *Wie zich echter met de Heere verbindt, is één geest met Hem* (vers 17). Je kunt dit vers niet buiten de context lezen. Zoals we zien, schrijft Paulus over een verbinding die net zo reëel is als een lichamelijke eenwording – maar dan een geestelijke verbinding of eenwording. Dat is wat het betekent om getrouwd te zijn met Hem die is opgestaan uit de dood. Het is niet onze ziel die is verbonden met de Heer, maar onze geest; ...*wie zich met de Heere verbindt, is één geest met Hem.*

Je ziel is in staat tot theologisch nadenken, en draait hierin mogelijk voortdurend op volle toeren, maar het is je geest die God kent. De geest is het door God ingeblazen deel van de mens. De Heer blies de geest van leven in Adams neus (zie Genesis 2:7). Dat is wat de mens tot leven bracht in de hof van Eden. Dat deel van de mens zal ook nooit rust vinden, totdat ze opnieuw verenigd wordt met God. Je kunt alle pleziertjes en filosofieën van de wereld najagen, maar je geest wordt er niet door gevoed. Je geest wil alleen maar God, en het is je geest die net werkelijk zo met God verbonden kan worden als dat het lichaam van een man door seksuele gemeenschap verbonden kan worden met een hoer. Je mag deze verzen nooit van elkaar scheiden. Deze twee dingen zijn volkomen verschillend (de gemeenschap tussen een man en een prostituee aan de ene kant, en onze gemeenschap met God aan de andere kant), maar de vergelijking is accuraat en helpt ons de relatie tussen deze twee dingen te begrijpen.

—

Dank U Heer dat U zich met mij verbindt. Ik proclameer dat 'Hij die zich met de Heer verbindt één geest is met Hem'. Deze waarheid geldt voor mij. Ik ben verbonden met God en één geest met Hem. Amen.

Bron: Who has bewitched you?, The only basis for righteousness (CD)

4 JULI

GEEST TOT GEEST

Van de oudtestamentische tabernakel kunnen we veel prachtige waarheden leren. Een belangrijk, fundamenteel feit is dat de tabernakel een drievoudig bouwsel was, met andere woorden: een drie-eenheid. Het was één plaats, onderverdeeld in drie gebieden: de voorhof, het heilige en het heilige der heiligen.

In deze drie-eenheid vinden we veel verwijzingen naar eeuwige waarheid. Bijvoorbeeld: God is drie-in-één: Vader, Zoon en Heilige Geest – drie personen in één God. Voor de mens geldt hetzelfde. Ook wij zijn een drie-eenheid: geest, ziel en lichaam. Ik geloof dat ook de hemel een drie-eenheid is – de zichtbare hemel die we kunnen zien; een middenhemel waar satans hoofdkwartier zich bevindt, en een derde hemel, waar God woont, de huidige locatie van het paradijs.

Ook geloof ik dat de drie delen van de tabernakel corresponderen met de drie gebieden van de menselijke persoonlijkheid. De voorhof - met haar natuurlijke licht van zon, maan en sterren, correspondeert met het menselijk lichaam en onze zintuigen. Die vormen de bron van ons begrip van alles wat we zien, horen en op andere manieren waarnemen. Het heilige correspondeert met de ziel van de mens en spreekt van de in de Bijbel geopenbaarde waarheid. En het heilige der heiligen correspondeert met de geest van de mens en spreekt van directe, van God ontvangen waarheid. Deze waarheid kunnen we alleen verkrijgen door rechtstreeks, persoonlijk contact met God. Want alleen de geest van de mens is verbonden met God ... *Hij die zich met de Heer verbindt is één geest met Hem* (1 Korinthe 6:17). We zijn niet één ziel of één lichaam met Hem, maar één geest.

Rechtstreeks contact met God is van geest tot Geest, en dat is de plaats waar we directe openbaring van Hem ontvangen.

—

Dank U Heer, het is bijna niet te bevatten dat U zich met mij verbindt en dat ik direct van U openbaring mag ontvangen. Ik belijd dat mijn geest rechtstreeks, persoonlijk relatie met U mag hebben. Amen.

Bron: Reigning now with Christ, we are a kingdom of priests (CD)

5 JULI

GEMEENSCHAP MET GOD

We zullen een aantal functies van de menselijke geest bekijken en de manier waarop die in relatie staat tot de ziel en het lichaam. We zagen al: de geest is 'God-bewust', de ziel is 'zelf-bewust' en het lichaam is 'wereld-bewust'. Het is belangrijk om te onderkennen dat de ziel in principe op zichzelf gericht is. Als mensen op zichzelf gericht zijn – op hun eigen problemen en behoeften – dan leven ze dus voornamelijk vanuit het gebied van de ziel.

De belangrijkste functie van de geest is gemeenschap met God. Het is het enige deel van de mens dat direct verbonden kan zijn met Hem. Paulus schrijft dat in 1 Korinthe 6:17: ...Hij die zich met de Heer verbindt één geest is met Hem. Dus niet één ziel of één lichaam, maar één geest. Het enorme voorrecht dat we hebben met onze geest is dat we eenheid en gemeenschap met God kunnen hebben. De hoogste activiteit van de menselijke geest is aanbidding.

De ziel van de mens bestaat uit drie delen: de wil, het verstand en het gevoel. De wil is het deel dat zegt: „Ik wil dit... ik besluit dat..." Het verstand is het deel dat zegt: „Ik denk dit of dat..." En de emoties zeggen: „Ik voel me leeg, of blij, of boos..." Samen vormen deze elementen de ziel.

Het lichaam is zich bewust van de wereld. Door de zintuigen maakt het lichaam contact met de wereld van tijd en ruimte om ons heen. Gods oorspronkelijke bedoeling was dat de geest van de mens zijn ziel zou leiden, en dat de ziel vervolgens het lichaam zou aansturen. De geest kan het lichaam alleen maar leiden door middel van de ziel. Op deze regel is maar één uitzondering, namelijk het spreken in tongen. *Want als ik in een andere taal bid, bidt mijn geest, maar mijn verstand ontvangt er geen vrucht van* (1 Korinthe 14:14). Als we in tongen spreken, beheerst onze geest (verbonden met Gods Geest) ons lichaamsdeel de tong, zonder dat de ziel er invloed op uitoefent. Daarom is de tongentaal zo'n unieke en belangrijke ervaring, waar we ons volgens Paulus allemaal naar mogen uitstrekken (zie 1 Kor.14:1).

—

Dank U Heer, dat U gemeenschap hebt met mij. Ik proclameer dat ik met God verbonden ben en één geest met Hem ben. Heer, leer mij te functioneren vanuit mijn geest, die verbonden is met Uw geest, en dat die twee samen mijn ziel en mijn lichaam aansturen. Amen.

Bron: Who am I?, Why you have a body (CD). Meer studie: Waarom God jou belangrijk vindt (boek)

6 JULI

AANBIDDEN IN DE GEEST

Als we tegemoet komen aan Gods eisen voor ons lichaam en onze ziel, dan is onze geest vrij om in de volledige gemeenschap met God te komen, een gemeenschap die nog mooier is dan de gemeenschap die de mens met God had vòòr de zondeval. Paulus zegt in 1 Korinthe 6:17: *Hij die zich met de Heer verbindt is één geest met Hem.* De implicatie is duidelijk. De verloste geest kan genieten van intieme, persoonlijke gemeenschap met God. Alleen de geest kan deze persoonlijke en intieme verbintenis met God ervaren – niet de ziel of het lichaam.

Het is hoofdzakelijk door aanbidding dat onze geest deze eenwording met God kan beleven. In Johannes 4:23,24 zegt Jezus: *Maar de tijd komt en is nu, dat de ware aanbidders de Vader zullen aanbidden in geest en waarheid; want de Vader zoekt wie Hem zo aanbidden. God is Geest en wie Hem aanbidden, moeten Hem aanbidden in geest en waarheid.* Jezus maakte duidelijk dat echte aanbidding een activiteit van onze geest moet zijn. In veel kerken is tegenwoordig weinig begrip van het wezen van aanbidding, vaak omdat we niet het verschil zien tussen de ziel en de geest. Aanbidding is geen amusement, waarbij ons gevoel wordt aangesproken of ons verstand wordt geprikkeld. Amusement is iets voor in het theater, niet in de kerk. Aanbidding is ook niet hetzelfde als lofprijs. God prijzen doen we met onze ziel en dat is goed. Door onze lofprijs krijgen we toegang tot Gods aanwezigheid. Maar als we in die aanwezigheid komen, is het door aanbidding dat we geestelijke eenheid met Hem beleven. In staat zijn om God op deze manier te aanbidden is het doel van onze redding – eerst hier op aarde, en later in de hemel. Het is de hoogste en meest heilige activiteit waar een menselijk wezen toe in staat is. Aanbidding is echter alleen mogelijk als de ziel en het lichaam zich aan de geest onderwerpen en werken in harmonie met de geest. Zulke aanbidding is vaak te heilig voor woorden. Het wordt tot een intense en stille eenheid met God.

—

Dank U Heer, voor het onbegrijpelijk, onbeschrijfelijke voorrecht dat U zich met mij verbindt. Ik proclameer dat het hoogste wat ik kan doen is mij met U verenigen door U te aanbidden in geest en in waarheid. Ik ben verbonden met God en één geest met Hem. Amen.

Bron: Ziel, geest en lichaam (onderwijsbrief)

7 JULI

GEESTELIJKE VRUCHT

Aanbidding is de daad waarmee we met de Heer verbonden worden tot één geest. Daarom is aanbidding de hoogste daad waar een mens toe in staat is. Als we in een leven van aanbidding met de Heer verbonden zijn, dan beginnen we de daden en dingen voort te brengen die Hij wil.

Aanbidding is geen toetje voor het leven als christen, geen extraatje voor een fijne ervaring in de wekelijkse kerkdienst. Aanbidding is het ware leven zélf; het is het hoogtepunt; de bevestiging van onze liefdesrelatie met Hem. Zonder iemand aanstoot te willen geven; aanbidding is als het ware de liefdesgemeenschap in ons huwelijk met de Heer. We zijn met Hem verbonden tot één geest, en als we die huwelijkseenheid beleven, heeft dat altijd voortplanting als doel. Door geestelijke gemeenschap komt geestelijke vrucht voort uit ons leven.

Vanzelfsprekend moet je de identiteit kennen van de echtgenoot met wie je één geworden bent. Paulus schrijft in Galaten 5:19-21: *Het is duidelijk wat de werken van het vlees zijn, namelijk overspel, hoererij, onreinheid, losbandigheid, afgoderij, toverij, vijandschappen, ruzies, afgunst, woede-uitbarstingen, egoïsme, tweedracht, dwalingen in de leer, jaloersheid, moord, dronkenschap, zwelgpartijen, en dergelijke...* De werken van het vlees zijn overduidelijk herkenbaar. Je kunt mensen vertellen dat je geestelijk bent, maar als je vleselijk bent, dan is dat aan alle kanten te zien. Denk hier eens over na: zou jij willen dat je kinderen zich gedragen zoals Paulus hier schrijft? Dat is namelijk wat het vlees voortbrengt. Er staat in deze lijst niets wat goed is. Het vlees kan niets voortbrengen wat voor God aanvaardbaar is. Het is verdorven. Jezus zei dat een rotte boom geen goede vruchten kan dragen (zie Matteüs 7:18). Dat is onmogelijk. Daarom moeten we waakzaam zijn en de werken van het vlees herkennen, om daartegenover vanuit onze gemeenschap met God geestelijke vrucht voort te brengen.

—

Dank U Heer dat U mij aan Uzelf hebt verbonden. Mijn aanbidding is de viering van mijn liefdeseenheid met U, en het doel van die eenheid is om geestelijk vrucht te dragen. Ik proclameer dat ik met U in verbond sta en één geest met U ben. Amen.

Bron: The roman pilgrimage, vol. 2; Romans 6:23-7:16 (CD/DVD)

8 JULI

KANALEN VAN GEESTELIJK LEVEN

*D*e geest van de mens is de lamp van de Heer, onderzoekend alle innerlijke delen van zijn wezen* (Spreuken 20:27). Als de geest van de mens wordt teruggebracht in eenheid met God, en de Heilige Geest komt binnen om die lamp te vullen, dan wordt die lamp in het binnenste van de mens aangestoken en verspreidt Gods licht zich door zijn hele binnenste. Hij bevindt zich dan niet langer in de duisternis. Daarnaast wordt de wedergeboren geest een kanaal waardoor de Heilige Geest kan werken in de wereld om ons heen. Jezus zei: *Wie in Mij gelooft, zoals de Schrift zegt: Stromen van levend water zullen uit zijn buik vloeien. (En dit zei Hij over de Geest, Die zij die in Hem geloven, ontvangen zouden; want de Heilige Geest was er nog niet, omdat Jezus nog niet verheerlijkt was.)* (Johannes 7:38,39).

Nadat de Heilige Geest op de pinksterdag werd uitgestort, werd de wedergeboren geest van de mens veranderd in een kanaal of rivierbedding, waardoor rivieren van levend water de wereld in kunnen stromen. Dit is een geweldige verandering, want vlak voordat Jezus bovenstaande uitspraak deed, zei Hij: Als iemand dorst heeft, laat hij tot Mij komen en drinken. Dus de wedergeboorte en inwoning van de Heilige Geest brengt een geweldige verandering teweeg: een mens die zelf dorstig was en niet eens genoeg had voor zichzelf, wordt nu een kanaal waardoor stromen van geestelijk leven kunnen stromen naar de behoeftige, dorstige wereld om hem heen.

—

Dank U Heer, dat U zich met mij verbindt. Ik proclameer dat ik een kanaal zal zijn waardoor de Heilige Geest rivieren van geestelijk leven doet stromen naar de wereld om mij heen die in nood is en dorst heeft. Ik ben één met God en één geest met Hem. Amen.

Bron: What is man?, part 2 (CD)

WEEK 27

IK BEN VERBONDEN MET GOD

EN ÉÉN GEEST MET HEM.

Wie zich echter met de Heere verbindt,

is één geest met Hem.

1 KORINTHE 6:17

9 JULI

BIJ JEZUS HOREN

Of weet u niet, dat uw lichaam een tempel is van de Heilige Geest, die in u is en die u van God hebt, en dat u niet van uzelf bent? (1 Korinthe 6:19). Heb je je wel eens afgevraagd waarom je niet van jezelf bent? Omdat iemand anders je heeft gekocht. Als je door iemand anders bent gekocht, dan ben je niet langer zelf jouw eigenaar.

Wie heeft je gekocht? Jezus. En wat betaalde Hij voor jou? Zijn leven, Zijn bloed. Dus als je door Jezus bent gekocht, dan ben jij niet langer van jezelf. Als je wel van jezelf bent, dan ben je dus niet gekocht met het bloed van Jezus. Je kunt niet zowel van jezelf zijn als van God. God wil jou voor zichzelf. Hij heeft de prijs betaald met Zijn kostbare levensbloed. Als je vast wilt houden aan je eigen leven, dan geldt de prijs die betaald is dus niet voor jou. Je kunt het niet allebei hebben. Als je bij God hoort, dan ben je niet van jezelf. Als je van jezelf bent, dan hoor je niet bij God. *U bent immers duur gekocht. Verheerlijk daarom God in uw lichaam en in uw geest, die van God zijn* (vers 20). Toen Jezus aan het kruis stierf, betaalde Hij de volledige prijs voor een volkomen verlossing. Hij verloste niet slechts een deel van jou. Hij verloste je helemaal – geest, ziel en lichaam. Hij stierf om jou te verlossen. Als je de verlossing door Zijn bloed hebt aanvaard, dan ben je niet meer van jezelf, maar ben je vanaf dat moment Zijn eigendom. Zowel je geest als je lichaam zijn van God, omdat Jezus de prijs voor jouw leven betaalde. Dat legt een grote verantwoordelijkheid bij ons neer, maar tegelijkertijd juist ook enorme ontspanning en veiligheid; je bent immers Gods eigendom, en Hij zorgt met grote aandacht voor alles wat van Hem is!

—

Dank U Heer dat U mij heeft gekocht. Ik laat diep tot me doordringen dat U de volledige prijs voor mijn verlossing heeft betaald. Ik zal zuinig zijn op Uw eigendom; ik ben immers duur gekocht. Dank U voor de veiligheid en zorg die U mij elke dag geeft. Amen.

Bron: Praying to change history: God's atomic weapon: the blood of Jesus (CD)

10 JULI

INSTRUMENTEN DIE GOD GEBRUIKT

De Bijbel leert ons dat het lichaam van een mens de tempel is van de Heilige Geest. Toen Jezus stierf aan het kruis en Zijn bloed vergoot, verloste Hij naast onze ziel en geest, ook ons lichaam. We zijn helemaal van Hem – geest, ziel en lichaam.

God heeft werkelijk interesse in ons en een specifiek doel met ons lichaam. Het lichaam moet dienen als tempel voor de Heilige Geest (zie 1 Korinthe 6:19). Ons lichaam is de plaats die Gods Geest gebruikt als woning voor Hemzelf. De Bijbel zegt dat God niet woont in tempels die door mensenhanden zijn gemaakt (zie Handelingen 7:48). We kunnen zoveel kerken, synagogen of tabernakels bouwen als we willen, maar God zal er niet in wonen. God heeft ervoor gekozen om te wonen in fysieke lichamen van mensen die in Hem geloven. Daarom heeft ons lichaam een belangrijke functie als verblijfplaats van de Heilige Geest.

Verder schreef Paulus over onze lichaamsdelen: *En stel uw leden niet ter beschikking voor de zonde als wapens van de ongerechtigheid, maar stel uzelf ter beschikking aan God, als mensen die uit de doden levend geworden zijn. En laat uw leden wapens van de gerechtigheid zijn voor God* (Romeinen 6:13). De verschillende delen van ons lichaam zijn bedoeld als instrumenten of wapens die God kan gebruiken. Ze zijn niet van ons, maar van Hem. Het is onze opdracht om ze aan God over te geven.

Het is logisch dat God wil dat Zijn wapens zich in goede conditie bevinden, dus dat ze niet zwak zijn of kapot. Hij wil dat onze lichamen gezond zijn en sterk, effectief en actief, omdat ze leden zijn van Christus. In zekere zin heeft Christus geen lichaam op aarde, behalve het onze. Onze lichamen zijn instrumenten die God gebruikt om Zijn wil te doen op aarde. Ik ben ervan overtuigd geraakt dat God verwacht dat wij ons lichaam op de best mogelijke manier sterk en gezond houden.

—

Dank U Heer, dat U mij hebt gekocht. Ik belijd dat de leden van mijn lichaam instrumenten zijn die U kunt gebruiken om Uw gerechtigheid te bevestigen, en ik wijd ze toe aan Uw dienst. Help mij om mijn lichaam sterk en gezond te houden, om Uw Naam eer te brengen. Ik ben duur gekocht; ik ben van God. Amen.

Bron: Vasten (boek)

11 JULI

AUTO VERKOCHT... HUIS VERKOCHT...

In Matteüs 13:45,46 vertelt Jezus een gelijkenis die volgens mij het wonder van onze verlossing prachtig beschrijft: *Ook is het Koninkrijk der hemelen gelijk aan een koopman die mooie parels zoekt. Toen hij één parel van grote waarde gevonden had, ging hij heen en verkocht alles wat hij had, en hij kocht hem.* Deze gelijkenis spreekt naar mijn idee over de verlossing van de menselijke ziel. Jezus is de koopman, een handelaar. Hij is geen toerist, maar een man met verstand van zaken die zijn hele leven al parels inkoopt. Hij kent de waarde van elke parel precies. En de parel die hij heeft aangekocht is een menselijke ziel – de jouwe of de mijne. Die kostte Hem alles wat Hij had.

Ik stel me zo voor hoe deze handelaar in onze tijd het nieuws aan zijn vrouw vertelde:

- Schat, ik heb onze auto verkocht!
- Wat?! Nou ja, in ieder geval hebben we nog een dak boven ons hoofd.
- Eeeh... ik heb ook het huis verkocht.
- Wat heeft je bezield?
- Ik heb de prachtigste parel gevonden waar ik mijn hele leven al naar op zoek ben. Hij heeft me alles gekost, maar wacht maar tot je hem ziet.

Wat betekent dit voor ons? Ieder van ons mag zichzelf zien als die kostbare parel die voor Jezus alles waard was – zelfs Zijn eigen leven, Zijn bloed.

—

Dank U Heer, dat U mij heeft gekocht. Ik proclameer dat ik die kostbare parel ben die door God is gekocht. Ik ben duur betaald; ik ben van God. Amen.

Bron: Besef je hoe waardevol je bent? (onderwijsbrief)

12 JULI

VOOR EEUWIG VAN HEM!

Het kostte Jezus alles wat Hij had om ons terug te kopen voor zichzelf. Hoewel Hij de Heerser over het hele universum was, legde Hij al Zijn autoriteit en macht af om te sterven in absolute, totale armoede. Hij bezat niets meer. De grafdoeken en het graf waarin Hij werd gelegd, waren geleend. *Want u kent de genade van onze Heere Jezus Christus, dat Hij om u arm is geworden, terwijl Hij rijk was, opdat u door Zijn armoede rijk zou worden* (2 Korinthe 8:9).

Misschien heb je jezelf nog nooit gezien als iemand die belangrijk is. Wellicht heb je een slecht beeld van jezelf of een zwak gevoel van eigenwaarde. Je kijkt misschien terug op een leven van pijn en teleurstelling – een geroofde of ongelukkige kindertijd, een gebroken huwelijk, een carrière die je nooit heeft gebracht wat je ervan verwachtte, of heb je jaren verspild aan drugs en alcohol. Je verleden en je toekomst schreeuwen dezelfde boodschap: Gefaald! Maar Jezus ziet dat anders! Hij hield zoveel van je dat Hij alles opgaf om jou terug te kopen voor zichzelf. Herhaal de prachtige woorden van de apostel Paulus voor jezelf: *...de Zoon van God, die mij heeft liefgehad en zichzelf voor mij heeft overgegeven* (Galaten 2:20). Herhaal deze woorden eens een paar keer hardop: 'de Zoon van God die mij heeft liefgehad en zichzelf voor mij heeft overgegeven'.

Kun jij jezelf zien als die parel in de hand van Jezus? De hand met het litteken van de enorme spijker die er doorheen is geslagen. „Jij bent zo mooi! Je kostte me alles wat Ik had, maar daar heb ik geen seconde spijt van. Je bent voor altijd van Mij."

Je kunt niets doen om dit te verdienen. Je kunt jezelf nooit veranderen om jezelf goed genoeg te maken. Alles wat je kunt doen is aanvaarden wat Jezus voor je heeft gedaan en Hem ervoor te bedanken. Je bent voor eeuwig van Hem!

—

Dank U Heer dat U mij heeft gekocht. Ik proclameer dat Jezus mij heeft liefgehad en zich voor mij overgegeven heeft, en ik hoor voor eeuwig bij Hem. Ik ben duur gekocht; ik ben van God. Amen.

Bron: Besef je hoe waardevol je bent? (onderwijsbrief)
Meer studie: Onbegrijpelijke liefde (boek)

13 JULI

HET BETAALDE BEDRAG

De prijs die Jezus heeft betaald staat duidelijk omschreven in verschillende gedeelten van het Nieuwe Testament. In Handelingen 20:28 heeft Paulus het over de oudsten van de gemeente in Efeze: *Wees dan op uw hoede wat uzelf betreft, en heel de kudde, temidden waarvan de Heilige Geest u tot opzieners gesteld heeft, om de gemeente van God te weiden, die Hij verkregen heeft door Zijn eigen bloed.* Paulus schrijft hier dat God Zijn eigen bloed heeft gegeven. Jezus wordt dus door Paulus omschreven als God. De prijs die God ervoor betaalde was het bloed van Zijn Zoon Jezus. In 1 Petrus 1:17 lezen we: *En als u Hem als Vader aanroept die zonder aanzien van de persoon naar ieders werk oordeelt, wandel dan in de vreze des Heeren, gedurende de tijd van uw vreemdelingschap.* Petrus had het niet over een soort slaafse angst, maar een diep gevoel van verantwoordelijkheid dat je ervaart vanwege de hoge prijs die Jezus voor jou heeft betaald. Als we ons realiseren dat we verlost zijn door het bloed van Jezus, kunnen we ons niet veroorloven daar lichtvoetig mee om te gaan. *U weet toch dat u niet met vergankelijke dingen, zilver of goud, verlost bent van uw zinloze levenswandel die u door de vaderen overgeleverd is, maar met het kostbaar bloed van Christus als van een smetteloos en onbevlekt Lam* (vers 18,19). De prijs die Jezus betaalde om ons te verlossen was Zijn kostbare bloed. Hij wordt het Lam van God genoemd, zonder smet of vlek. Een smet is iets waarmee we worden geboren. Een vlek is iets wat later op ons leven komt. Jezus heeft met beide niets van doen. Hij heeft geen smet van de erfzonde opgelopen, en Hij heeft ook geen vlekken van persoonlijke zonden. Het is Zijn volmaakte bloed dat ons heeft verlost.

—

Dank U Heer dat U mij heeft teruggekocht. Ik proclameer dat ik verlost ben door het kostbare bloed van Jezus. Ik ben duur gekocht; ik ben van God. Amen.

Bron: The fullness of the cross, vol. 4: The cost of redemption (CD)

Meer studie: Onbegrijpelijke liefde (boek)

14 JULI

ONS LICHAAM AANBIEDEN

Het is belangrijk om goed te begrijpen dat Jezus onze hele persoonlijkheid heeft verlost; onze geest, onze ziel en ons lichaam. Eén reden voor de verlossing van ons lichaam is dat het een tempel voor de Heilige Geest zou zijn. De Heer woont niet in tempels die niet zijn verlost, een tempel die nog van satan is. Onze lichamen zijn verlost zodat God erin kan wonen door Zijn Heilige Geest. Onze lichamen zijn verlost door het bloed van Jezus.

Wat is dan de reactie die God van ons verlangt? Dit is een heel praktische vraag die we goed moeten begrijpen. Paulus schreef: *Ik roep u er dan toe op, broeders, door de genade van God, om uw lichamen aan God te wijden als een levend slachtoffer, heilig en voor God welgevallig, dat is uw redelijke godsdienst* (Romeinen 12:1). Gezien alles wat God voor ons heeft gedaan in de dood van Jezus aan het kruis, hoe worden wij geacht hierop te reageren? Door onze lichamen aan te bieden als levende offers. Waarom 'levende slachtoffers'? Paulus beschreef hiermee een contrast tussen levende slachtoffers en de slachtoffers uit het Oude Testament, waarbij dieren werden gedood en vervolgens op Gods altaar werden gelegd om zonde en schuld uit te wissen. Paulus zei echter: „Plaats je lichaam op Gods altaar, maar doodt het niet. Leg het op het altaar als een levend slachtoffer." Als je je lichaam op Gods altaar hebt gelegd, behoort het niet meer aan jou toe. Je lichaam is dan van God. Alles wat op het altaar werd gelegd, behoorde toe aan God.

Dat is precies wat God van ons vraagt; onze lichamen aan Hem aan te bieden als levende offers. We moeten het eigendom van onze lichamen aan Hem overdragen en in Gods handen leggen.

———

Dank U Heer dat U mij heeft gekocht. Ik proclameer dat ik mijn lichaam aan U aanbiedt als een levend offer. Gebruik mij voor Uw doelen. Ik ben duur gekocht. Ik ben van God. Amen.

Bron: God's plan for your body (CD)

15 JULI

GEHEILIGD, APART GEZET EN OVERGEZET

*D*aarom heeft ook Jezus, om door Zijn eigen bloed het volk te heiligen, buiten de poort geleden* (Hebreeën 13:12). Het bloed van Jezus heiligt elke gelovige in Hem. Het woord 'heiligen' is een theologisch woord en veel mensen zijn in de war over de betekenis ervan. Het woord 'heiligen' is gerelateerd aan het woord 'heilige', en dat is weer verbonden met het originele Bijbelse woord voor 'heilig'. 'Heiligen' betekent dus 'heilig maken' of 'iemand tot een heilige maken'. Heiligheid heeft het aspect in zich van apart gezet worden voor God. Iemand die heilig is gemaakt, bevindt zich in een gebied waar God toegang heeft tot die persoon, maar de duivel niet. Geheiligd zijn betekent dat je bent weggehaald uit het gebied van satan, naar een gebied waarin je beschikbaar bent voor God. Geheiligd worden is dus apart gezet worden voor God. Net als rechtvaardigheid, kunnen we ook 'heiliging' (het geheiligd worden) niet ontvangen door werken, door ons best ervoor te doen of door godsdienstige handelingen te verrichten. We ontvangen het alleen door geloof in het bloed van Jezus. Je bent eigendom van God, je bent onder Gods controle, en je bent beschikbaar voor God. Alles wat niet van God is, heeft geen recht om jou te naderen; het wordt tegengehouden door het bloed.

In Kolossenzen 1:12,13 schrijft Paulus: *Daarbij danken wij de Vader, die ons bekwaam gemaakt heeft om deel te hebben aan de erfenis van de heiligen in het licht. Hij heeft ons getrokken uit de macht van de duisternis en overgezet in het Koninkrijk van de Zoon van Zijn liefde.* Door geloof in het bloed van Jezus zijn we overgezet van het gebied van satans invloed naar het koninkrijk van God. We zijn volledig overgezet. Het is niet iets wat nog moet gaan gebeuren, het is al gebeurd. We zijn al overgezet; dus onze geest, onze ziel en ons lichaam zijn niet meer onderworpen aan het territorium van satan of onder zijn regels. We bevinden ons in het territorium van Gods Zoon, en we staan onder Zijn wetten en Zijn heerschappij.

Dank U Heer, dat U me heeft gekocht. Ik proclameer dat ik ben geheiligd, apart gezet voor God en ben overgeplaatst naar de invloedssfeer en de macht van het koninkrijk van God. Ik ben duur betaald; ik ben van God. Amen.

Bron: Spiritual conflict, vol. 3: God's people triumphant: Spiritual weapons
– the blood, the word, our testimony (CD)

WEEK 29

IK BEN EEN DEEL VAN
HET LICHAAM VAN CHRISTUS.

Samen nu bent u het lichaam van Christus,

en ieder afzonderlijk leden van Hem.

1 KORINTHE 12:27

16 JULI

VIND JE PLEK!

In Spreuken 27:8 staat: *Iemand zonder huis is als een vogel zonder nest* . Heb je wel eens een vogel gezien die zijn nest verliet en er vervolgens niet meer in kon terugkeren? Er is weinig zo zielig en kwetsbaar als dat. Dit beeld illustreert goed hoe het is om niet op je plek te zijn. Ik heb veel mensen begeleid die ik uiteindelijk het volgende moest vertellen: „Een van je problemen is dat je niet op de juiste plek zit. Je zult niet tot bloei komen, tenzij je jouw juiste plaats vindt."

Nu is 'je plek' niet zozeer een geografische locatie, als wel een plaats in God, en vanuit Hem een plaats in het lichaam van Christus. In de Bijbel staat dat ieder van ons deel zou moeten zijn van het lichaam, en we zouden allemaal net zoals een lichaamsdeel op de juiste plaats moeten zitten. Een hand ziet er bespottelijk uit als die aan het uiteinde van een been zou zitten, of een voet aan het uiteinde van een arm. En wat meer is: ze functioneren dan niet of nauwelijks. Je moet er dus achter zien te komen wat voor lid je bent, zodat je kunt passen op de plaats die bij jou past.

Hij heeft ons zalig gemaakt en geroepen met een heilige roeping, niet naar onze werken, maar naar zijn eigen voornemen en genade, die ons gegeven is in Christus Jezus vóór de tijden der eeuwen. (2 Timoteüs 1:9) Wat een prachtige tekst! De diepte ervan is bijna niet te bevattten. Er staat dat God ons heeft gered, maar daar stopt het niet. Er staat geen punt, maar Hij gaat onmiddellijk verder en zegt dat Hij ons heeft geroepen. Als je gered wordt, dan ben je ook geroepen. Er is niemand die wordt gered zonder ook geroepen te worden. Massa's christenen zijn gered, maar hebben geen idee wat hun roeping is. Dat komt echter niet doordat ze niet geroepen zijn. Als je gered wordt, dan ben je ook geroepen. Daarom zul je gefrustreerd blijven en een onvervuld leven leiden, als je je roeping niet ontdekt en vervult. Bid daarom dat Hij je openbaart wat jouw plek is!

—

Dank U Jezus dat U mij deel heeft gemaakt van Uw lichaam, en dat ik gered ben voor een doel. U heeft mij gered en geroepen en ik proclameer dat ik mijn plaats en roeping vind in U. Ik ben een deel van het lichaam van Christus. Amen.

Bron: Finding your place; Your calling is holy (CD)
Meer studie: Je Roeping (boek)

17 JULI

WE HEBBEN ELKAAR NODIG

In Efeze 1:22,23 schetst Paulus een beeld van Gods volk op aarde. Hij schreef: *...de gemeente, die Zijn lichaam is.* Paulus ontwikkelde dit thema verder in 1 Korinthe 12:27: *Samen nu bent u het lichaam van Christus, en ieder afzonderlijk leden van Hem.* Hij gebruikt vervolgens verschillende voorbeelden van het menselijk lichaam om te benadrukken dat we als christenen afhankelijk zijn van elkaar. We hebben elkaar nodig.

Het meest complete beeld van de Kerk als het lichaam van Christus wordt beschreven in de brief aan Efeze. Het is opvallend dat Paulus in deze brief altijd verwijst naar christenen in het meervoud. Hij richt zich eigenlijk nooit tot individuele christenen (zie Efeze 1:3-12). Als je de hele brief leest, zien we dat dit voortdurend zo blijft. De brief bevat geen beloften of gebeden voor individuen. Pas in de laatste zes verzen vinden we een uitzondering: Paulus vraagt daarin gebed voor zichzelf.

De focus op het gezamenlijke lichaam van Christus vindt een climax in Efeze 6:10-18 waar Paulus het heeft over geestelijke oorlogvoering. In vers 12 staan alle sleutelwoorden in het meervoud – zowel de woorden die gaan over Gods volk als die over de vijandige troepen: *Want wij hebben de strijd tegen de overheden, machten, machthebbers en de geestelijke boosheden.*

Geestelijke strijd is dus geen conflict tussen verschillende individuen, maar een oorlog tussen tegengestelde legermachten. Hierin is geen plaats voor 'einzelgängers' die hun eigen doelen najagen. Om te overwinnen, is een beheerste en gezamenlijke actie van Gods volk nodig; samenwerkend als leden van één lichaam. Hiervoor is discipline nodig en de bereidheid om je te onderwerpen aan Bijbels gezag.

———

Dank U Jezus, dat U mij deel hebt gemaakt van Uw lichaam. Ik proclameer dat ik niet alleen sta, maar dat ik samen met de andere leden van het Lichaam van Christus mijn plaats inneem in de geestelijke strijd. Amen.

Bron: Vanwege de engelen (Boek)

18 JULI

MIJN SPECIFIEKE PLAATS

Jezus zei dat als we geloof hebben als een mosterdzaad, wij in staat zijn om bergen te verplaatsen (zie Matteüs 17:20). Het gaat kennelijk niet om de hoeveelheid, maar om de kwaliteit van ons geloof. Geloof wordt alleen gegeven aan hen die realistisch en nederig zijn.

Waarom geeft God een bepaalde mate van geloof? (zie Romeinen 12:3) Omdat Hij een specifieke plaats voor je heeft in het lichaam van Christus. Hij heeft voor jou bepaald dat je mag dienen in een speciale taak, als een specifiek lid van het lichaam. Het geloof dat je van Hem hebt gekregen, is precies de hoeveelheid die je nodig hebt om jouw taak of functie te vervullen. Als God wil dat je een hand bent, dan krijg je 'handgeloof'. Als Hij wil dat je een oor bent, krijg je 'oorgeloof'. Als Hij wil dat je een teen bent, krijg je 'teengeloof'. Maar als Hij wil dat je een teen bent en je probeert een oor zijn, dan komt er onbalans tussen wat je probeert te doen, en het geloof dat je daarvoor hebt ontvangen. De reden is niet dat je niet genoeg geloof hebt, maar dat je je geloof gebruikt voor iets waarvoor jij niet bestemd bent. Het geloof dat je hebt, heb je ontvangen voor een specifieke functie en plaats die jij hebt in het lichaam van gelovigen.

Als je merkt dat je voortdurend worstelt met geloof, dan ben je misschien bezig met dingen waarvoor God je niet heeft bestemd. Misschien ben je als een hand die probeert een voet te zijn, of andersom. Je worsteling is Gods manier om je op je plaats te krijgen. Geef je aan Hem over en vraag Hem jou te brengen in Zijn bestemming.

—

Dank U Jezus, dat U mij deel heeft gemaakt van Uw lichaam. Ik proclameer dat God me naar een specifieke plaats leidt. Ik ben een deel van het lichaam van Christus. Amen.

Bron: Finding your place; your calling is holy (CD)

19 JULI

VERBONDEN

Paulus maakt in 1 Korinthe 12 duidelijk dat ieder lid van het lichaam de ander nodig heeft. Er bestaan geen onafhankelijke leden binnen het lichaam van Christus. *En het oog kan niet zeggen tegen de hand: Ik heb je niet nodig, of vervolgens het hoofd tegen de voeten: Ik heb jullie niet nodig. Ja, meer nog, de leden van het lichaam die de zwakste schijnen te zijn, zijn echter juist zeer noodzakelijk.*(vers 21-22) Geen deel van het menselijk lichaam is zo kwetsbaar en gevoelig als het oog. Toch is dit kleine onderdeel misschien wel het meest waardevolle lid. Een van de eerste functies van de omliggende delen in het gezicht, is het oog te beschermen. Het oog krijgt al deze bescherming echter niet omdat het zo sterk is, maar juist omdat het zo zwak is. Maar zijn functie is heel belangrijk voor ons functioneren.

Op deze manier zijn ook de delen van het lichaam met elkaar verbonden. Het sterke moet het zwakke beschermen. Geen enkel lid van het lichaam van Christus kunnen we negeren of verachten. Of het nu groot of klein is, sterk of zwak. We hebben elkaar nodig in het lichaam van Christus; we zijn afhankelijk van elkaar. We moeten elkaar daarom eren en waarderen. Als één lid lijdt, dan lijden de andere leden mee. *Als één lid wordt geëerd, delen de anderen in die eer* (zie 1 Korinthe 12:26). Dit is het wezen van het wereldwijde lichaam van Christus, de Kerk.

—

Dank U Heer, dat ik deel ben van Uw Lichaam. Ik proclameer dat ik ben verbonden met de andere leden en dat ik mij nooit boven de anderen zal verheffen, noch klein zal denken over mijn eigen rol en betekenis. Vanuit een nederig hart eer ik al mijn broeders en zusters, en denk nooit gering over de functie die we naar elkaar toe mogen vervullen. Amen.

Bron: The church, vol. 1; Universal and local: The Universal church (CD)

Meer studie: Gods Kerk herontdekt (boek)

20 JULI

SAMENWERKEN

Want door de genade die mij gegeven is, zeg ik een ieder onder u niet hoger te denken dan hij moet denken, maar laat hij denken in bescheidenheid, naar de mate van geloof zoals God die aan een ieder heeft toebedeeld. Want zoals wij in één lichaam vele leden hebben en de leden alle niet dezelfde functie hebben, zo zijn wij, hoewel velen, één lichaam in Christus, maar ieder afzonderlijk leden van elkaar (Romeinen 12:3-5). Ons vernieuwde denken (dat dus niet hoger over onszelf denkt dan passend is) leidt ons naar onze juiste plaats in het lichaam. We gaan ons realiseren dat ieder van ons slechts één lid is, incompleet in onszelf, niet in staat om los van anderen te functioneren zoals God het van ons vraagt. Om compleet te zijn en te functioneren zoals God het bedoelt, moet ieder van ons deel worden van het lichaam van Christus. We moeten samengevoegd worden met andere leden, door een toewijding die ons in staat stelt om samen te werken, en niet slechts als geïsoleerde individuen.

Tijdens mijn vliegreizen heb ik me vaak verbaasd over het feit dat het navigatiesysteem van een vliegtuig op zoek is naar een bepaald vliegveld, en op een gegeven moment vinden die twee elkaar, worden één, en wordt de machine naar de bestemming toe genavigeerd. Het vliegtuig daalt neer op exact de juiste plaats, met exact de juiste snelheid, om een veilige en nette landing te maken. Het vernieuwde denken zie ik als het navigatiesysteem van een vliegtuig. Als je jezelf synchroniseert met de Geest van God, dan zorgt het vernieuwde denken ervoor dat je precies op de juiste plaats in het lichaam terecht komt. Dan word je een deel van Gods lichaam, het lichaam van Christus; de Gemeente.

—

Dank U Jezus, dat U mij deel maakt van Uw lichaam. Ik proclameer dat de Heer mij op precies de juiste plek brengt in Zijn lichaam, omdat ik een deel ben van het lichaam van Christus. Amen.

Bron: How to find God's plan for your life (CD)

21 JULI

ELKAAR GOED BEHANDELEN

De wereld is vol met allerlei soorten mensen. Je kunt naar iemands uiterlijk kijken en denken dat je er niet zoveel bijzonders aan ziet. En als je in de spiegel kijkt, dan denk je misschien wel hetzelfde. Maar we moeten verder kijken dan de buitenkant en onze broers en zussen zien als leden van het lichaam van Christus – mensen voor wie Jezus Zijn bloed vergoot en stierf.

Als we andere mensen niet waarderen en eren, dan doen we Gods hart verdriet. De Heer houdt zoveel van ieder mens dat Hij voor hem en haar stierf. Het doet God (en onszelf) veel verdriet als we een verkeerde houding hebben ten opzichte van een lid van Zijn lichaam, en als we op anderen neerkijken en hun waarde voor God niet erkennen.

Ik geloof dat dit het probleem was van de christenen in Korinthe, aan wie Paulus twee brieven richtte. Er waren veel verkeerde relaties onder de Korinthiërs. Ze onderscheidden het Lichaam van Christus niet in elkaar (zie 1 Korinthe 11:29), en Paulus schreef: *Daarom zijn er onder u veel zwakken en zieken en velen zijn ontslapen.* Het feit dat veel christenen ziek zijn, heeft ook vandaag wellicht dezelfde oorzaak. Het doet me pijn om te moeten constateren dat veel christenen elkaar niet behandelen als medeleden van het lichaam van Christus. Jezus leert ons in Johannes 13:34: '*Heb elkaar lief. Zoals Ik jullie heb liefgehad, zo moeten jullie elkaar liefhebben.*'

—

Dank U Jezus, dat U mij deel maakt van Uw lichaam. Ik proclameer dat ik door Uw genade andere leden zal eren en liefhebben, en hen zal zien als mensen voor wie U gestorven bent. Ik ben een deel van het lichaam van Christus. Amen.

Bron: Communion in its fullness (CD)

22 JULI

GOD HEEFT ONS GEPLAATST

*W*ant zoals het lichaam één is en vele leden heeft en al de leden van dit ene lichaam, hoewel het er vele zijn, één lichaam zijn, zo ook Christus. Want ook het lichaam bestaat niet uit één lid, maar uit vele. Als de voet zou zeggen: Omdat ik de hand niet ben, ben ik niet van het lichaam, is hij daarom dan niet van het lichaam? En als het oor zou zeggen: Omdat ik het oog niet ben, ben ik niet van het lichaam, is het daarom dan niet van het lichaam? Als het hele lichaam oog was, waar zou het gehoor zijn? Als het hele lichaam gehoor was, waar zou de reuk zijn? Maar nu heeft God de leden, elk van hen afzonderlijk, in het lichaam een plaats gegeven zoals Hij gewild heeft* (1 Korinthe 12:12,14-18). Dit gedeelte bevat drie dingen die we goed moeten onthouden. Ten eerste: de keuze van wie en wat we zijn in het lichaam is niet aan ons, maar aan God. God heeft de leden van Zijn lichaam gerangschikt en de functies toegewezen. Dat is niet aan ons om te beslissen. God besluit en openbaart die beslissing aan ons.

Ten tweede versmelten we ons leven in een grotere eenheid, maar tegelijkertijd behouden we onze eigen persoonlijkheid. Het is net als de pink die zich samen met de vier andere vingers verbonden weet aan de hand, en daarmee dus verbonden is met het volledige leven en de bedoeling van een compleet lichaam. Als christenen verliezen we nooit onze individuele identiteit, maar we worden wel degelijk deel van een grotere, gezamenlijke groep, en functioneren als dat deel van het lichaam waarvoor we geroepen zijn.

Ten derde, als een gezamenlijk lichaam, zijn we in staat om Christus in zijn geheel te vertegenwoordigen aan de wereld. Niemand van ons kan in zijn eentje Christus volledig vertegenwoordigen, maar als we verenigd zijn in één lichaam, dan kan dat lichaam Jezus Christus volledig vertegenwoordigen naar de wereld.

—

Dank U Jezus, dat ik deel ben van Uw lichaam. Ik proclameer dat God mij met mijn eigen persoonlijkheid heeft geplaatst als deel van een groot lichaam dat Christus in al Zijn volheid kan vertegenwoordigen in de wereld. Ik ben een deel van het lichaam van Christus. Amen.

Bron: How to find God's plan for your life (CD)
Meer lezen: Derek Prince, de biografie; door Stephen Mansfield (boek)

WEEK 30

IK BEN HEILIG.

*Hij heeft ons vóór de grondlegging van de wereld
in Hem uitverkoren om heilig en smetteloos te zijn
voor Hem in de liefde.*

EFEZE 1:4

23 JULI

WAT IS HEILIGHEID

Over heiligheid bestaat een enorm misverstand. Veel christenen proberen heilig te worden door zich aan allerlei dingen te onttrekken. Ze denken 'als ik dit of dat niet doe, dan ben ik heilig.' Maar dat heeft niets te maken met heilig zijn. Er zijn dingen die je niet doet als je een heilige bent, maar je kunt het niet omkeren; het idee dat heiligheid zou voortkomen uit bepaalde dingen doen of laten, is onjuist. Paulus schreef in Kolossenzen 2:20: *Als u dan met Christus de grondbeginselen van de wereld bent afgestorven, waarom laat u zich dan, alsof u nog in de wereld leeft, bepalingen opleggen.* Toch is dit voor veel mensen hun idee van heiligheid: bepalingen opgelegd krijgen. Paulus vervolgt zijn betoog met een lijst van bepalingen die sommige mensen najagen om heilig te worden: *Pak niet, proef niet en raak niet aan? Dit zijn allemaal dingen die door het gebruik vergaan; ze zijn ingevoerd volgens de geboden en leringen van de mensen. Deze dingen hebben wel een schijnreden van wijsheid door eigenwillige godsdienst en nederigheid en verachting van het lichaam, maar ze zijn zonder enige waarde en dienen tot verzadiging van het vlees* (vers 21-23). Met andere woorden, als je je onthoudt van allerlei dingen, dan maakt dat je helemaal niet heilig. Je terugtrekken in een negatieve, wettische levensstijl en dat 'heiligheid' noemen is zelfmisleiding. Dat is niet wat God bedoelt met heiligheid. In Matteüs 5:16 legt Jezus de relatie uit tussen heiligheid en onze daden: *Laat uw licht zo schijnen voor de mensen, dat zij uw goede werken zien en uw Vader, die in de hemelen is, verheerlijken.* Je licht laten schijnen betekent dat we goede werken doen, zodat andere mensen God gaan ontdekken. Het betekent niet dat we een setje negatieve regeltjes gaan volgen: dit mag niet... dat mag niet... Heiligheid is een positieve, sterke kracht. Ik geloof zelfs dat heiligheid een van de grootste krachten is in het universum. Werkelijk apart gezet zijn door God en daarnaar leven, maakt dat het licht van Gods heerlijkheid door ons heen schijnt naar de wereld, zodat onze Vader zichtbaar wordt.

—

Dank U Heer dat U mij heeft geroepen. Ik proclameer dat ik mijn licht zal laten schijnen als een positieve, sterke kracht, want ik ben heilig. Amen.

Bron: Update 94, maart 2001 (CD)

24 JULI

GEROEPEN HEILIGEN

Paulus omschreef de Romeinse gelovigen als *geliefden van God, geroepen heiligen* (1:7). Gelovigen in Jezus zijn dus letterlijk 'geroepen heiligen'.
Onthoud goed dat heiligheid niet de een of andere extra waarde is die een aantal gelovigen ooit zullen bereiken. Integendeel, van iedere gelovige wordt gezegd dat hij of zij een heilige is. Paulus had het dus niet over een soort superchristenen die op een hoger niveau rondvliegen dan andere gelovigen. Paulus ging ervan uit dat alle gelovigen heilig zijn.
Als je de uitnodiging van het evangelie, om te geloven in Jezus Christus, aanneemt, dan noemt God jou een heilige. Je bent iemand die is afgezonderd, klaar om zich over te geven aan de Heilige Geest en aan de gerechtigheid. Misschien kijk je naar jezelf en denk je: 'Ik vind mezelf nou niet bepaald heilig'. Denk echter aan wat Paulus schreef, dat God *de dingen die niet zijn, roept alsof zij zijn* (Romeinen 4:17). God noemde Abraham *vader van vele volken,* voordat hij ook maar één zoon had (zie Genesis 17:4,5).
Als God jou heilig noemt, dan ben je heilig, omdat God je geroepen heeft om heilig te zijn. Het duurt wellicht een tijd om die heiligheid in je leven uit te werken, maar dat is Zijn roeping voor jou, en dat mag je uitgangspunt zijn in je kijk op jezelf.

—

*Dank U Heer dat U me heeft geroepen en meer nog, dat ik een 'geroepen heilige' ben!
Ik proclameer dat U Uw roeping in mijn leven uitwerkt, want ik ben heilig. Amen.*

Bron: You shall receive power (boek)

25 JULI

ZIJN WIL VOOR ONS

En verder, wij hadden onze aardse vaders, die ons tuchtigden, en wij hadden ontzag voor hen. Zullen wij ons dan niet veel meer onderwerpen aan de Vader van de geesten en leven? Want zij hebben ons wel voor een korte tijd naar het hun goed dacht getuchtigd, maar Hij doet dat tot ons nut, opdat wij deel krijgen aan Zijn heiligheid (Hebreeën 12:9,10). Gisteren lazen we dat we in Christus allemaal al heiligen zijn, maar tegelijk is het Gods verlangen dat wij deel krijgen aan Zijn heiligheid. De schrijver van de Hebreeënbrief zegt iets verderop: *Jaag de vrede na met allen, en de heiliging, zonder welke niemand de Heere zien zal* (vers 14). We zijn dus al heiligen, maar het is ook deel van onze roeping om heiligheid na te jagen. En ten tweede, om heiligheid te verkrijgen, moeten we vrede met iedereen najagen. We moeten proberen om in vrede met iedereen te leven en ruzie of meningsverschillen voor zover mogelijk te vermijden. De schrijver waarschuwt ons ook dat we de Heer niet zullen zien als we geen deel krijgen aan Zijn heiligheid.

In een andere Bijbeltekst lezen we meer over Gods verlangen naar heiligheid in Zijn volk: *Want dit is de wil van God: uw heiliging* (1 Tessalonicenzen 4:3). Wat is precies 'heiliging'? De uitgang '-ing' houdt in dat er iets wordt gecreëerd wat correspondeert met de inhoud van wat aan '-ing' vooraf gaat. Reiniging betekent bijvoorbeeld rein maken. Heiliging betekent dus heilig maken. Het is een proces, wat God initieert bij al Zijn kinderen, maar waarin wij als 'heiligen' in de pas mogen lopen met Gods werk van heiliging in ons leven.

—

Dank U Heer dat U mij heeft geroepen. Ik zal heiligheid en vrede met alle mensen najagen, om deel te krijgen aan Uw heiligheid, want ik ben heilig. Amen.

Bron: Partakers of his holiness (artikel New Wine Magazine)

26 JULI

GODS INITIATIEF

In het proces van heiliging – zoals in elk proces dat deel uitmaakt van de verlossing – ligt het initiatief bij God, niet bij de mens. Het begint met Gods keuze voor ons; een keuze die al in de eeuwigheid vastligt. En dan zien we het volgende gebeuren:

1. De Heilige Geest begint invloed op ons uit te oefenen
2. Hij brengt ons terug van de brede weg die naar het verderf leidt (zie Matteüs 7:13)
3. Hij confronteert ons met de waarheid, en dus met Jezus zelf
4. Hij plant het vermogen om de waarheid te geloven in ons
5. Door deze waarheid te geloven worden we gered

In Efeze 2:8 schrijft Paulus dat we zijn gered door geloof. Vervolgens herinnert hij ons aan het feit dat geloof niet uit onszelf komt, maar dat het een gave van de Heilige Geest is. In die zin kunnen we 'heiliging' dus definiëren als 'afzonderen voor God'. In veel gevallen begint het proces van heiliging lang voordat we God persoonlijk leren kennen. Zowel de apostel Paulus als de profeet Jeremia werden al geheiligd in de schoot van hun moeder (zie Galaten 1:15; Jeremia 1:5). God begint ons al voor Hem af te zonderen lang voordat we dat weten. ...*overeenkomstig de voorkennis van God de Vader, door de heiliging van de Geest, tot gehoorzaamheid en besprenkeling met het bloed van Jezus Christus* (1 Petrus 1:2). Gods eeuwige keuze is gebaseerd op Zijn voorkennis – Hij is nooit partijdig of wispelturig. De Heilige Geest neemt ons mee naar een confrontatie met de beweringen die Jezus over zichzelf heeft gedaan, en geeft ons vervolgens de genade om dat evangelie te geloven. Als we gehoorzamen, dan wordt het bloed van Jezus op ons gesprenkeld. In dit vers uit 1 Petrus zien we dat het initiatief van onze heiligmaking bij God ligt, en niet bij de mens, en dat de Heilige Geest de eerste is die in dit proces actief wordt.

—

Dank U Heer, dat U mij heeft geroepen. Het is bijna niet te bevatten, maar het is op Uw initiatief dat ik ben gered. Het is Uw keuze, die U in de eeuwigheid voor mij heeft gemaakt – een keuze die niet partijdig was, maar die is gebaseerd op Jezus' offer voor alle mensen. Ik ben heilig. Amen.

Bron: Partakers of his holiness (Artikel in New Wine Magazine)

27 JULI

GEWASSEN DOOR ZIJN WOORD

Als in de tijd van het Oude Testament het bloed van een offerdier had gevloeid, dan moest het offer gewassen worden in zuiver water. In 1 Johannes 5:6 staat dat Jezus kwam door water en bloed. Het bloed is het verlossende bloed van Jezus dat vloeide aan het kruis. Het water is het zuivere water van Gods Woord. Christus verlost ons door Zijn bloed en heiligt en reinigt ons daarna door ons te wassen met het water van Gods Woord (zie Efeze 5:25,26).

Toen Jezus tot de Vader bad voor Zijn discipelen, sprak Hij uit: *Heilig hen door Uw waarheid; Uw Woord is de waarheid* (Johannes 17:17). Een belangrijke manier waarop Gods Woord ons heiligt, is dat het onze hele manier van denken verandert. Heiliging komt van binnenuit, niet van buiten. De religieuze maniertjes van heiliging zijn als het verlengen van een jurk, het haar afknippen, lippenstift verbannen, etc. Maar in Romeinen 12:2 schrijft Paulus: *En word niet aan deze wereld gelijkvormig, maar word innerlijk veranderd door de vernieuwing van uw gezindheid, om te kunnen onderscheiden wat de wil van God is, namelijk het goede en welgevallige en volmaakte.* En in Efeze 4:23: *...dat u vernieuwd zou worden in de geest van uw denken.* De Heilige Geest vernieuwt ons denken door de waarheid – Gods Woord.

In het Nederlands kennen we de term 'hersenspoelen'. Dit heeft meestal een negatieve klank. Toch zou dit woord op een positieve manier kunnen beschrijven op welke manier de Heilige Geest ons denken vernieuwt. Hij spoelt ons denken schoon met het zuivere water van Gods Woord. Dit moet gebeuren op basis van ons geloof, een onvervangbaar element in ons heiligingsproces. Gods Geest en Gods Woord zijn het altijd volkomen met elkaar eens; ons geloof stelt ons in staat om te ontvangen wat God ons door die twee vertegenwoordigers te geven heeft. Er is een rechtstreeks verband tussen het Gods Woord en ons geloof, want *geloof komt door het horen en het horen door het Woord van God* (Romeinen 10:17). Hoe meer we luisteren naar Gods Woord, hoe meer ons geloof groeit en ons in staat stelt om de volkomen voorziening die God heeft bereid voor onze heiligheid, toe te passen.

—

Dank U Heer dat U mij heeft geroepen tot heilige. Ik proclameer dat ik voortdurend word gewassen en vernieuwd door het zuivere water van Gods Woord. Ik pas de totale voorziening die God heeft bereid toe, want ik ben heilig. Amen.

Bron: Partakers of his holiness (artikel New Wine Magazine)

28 JULI

APART GEZET DOOR HET BLOED

Jezus vergoot Zijn bloed om ons te verlossen, ons te heiligen (apart te zetten voor God), met andere woorden: om ons heilig te maken. Het is mogelijk om te leven in een plaats waar satan en de zonde ons niet kunnen raken, een plaats waar we beschermd en geheiligd zijn door het bloed van Jezus.

In 1 Johannes 1:7 lezen we: *Maar als wij in het licht wandelen, zoals Hij in het licht is, hebben wij gemeenschap met elkaar, en het bloed van Jezus Christus, Zijn Zoon, reinigt ons van alle zonde.* De tegenwoordige tijd die in deze tekst consequent is toegepast, geeft aan dat het een voortdurend proces betreft. Terwijl we voortdurend in het licht wandelen, hebben we voortdurend gemeenschap met elkaar en reinigt het bloed van Jezus ons voortdurend van alle zonde. We blijven zuiver en onbesmet; we leven niet in de smerige besmetting van de slechte wereld om ons heen, maar we zijn – midden in die wereld - apart gezet voor God, geheiligd en afgezonderd door het bloed van Jezus.

De praktische sleutel is de plaats van de heiligmaking – het altaar. In het Oude Testament was het dier totdat het op het altaar werd gelegd, gewoon het dode lichaam van een dier. Maar zodra het op het altaar werd gelegd en erop werd vastgebonden, werd het offer heilig, apart gezet voor God. Dat geldt ook voor de nieuwtestamentische gelovige, zoals Paulus schrijft in Romeinen 12:1: *Ik roep u er dan toe op, broeders, door de ontfermingen van God, om uw lichamen aan God te wijden als een levend slachtoffer, heilig en voor God welgevallig, dat is uw redelijke godsdienst.* Het enige verschil tussen de offers in het Oude- en het Nieuwe Testament is dat onze lichamen leven – we zijn levende offers – als we ze op het altaar leggen. Het principe van heiligmaking blijft hetzelfde. Het is het altaar dat het offer dat erop ligt heilig maakt. De innerlijke verandering van onze gedachten en motieven komt alleen als we alle rechten op ons lichaam hebben opgegeven, en het zonder reserve op Gods altaar leggen, zodat Hij het kan gebruiken zoals Hij het wil.

—

Dank U Heer, dat U mij heeft geroepen. Ik proclameer dat ik beschermd ben en heilig gemaakt, door het bloed van Jezus. Ik wijd mijn lichaam als een levend offer, want ik ben heilig. Amen.

Bron: Partakers of his holiness (Artikel New Wine Magazine)

29 JULI

GEHOORZAMEN ONDER GODS GENADE

Wat is het verschil tussen gehoorzaamheid onder de wet en gehoorzaamheid onder Gods genade? Het ultieme doel van beiden is gehoorzaamheid aan God, maar deze gehoorzaamheid wordt bereikt op verschillende manieren. Om dit punt te illustreren, kijken we naar een gebod dat zowel in het Oude Testament, onder de wet van Mozes, als in het Nieuwe Testament, in een van de brieven, wordt gegeven. Er worden precies dezelfde woorden gebruikt en ze kunnen worden toegepast onder de wet, maar ook onder de genade.

In het Oude Testament sprak God door Mozes tot Israël en Hij zei: *Want Ik ben de HEERE, die u uit het land Egypte heb laten vertrekken, opdat Ik u tot een God ben. U moet heilig zijn, want Ik ben heilig* (Leviticus 11:45). De context van 'wees heilig' is hier dat je je aan een groot pakket ingewikkelde regels moet houden; regels die tot in het kleinste detail staan uitgewerkt in het boek Leviticus en de andere boeken van Mozes. Heiligheid wordt in dit geval verkregen door een methode van wetticisme, die is samen te vatten met 'doe dit en doe dit niet'.

De passage in het Nieuwe Testament is gericht aan christenen die de verlossing die Jezus voor hen heeft bewerkt hebben aangenomen: *Word als gehoorzame kinderen niet gelijkvormig aan de begeerten die er vroeger in uw onwetendheid waren. Maar zoals Hij die u geroepen heeft, heilig is, word zo ook zelf heilig in heel uw levenswandel, want er staat geschreven: Wees heilig, want Ik ben heilig* (1 Petrus 1:14-16). Dit citaat is afkomstig uit Leviticus, maar betekent dat dan ook dat Petrus de lezers oproept om zich te houden aan alle oudtestamentische regels over offerdieren, schimmels, lichaamssappen en nog veel meer? Klaarblijkelijk niet. Dus moest hij iets anders verwachten met zijn citaat. De heiligheid van de wet zegt: „Ik moet mij aan al deze regels houden." Het nieuwtestamentische antwoord in geloof is: „Ik volg geen pakket regels op. Ik laat Jezus heilig zijn, in mij en door mij heen."

—

Dank U Heer dat U mij heeft geroepen tot heilige. Ik proclameer dat heiligheid niet komt door te gehoorzamen aan een stelsel van regels, maar door Jezus' verlossing voor mij. Jezus in mij is mijn heiligheid, in Hem en door Hem ben ik heilig. Amen.

Bron: The roman pilgrimage, vol. 2; Romans 7:25-8:4 (CD/DVD)

Meer studie: De Heilige Geest als gids (DVD)

WEEK 31

Ik ben geadopteerd als kind van God.

Hij heeft ons tevoren voorbestemd om tot Zijn kinderen aangenomen (of: geadopteerd) te worden door Jezus Christus, overeenkomstig het welbehagen van Zijn wil.

Efeze 1:5

30 JULI

ZIJN ZONEN EN ZIJN DOCHTERS

Geloofd zij de God en Vader van onze Heere Jezus Christus, die ons gezegend heeft met alle geestelijke zegen in de hemel in Christus, omdat Hij ons vóór de grondlegging van de wereld in Hem uitverkoren heeft, om heilig en smetteloos te zijn voor Hem in de liefde. Hij heeft ons tevoren voorbestemd om tot Zijn kinderen aangenomen te worden door Jezus Christus, overeenkomstig het welbehagen van Zijn wil, tot lof van de heerlijkheid van Zijn genade, waarmee Hij ons begenadigd heeft in de Geliefde (Efeze 1:3-6). Paulus legt hier uit wat Gods eeuwige doel was, voordat Hij zelfs de aarde en hemel schiep. Zijn doel was dat wij zijn kinderen zouden worden – Zijn zonen en dochters. De enige manier waarop dit gerealiseerd kon worden, was door de plaatsvervangende dood van Jezus aan het kruis. Toen Jezus onze zonde droeg en onze afwijzing onderging, opende Hij daarmee de weg tot onze aanvaarding. Alleen op dat gruwelijke moment verloor Hij de status van Gods Zoon, zodat wij zouden kunnen delen in die status. Wij mochten daardoor Gods zonen en dochters worden.

Wat houd ik van het zesde vers: *tot lof van de heerlijkheid van Zijn genade, waarmee Hij ons begenadigd heeft in de Geliefde.* Het woord dat vertaald is met ' begenadigd' is een zeer krachtig woord. Hetzelfde woord wordt gebruikt door de engel Gabriël toen hij de maagd Maria groette: *Wees gegroet, begenadigde. De Heere is met u. U bent gezegend onder de vrouwen.* Het betekent dat wij het object zijn van Gods bijzondere gunst. De New King James Version vertaalt: *Hij heeft ons aanvaard in de Geliefde.*

Je moet je realiseren dat Jezus onze zonde en afwijzing droeg, zodat jij Zijn aanvaarding als een van Zijn kinderen kunt ontvangen.

—

Dank U Heer, dat U mij in liefde heeft uitgekozen. Ik proclameer dat Jezus mijn afwijzing droeg, zodat ik Zijn aanvaarding mag ontvangen. Ik ben geadopteerd als een kind van God.

Bron: Rejection; cause and cure (CD)

31 JULI

GODS ONWEERSTAANBARE LIEFDE

... *Omdat Hij ons vóór de grondlegging van de wereld in Hem uitverkoren heeft, om heilig en smetteloos te zijn voor Hem in de liefde. Hij heeft ons tevoren voorbestemd om tot Zijn kinderen aangenomen te worden door Jezus Christus.* (Efeze 1:4,5) Er zijn twee manieren om de bovenstaande tekst te benadrukken. *Om heilig en smetteloos voor Hem te zijn in liefde* of *Om heilig en smetteloos voor Hem te zijn. In liefde*... Op welke plaats je de punt ook plaatst (het Griekse manuscript kende geen punten of komma's), het feit blijft dat Gods liefde niet door tijd wordt begrensd. Voordat de wereld werd geschapen, hield God al van ons, koos Hij ons al uit en bestemde Hij ons tot Zijn kinderen. Hij arrangeerde de koers van ons leven zodat wij Hem zouden ontmoeten en Zijn liefde zouden ervaren.

Er is een eenvoudig vers in het Hooglied waarin staat: *Liefde is zo sterk als de dood* (8:6). De dood is onafwendbaar. Als de dood komt, kan niemand haar dwingen om weg te gaan. Niemand kan zeggen: „Ik ben er nog niet klaar voor. Ik accepteer je niet." Niemand heeft de macht om de dood te weerstaan. Het Nieuwe Testament neemt ons echter nog een stap verder. Toen Jezus stierf en weer opstond uit de dood, bewees Hij dat liefde sterker is dan de dood. De meest onweerstaanbare negatieve kracht in het universum werd overwonnen door de meest onweerstaanbare positieve kracht in het universum: Gods liefde. Liefde zal altijd haar doelen bereiken; ze is onoverwinnelijk. Ze accepteert geen blokkades. Ze zal ieder obstakel omzeilen om te komen waar ze wil gaan.

Gods liefde is persoonlijk en eeuwig. Ze gaat voorbij aan de tijd en is onoverwinnelijk. Beeld jezelf in dat jij die parel in de hand van Jezus bent. Zeg tegen jezelf: „Zijn liefde voor mij is persoonlijk en eeuwig, staat boven de tijd en is onweerstaanbaar." Bedenk vervolgens wat het Hem heeft gekost – alles wat Hij had. En zeg dan: „Dank U wel!"

—

Dank U Heer dat U mij in Uw liefde hebt uitgekozen. Ik proclameer dat God al van mij hield, mij uitkoos en mij als Zijn kind bestemde, voordat Hij de wereld schiep. Hij deed dit in Zijn onweerstaanbare liefde. Ik ben geadopteerd als een kind van God. Amen.

Bron: Onbegrijpelijke liefde (boek)

1 AUGUSTUS

HET WAPEN VAN HET WOORD

Jezus gebruikte slechts één wapen om satan te verslaan; het 'rhema' – dat is het gesproken, specifiek toegepaste woord van God (dat overigens altijd in lijn is met het geschreven woord van God: 'logos'). Jezus tackelde elke verleiding met dezelfde woorden: Er staat geschreven... (bijvoorbeeld Matteüs 4:4,7,10). Iedere keer betrof het een rechtstreeks citaat uit het Oude Testament. Satan kan zich niet verdedigen als het Woord van God tegen hem wordt gesproken. Hij heeft op dat moment geen andere keuze dan zich terug te trekken als een verslagen vijand. Hierin is Jezus ons volmaakte voorbeeld. Hij vertrouwde niet op eigen wijsheid of eigen argumenten. Integendeel, Hij gebruikte precies hetzelfde wapen dat God ook aan ons gegeven heeft: Zijn Woord. Onze veiligheid in de geestelijke strijd hangt af van de vraag of wij Jezus hierin volgen. Satan is duizenden keren sterker en wijzer dan wij zijn. Hij kan in ons wel duizend gebreken vinden als we strijden in onze eigen gerechtigheid. Maar er is één wapen waartegen hij zich niet kan verdedigen: Gods Woord, uitgesproken in geloof.

Dat is dus het pad dat we moeten bewandelen om te ontsnappen uit het domein van de duisternis, overschaduwd door vloeken, en te komen in het domein waar het zonlicht van Gods heerschappij en zegen doorbreekt. De eerste vereiste hiervoor is vast geloof, gebaseerd op de omwisseling die plaatsvond aan het kruis. Dit soort geloof beschouwt Gods beloften als effectief vanaf het moment dat wij ze toepassen. Wat is dat toepassen precies? 1. Uit Gods Woord leren we onze wettige rechten in Christus kennen. 2. Door vervolgens onvoorwaardelijk gehoorzaam te zijn aan Gods Woord en daarin geduldig te volharden, leren we niet alleen onze wettige rechten in Christus kennen, maar zullen we ze ook ten volle gaan ervaren. 3. Uiteindelijk beleven we dan ook de vreugde die eruit voortkomt. Daarom moeten we leren om iedere satanische tegenstand te confronteren met 'het zwaard van de Geest', het gesproken Woord van God (zie Efeze 6:17).

—

Dank U Heer, dat U mij in liefde heeft uitgekozen. Ik treed alle satanische verleidingen en tegenstand tegemoet met het krachtige Woord van God. Ik proclameer dat ik geadopteerd ben als kind van God. Amen.

Bron: Zegen of vloek, aan u de keus (boek)

2 AUGUSTUS

KINDEREN EN MEDE-ERFGENAMEN

In Romeinen 8:15-17 schrijft Paulus aan de christenen in Rome wat voor hen beschikbaar is door hun geloof in Christus: *Want u hebt niet de Geest van slavernij ontvangen, die opnieuw tot angst leidt, maar u hebt de Geest van aanneming tot kinderen ontvangen, door wie wij roepen: Abba, Vader! De Geest zelf getuigt met onze geest dat wij kinderen van God zijn. En als wij kinderen zijn, zijn wij ook erfgenamen, erfgenamen van God en mede-erfgenamen van Christus, althans wanneer wij met Hem lijden, opdat wij ook met Hem verheerlijkt worden.*

Het woord 'abba' is het Aramese of Hebreeuwse woord voor 'papa'. We hebben het hier dus over een intieme relatie met God de Vader, die we mogen aanspreken met 'papa'. De Geest van God zelf geeft ons de zekerheid en het vertrouwen dat we dat inderdaad mogen doen.

De Bijbel leert ons dat we Gods kinderen zijn, maar de Heilige Geest bevestigt die waarheid voor ieder van ons persoonlijk in ons hart. Je bent Gods kind! En als we kinderen zijn, dan zijn we ook erfgenamen. We zijn tot erfgenamen van God gemaakt en mede-erfgenamen met Christus. Waar veel mensen echter gemakkelijk overheen lezen, is dat we als kinderen van 'Papa Vader' niet alleen delen in Jezus' heerlijke erfenis, maar ook in Zijn lijden. Bedenk dat iedere parel een product is van grote druk en spanning. (Een parel ontstaat doordat een oesterschelpdier probeert een indringer - een zandkorrel of een ander scherp object - in te kapselen, om zo de leefsfeer binnen zijn schelp weer veilig te maken. De pijn van het pareldier is dus de directe aanleiding voor het vormen van een parel. En ook wij delen dus niet alleen in de overwinning van Jezus, maar ook in Zijn pijn en lijden.)

Een ander aspect aan het mede-erfgenaam zijn is ook heel belangrijk om te begrijpen. Het betekent niet dat we allemaal een heel klein stukje van de totale erfenis zullen krijgen. Het betekent dat Jezus, als de eerste Zoon van God, de totale erfenis ontvangt en dat wij in Hem mogen deelhebben aan die totale erfenis. Ieder van ons heeft recht op de volledige erfenis; de erfenis van Jezus. De wet van Gods koninkrijk is altijd delen. We grijpen niet naar ons eigen deel, maar we delen samen in alles wat God de Vader en God de Zoon samen hebben.

Dank U Heer, dat U mij in Uw liefde heeft uitgekozen. Ik proclameer dat ik een kind van God ben en een mede-erfgenaam met Christus, in Zijn heerlijkheid, maar ook in Zijn lijden. Dank U, dat U mij daar de kracht voor geeft. Ik ben door U aangenomen als een kind van God. Amen.

Bron: Onbegrijpelijke liefde (boek)

3 AUGUSTUS

DE LIEFDE VAN EEN VADER

Gods gezin is het beste gezin dat er bestaat. Zelfs als je eigen familie zich niet om jou bekommert, dan nog wil God jou. Je bent door Hem aanvaard; je bent Zijn lieveling; je bent het object van Zijn speciale zorg en aandacht. Alles wat Hij doet, doet Hij voor jou. Paulus schreef aan de Korinthiërs (die niet echt bekend stonden om hun voorbeeldige leven als christenen): *Want al deze dingen zijn ter wille van u* (2 Korinthe 4:15). Alles wat God doet, doet Hij voor ons. Je wordt niet hoogmoedig als je dit hoort, maar juist nederig. Als je de genade van God leert kennen, dan blijft er geen enkele ruimte meer voor arrogantie. Het is opvallend dat Jezus' laatste gebed voordat Hij gekruisigd werd, was ten behoeve van Zijn volgelingen en hen die later in Hem zouden geloven (zie Johannes 17:20). Dit gebed ging over onze relatie met God als Vader: *Rechtvaardige Vader, de wereld heeft U niet gekend, maar Ik heb U gekend, en dezen hebben erkend dat U Mij gezonden hebt. En Ik heb hun Uw Naam bekendgemaakt, en zal die bekendmaken, opdat de liefde waarmee U Mij hebt liefgehad, in hen is, en Ik in hen.*
Jezus heeft God aan ons bekend gemaakt als Vader. Al veertien eeuwen lang kenden de Joden God als Jahweh, maar de enige die God kon openbaren als *Vader*, was Zijn *Zoon*, Jezus. Maar liefst zes keer openbaart Hij God als Vader in dit belangrijke, bekende gebed (Het 'hogepriesterlijk gebed', in vers 1,5,11,21,24,25). Toen Jezus bad: *En Ik zal U blijven bekendmaken* (vers 26), bedoelde Hij dat Hij zou doorgaan met het openbaren van God als Vader. Vervolgens komen we bij de bedoeling van deze openbaring: *opdat de liefde waarmee U Mij hebt liefgehad, in hen is, en Ik in hen.* God heeft exact dezelfde liefde voor ons als voor Jezus. We zijn door God net zo geliefd als Jezus door Hem geliefd is. Kun je je dat voorstellen? En omgekeerd evenredig geldt ook; omdat Jezus in ons woont, kunnen wij God op dezelfde manier liefhebben als Jezus de Vader liefheeft. Wat een geweldige weg en groei hebben we voor ons!

—

Dank U Heer, dat U mij in liefde heeft uitgekozen. Ik proclameer dat God, mijn Vader, precies dezelfde liefde voor mij heeft als die Hij voor Jezus heeft, en ik belijd dat ik net zoveel van mijn Vader houd als dat Jezus van Hem houdt. Ik ben geadopteerd als een kind van God. Amen.

Bron: Gods antwoord voor afwijzing (boek)
Meer studie: Van afwijzing tot acceptatie (onderwijsbrieven, gratis te lezen op onze website)

4 AUGUSTUS

DE PLAATS VAN VOLWASSENHEID

We zijn Gods kinderen en mogen Hem altijd 'Papa' blijven noemen. Maar het is niet Gods bedoeling dat we permanent blijven als kleine kinderen. Net als in het gewone leven blijf je altijd het kind van je ouders, maar je blijft je niet altijd gedragen als een klein kind. Zo heeft God ook een plan, om ons te doen opgroeien tot volwassen zonen en dochters. Hiervoor zijn we afhankelijk van de Heilige Geest. Zonder Hem kunnen we niet opgroeien of volwassen worden. Paulus schreef in Romeinen 8:14: *Immers, zovelen als er door de Geest van God geleid worden, die zijn kinderen van God.* Het woord dat hier staat voor kinderen, 'huios', is het woord voor een volwassen zoon – iemand die verantwoordelijkheid draagt in het huisgezin, die in staat is zijn eigen leven te leiden en die weet hoe hij in zijn Vaders huishouden moet handelen met gezag en autoriteit.

Hoe komen we op dit niveau van volwassenheid als kind van God? Paulus schreef: *Wie door de Geest van God geleid worden, zijn* (volwassen) *zonen van God* . Dit is de tweede bediening van de Heilige Geest in ons leven als kind in Gods gezin: ons volwassen maken. De eerste is onze wedergeboorte, waardoor we opnieuw geboren worden als kind van God. De tweede is ons te leiden naar volwassenheid. Geleid worden door de Geest gebeurt echter niet van het ene op het andere moment – het is een proces. We moeten voortdurend door de Heilige Geest geleid worden, elke dag, ieder uur en in iedere situatie. Dat is de enige manier om te leven als volwassen zonen en dochters van God.

De tragedie is dat in de Gemeente van vandaag talloze mensen die zijn wedergeboren door de Heilige Geest, nooit geleerd hebben om geleid te worden door diezelfde Geest. Ze bereiken dus nooit geestelijke volwassenheid. In zekere zin blijven ze altijd steken op het niveau van een klein kind. Dit is niet het gevolg van een gebrek aan Gods voorziening op dit gebied, maar van het feit dat mensen niet begrijpen hoe ze Gods voorzieningen moeten gebruiken. Gods voorziening om geestelijk volwassen te worden is je te laten leiden door de Geest.

—

Dank U Heer dat U mij in liefde hebt uitgekozen. Ik spreek uit dat ik volwassen wil worden en wil leren door Uw Geest geleid te worden, elke dag en in alle situaties. Ik ben geadopteerd als een kind van God. Amen.

Bron: How to be led by the Holy Spirit, part 1 (CD). Meer studie: Luisteren naar God (dagboek)

5 AUGUSTUS

RELATIE MET ONZE VADER

In de laatste twee verzen van Johannes 17 lezen we de laatste rede van Jezus tot Zijn discipelen vlak voor Hij Zijn lijdensweg en Zijn sterven aan het kruis tegemoet ging. Ik geloof dat deze twee verzen het hoogtepunt vormen van het doel van het evangelie: *Rechtvaardige Vader, de wereld heeft U niet gekend, maar Ik heb U gekend, en dezen hebben erkend dat U Mij gezonden hebt. En Ik heb hun Uw Naam bekendgemaakt* (vers 25,26). We zagen al eerder, de Naam die Jezus kwam openbaren was die van 'Vader'. Je komt in het Oude Testament maar een paar keer de titel 'vader' tegen als het gaat over God. De enige die de Vader volledig kon openbaren, was de Zoon. En Jezus zei: *En Ik heb hun Uw Naam bekendgemaakt, en zal die bekendmaken, opdat de liefde waarmee U Mij hebt liefgehad, in hen is, en Ik in hen* (vers 26).

Het ultieme doel van het evangelie is dat we komen in deze liefdesrelatie met God – een relatie waarin God net zoveel van ons houdt als Hij van Jezus houdt. Het doel van het evangelie is dat wij deel worden van Gods gezin en dat we in een persoonlijke relatie treden met God als Vader, net als Jezus. Hierdoor kunnen we evenveel van God houden als dat Jezus van Hem hield. Het is onvoorstelbaar! Dit gaat verder dan onze hersenen kunnen bevatten, maar dat is wel Gods doel met jou en mij, Zijn ultieme bestemming voor ons. Al het andere is minder belangrijk. Straks zullen we die liefdesrelatie op volmaakte wijze ervaren, maar nu al zijn we die weg ingeslagen. Prijs de Vader, prijs de Zoon, prijs de Geest die in ons woont!

—

Dank U Heer, dat U mij in Uw liefde hebt uitgekozen. Ik proclameer dat mijn ultieme doel en bestemming is om net als Jezus te komen in een liefdesrelatie met U als mijn Vader, want ik ben geadopteerd als Uw kind. Amen.

Bron: Schuld, schaamte en afwijzing overwinnen (DVD)

WEEK 32

IK HEB TOEGANG TOT GOD DOOR DE HEILIGE GEEST.

Want door Hem hebben wij beiden door één Geest,

de toegang tot de Vader.

EFEZE 2:18

6 AUGUSTUS

Onze afhankelijkheid van de Heilige Geest

In ons vlees kennen wij allemaal bepaalde zwakheden. Deze zwakheden komen niet voort uit ons lichaam, maar uit ons denken – ons begrip van dingen. Deze zwakheden manifesteren zich op twee verschillende manieren. Ten eerste weten we vaak niet wat we precies moeten bidden. Ten tweede, zelfs als we weten wat we moeten bidden, dan weten we nog niet *hoe* we ervoor moeten bidden. Daarom zijn we volkomen afhankelijk van de Heilige Geest. Alleen Hij kan ons laten zien wat en hoe we moeten bidden (zie Romeinen 8:26, 27).

In de brief die Paulus schreef aan Efeze, benadrukt hij onze afhankelijkheid van de Heilige Geest, om ons gebeden te geven die naar Gods wil zijn. Hij legde uit dat alleen Jezus en de Heilige Geest ons toegang tot de Vader kunnen verschaffen: *Want door Hem* (Jezus) *hebben wij* (Joden en heidenen) *beiden door één Geest* (de Heilige Geest) *de toegang tot de Vader* (Efeze 2:18). Hier staan twee voorwaarden gecombineerd die een gebed aanvaardbaar maken: *Door Jezus* en *door de Heilige Geest.* Elk van deze twee is noodzakelijk. Er bestaat geen enkele natuurlijke kracht die onze menselijke zwakke stemmen van de aarde kan meenemen naar de oren van God, die op Zijn troon zit in de hemel. Alleen de bovennatuurlijke kracht van de Heilige Geest kan dat doen. Zonder Hem hebben we geen toegang tot God. Maar met Hem, en als we luisteren naar Zijn leiding, dan neemt Hij onze gebeden mee naar Gods troon in de hemel.

—

Dank U Heer dat ik bij U kan komen. Ik proclameer mijn volkomen afhankelijkheid van de Heilige Geest, die mij via Jezus toegang kan geven tot de Vader. Ik heb toegang tot God door de Heilige Geest. Amen.

Bron: Zegen of vloek, aan u de keus (boek)

7 AUGUSTUS

DE WEG TOT DE VADER

Er is geen andere weg tot de Vader dan door de gekruisigde Jezus Christus. Alleen door Hem kunnen wij bij God komen en alleen door één Geest kan een mens tot Gods troon naderen. De Heilige Geest werkt alleen via Jezus Christus. Als je via een andere ingang dan Jezus bij God probeert te komen, of door een andere geest, dan krijg je geen toegang, maar betreed je het domein van satan. In plaats van het domein van het licht binnen te treden, bevind je jezelf dan in het domein van de duisternis.

Onthoud dat satan zichzelf voordoet als een engel van licht, en dat zijn dienaars zich voordoen als dienaren van de gerechtigheid (zie 2 Korinthe 11:14,15). Ze gebruiken vaak mooie, zoete en liefdevolle woorden en lange kleurrijke zinnen, vaak zelfs Bijbelteksten, om je in hun domein te lokken. Ze doen dit in vermomming, zodat ze lijken op engelen van licht. Maar als je niet via de gekruisigde Christus komt, en niet door de Heilige Geest van God, dan kom je mogelijk terecht in het occulte bovennatuurlijke gebied. Uit ervaring kan ik je zeggen dat het daar niet prettig is. Voordat ik Jezus leerde kennen, praktiseerde ik yoga. Op bepaalde momenten kwam ik zo in geestelijke sferen terecht, maar zelfs toen al beangstigde me dat enorm. Ik besloot toen dat dit eens was, maar nooit weer.

Enkele jaren later werd ik geconfronteerd met het evangelie en de kracht van de Heilige Geest. De grote barrière bleek toen die yoga te zijn waaraan ik had deelgenomen. Ik kon niet door die mentale blokkade heen breken. God moest een wonder van bevrijding doen. Ik wist niets van demonen, maar ik wilde zo graag bij Jezus komen. Ik kon Hem echter niet bereiken, totdat die yogademon zijn macht over mijn denken verloor. Je kunt erover theoretiseren, maar ik weet hoe het is. Betrokkenheid bij yoga is een van wel duizend verschillende manieren om misleid te worden door het domein van satan en erdoor gebonden te raken. Maar de Zoon zet je vrij, om door Hem en door de Geest de bovennatuurlijke realiteit, waar God is, binnen te komen.

—

Dank U Heer, dat ik bij U kan komen. Ik proclameer dat ik tot de Vader kom door de gekruisigde Christus en door de Heilige Geest van God. Door Jezus heb ik toegang tot God door de Heilige Geest. Amen.

Bron: Demons and demonology: Cult and occult – satan's snares disclosed (CD)

8 AUGUSTUS

DE DEUR EN DE HERDER

Jezus zei: *Ik ben de deur* (Johannes 10:9). Twee verzen later zegt Hij: *Ik ben de goede herder.* Heb je je ooit afgevraagd hoe Jezus zowel de deur kan zijn als de herder? Het is heel simpel en toch zo belangrijk. Jezus die stierf aan het kruis is de deur, en Jezus die opstond uit de dood is de herder. Maar als je wilt dat de opgestane Heer jouw herder wordt, dan moet je Hem ontmoeten door middel van Zijn kruisiging (de deur). Alleen zij die door de gekruisigde Christus komen, zullen de opgestane Christus als herder ervaren. *Want door Hem hebben wij beiden door één Geest de toegang tot de Vader* (Efeze 2:18).

Er is slechts één weg – Jezus – en één geest – de Heilige Geest, die ons naar de Vader leidt. Als je niet via Jezus komt, dan zal de Heilige Geest je niet naar de Vader leiden. De Heilige Geest zal je alleen bij God toelaten als je door Jezus komt, en op basis van Zijn sterven aan het kruis. Ik zeg dit met nadruk, omdat ik in vele jaren van bediening keer op keer heb gezien dat de waarheid van Jezus als enige weg tot de Vader, vroeg of laat steeds weer wordt aangevochten. Als je door Jezus – de deur – komt, draag je het bovennatuurlijke getuigenis (of zegel) van de Heilige Geest, want dat is altijd wat er gebeurt als we werkelijk op God gericht zijn. Als die goddelijke goedkeuring ontbreekt, dan kunnen we ons afvragen hoe dat komt, want God heeft beloofd (en bewezen door de Bijbel heen) dat Hij altijd de waarheid zal eren met een bovennatuurlijk zegel van goedkeuring.

—

Dank U Heer dat ik bij U mag komen. Ik proclameer dat er maar één weg is (Jezus) en maar één Geest (de Heilige Geest), die ons tot de Vader leidt. Ik heb toegang tot God door de Heilige Geest. Amen.

Bron: Bible psychology, vol. 2; achieving inner harmony;
Relationship between believer's spirit and soul (CD)

9 AUGUSTUS

WE ZIJN FAMILIE

In het Nieuwe Testament worden Gods kinderen maar heel zelden christenen of gelovigen genoemd. De normale aanspreekvorm die wordt gebruikt is 'broeders', waarmee wordt benadrukt dat we deel zijn van een geestelijk gezin. Zoals Paulus schreef in 2 Korinthe 2:18: *Want door Hem hebben wij beiden door één Geest de toegang tot de Vader.* Het is opvallend dat alledrie de Personen van de Godheid hierbij betrokken zijn. Door Jezus de Zoon, hebben we toegang tot de Vader, door de Heilige Geest.

Het volgende vers openbaart het geweldige resultaat hiervan: *Zo bent u dan* (omdat we toegang tot de Vader hebben) *niet meer vreemdelingen en bijwoners, maar medeburgers van de heiligen en huisgenoten van God.* Het woord 'huisgenoten' kan het best beschreven worden als 'gezinsleden'. Omdat Christus de toegang tot de Vader heeft verworven, zijn we lid geworden van Gods gezin.

De samenstelling van Gods familie wordt bepaald door de relatie die de leden van die familie met de Vader hebben. In het nieuwtestamentische Grieks bestaat er een nauw verband tussen de woorden 'vader' (pater) en 'gezin' (patria). 'Patria' is een afgeleide vorm van 'pater'. Dit verband wordt duidelijk naar voren gebracht in Paulus' gebed: *Om deze reden buig ik mijn knieën voor de Vader (pater) van onze Heere Jezus Christus, naar wie de hele familie (patria) in de hemel en de aarde is vernoemd* (Efeze 3:14,15). Hier is sprake van een woordenspel tussen 'vader' en 'familie'. Naar God de Vader (pater) is het hele gezin (patria) genoemd. Een gezin komt voort uit vaderschap. Het feit dat God onze Vader is, maakt dat we deel zijn van Zijn gezin.

—

Dank U Heer dat ik tot U kan komen. Ik proclameer dat ik deel ben geworden van Gods gezin. Ik heb toegang tot God door de Heilige Geest. Amen.

Bron: Gods kerk herontdekt (boek)

10 AUGUSTUS

JEZUS BRENGT ONS BIJ GOD

Jezus zei: *Ik ben de weg, de waarheid en het leven* (Johannes 14:6). We citeren deze tekst vaak, zeker als het gaat om evangelisatie. Toch denken we er vaak niet dieper over na wat de volle betekenis is van deze tekst. Het feit dat Jezus 'de weg' is, betekent niets als die weg geen bestemming heeft. Een weg is niet een doel in zichzelf, maar moet een bestemming hebben. Toen Jezus dus zei: *Ik ben de weg,* bedoelde hij dat Hij ons ergens naartoe zou brengen. Waarheen? Dat legde Hij meteen uit: *Niemand komt tot de Vader dan door Mij* (vers 6). Met andere woorden: „Ik ben de weg tot de Vader. Ik ben de openbaring van de Vader. Als je mij hebt gezien, dan heb je de Vader gezien" (vers 7-9). *En bij Zijn komst heeft hij door het Evangelie vrede verkondigd aan u die veraf was, en aan hen die dichtbij waren. Want door Hem hebben wij beiden door één Geest de toegang tot de Vader* (Efeze 2:17,18).

We zagen al eerder dat bij dit proces alledrie de personen van de Godheid betrokken zijn. Door de Zoon, door middel van de Geest, tot de Vader. De Vader is dus de bestemming. Je hebt dus niets aan deze Bijbeltekst als je de Vader weglaat. Het ultieme doel is de Vader te openbaren en ons daardoor bij Hem te brengen. Als we deze openbaring niet pakken, dan missen we het hele doel waar Jezus voor kwam. *Want ook Christus heeft eenmaal voor de zonden geleden, Hij die rechtvaardig was, voor onrechtvaardigen, opdat Hij ons tot God zou brengen* (1 Petrus 3:18). Waarom stierf Jezus? Zodat onze zonden zouden worden vergeven? Jazeker, maar dat was slechts het eerste stadium. Het uiteindelijke doel was: opdat Hij ons tot God de Vader zou brengen en ons met Hem verzoenen.

—

Dank U Heer dat ik tot U mag komen. Ik proclameer dat Jezus stierf met het uiteindelijke doel om mij thuis te brengen bij God de Vader. Door de Heilige Geest heb ik toegang tot God. Amen.

Bron: Knowing God as Father; The fatherhood of God (CD)

11 AUGUSTUS

EÉN WEG NAAR VRIJHEID

Het is een belangrijke waarheid dat de Heilige Geest een persoon is. Hij is zelfs niet slechts een persoon, maar Hij is ook de Heer zelf, net zozeer als God de Vader en Jezus de Zoon dat zijn. De Heilige Geest staat gelijk aan de andere twee leden van de Goddelijke Drie-eenheid. Dit betekent dat we dezelfde mate van ontzag moeten hebben voor de Heilige Geest als voor de Vader en de Zoon. In 2 Korinthe 3:17 stelt Paulus: *De Heere nu is de Geest; en waar de Geest van de Heere is, daar is vrijheid.* In deze tekst zien we het contrast tussen gebondenheid aan de wet of een wettisch systeem, en vrijheid. Er is maar één weg naar vrijheid. Waar de Heilige Geest is, daar is vrijheid.

Veel christenen hebben de vreemdste ideeën over wat vrijheid is. „Als we zondagavond om 18:45 niet op het podium in de kerk zijn, dan hebben we geen vrijheid." Of: „Als we niet allemaal in de handen klappen, dan hebben we geen vrijheid." Sommige predikers leven in de illusie dat als ze niet staan te stampen en schreeuwen, ze dan geen vrijheid hebben. Vrijheid is niet het hebben van een bepaald programma in de Kerk of het eerbiedigen van bepaalde Bijbelse, godsdienstige vormen, zoals bijvoorbeeld het opheffen van handen. Dat kan vrijheid inhouden, maar het kan net zo goed gebondenheid zijn. Het hangt ervan af of de Heilige Geest je ertoe aanzet of dat je het doet vanwege een godsdienstige traditie, of nog erger, omdat je buurman naast je zit en naar je kijkt. Religieuze tradities veroorzaken gebondenheid; de Heilige Geest brengt vrijheid.

—

Dank U Heer, dat ik in vrijheid tot U kan komen. Help mij het te herkennen als ik mezelf gebonden houd door tradities te vereren in plaats van U zelf, of dat ik mij laat leiden door wat mijn buurman of buurvrouw mogelijk denkt. Dank U voor Uw Heilige Geest die me juist in de vrijheid stelt. Ik heb toegang tot God door de Heilige Geest. Amen.

Bron: Make your calling sure: Continually led by the Spirit (CD)

12 AUGUSTUS

TOEGANG DOOR DE GEEST

We hebben nooit *meer* toegang tot God dan dat we toegang hebben tot de Heilige Geest; dat is een principe binnen de Godheid. Degene die gezonden is als de vertegenwoordiger van God, moet als zodanig erkend worden om toegang tot God te krijgen. Toen de Vader Zijn Zoon stuurde, zei Hij als het ware: „Van nu af aan komt niemand tot Mij dan door de Zoon. Je kunt mijn Afgezant niet omzeilen en bij Mij komen, want Ik zal Degene die Ik heb gestuurd om Mij te vertegenwoordigen eren in alle omstandigheden." Toen Jezus Zijn taak op aarde had volbracht en was teruggekeerd tot de Vader, stuurden de Vader en de Zoon samen de Heilige Geest naar de aarde. Hier ging hetzelfde principe op. We hebben geen toegang tot de Vader en de Zoon dan door de Heilige Geest. We kunnen de Geest niet omzeilen om bij de Vader en de Zoon te komen. *Want door Hem hebben wij beiden door één Geest de toegang tot de Vader* (Efeze 2:18).

We kunnen de Heilige Geest niet weglaten en toch toegelaten worden bij God. Veel christenen benadrukken het feit dat we alleen toegang tot God krijgen door Zijn Zoon Jezus, die zichzelf de weg noemt tot de Vader. Dat is ook helemaal juist, maar er zit nog iets aan vast. Het is door de Zoon, *via de Geest*, dat we tot de Vader komen. Net zoals de Vader door de Geest in ons woont als we in Zijn Zoon zijn. Of wij nu naar God gaan, of dat God naar ons toe komt, de Geest speelt een essentiële rol bij alle communicatie met God.

Als we de Heilige Geest weglaten, dan hebben we geen toegang tot God en heeft God geen toegang tot ons. We zijn volkomen afhankelijk van de Heilige Geest.

———

Dank U Heer, dat ik tot U kan komen. Ik erken dat ik volledig afhankelijk ben van de Heilige Geest om toegang te hebben tot de Zoon en de Vader, en ik proclameer dat ik door de Heilige Geest toegang heb tot God. Amen.

Bron: Make your calling sure: Continually led by the Spirit (CD)

WEEK 33

Ik ben volmaakt in Christus.

En gij zijt in Hem volmaakt,

die het Hoofd is van alle overheid en macht.

Kolossenzen 2:10

13 AUGUSTUS

De betekenis van 'volmaakt'

Het woord 'volmaakt' beangstigt sommige mensen. Ze hebben het idee dat volmaakt zijn betekent dat je nooit iets verkeerd doet, nooit iets verkeerds zegt en nooit fouten maakt. Ze zeggen: „Als dat het doel is, dan geef ik het op. Dat is onhaalbaar." Maar het woord 'volmaakt' staat in de Bijbel, dus we kunnen ons er niet aan onttrekken. Vroeg of laat worden we ermee geconfronteerd, dus we kunnen maar beter bestuderen wat de Bijbel ermee bedoelt. 'Volmaakt' heeft in de Bijbel drie betekenissen. De eerste is 'volwassen' of 'volgroeid'. Deze betekenis kunnen we allemaal prima hanteren; dat is niets om zenuwachtig van te worden. Een andere gerelateerde betekenis is 'volledig' of 'compleet', oftewel zonder gebrek of gemis. Onthoud dat deze twee betekenissen niet altijd samen hoeven te gaan. Iemand kan helemaal volgroeid zijn en toch lichamelijke gebreken vertonen. Men kan zelfs bepaalde lichaamsdelen geheel missen, zoals een been of een orgaan. Dan is hij of zij wel volwassen en volgroeid, maar toch incompleet. In het beeld van volmaaktheid zoals de Bijbel het beschrijft, moeten we de verschillende betekenissen van volwassenheid en perfectie combineren.

De volmaking der heiligen uit Efeze 4:12 heeft een Griekse vorm die 'samenvoegen' of 'verbinden' betekent. Een vergelijkbaar woord wordt gebruikt in Hebreeën 11:13, waar staat dat door het Woord van God *de wereld geordend is.* Het woord 'volmaakt' heeft kennelijk dus ook te maken met iets samenvoegen op zo'n wijze dat ieder deel harmonieus met de andere delen samenwerkt en doet waarvoor het gemaakt is. Deze drie betekenissen – volgroeidheid, compleetheid en juiste integratie of samenvoeging – passen op zo'n manier in elkaar, dat het geheel in harmonie functioneert. Dat is precies het doel dat de Bijbel voor ons als gelovigen beoogt.

—

Dank U Heer voor Uw geweldige werk in mij. Ik proclameer dat God mij volmaakt – Hij maakt mij volwassen, volgroeid en compleet, en Hij brengt mij op de plaats die Hij voor me heeft om te functioneren in Zijn gezin. Ik ben volmaakt in Christus. Amen.

Bron: Perfecting the saints (CD)

14 AUGUSTUS

GODS WIL DOEN

Waarom zijn we hier op aarde? Niet om onze eigen wil te doen, maar om de wil van Jezus te doen. Hij is onze opdrachtgever. Paulus schreef in Kolossenzen 1:9: *Daarom houden ook wij niet op, vanaf de dag dat wij het gehoord hebben, voor u te bidden en te smeken dat u vervuld mag worden met de kennis van Zijn wil, in alle wijsheid en geestelijk inzicht.* We moeten gevuld worden met de kennis van Gods wil. Met andere woorden: Kennis van de wil van Christus moet ons hele denken vervullen en beheersen. Iedere motivatie en iedere intentie moet gestuurd worden door het kennen van Christus' wil.

Paulus schreef vervolgens in hoofdstuk 4:12: *Epafras groet u, die een van u is, een dienstknecht van Christus, die altijd voor u strijdt in de gebeden, opdat u, volmaakt en volkomen, vaststaat in heel de wil van God.* Een gelovige wordt volmaakt en compleet in zoverre dat hij de hele wil van God vervult. In Hebreeën 13 staat deze waarheid prachtig verwoord: *De God van de vrede nu, die de grote Herder van de schapen, onze Heere Jezus Christus, uit de doden heeft teruggebracht, op grond van het bloed van het eeuwige verbond, moge u toerusten tot alle goed werk, om Zijn wil te doen, en in u werken wat in Zijn ogen welgevallig is, door Jezus Christus. Hem zij de heerlijkheid in alle eeuwigheid. Amen* (vers 20,21).

We zijn compleet en volmaakt gemaakt en we komen tot vervulling, in zoverre we de wil van God doen, precies zoals Jezus tijdens Zijn leven op aarde uitsluitend vervulling vond in het doen van Gods wil. Als er onbalans, frustratie of emotionele onrust in je leven is, onderzoek dan eens waar je staat in relatie tot Gods wil voor je leven, want je kunt alleen vervulling vinden en tot volmaaktheid worden gebracht in de mate waarin je de wil van God kent en doet. Al het andere brengt alleen maar incompleetheid en frustratie.

—

Dank U Heer voor Uw werk in mij. Ik proclameer mijn hoop om volmaakt te staan in de hele wil van God, en alleen vervulling te vinden in het doen van Zijn wil. Ik ben volmaakt in Christus. Amen.

Bron: Spiritual Conflict, vol. 2; God's secret plan unfolds: God's purpose for the new race (CD)

Meer studie: Je roeping (boek)

15 AUGUSTUS

TOEGANG TOT GODS TOTALE VOORZIENING

Om volmaakt en compleet in Gods volledige wil te kunnen staan, moet een christen gebruik maken van alles waarin God door Christus heeft voorzien. Hij kan niet dingen naast zich neerleggen of negeren, en verwachten dat iets anders wel zal functioneren als vervanging voor datgene wat hij overslaat.

Juist op dit punt gaan christenen zo vaak scheef in hun denken. Bewust of onbewust leven ze vanuit de gedachte dat de openbaring of voorziening die ze al ontvangen hebben, hen ontslaat van de opdracht om te blijven zoeken naar Gods doorgaande, volledige voorziening. Laat me het verduidelijken met een voorbeeld. Sommige christenen zijn gezegend met de vrijmoedigheid om met hun mond te getuigen van Gods goedheid en leggen daar grote nadruk op, maar tegelijk negeren ze het praktische aspect van een christelijke levensstijl, waarin hun getuigenis handen en voeten moet krijgen. Anderzijds zijn er ook veel christenen die voortdurend letten op hun gedrag en leefstijl, maar ze doen nooit hun mond open om tegen hun vrienden en buren te getuigen van wat Jezus in hun leven heeft gedaan. Beide groepen christenen hebben de neiging de andere groep te bekritiseren of te verachten, maar eigenlijk maken ze allebei dezelfde fout. Een goede leefstijl als christen is geen vervanging voor de noodzaak om met woorden te getuigen, maar het getuigen met woorden is al helemaal geen vervanging voor de noodzaak van een christelijke levensstijl. God verlangt beide van ons, en wil ons door Zijn Geest iedere dag helpen om hierin te groeien, zodat we volledig en compleet in de wil van God staan.

—

Dank U Heer voor Uw werk in mij. Ik proclameer dat ik gebruik zal maken van alles waarin God voor mij in Christus heeft voorzien, zodat ik volmaakt en compleet in Gods wil zal staan. Ik ben volmaakt in Christus. Amen.

Bron: De pijlers van het christelijk geloof (boek)

16 AUGUSTUS

COMPLEET IN CHRISTUS

Ooit was ik universitair docent klassieke en moderne filosofie, dus een beroepsfilosoof. Als zodanig zocht ik hier en daar en overal naar antwoorden op de problemen van het leven. Ik zocht het ook in het christendom zoals dat aan mij in mijn jonge jaren werd gepresenteerd vanuit de kerkelijke traditie waarin ik opgroeide, maar concludeerde dat dit niet het antwoord was. Toen richtte ik me op de Griekse filosofie, vervolgens op yoga, en op een hele reeks andere bizarre dwaalwegen. Totdat ik op een nacht in 1941, in een legerbarak, toen iedereen al sliep, een persoonlijke ontmoeting had met de Heer Jezus Christus. In die gebeurtenis ontdekte ik dat ik het Antwoord zelf had ontmoet. Een tijdje later las ik iets wat Paulus schreef over Jezus Christus: *In Hem zijn al de schatten van de wijsheid en van de kennis verborgen* (Kolossenzen 2:3). Ik realiseerde me: waarom zou ik nog rondgraaien in de afvalbakken van menselijke wijsheid, terwijl al de schatten verborgen zijn in Christus? Ik kwam tot de conclusie dat de Bijbel het boek is met alle antwoorden, en ik was vastbesloten uit te vinden wat God in Jezus Christus daarin had verborgen.

Soms ben ik afgedwaald, afgeleid of omgeleid. Maar Jezus is de *Alfa, en de Omega, het Begin en het Einde, de Eerste en de Laatste* (Openbaring 22:13), en *de Auteur en Voleinder van ons geloof* (Hebreeën 12:2). Wij zijn compleet en volmaakt in Hem. Als je ooit begint antwoorden te zoeken buiten Jezus om, zul je allerlei interessante theorieën en stimulerende presentaties tegenkomen, maar je zult jezelf voeden met rommel, terwijl je zou kunnen leven van het brood van de Vader.

—

Dank U Heer voor Uw werk in mij. Ik proclameer: Jezus is het antwoord – de alfa en de omega, het begin en het einde, de eerste en de laatste, de auteur en voleinder van mijn geloof. Ik ben compleet in Hem, want Hij heeft mij compleet gemaakt in Christus. Amen.

Bron: Strength through knowing God; the source of strength (CD)

Meer over het getuigenis van Derek Prince: Derek Prince, een leraar voor onze tijd (biografie)

17 AUGUSTUS

VOL VAN CHRISTUS; GOD ZELF

*L*et op dat niemand u als buit meesleept door de filosofie en inhoudsloze verleiding, naar de overlevering van de mensen, naar de grondbeginselen van de wereld, en niet naar Christus. Want in Hem woont heel de volheid van de Godheid lichamelijk. En u hebt de volheid ontvangen in Hem, die het hoofd is van iedere overheid en macht* (Kolossenzen 2:8-10). In deze prachtige tekst, die mij als voormalig filosoof natuurlijk extra aanspreekt, staat mijn levensdoel beschreven: de volheid binnengaan die ons gegeven is in Jezus Christus. Hij is onze ultieme bestemming. Dit kunnen we illustreren aan de hand van een parallel met de tabernakel van Mozes, zoals die in het Oude Testament beschreven staat. De tabernakel was opgebouwd uit twee delen. Ten eerste de voorhof, ten tweede het eerste gordijn naar het heilige, en in de ruimte achter dat een gordijn nog een tweede voorhangsel, dat leidde naar het heilige der heiligen. Een eenvoudige manier om het verschil te ontdekken, is te kijken naar de hoeveelheid licht die op iedere plek naar binnen valt.

In de voorhof is het natuurlijke licht van zon, maan en sterren. In het heilige is geen natuurlijk licht. Het licht hier komt van de menora, de zeven-armige kandelaar waarin olie wordt gegoten om de vlammen brandend te houden. Als je in het heilige bent, dan leef je niet langer met behulp van je natuurlijke zintuigen, maar door geloof. Het is opvallend dat achter het tweede gordijn totaal geen licht was. Er was slechts één reden om daar naar binnen te gaan: God ontmoeten. Als een man met een zuiver hart dat tweede gordijn passeerde, werd hij glorieus verlicht met de bovennatuurlijke aanwezigheid van God, de 'shekina'. Dat is de ultieme bestemming. In die plaats is niets anders wat ons beïnvloedt, behalve God. Hij voorziet daar niet in alternatieve attracties – daar is het God of niets. Als God niet komt, dan ben je alleen in de duisternis. Leven met God als onze bestemming betekent dat we geen alternatieve dingen najagen. Het is alleen God, verder niets. Het licht dat ik zoek is niet natuurlijk of gemaakt; het is bovennatuurlijk – de tegenwoordigheid van God zelf.

—

Dank U Heer voor Uw werk in mij, en dat ik door het volbrachte werk van Jezus het Heilige der Heiligen binnen mag gaan om U te ontmoeten. Ik proclameer dat het God is die ik zoek en niemand anders – de volheid van Christus – want ik ben volmaakt in Christus. Amen.

Bron: Learning by living, part 2 (CD). Meer studie: In Gods aanwezigheid (boek)

18 AUGUSTUS

VOORTDURENDE HEILIGENDE KRACHT

*W*ant met één offer heeft Hij tot in eeuwigheid volmaakt hen die geheiligd worden (Hebreeën 10:14). In dit vers komen we twee veelbetekenende werkwoordsvormen tegen. De eerste is de voltooide vorm: *Want met één offer heeft Hij tot in eeuwigheid volmaakt...* Je kunt hier letterlijk zeggen: Het offer is *volmaakt volmaakt*, of *volkomen volmaakt*. Juist voor deze tekst schreef de schrijver iets over Jezus: *...maar deze Priester is, nadat Hij één slachtoffer voor de zonden geofferd had, tot in eeuwigheid gezeten aan de rechterhand van God* (vers 12). Hier zien we een opvallend contrast met de oudtestamentische priesters. 'Gewone' priesters stonden overeind om hun taak te vervullen, terwijl Jezus na zijn offer ging zitten. Waarom deed Jezus dat? Omdat Hij niets meer hoefde te doen. Hij had alles gedaan wat nodig was. De taak van de oudtestamentische priesters ging altijd door en kwam ieder jaar terug, want hun offers losten niet het echte probleem op. Jezus' dood aan het kruis was een volmaakte, afgesloten daad.

Wat Jezus heeft gedaan is compleet en volmaakt. Er hoeft niets aan toegevoegd te worden, en er kan niets aan worden afgedaan. Jezus' offer is altijd werkzaam. Daarom is de volmaakte werkwoordsvorm gebruikt, want de kracht van Zijn offer overstijgt de tijd.

Als de schrijver dan verder gaat over hen die Jezus' offer toepassen in hun leven, zegt hij: *heeft Hij tot in eeuwigheid volmaakt hen die geheiligd worden.* 'Die geheiligd worden' staat in de voortdurend tegenwoordige tijd. Wat Jezus heeft gedaan is volmaakt, en onze toepassing daarvan blijft voortduren. Wij, die geheiligd zijn, blijven meer en meer geheiligd worden voor God. Naarmate we dichter tot God naderen en meer van Gods voorzieningen en beloften toepassen, komen we meer en meer binnen in de volledige voorziening van het offer van Christus.

—

Dank U Heer voor Uw werk in mij. Ik proclameer dat Jezus door één offer voor altijd hen heeft volmaakt die geheiligd worden, en dat geldt ook voor mij. Zijn offer blijft altijd en voortdurend zijn heiligende werk doen in mijn leven! Daarvoor ben ik zo dankbaar! Ik ben volmaakt in Christus. Amen.

Bron: Complete salvation and how to receive it (CD/ DVD/boek)

19 AUGUSTUS

VOLMAAKTE CIRKELS

A an het begin van dit weekthema zagen we al dat de term 'volmaakt' mensen soms afschrikt, alsof er een onhaalbare eis wordt gesteld. Om het woord minder beangstigend te maken, wil ik graag een voorbeeld gebruiken uit de wiskunde.

Laten we het woord 'cirkel' eens bekijken. Er is slechts één definitie voor 'rond'. Iets is rond of het is niet rond. Als iets rond is, dan is het een cirkel. Zodra een cirkel ook maar iets afwijkt, dan is het een ellips of een ei-vorm, maar dan is het geen cirkel meer. Er is maar één soort cirkel en er zijn geen verschillende versies van. Er zijn echter wel veel verschillende groottes van cirkels. Als twee dingen een identieke vorm hebben maar verschillend zijn van formaat, noemen we ze 'soortgelijk'.

God de Vader is de grote cirkel, de oneindig grote, volmaakt ronde ring die het hele universum omspant. Jezus verwacht niet van ons dat wij dezelfde grootte hebben als Hij, maar Hij verwacht wel een soortgelijk karakter van ons. We moeten soortgelijk zijn aan God, maar niet hetzelfde. Jij en ik zijn wellicht hele kleine cirkeltjes – werkzaam in een aantal kleine gebieden met schijnbaar onbeduidende taken waarin God ons heeft geplaatst. Maar ieder van ons mag in zijn omgeving een volmaakte cirkel zijn. Net zo rond als de grote cirkel – God de Vader – die het hele universum omringt.

Dus als je Jezus' opdracht *wees volmaakt* (Matteüs 5:48) leest, denk dan in termen van rond zijn. Zorg ervoor dat je geen inhammetjes en uitstulpinkjes vertoont of andere gebreken. Misschien ben je voor je gevoel niet zo groot, maar toch kun je een volmaakte cirkel zijn.

—

Dank U Heer, voor Uw werk in mij. Ik proclameer dat God wil dat ik een 'volmaakte cirkel' ben, en door Zijn genade zal ik dat ook zijn, want ik ben volmaakt in Christus. Amen.

Bron: Progress to perfection, part 1 (CD)

WEEK 34

MIJN OUDE MENS IS TER DOOD GEBRACHT IN CHRISTUS, ZODAT DE NIEUWE MENS IN MIJ ZOU OPSTAAN.

Lieg niet tegen elkaar; u hebt toch de oude mens met zijn daden uitgetrokken, en u met de nieuwe mens bekleed, die vernieuwd wordt tot kennis, overeenkomstig het beeld van Hem die hem geschapen heeft.

KOLOSSENZEN 3:9,10

20 AUGUSTUS

DE NIEUWE MENS LEEFT!

De omwisseling waar we ons deze week mee bezighouden, is die van de oude naar de nieuwe mens. De oude mens is met Christus gestorven aan het kruis, zodat in ruil daarvoor de nieuwe mens nu in ons kan leven. Dit thema zien we in het Nieuwe Testament voortdurend terugkomen, maar in veel gemeenten vandaag wordt het maar zo heel af en toe aangestipt. Het contrast tussen de oude mens die stierf aan het kruis, en de nieuwe mens die is opgestaan met Christus, wordt duidelijk aan de hand van Jezus' opstanding.

De kruisiging van Jezus is een historische gebeurtenis die daadwerkelijk plaatsvond in de geschiedenis. Het is geweldig opbouwend voor je geloof als je hier even bij stilstaat. Het is echt gebeurd! Het is waar, of men er nu in gelooft of niet, en of we het nu weten of niet. Maar als we het weten en erin geloven, heeft het een onvoorstelbare invloed op ons leven. In Romeinen 6:6 stelt Paulus dat *onze oude mens met Hem gekruisigd is, opdat het lichaam van de zonde tenietgedaan zou worden en wij niet meer als slaaf de zonde zouden dienen.* Het lichaam van de zonde is tenietgedaan, oftewel, is buiten werking gesteld.

De slavernij die de zonde tot onze meester maakte, wordt beëindigd als we ons realiseren dat onze oude mens is gestorven en de nieuwe mens nu in ons leeft. Als we ons dit echter niet realiseren, het niet echt geloven en er niet naar handelen, dan is er geen volledige ontsnapping aan de slavernij. Het sterven van onze oude mens is de enige weg uit de gebondenheid aan de slavernij van de zonde.

———

Heer Jezus, dank U voor de omwisseling aan het kruis. Ik proclameer dat mijn slavernij aan de zonde is beëindigd, omdat mijn oude mens ter dood is gebracht in Christus. Dank U wel dat de nieuwe mens in mij is opgestaan, en dat ik daarnaar leven mag door de kracht van de Heilige Geest. Amen.

Bron: Spiritual Conflict, vol. 2; God's secret plan unfolds: The cross canceled satan's claims (CD)
Meer studie: Betaald met bloed (boek)

21 AUGUSTUS

HET PRODUCT VAN WAARHEID

Laten we nog iets nauwkeuriger kijken naar de omwisseling die heeft plaatsgevonden van de oude naar de nieuwe mens. De oude mens was het resultaat van de leugen van de duivel – hij was het resultaat van misleiding. Zijn hele natuur is misleiding en verderf. De oude mens is het product van de slang en is net zo kronkelig en zo krom als een hoepel. Er is geen waarheid in hem. Hoe meer hij probeert rechtop te lopen, hoe krommer hij wordt.

Wat is de oplossing? De oude mens is gekruisigd, zodat de nieuwe mens kan opstaan. Efeze 4:22 roept ons op om *de oude mens af te leggen* en *de nieuwe mens aan te doen* (vers 24). Dat is de omwisseling. Het oude stel kleren gaat weg; de nieuwe kleding wordt aangetrokken.

Daarna beschrijft vers 24 hoe die nieuwe mens in elkaar zit: *in ware rechtvaardigheid en heiligheid.* Dit vers zou ik anders willen vertalen: *die – net als God – is geschapen in rechtvaardigheid en werkelijke heiligheid.* Of: *Die volgens Gods plan* (Gods standaarden, Gods denken of Gods doelstellingen) *was geschapen in rechtvaardigheid en heiligheid in waarheid.* De nieuwe mens is het product van de waarheid van Gods Woord over Jezus Christus. Deze waarheid – die we in ons hart aannemen door geloof – brengt de nieuwe mens voort, die op zijn beurt rechtvaardigheid en heiligheid voortbrengt. De nieuwe mens is geschapen met Gods standaarden, Zijn doelen, in rechtvaardigheid en heiligheid. Dat zijn producten van de waarheid.

—

Jezus, dank U voor de omwisseling aan het kruis. Ik proclameer dat mijn oude mens werd gekruisigd met Christus, opdat mijn nieuwe mens zou worden voortgebracht. Deze waarheid ontvang ik in mijn hart door geloof: mijn oude mens is ter dood gebracht in Christus, zodat de nieuwe mens in mij zou opstaan. Amen.

Bron: Spiritual Conflict, vol. 2; God's secret plan unfolds: The cross canceled satan's claims (CD)

22 AUGUSTUS

ONVERGANKELIJK ZAAD

Ieder die uit God geboren is, doet de zonde niet, want Zijn zaad blijft in hem; en hij kan niet zondigen, omdat hij uit God geboren is (1 Johannes 3:9). Betekent deze tekst dat een wedergeboren gelovige nooit zondigt? Als dat zo was, dan zouden veel mensen – waaronder ikzelf – de naam wedergeboren gelovige niet mogen hebben. Is er iemand onder ons die werkelijk uit God geboren is, van wie gezegd kan worden: „Hij of zij kan niet zondigen."? Ik denk van niet. Maar wat betekent dit vers dan?

Zoals ik het begrijp gaat deze tekst over de nieuwe natuur die in ons geboren is. Deze natuur – de Jezus-natuur - kan niet zondigen - het is immers de nieuwe mens. Dit is erg belangrijk om te weten, want alleen als we ons aan die natuur toewijden en die ontwikkelen, komen we terecht in een leven van overwinning over de zonde.

In 1 Johannes 5:4 staat: *Want al wat uit God geboren is, overwint de wereld.* Johannes heeft het hier over 'wat' uit God geboren is, dus niet 'wie' uit God geboren is. Hij spreekt hier dus over een persoon, maar ook over een natuur. Dat is tenminste hoe ik deze teksten lees. Ze gaan over de natuur van de nieuwe mens; zijn nieuwe karakter dat niet kan zondigen; een onvergankelijke natuur. Weet je waarom die natuur onvergankelijk is? Omdat Gods zaad in de nieuwe mens is. Wat is dan dat zaad? Dat lezen we in 1 Petrus 1:23: *u die opnieuw geboren bent, niet uit vergankelijk, maar uit onvergankelijk zaad, door het levende en eeuwig blijvende Woord van God.* Wat is het karakter van het zaad van Gods Woord? Het is onvergankelijk - en daarmee precies tegengesteld aan de natuur van de oude mens, die juist richting het verderf gaat (en het feitelijk al is).

—

Heer Jezus, dank U voor de omwisseling aan het kruis. Ik proclameer dat in mij een nieuwe schepping is geboren – een natuur die niet kan zondigen, de Jezus-natuur. Ik proclameer dat Mijn oude mens ter dood gebracht is in Christus, zodat de nieuwe mens in mij opstaat. Amen.

Bron: The fullness of the cross, vol. 1 / Salvation is all-inclusive (CD)

23 AUGUSTUS

VERNIEUWD WORDEN

Jezus was God, gesluierd in vlees. Toen het vlees van Jezus werd doorboord en gescheurd aan het kruis, werd het voorhangsel (of: de sluier) doormidden gescheurd.

In deze tijd wordt Christus geopenbaard in de gelovige; Hij leeft in de gelovige, maar Hij is nog steeds gesluierd door het vlees. De brief aan de Kolossenzen beschrijft een ander aspect van deze waarheid. Als het gaat over de nieuwe mens – die we zijn in Christus – schrijft Paulus aan de gelovigen: *Lieg niet tegen elkaar; u hebt toch de oude mens met zijn daden uitgetrokken, en u met de nieuwe mens bekleed, die vernieuwd wordt tot kennis, overeenkomstig het beeld van Hem die hem geschapen heeft* (3:9,10). Vernieuwing is dus een voortdurend proces dat in de tegenwoordige tijd plaatsvindt. Daarna zegt Paulus: *...tot kennis, overeenkomstig het beeld van Hem die hem geschapen heeft.* Het woord 'kennis' betekent ook 'erkennen'. Het gaat er dus niet alleen om dat we Jezus intellectueel kennen, maar dat we Hem ook erkennen als Heer in ieder gebied van ons leven; daardoor krijgt Zijn beeltenis in ons gestalte.

Het einddoel van dit vernieuwingsproces is dat wij Zijn beeld reproduceren. Ik geloof dat het een accurate, terechte vertaling is om te zeggen: „Die vernieuwd wordt in de erkenning van de Schepper, om Zijn beeld te reproduceren." Met andere woorden, het einddoel is het beeld te herstellen dat door de zondeval besmeurd is geraakt. Natuurlijk zal de climax hiervan plaatsvinden bij de opstanding uit de doden, als zelfs het fysieke lichaam van de gelovige getransformeerd zal worden naar het beeld van Jezus' eigen opstandingslichaam.

—

Heer Jezus, dank U voor de omwisseling aan het kruis. Ik proclameer dat ik vernieuwd wordt naar het beeld van Hem die mij gemaakt heeft. Mijn oude mens is ter dood gebracht in Christus, zodat de nieuwe mens in mij zou opstaan. Amen.

Bron: Spiritual conflict, vol. 2: God's secret plan unfolds: God's purpose for the new race (CD)
Meer studie: Overwinning over de dood (boek)

24 AUGUSTUS

GEESTELIJKE VOEDING

We hebben geleerd dat de wedergeboorte, door Gods Woord, een compleet nieuwe natuur creëert in de menselijke geest - een nieuw soort leven. We zullen nu gaan kijken naar een ander groot effect van Gods Woord.

In ieder gebied van het leven geldt één onveranderlijke wet: zodra nieuw leven is geboren, is de eerste en grootste behoefte van dit nieuwe leven voeding, om het nieuwe organisme in leven te houden. Als een baby wordt geboren, is hij of zij meestal kerngezond, maar als hij of zij niet snel voeding krijgt, zal de baby verzwakken en sterven.

Dezelfde wet geldt in de geestelijke wereld. Als iemand wordt wedergeboren, verlangt de nieuwe geestelijke natuur die in die persoon is geboren, onmiddellijk geestelijke voeding om te kunnen leven en groeien. De geestelijke voeding waar God in heeft voorzien voor al Zijn wedergeboren kinderen staat in Zijn Woord. Gods Woord is zo rijk en gevarieerd dat het voeding bevat voor iedere fase van de geestelijke ontwikkeling. Gods voorziening voor de eerste stappen van geestelijke groei wordt beschreven in de eerste brief van Petrus. Nadat hij in het eerste hoofdstuk heeft geschreven over de wedergeboorte van het onvergankelijke zaad van Gods Woord, gaat hij verder: *Leg dan af alle slechtheid, alle bedrog, huichelachtigheid, afgunst en alle kwaadsprekerij. En verlang sterk, als pasgeboren zuigelingen, naar de zuivere melk van het Woord, om daardoor op te groeien* (1 Petrus 2:1,2). Voor geestelijke baby's in Christus is Gods voeding de zuivere melk van Zijn eigen Woord. Deze melk is noodzakelijke brandstof om in leven te blijven en voor doorgaande groei.

—

Heer Jezus, dank U voor mijn nieuwe leven door Uw offer aan het kruis. Ik wijd me toe aan Uw Woord als bron van geestelijke voeding voor mijn leven en mijn groei als christen. Ik proclameer dat mijn oude mens ter dood gebracht is in Christus, zodat de nieuwe mens in mij is opgestaan en voortdurend blijft groeien door voeding uit Zijn Woord. Amen.

Bron: De pijlers van het christelijk geloof (boek)

25 AUGUSTUS

DE NIEUWE MENS AANDOEN

Religie probeert mensen van buiten naar binnen te veranderen: lange rokken, iets op je hoofd zetten, make-up weggooien, haar langer maken, of wat dan ook. Maar als het niet van binnenuit komt, dan is het lege, uiterlijke religie. God werkt echter precies tegenovergesteld. Hij verandert mensen van binnenuit. Hij begint met ons denken en zegt: „Als je iets blijvends in je leven wilt zien veranderen, dan moet je op een andere manier gaan denken. Een andere Geest moet toegang krijgen tot je denken. Je bent onder de misleiding van satan geweest; nu moet je je openstellen voor de Geest van de waarheid, de Heilige Geest." Als gevolg daarvan zijn we in staat om de nieuwe mens aan te doen, de tegenhanger van de oude mens.

In Efeze 4:24 staat: *Doe de nieuwe mens aan die geschapen is naar Gods beeld, in werkelijke gerechtigheid en heiligheid.* Deze nieuwe mens is geschapen naar Gods beeld, in ware gerechtigheid en heiligheid. De nieuwe mens is geschapen volgens Gods plan, naar Gods standaard en naar Zijn beeld. De oude mens is het product van satans misleiding; de nieuwe mens is het product van Gods waarheid.

Het is opvallend dat satan tot het menselijk ras kwam in de vorm van een slang. In zijn aard is een slang een kronkelig, gekromd dier, en ik denk dat dat levendig schetst wie de duivel is – hij is een kronkelig, krom denkend onderkruipsel. Maar let op, hij is heel sluw om ook jouw denken in rare kronkels te brengen en je heel subtiel af te leiden van Gods waarheid. Daarom komt hij nooit met de hele waarheid, maar vaak een klein stukje waarheid, vermengd met leugen. Daarmee probeert hij je oude mens aan te spreken, die zelfgericht is en niet gericht op God. Het woord dat de oude mens het best beschrijft is 'verdorven'. Die oude mens moeten we afleggen en de nieuwe aandoen. De woorden die de nieuwe mens het best omschrijven, zijn 'gerechtig' en 'heilig'. En dat is ook waar je uitkomt als je al je gedachten toetst aan de waarheid van Gods Woord.

—

Heer Jezus, dank U voor de omwisseling aan het kruis. Ik belijd dat ik de oude mens afleg en de nieuwe mens aandoe; ik proclameer dat mijn oude mens ter dood is gebracht in Christus opdat de nieuwe mens in mij tevoorschijn mag komen. Amen.

Bron: Release from the tyranny of self (CD)

277

26 AUGUSTUS

DE JUISTE VRUCHT

Jakobus schreef het volgende over de inconsequente levensstijl en de uitspraken van religieuze mensen. Hij heeft het over de tong en zegt: *Door haar loven wij God en de Vader, en door haar vervloeken wij de mensen, die naar de gelijkenis van God gemaakt zijn. Uit dezelfde mond komt zegen en vervloeking voort. Dit moet, mijn broeders, zo niet zijn. Laat soms een bron uit dezelfde opening zoet en bitter water opwellen? Kan ook, mijn broeders, een vijgenboom olijven voortbrengen, of een wijnstok vijgen? Evenmin kan een bron zout én zoet water voortbrengen.*(Jak. 3:9-12) Jakobus combineert hier twee beelden. Een daarvan is een boom. Een vijgenboom zal nooit andere vruchten dragen, zoals bijvoorbeeld olijven. De soort boom geeft aan welke vruchten zij zal dragen. In dit beeld is de boom het menselijk hart. De vruchten zijn de woorden die uit onze mond komen. In het andere beeld gebruikt Jakobus een waterbron als beeld. Als er zout of brak water uitkomt, dan weet je hoe het met de bron gesteld is; die bevat dan ook zout of brak water.

De twee bomen staan voor twee soorten naturen. Een boom die vruchten draagt die niet bij haar passen is verdorven; deze boom is de oude mens. Een goede boom is de nieuwe mens in Jezus Christus. De oude mens kan geen goede vruchten voortbrengen. Jezus heeft dit verschillende malen uitgelegd (bijvoorbeeld in Johannes 15:1-8). Uit die oude, vleselijke natuur zullen altijd vruchten voortkomen die passen bij haar aard.

De bron staat voor iets geestelijks. Een zuivere bron is de Heilige Geest, en een bron die niet zuiver is, vertegenwoordigt een andere, onreine geest. Het is aan ons om ervoor te kiezen altijd de Heilige Geest van God onze bron te laten zijn.

—

Heer Jezus, dank U voor de omwisseling aan het kruis. Ik proclameer dat uit mijn nieuwe natuur goede vruchten zullen komen, omdat steeds de Heilige Geest de bron zal zijn waaruit ik put. Mijn oude mens is in Christus ter dood gebracht, zodat de nieuwe mens tot leven komt. Amen.

Bron: Experiencing God's power (boek). Meer studie: Waar het hart vol van is… (boek)

WEEK 35

MIJN VADER HEEFT MIJ IN LIEFDE VOORBESTEMD

OM ALS ZOON OF DOCHTER DOOR HEM

GEADOPTEERD TE WORDEN.

Hij heeft ons tevoren voorbestemd om tot Zijn kinderen

aangenomen (of: geadopteerd) te worden door Jezus Christus,

overeenkomstig het welbehagen van Zijn wil.

EFEZE 1:5

27 AUGUSTUS

GEKOZEN EN AANVAARD

Hij heeft ons vóór de grondlegging van de wereld in Hem uitverkoren (…) om tot Zijn kinderen geadopteerd te worden door Jezus Christus, overeenkomstig het welbehagen van Zijn wil, tot lof van de heerlijkheid van Zijn genade, waarmee Hij ons begenadigd heeft in de Geliefde (Efeze 1:4-6).

Wie is de Geliefde? Jezus! In deze tekst zit een belangrijke volgorde. We zijn gekozen, uitverkoren, geadopteerd en aanvaard. Ik ben me ervan bewust dat sommige vertalingen hier niet het woord 'aanvaard' hebben staan, maar 'begunstigd'. Vertaald uit het Grieks staat er: *God heeft ons Zijn gunst volkomen geschonken.* Toen de engel Gabriël Maria begroette zei hij: *Wees gegroet, begenadigde* (Lukas 1:28). 'Begenadigd' is hetzelfde als 'begunstigd', maar je kunt het ook vertalen met 'aanvaard'. We worden niet slechts door God getolereerd, terwijl we verder aan de zijlijn blijven staan. Nee, we staan bij Hem op de grootst mogelijke manier in de gunst. Kun je dat geloven? Het is onvoorstelbaar.

Zoals ik al eerder in deze overdenkingen naar voren bracht, veel gevoelens van onzekerheid zijn direct verbonden met het probleem van afwijzing. Sta daar vandaag nog weer eens even opnieuw bij stil. Hoe staat het nu met je? Weet jij je echt aanvaard en geliefd door God? De oplossing als je worstelt met afwijzing, is bewust deel te worden van Gods gezin. Hij is niet veranderd. God is liefde en Hij houdt van al Zijn kinderen. Er bestaan in Zijn gezin geen tweederangs kinderen. Als jij een kind van God bent, dan hoef je niet op je tenen door de troonzaal te lopen en op Gods deur te kloppen, in de hoop dat Hij je eventueel zal binnenlaten. Nee, Hij wacht op je met Zijn armen wijd open.

—

Vader, dank U wel dat U me vandaag opnieuw doordringt van het feit dat ik Uw kind ben. Ik proclameer dat ik gekozen, uitverkoren, geadopteerd en aanvaard ben. God heeft mij Zijn volkomen gunst en genade geschonken. Mijn Vader heeft mij in liefde voorbestemd om als zoon of dochter door Hem te worden aangenomen. Amen.

Bron: Total security (CD)

28 AUGUSTUS

TEGENGIF VOOR EENZAAHEID

Als ik er bij stil sta hoeveel eenzame christenen er zijn in de wereld, dan overweldigt het antwoord me. Te meer omdat ik geloof dat er niet zoiets zou hoeven bestaan als een 'eenzame christen'. Een van de grootste veranderingen die in ons denken moet plaatsvinden, is het beeld te veranderen van wat christen zijn inhoudt... Het betekent dat je deel uitmaakt van Gods gezin. En dat is geen theologische status, maar werkelijk horen bij en deel zijn van een echt gezin. Eenzaamheid is iets verschrikkelijks. Toch zijn miljoenen mensen eenzaam. Hoewel de bevolking op aarde steeds sneller toeneemt - en hoewel steeds meer mensen vlak bij elkaar in grote steden wonen - is deze wereld en zijn onze steden vol met eenzame mensen. Het is mogelijk om eenzaam te zijn te midden van een grote mensenmassa. Het is mogelijk om eenzaam te zijn in een grote stad. Het is zelfs mogelijk om eenzaam te zijn midden in een grote gemeente! Denk eens even na of jij iemand weet in jullie gemeente die mogelijk eenzaam is, en kom vandaag in actie om die persoon te bemoedigen! Of als jij zelf je eenzaam voelt, ook dan kun jij in actie komen door iemand anders die eenzaam is te benaderen en te zegenen. Eenzaamheid terwijl je omringd bent door mensen is eigenlijk de ergste vorm van eenzaamheid. Ondanks de mensen om je heen voel je je afgesneden van contact, door een onzichtbare blokkade waarvan je geen idee hebt hoe je er doorheen moet breken. Eenzaamheid is niet Gods plan voor een mens. In eeuwigheid is God al Vader. Hij is de bron van alle vaderschap – van ieder gezin in de hemel en op de aarde. Zoals Paulus schreef in Efeze 3:15: *naar God is de hele familie in de hemel en op de aarde genoemd.* In het begin van de geschiedenis van de mensheid, voorzag God in een maatje voor de eerste mens, want Hij oordeelde: *Het is niet goed dat de mens alleen is* (Genesis 2:18). God heeft ons sociale mensen gemaakt die elkaar nodig hebben. Hij wil ons uit onze eenzaamheid bevrijden en ons brengen in Zijn gezin. Hij wil ons broers en zussen geven met wie we Zijn liefde delen.

—

Dank U Vader dat ik Uw kind ben. Ik proclameer dat eenzaamheid niet Gods plan is voor mijn leven. Hij heeft me in Zijn gezin geplaatst. Mijn Vader heeft mij in liefde voorbestemd om als zoon/dochter door Hem te worden aangenomen. Amen.

Bron: Update 94, maart 2001 (CD)

29 AUGUSTUS

GEZIN: DELEN IN DE LEVENSBRON

We zijn allemaal deel van Gods gezin omdat we allemaal één en dezelfde Vader hebben. Jezus is onze oudere broer en we maken allemaal deel uit van hetzelfde gezin. Als ik nadenk over het gezin van God, word ik altijd herinnerd aan een bepaald voorval dat plaatsvond in de kerkgeschiedenis. Het waren de dagen dat een aantal christenen in de Schotse Hooglanden hevig werden vervolgd door het Engelse leger. Op weg naar een geheime samenkomst werd een Schotse vrouw gearresteerd door een Engelse politieman, die haar vroeg waar ze naartoe op weg was. Ze wilde niet liegen, maar ook haar medegelovigen niet verraden. Ze deed een schietgebedje om wijsheid. Toen zei ze tegen de politieman: „Mijn oudere broer is gestorven, en ik ben op weg naar het huis van mijn Vader om te luisteren naar het voorlezen van zijn testament."

Dat was een geweldig geïnspireerd en volkomen waar antwoord. Jezus is de oudere broer, God is onze Vader en we gaan naar het huis van de Vader.

Wat is het onderscheidende kenmerk van een gezin? Het feit dat ze een gemeenschappelijke levensbron hebben. God de Vader is de levensbron voor ons allemaal, en samen vormen we Zijn gezin. Dat is geen instituut, geen organisatie, maar een levensbron die we samen delen.

Wat wordt er van ons, als gezinsleden van God, verwacht? Wederzijdse aanvaarding. Jezus noemt ons Zijn broers, omdat God ons Zijn kinderen noemt. Als God onze medechristenen Zijn kinderen noemt, dan noemen wij hen broer of zus. Dat is niet altijd gemakkelijk. Je vrienden kun je zelf uitkiezen, maar je familie niet. Toch moeten we elkaar aanvaarden en liefhebben.

—

Dank U Vader, dat ik Uw kind ben. Ik proclameer dat ik deel uitmaak van Gods gezin, met God als mijn Vader en Jezus als mijn oudere broer. Ik kies ervoor mijn broers en zussen lief te hebben. Mijn Vader heeft mij in liefde voorbestemd om als zoon/dochter door Hem te worden aangenomen. Amen.

Bron: Seven pictures of God's people, part 2 (CD)

30 AUGUSTUS

HET BESTE GEZIN VAN HET HEELAL

Soms hebben we met onze aardse ouders problemen die niet opgelost kunnen worden. Het kan zijn dat je ouders je nooit hebben gewild, of misschien niet eens van *elkaar* hielden, laat staan van jou. Hoe pijnlijk dit ook is, als je tot God komt en Hem leert kennen als Vader, dan wordt de pijn milder. Door Jezus Christus word je dan namelijk lid van het beste gezin van het heelal - en God kent geen tweederangs kinderen.

Gods gezin is het beste gezin. Geen enkele familie is ermee te vergelijken. Zelfs als jouw eigen familie niet voor je zorgde – misschien heeft je vader je afgewezen, had je moeder nooit tijd voor je, of heeft je echtgenoot nooit genegenheid voor je getoond – God wil jou wel. Je bent aanvaard en geliefd, en het voorwerp van Gods bijzondere zorg en liefde. Alles wat God in het universum doet, draait om jou.

Als God zegt dat we aanvaard zijn, dan bedoelt Hij niet dat we worden getolereerd. We zijn Hem nooit tot last. We kunnen Hem nooit blijvend boos maken of Hem storen in waar Hij mee bezig is. We nemen nooit teveel tijd van Hem in beslag. Het enige wat Hij niet leuk vindt, is als we te lang bij Hem wegblijven. Hij verwelkomt ons graag en met liefde.

—

Dank U Vader, dat ik Uw kind ben. Ik proclameer dat door bij Jezus Christus te komen, ik deel ben geworden van het beste gezin van het heelal. God verwelkomt me, want in Zijn liefde heeft mijn Vader mij uitverkoren om als Zijn zoon/dochter te worden aangenomen. Amen.

Bron: How to overcome rejection and betrayal (CD)

31 AUGUSTUS

GOD VERWELKOMT DE VERLOREN KINDEREN

Vandaag kijken we naar een basisprincipe uit de gelijkenis van de verloren zoon. Jezus vertelde deze gelijkenis aan Zijn discipelen in Lukas 15:11-32. In het verhaal zien we een vader die op de uitkijk staat, in de verwachting dat zijn zoon weer thuis zal komen. Andere mensen hoefden hem niet te waarschuwen dat zijn zoon eraan kwam, want de eerste die hem zou zien komen, was hij zelf. Nog voordat de rest van het gezin zich ergens van bewust was, wist hij het al…

Gods houding naar ons in Christus is precies zo. We zijn niet afgewezen. Geen verdrukte minderheid. En ook niet slechts dienaren. Toen de verloren zoon terugkwam, was hij bereid om een dienstknecht te zijn, maar zijn vader wilde daar niets van weten. Integendeel. *Maar de vader zei tegen zijn slaven: Haal het beste gewaad en trek het hem aan en geef hem een ring aan zijn hand en schoenen aan zijn voeten. En haal het gemeste kalf en slacht het, en laten we eten en vrolijk zijn. Want deze, mijn zoon, was dood en is weer levend geworden. En hij was verloren en is gevonden. En zij begonnen vrolijk te zijn.* (vers 22-24) Het hele huishouden stond op zijn kop om de verloren zoon te verwelkomen. Jezus zei: *Ik zeg u dat er evenzo blijdschap zal zijn in de hemel over één zondaar die zich bekeert, meer dan over negenennegentig rechtvaardigen die de bekering niet nodig hebben* (vers 7). Laat alsjeblieft goed tot je doordringen dat God jou precies zo verwelkomt in Christus!

—

Dank U Vader, dat ik Uw kind ben. Ik geloof dat God mij verwelkomt in Christus en dolblij is dat ik leef. Mijn Vader heeft mij in liefde voorbestemd om als zoon/dochter door Hem te worden aangenomen. Amen.

Bron: From rejection to acceptance (Artikel New Wine Magazine)

1 SEPTEMBER

GOD KOOS VAN TEVOREN

Geloofd zij de God en Vader van onze Heere Jezus Christus, die ons gezegend heeft met alle geestelijke zegen in de hemel in Christus, omdat Hij ons vóór de grondlegging van de wereld in Hem uitverkoren heeft, om heilig en smetteloos te zijn voor Hem in de liefde. (Efeze 1:3,4)

Efeze 1 is een heerlijk hoofdstuk, dat werkt als een medicijn op de momenten dat we worstelen met onze identiteit. God kende ons van tevoren en op basis van Zijn voorkennis koos Hij ons uit. Je bent niet waar je nu bent omdat jij daarvoor koos; je bent waar je bent en je bent wíe je bent, omdat God daarvoor koos. Die waarheid maakt een wereld van verschil in je houding naar jezelf en naar je omstandigheden. Beiden werden namelijk door God geïnitieerd. Jij hebt je leven niet in gang gezet, maar God.

God *kende* ons niet alleen van tevoren, maar Hij heeft ons ook *uitverkoren*. Sommige mensen zijn bang voor het woord 'uitverkiezing' en wat dit zou kunnen betekenen. De echte betekenis ervan is echter dat God tevoren de koers van ons leven heeft uitgezet. Paulus schrijft in Romeinen 8:29: *Want die Hij tevoren gekend heeft, die heeft Hij ook tevoren bestemd.* God heeft alles van tevoren bedacht.

In Efeze 1:11 schrijft Paulus: *In Hem zijn wij ook een erfdeel geworden, wij, die daartoe tevoren bestemd waren, naar het voornemen van Hem die alle dingen werkt naar de raad van Zijn wil.* Als je deze zekerheid goed op je in laat werken, biedt dit enorme veiligheid. Denk er eens over na: je bent door God uitgekozen; de koers van jouw leven is door God uitgezet, en Hij werkt alle dingen uit op de manier die Hij wil, zelfs als je dingen tegenkomt die je liever anders zou willen. Hij doet ze meewerken ten goede voor jou, naar de raad van Zijn wil. Kun je dat aanvaarden?

—

Dank U Vader dat ik Uw kind ben. Ik proclameer dat de koers van mijn leven is uitgezet door U, die alles werkt naar de raad van Uw wil. Mijn Vader heeft mij in liefde voorbestemd om als zoon of dochter door Hem te worden aangenomen. Amen.

Bron: The roman pilgrimage, vol. 2: Romans 8:26-39 (CD)

2 SEPTEMBER

GOD HEEFT HET GEDAAN!

Toen Jezus stierf aan het kruis, scheurde het voorhangsel doormidden – dit was het gordijn dat de zondige mens symbolisch scheidde van een heilige God. Deze gebeurtenis was een geweldig *statement*, dat we door Hem worden aanvaard (zie bijvoorbeeld Matteüs 27:51). Het gordijn scheurde van boven naar beneden, een onlogische, bovennatuurlijke gebeurtenis, waardoor nooit iemand zou kunnen beweren dat de mens het heeft gedaan. God zelf heeft dit gedaan. Het gescheurde voorhangsel is de uitnodiging van de Vader, gericht tot ieder mens die gelooft in Jezus: „Kom binnen, je bent welkom. Mijn Zoon heeft jouw afwijzing ondergaan, zodat Ik jou Mijn aanvaarding kan schenken." *Geloofd zij de God en Vader van onze Heere Jezus Christus, die ons gezegend heeft met alle geestelijke zegen in de hemel in Christus, omdat Hij ons vóór de grondlegging van de wereld in Hem uitverkoren heeft, om heilig en smetteloos te zijn voor Hem in de liefde* (Efeze 1:3,4).

De beslissing dat wij zijn uitgekozen is niet aan ons, maar aan God. Denk niet dat jij gered bent omdat jij ervoor hebt gekozen om gered te worden! Je bent gered omdat God jou heeft uitgekozen - en jij hebt vervolgens op Zijn uitverkiezing gereageerd. Jij kunt bovendien nog van gedachten veranderen; God zal dat echter nooit doen.

In veel van de hedendaagse prediking van het evangelie is overigens een verkeerde nadruk. Er wordt dan gezegd dat alles afhangt van wat wij doen. Het is waar dat wij een keuze moeten maken, maar wij zouden nooit in staat zijn te kiezen, als God ons niet eerst had gekozen. Je zult ontdekken dat je je als christen veel zekerder zult voelen, als je ervan doordrongen bent dat je relatie met God niet gebaseerd is op wat jij hebt gekozen of gedaan, maar op wat God heeft gekozen en gedaan. God is veel betrouwbaarder dan jij en ik.

—

Dank U Vader, dat ik Uw kind ben. Ik proclameer dat ik een kind van God ben, niet op basis van wat ik kan doen of heb gedaan, maar op basis van wat God heeft gedaan. Mijn Vader heeft mij in liefde voorbestemd om als zoon of dochter door Hem te worden aangenomen. Amen.

Bron: Atonement, vol. 2: rejection vs. acceptance (CD)

WEEK 36

MIJN VADER WEET WAT IK NODIG HEB,

NOG VOORDAT IK HEM EROM VRAAG.

Want Uw Vader weet wat u nodig hebt,

voordat u tot Hem bidt.

MATTEÜS 6:8

3 SEPTEMBER

GOD KENT MIJ DOOR EN DOOR

God kent ons door en door. Zelfs zo goed dat Hij weet hoeveel haren er op ons hoofd groeien (zie Matteüs 10:30). In Psalm 139 schrijft David vol ontzag en verbijstering: *HEERE, U doorgrondt en kent mij. U kent mijn zitten en mijn opstaan, U doorziet van verre mijn gedachten. U onderzoekt mijn gaan en mijn liggen, U bent met al mijn wegen vertrouwd. Al is er nog geen woord op mijn tong, zie HEERE, U weet alles. U sluit mij in van achter en van voren, U legt Uw hand op mij. Dit kennen – het is mij te wonderlijk, te hoog, ik kan er niet bij. Waar kan ik Uw Geest ontgaan, waar Uw aangezicht ontvluchten?* (vers 1-7).

Bedenk wat David hier zegt: God doorziet van verre onze gedachten. Een man ontving ooit een openbaring van God, en vertelde dat de engel die hem die openbaring bracht, tegen hem zei: „De gedachten van een mens klinken in de hemel net zo luid als de stemmen van de mens op aarde." Dat is een schokkende gedachte – elke gedachte is transparant en hoorbaar in de hemel. Maar het is ook de kern van wat David hier schrijft.

Als we hierover nadenken, moeten we David wel nazeggen: *Dit kennen – het is mij te wonderlijk, te hoog, ik kan er niet bij.* David vroeg: *Waar kan ik Uw Geest ontgaan, waar Uw aangezicht ontvluchten?* Hier zien we de sleutel om te begrijpen hoe God alles weet in het hele universum, namelijk door Zijn Geest. De Geest van God gaat door het hele universum heen; er is geen plaats waar Hij niet aanwezig is. Door Zijn Geest weet God alles wat wij weten, en nog veel meer. Hij weet dingen die wij nooit kunnen weten, zoals het aantal haren op ons hoofd.

—

Dank U Vader, dat U mij helemaal kent. Ik proclameer dat God door Zijn Geest alles over mij weet, en zelfs nog meer. Mijn hemelse Vader weet wat ik nodig heb, nog voordat ik erom vraag. Amen.

Bron: Secure in God's choice, part 1 (CD)
Meer studie: Veilig bij God (dagboek/CD)

4 SEPTEMBER

GOD WEET ALLES

Gods alwetendheid heeft alles te maken met Zijn eeuwige natuur. In 1 Johannes 3:20 vinden we een belangrijke maar eenvoudige openbaring: *God weet alles.* Er is niets wat God niet weet. Van het kleinste insect tot de verste ster in de melkweg, er is niets wat God niet volkomen doorgrondt.

God weet dingen over ons die we zelf niet eens weten. Geloof je bijvoorbeeld werkelijk wat we gisteren zagen (zie Matteüs 10:30), dat Hij het aantal haren op je hoofd weet?

God kende ook het aantal inwoners van de stad Nineve (zie Jona 4:11). Hij wist – en controleerde – de groei van de plant die Jona schaduw gaf. Hij wist – en controleerde – de activiteiten van de worm die ervoor zorgde dat de plant weer verdorde (zie Jona 4:6,7).

De apostel Paulus schreef over *'wat geen oog heeft gezien en geen oor heeft gehoord en in geen mensenhart is opgekomen'* (1 Korinthe 2:9). En verder: *Aan ons nu heeft God het geopenbaard door Zijn Geest. De Geest immers onderzoekt alle dingen, zelfs de diepten van God* (vers 10). De Heilige Geest peilt de diepste diepten en bepaalt de hoogste hoogten van alles wat was, wat is en wat zal komen. Zijn kennis is oneindig. In het licht van deze oneindige kennis moeten we voorbereid zijn om aan Hem verantwoording af te leggen. *En er is geen schepsel onzichtbaar voor Hem, maar alles ligt naakt en ontbloot voor de ogen van Hem voor wie wij ons hebben te verantwoorden* (Hebreeën 4:13). Als dit tot je doordringt, dan kun je niet anders dan vol worden van diep ontzag.

—

Dank U Vader, dat U mij volledig kent. Ik proclameer dat Gods kennis oneindig is – er is niets wat Hij niet weet. Mijn Vader weet wat ik nodig heb, nog voordat ik erom vraag. Amen.

Bron: The Holy Spirit: eternal, omniscient, omnipresent (Teaching letter)

5 SEPTEMBER

JEZUS' BOVENNATUURLIJKE KENNIS EN WIJSHEID

De bovennatuurlijke kennis en wijsheid van God werden gemanifesteerd tijdens Jezus' aardse bediening, maar misschien nog wel het meest in Zijn handelen met Judas Iskariot. Toen de discipelen Jezus vertelden: *Wij hebben geloofd en erkend dat U de Christus bent, de Zoon van de levende God* (Joh. 6:69), gaf Jezus hen een antwoord waarin Hij openbaarde dat de Messias uiteindelijk verraden zou worden door een van Zijn eigen volgelingen. Hij zei: *Heb Ik niet u, de twaalf, uitverkoren? En een van u is een duivel. En Hij doelde op Judas Iskariot, de zoon van Simon; want die zou Hem verraden, een van de twaalf* (vers 70,71). Door de Heilige Geest wist Jezus dat Judas Hem zou verraden, zelfs voordat Judas het zelf wist.

Het is zelfs zo dat Judas zijn plan niet kon uitvoeren totdat Jezus de woorden sprak die hem daartoe in staat stelden. Tijdens het laatste avondmaal waarschuwde Jezus Zijn discipelen: *een van u zal Mij verraden* (Johannes 13:21). Toen Hem werd gevraagd wie het was, zei Jezus: *Die is het aan wie Ik het stuk brood zal geven, nadat Ik het ingedoopt heb. En toen Hij het stuk brood ingedoopt had, gaf Hij het aan Judas Iskariot, de zoon van Simon. En met het nemen van het stuk brood voer de satan in hem. Jezus dan zei tegen hem: Wat u wilt doen, doe het snel. Toen hij dan het stuk brood genomen had, ging hij meteen naar buiten. En het was nacht* (vers 26,27,30).

Ik vind het ontzagwekkend dat Judas zijn plan om Jezus te verraden niet kon uitvoeren totdat Jezus het uitsprak. Ook hierin bleek dat niet de verrader, maar degene die verraden zou worden, de uiteindelijke controle heeft.

—

Dank U Vader, dat U mij door en door kent. Ik proclameer dat Jezus de bovennatuurlijke kennis en wijsheid van God belichaamde. God weet alles, dus mijn Vader weet ook wat ik nodig heb, nog voordat ik erom vraag. Amen.

Bron: The Holy Spirit: Eternal, omniscient, omnipresent (Teaching letter)

6 SEPTEMBER

GOD HEEFT ALLES ONDER CONTROLE

Als we de volmaaktheid van Gods kennis begrijpen – in het bijzonder Zijn voorkennis – dan weten we dus ook zeker dat God nooit wordt verrast, wat er ook gebeurt. Een 'noodgeval' of een 'haastklus' bestaat niet in het Koninkrijk van de hemel. Niet alleen *weet* God het begin en het einde, maar Hij *ís het begin en het einde* (Openbaring 21:6). Hij heeft altijd alles volledig onder controle.

God kent persoonlijk en specifiek allen die Hij heeft uitgekozen om in eeuwigheid bij Hem te zijn. *Want die Hij tevoren gekend heeft, die heeft Hij ook tevoren bestemd om aan het beeld van Zijn Zoon gelijkvormig te zijn, opdat Hij de Eerstgeborene zou zijn onder vele broeders* (Romeinen 9:29).

Als wij door Gods goedheid en genade die eeuwige, heerlijke bestemming weten te bereiken, zal Jezus ons nooit zo begroeten: „Tsjonge, geweldig! Ik had nooit verwacht jou hier te zien..." Nee, Hij zal zeggen: „Mijn vriend, Mijn vriendin, Ik heb op je gewacht. We konden niet aan het bruiloftsmaal beginnen totdat jij er zou zijn." Denk je dat eens in. En tijdens dat heerlijke bruiloftsmaal, geloof ik dat iedere plaats gereserveerd zal zijn precies voor de persoon voor wie die plaats is gereedgemaakt.

Totdat het getal van de verlosten vol is, wacht God met verbazingwekkend veel geduld, want Hij *wil niet dat enigen verloren gaan, maar dat allen tot bekering komen* (2 Petrus 3:9). Jij en ik horen daarbij.

—

Dank U Vader, dat U mij volledig kent. Het vervult me met ontzag dat U altijd alles onder controle heeft. U wordt nooit verrast. En U heeft ook voor mij een plaats gereedgemaakt. Mijn Vader weet wat ik nodig heb nog voordat ik erom vraag. Amen.

Bron: The Holy Spirit: Eternal, omniscient, omnipresent (Teaching Letter)

7 SEPTEMBER

BIDDEN NAAR GODS WIL

'Smeking' is een soort gebed waarin we een verzoek richten tot God. Het heeft een legitieme maar bescheiden plaats in het totaal van onze gebeden, want God weet al wat we nodig hebben nog voor we Hem erom vragen. Veel mensen geven de verzoeken juist erg veel tijd en ruimte, omdat ze onbewust denken dat bidden is 'met je boodschappenlijstje naar God gaan'. Dat is echter niet wat Hij nodig heeft of van ons vraagt.

We hebben allemaal onze noden, maar als we kunnen leren echt te bidden, dan is dat het belangrijkste antwoord. Zoals mijn vriend Bob Mumford vaak zei: ,,Wat moet ik doen? Geef ik mensen een goudklompje uit de mijn, of wijs ik ze de weg naar de mijn zelf?" Misschien zou ik voor je kunnen bidden en dan zou je wellicht genezen – dat is dan een goudklompje. Maar ik kan je ook de weg wijzen naar de bron zelf; dan kun je zoveel goudklompjes delven als je wilt. *En dit is de vrijmoedigheid die wij hebben in het toegaan tot God, dat Hij ons verhoort, telkens als wij iets bidden naar Zijn wil. En als wij weten dat Hij ons verhoort, wat wij ook bidden, dan weten wij dat wij het gevraagde dat wij van Hem hebben gebeden, zullen verkrijgen* (1 Johannes 5:14,15).

Als we dus een gebedsverzoek hebben en we bidden naar Gods wil, dan moeten we ons verzoek eindigen in de wetenschap dat we hebben ontvangen waar we om gevraagd hebben. Als we bidden naar de wil van God, dan weten we dat Hij ons hoort. En als we weten dat Hij ons hoort, dan weten we dat we hebben ontvangen wat we Hem hebben gevraagd.

—

Dank U Vader dat U mij helemaal kent. Ik proclameer dat als ik bid naar Gods wil, ik ook weet dat Hij mij hoort. En als ik weet dat Hij mij hoort, dan weet ik ook dat ik heb ontvangen waar ik om heb gevraagd. Mijn Vader weet wat ik nodig heb, nog voordat ik erom vraag. Amen.

Bron: The prayer orchestra (CD)

Meer studie: Leer bidden

8 SEPTEMBER

ONTVANGEN ALS WE VRAGEN

Een van de grote geheimen om iets van God te krijgen, is ontvangen. Er zijn veel mensen die vragen, maar nooit ontvangen. Er is een Bijbeltekst die bijzonder ingaat op het ontvangen. Jezus sprak over het vragen aan God, en zei:

Daarom zeg Ik u: alles wat u biddend begeert, geloof dat u het ontvangen zult, en het zal u ten deel vallen (Markus 11:24).

In de New International Version staat: *Geloof dat u het hebt ontvangen.* Dit laatste is, gelet op het oorspronkelijke Grieks, een betere vertaling. We ontvangen de dingen waar we om vragen, terwijl we bidden. Als je op deze manier bidt – gelovend dat als je bidt, je ook ontvangt – dan zul je ontvangen waar je om vraagt. Ontvangen is overigens niet hetzelfde als hebben. Ontvangen is iets geestelijk bevestigen; hebben is de ervaring die daarop volgt.

Laten we zeggen dat je een financiële nood hebt. Je bidt en bent in contact met God. Je zegt: „God, we hebben donderdag duizend euro nodig". Daarna zeg je: „Dank U Heer." Op dat moment heb je het ontvangen. Er is niets in je omstandigheden veranderd, maar in geloof heb je het desondanks ontvangen. Je nood zal gelenigd worden en je zult het hebben.

—

Dank U Vader, dat U mij helemaal kent. Ik proclameer dat ik wat ik van U vraag ook ontvang, als ik bid. U voorziet in mijn nood. Mijn Vader weet wat ik nodig heb, nog voordat ik erom vraag. Amen.

Bron: The prayer orchestra (CD)

9 SEPTEMBER

MIJN ONTZAGWEKKENDE BELONING

Want geldzucht is een wortel van alle (of 'allerlei soorten van') kwaad. Door daarnaar te hunkeren, zijn sommigen afgedwaald van het geloof, en hebben zich met vele smarten doorstoken (1 Timoteüs 6:10).
Geldzucht is de wortel van allerlei soorten kwaad. Als we de liefde voor geld in ons leven toelaten, dan komen daar allerlei slechte dingen, verleidingen en pijn uit voort. De oplossing is: *zoek eerst het Koninkrijk van God en Zijn gerechtigheid, en al deze dingen zullen u erbij gegeven worden* (Matteüs 6:33). Zorg dat je prioriteiten juist zijn. God weet dat we bepaalde zaken nodig hebben, maar het is vaak een kwestie van prioriteiten. In de Bijbel staan veel beloften over de aanwezigheid en de voorziening van de Heer:

Het woord van de HEERE kwam tot Abram in een visioen: Wees niet bevreesd, Abram, ik ben voor u een schild; uw loon is zeer groot. (Genesis 15:1)
(Of zoals in de NASB-vertaling: *Ik ben uw schild, uw alles overtreffende beloning.*)

Niemand zal voor u standhouden al de dagen van uw leven; zoals Ik met Mozes geweest ben, zal Ik met u zijn; Ik zal u niet begeven en u niet verlaten. (Jozua 1:5)

De HEERE is mijn Herder; mij zal niets ontbreken. (Psalm 23:1)

De HEERE is bij mij, ik ben niet bevreesd. Wat kan een mens mij nog doen? (Psalm 118:6)

De Heer is bij ons en voor ons. Er is geen enkele reden voor angst. Wat kan een mens ons nog doen als God voor ons is? Paulus schreef in Romeinen 8:31: *Als God voor ons is, wie zal tegen ons zijn?*

———

Dank U Vader, dat U mij volledig kent. Ik proclameer dat de Heer mijn alles overtreffende beloning is; de Heer is met mij en voor mij. Hij is mijn Herder, mij zal niets ontbreken. Mijn Vader weet wat ik nodig heb, nog voordat ik erom vraag. Amen.

Bron: God's last word, vol. 4: Hebrews 12:25-13:6 (CD)

WEEK 37

ZOALS EEN VADER BEWOGEN IS OVER ZIJN KINDEREN,

ZO IS DE HEER BEWOGEN OVER MIJ.

Zoals een vader zich ontfermt over zijn kinderen,

zo ontfermt de Heer zich over wie Hem vrezen.

PSALM 103:13

10 SEPTEMBER

VRIJ OM LIEF TE HEBBEN

Hij echter die een diepe blik slaat in de volmaakte wet, die van de vrijheid, en daarbij blijft, die zal, omdat hij niet een vergeetachtig hoorder geworden is, maar een man van de daad, zalig zijn in wat hij doet (Jakobus 1:25).

Als u echter de koninklijke wet volbrengt, volgens de Schrift: U zult uw naaste liefhebben als uzelf, dan handelt u goed (Jakobus 2:8).

De wet *U zult uw naaste liefhebben als uzelf,* heeft twee benamingen: de 'volmaakte wet' en de 'koninklijke wet'. Het is de volmaakte wet in die zin dat zij alle andere wetten overtreft. Als je werkelijk je naaste vurig lief hebt met een zuiver hart, dan kan het niet anders dan dat je ook alle andere wetten gehoorzaamt. Door het houden van die ene wet, houd je je automatisch aan alle andere wetten – daarom noemt Jakobus het een hoofdstuk later de 'koninklijke wet'.

Verder is het de volmaakte wet van vrijheid, want niemand kan je ervan weerhouden om lief te hebben. Als je hebt besloten om lief te hebben, kunnen mensen allerlei gemene dingen tegen je zeggen en je vreselijk behandelen, maar ze kunnen je nooit stoppen om hen lief te hebben. Zie je het diepe principe dat de enige persoon die werkelijk volkomen vrij is, de persoon is die liefheeft? Jezus was hierin ons volmaakte voorbeeld. De gezagdragers deden alles wat ze konden: ze sloegen Hem, doorstaken Zijn handen en voeten, zetten een doornenkroon op Zijn hoofd, gaven Hem azijn te drinken, mishandelden en beschimpten Hem. Het enige wat ze niet konden doen, was Hem ervan weerhouden lief te hebben. Hij hield van mensen tot het einde toe (zie Lukas 23:34).

Als jij met die liefde liefhebt, dan kan niemand je weerhouden om datgene te doen wat je graag wilt doen – liefhebben. Daarom wordt de liefde ook wel de 'volmaakte wet van de vrijheid' genoemd.

—

Dank U Heer, dat U zo goed voor mij zorgt. Ik proclameer dat ik ervoor kies om altijd lief te hebben, in gehoorzaamheid aan Gods volmaakte wet van de vrijheid. Zoals een Vader bewogen is over zijn kinderen, zo is de Heer bewogen over mij. Amen.

Bron: Liefde is de opdracht (DVD)

11 SEPTEMBER

MET ONTFERMING BEWOGEN

Hoe wordt bewogenheid omschreven in de Bijbel? Dat lezen we in het eerste hoofdstuk van Markus: *En er kwam een melaatse naar Hem toe, die Hem smeekte en voor Hem op de knieën viel en tegen Hem zei: Als U wilt, kunt U mij reinigen. En Jezus, innerlijk met barmhartigheid bewogen, stak Zijn hand uit, raakte hem aan en zei tegen hem: Ik wil het, word gereinigd! En toen Hij dit gezegd had, week de melaatsheid meteen van hem, en hij werd gereinigd* (vers 40-42).

Er staat dat Jezus 'innerlijk met barmhartigheid (of *ontferming*) bewogen werd'. In het Grieks staat hier een woord dat refereert aan de ingewanden – bewogenheid is een gevoel vanuit de 'nieren' of de ingewanden. De King James Version vertaalt het woord ergens anders ook met de 'ingewanden van bewogenheid' (1 Johannes 3:17).

Toen mijn eerste vrouw Lydia het materiaal voor haar levensverhaal schreef (later verschenen in romanvorm: *Ontmoeting in Jeruzalem*), gebruikte ze deze woorden letterlijk: „Mijn ingewanden werden bewogen". De redacteurs van de uitgeverij legden haar uit dat dit niet de juiste manier was om dat gevoel te beschrijven. Maar in iedere klassieke taal die ik ken – Latijn, Grieks en Hebreeuws – wordt het diepste binnenste van de mens niet beschreven als het hart, maar als de ingewanden. Of het nu gaat om liefde of angst, haat of welke andere emotie dan ook, de plaats waar ze vandaan komen zijn de ingewanden, het 'diepste innerlijk' begint daar. Kijkend naar Jezus' voorbeeld, kijken ook wij vandaag op naar de massa, en worden in ons innerlijk met ontferming bewogen, omdat we zien dat ze moe zijn en afgemat (Matt. 9:36).

—

Dank U Heer, voor Uw zorg voor mij. Leer ons herkennen hoe ons innerlijk met ontferming bewogen wordt, als we met Uw ogen kijken naar de mensen in nood, om ons heen. Laat mij op dezelfde manier reageren vanuit mijn diepste wezen. Want zoals een Vader bewogen is over zijn kinderen, zo is de Heer bewogen over mij. Amen.

Bron: Liefde is de opdracht (DVD)

12 SEPTEMBER

WAT BEWEEGT ONS?

Een van de grootste problemen voor de Kerk vandaag is persoonlijke ambitie onder leiders. Paulus schreef hierover in zijn brief aan de Filippenzen: *Als er dan enige vertroosting is in Christus, als er enige troost is van de liefde, als er enige gemeenschap is van de Geest, als er enige innige gevoelens en ontfermingen zijn, maak dan mijn blijdschap volkomen, doordat u eensgezind bent, dezelfde liefde hebt, één van ziel en één van gevoelen bent. Doe niets uit eigenbelang of eigendunk, maar laat in ootmoed de een de ander voortreffelijker achten dan zichzelf* (Fil. 2:1-3). Dit is een stevige oproep! Paulus had het hier niet over oppervlakkige gevoelens, maar over diepe, indringende motivaties.

In de loop van mijn bediening heb ik veel geweldige geestelijke leiders ontmoet. Toch is in mijn beleving persoonlijke ambitie een sterke drijvende kracht in de Kerk van nu: de ambitie om een grotere kerk te bouwen, een grotere bijeenkomst te houden, een grotere organisatie op te zetten met meer adressen op de mailinglijst, of het promoten van jezelf. Ik klink misschien wat cynisch, maar ontegenzeggelijk zie ik dat eerzucht een gevaarlijke maar zeer aanwezige motivatie is in het hart van het hedendaagse christendom. Terwijl Paulus zei: *Doe niets uit eigenbelang of eigendunk.*

Ik heb een vraag voor hen die in dienst van de Heer staan. Maar eigenlijk is het een vraag voor ieder van ons, want alle gelovigen staan in dienst van God – toch denk ik aan de leiders in het bijzonder. Mijn vraag is: „Wat beweegt jou? Wat maakt dat jij doet wat je doet? Dat je zegt wat je zegt? Wat is jouw drijfveer in contacten en relaties? Word je gemotiveerd door de liefde van God en door bewogenheid? In 1 Johannes 4:7,8 worden we vermanend toegesproken: *Geliefden, laten wij elkaar liefhebben, want de liefde is uit God; en ieder die liefheeft, is uit God geboren en kent God. Wie niet liefheeft, kent God niet, want God is liefde.*

Laat Gods liefde altijd je motivatie zijn!

———

Dank U Vader, dat U zoveel om mij geeft. Ik verlang om gemotiveerd te worden door Uw liefde en Uw bewogenheid. Zoals een Vader bewogen is over zijn kinderen, zo is de Heer bewogen over mij. Amen.

Bron: Liefde is de opdracht (DVD)

13 SEPTEMBER

EEN BRON VAN BEWOGENHEID

In Psalm 84:7 lezen we: *Gaan zij door het dorre dal van de moerbeibomen, dan maken zij God tot hun bron.* Na bijna zestig jaar als christen te hebben geleefd – wandelend in Gods weg, vol van de Geest en sprekend in tongen – maakte ik een geweldige transformatie mee. Er gebeurde iets volkomen nieuws in mij. In mijn binnenste werd een bron geopend en daaruit begon een fontein van bewogenheid te spuiten. Ik kende de liefde van God al heel lang, en ik heb altijd van mijn familie gehouden, maar deze bron was anders dan al het andere wat ik ooit eerder had ervaren.

De oorsprong van deze bron lag buiten Derek Prince. Ik begon te begrijpen wat de Bijbel bedoelt, als er staat dat Jezus *met ontferming werd bewogen* (zie bijvoorbeeld Matteüs 9:36 en Markus 1:41). Ik realiseerde me dat God Zijn bewogenheid met me deelde en ik bad: „Heer, laat deze fontein nooit vervuild of besmet worden, en laat hem nooit opdrogen." God bepaalde wanneer die fontein zou opspringen. En als die fontein van binnen begint te stromen, trekt dat mensen aan. Ze weten niet waarom ze naar me toegetrokken worden, maar ze voelen iets waar ze naar verlangen. Ik geloof dat God wacht tot wij van elkaar gaan houden met Zijn goddelijke liefde.

Een paar jaar voor deze gebeurtenis, had God al iets anders in mij gedaan; Hij heeft me een bovennatuurlijke zorg en bewogenheid gegeven voor wezen, weduwen, armen en verdrukten. We kunnen praten over geloof en rechtvaardigheid, maar als we niets doen voor de mensen die ons echt nodig hebben, dan zijn deze woorden leeg en betekenisloos. Er is geen tekort aan mensen die het nodig hebben om geliefd te worden. Die zijn overal om ons heen. Bewogenheid en ontferming is Gods doel met ons. Het is waar Hij op wacht om zichtbaar te worden door ons heen.

—

Dank U Heer dat U zo goed voor mij zorgt. Ik proclameer mijn verlangen naar de fontein van Gods bewogenheid. Dat die fontein in mij zal ontspringen en Zijn liefde laat stromen naar mensen om me heen die behoeftig en wanhopig zijn. Zoals een Vader bewogen is over zijn kinderen, zo is de Heer bewogen over mij. Amen.

Bron: Liefde is de opdracht (DVD)

14 SEPTEMBER

ZORGEN VOOR HEN
DIE NIET WORDEN VERZORGD

Eind jaren '90 heb ik een klein boekje geschreven dat heet *Wezen, weduwen, armen en verdrukten – Gods hart*. Ik ben verbaasd hoeveel de Bijbel te zeggen heeft over onze verantwoordelijkheid naar deze groepen mensen. Van Genesis tot Openbaring is het een belangrijk onderdeel van Gods gerechtigheid, om zorg te dragen voor het zwakke. Of je nu kijkt naar de tijd van de aartsvaders, onder de wet van Mozes, de profeten, of in het Nieuwe Testament, zorg voor het kwetsbare is altijd herkenbaar als een overheersende karaktereigenschap van God. En als wij dat niet doen, dan representeren we Hem niet op de juiste manier! Deze boodschap is dwars door me heen gegaan en heeft mij zelf ook verbijsterd. Zoals ik gisteren al schreef, na ruim vijftig jaar prediking gaf God me een heel nieuwe bewogenheid die ik nooit had verwacht. Dit kwam voort uit een dal van tranen waar ik persoonlijk doorheen ging. Psalm 84:7 kreeg nieuwe betekenis: *Als je door het dal van Baca* (dit betekent 'geween') *gaat, zal God een fontein laten ontspringen.*

Toen ik door het verdriet van verlies heenging, deed God iets soevereins dat alleen Hij kan doen. Hij liet in mij een bron van 'bewogenheid' ontspringen over de mensen die door onze maatschappij genegeerd en overlopen worden: de wezen, de weduwen, de armen en de verdrukten. Als jij door diep verdriet heengaat, wees dan alert of God ook niet bij jou een nieuwe bron van bewogenheid laat ontspringen. Laten jouw tranen je nooit gericht maken op jezelf. Tranen worden waardevol als ze maken dat je om je heen gaat kijken en uitreiken naar andere mensen in nood. Sta God toe dit soevereine werk in jou te doen.

—

Dank U Heer dat U zoveel zorg om ons heeft. Ik proclameer de waarheid van Psalm 84:7: Als ik door het dal van verdriet ga, zal God een fontein openen. Ik zal wandelen in dit vitale deel van mijn geloof en mijn belijdenis, en zorgen voor hen die niemand anders hebben om voor hen te zorgen. Zoals een Vader bewogen is over zijn kinderen, zo is de Heer bewogen over mij. Amen.

Bron: Update 90: Januari 2000 (CD)

Meer studie: Wezen, weduwen, armen, verdrukten – Gods hart (boek)

15 SEPTEMBER

EEN MEETSNOER VOOR GERECHTIGHEID

Indien ik ooit de bede van de geringen heb afgeslagen, de ogen van de weduwe heb laten versmachten, of ooit mijn bete (brood) *alleen gegeten, zonder dat de wees daarvan at...* (Job 31:16,17). Jobs woorden in dit Bijbelvers zijn opmerkelijk. In de Bijbel lezen we dat hij zonden belijdt die hij zelf niet heeft begaan en waaraan hij zelf niet schuldig was. Heel veel belijdende christenen vandaag echter, zouden best schuldig kunnen zijn aan die zonden.

Job heeft het over drie groepen mensen: de armen, de weduwen en de wezen. In feite zegt hij: „Als ik niet heb gedaan wat ik voor hen zou hebben moeten doen, dan ben ik een zondaar en heb ik gefaald in het nakomen van mijn fundamentele verplichtingen als gelovige." Verder zegt hij: *Indien ik ooit een zwerveling heb gezien zonder kleed en een arme zonder bedekking; indien zijn lendenen mij niet hebben gezegend, en hij zich niet verwarmd heeft met de vacht mijner schapen; indien ik ooit mijn hand heb opgeheven tegen een wees, omdat ik in de poort bijstand voor mij zag, zo valle mijn schouder uit zijn gewricht, en breke mijn arm van zijn pijp af* (vers 19-22).

Job droeg zorg voor de mensen die geen voedsel, kleding of familie hadden om voor hen te zorgen. Vervolgens zegt hij dat als zijn arm niet voortdurend bezig zou zijn geweest met deze daden van genade en gulheid, dan zou die arm eigenlijk niet bij zijn lichaam mogen horen. Zijn gezichtspunt is totaal anders dan het idee dat veel mensen vandaag hierover hebben. Dit was de standaard van gerechtigheid van de aartsvaders, zelfs voordat de wet van Mozes of het evangelie er waren. God verwacht dat wij deze vorm van gerechtigheid in de Kerk gaan herstellen, door van start te gaan met het zorgen voor wezen, weduwen, en hen die geen voedsel, kleding of onderdak hebben.

—

Dank U Heer, dat U zo'n zorgende God bent. Ik erken dat God van mij verlangt dat ik deze vorm van gerechtigheid herstel in de Kerk – het zorgen voor hen die in nood zijn. Zoals een Vader bewogen is over zijn kinderen, zo is de Heer bewogen over mij. Amen.

Bron: Update 90: Januari 2000 (CD)

16 SEPTEMBER

BEKLEED MET GERECHTIGHEID

We zullen Jobs getuigenis lezen over de manier waarop hij leefde. God zelf heeft verklaard dat Job een rechtvaardig mens was. Deze woorden hebben me zo geraakt, dat ik er niet omheen kan: *...wanneer een oor mij hoorde, prees het mij gelukkig, en wanneer een oog mij zag, gaf het goede getuigenis van mij. Want ik redde de ellendige die om hulp riep, de wees en hem die geen helper had; de zegenwens van wie dreigde onder te gaan, kwam op mij, en het hart der weduwe deed ik jubelen; met gerechtigheid bekleedde ik mij, en mijn recht bekleedde mij als mantel en hoofddoek; tot ogen was ik voor de blinde, en tot voeten voor de kreupele; een vader was ik voor de armen, en het rechtsgeding van mij onbekenden, onderzocht ik.* (Job 29:11-16)

Is het niet opvallend dat Jobs gerechtigheid 'niet die van hemzelf' was? Er is in de Bijbel geen 'eigen gerechtigheid' te vinden. Job zei: *met gerechtigheid bekleedde ik mij.* Hij werd bekleed met een gerechtigheid die hij van God had ontvangen in geloof. En de rest is het gevolg van die gerechtigheid. De armen, wezen en weduwen, blinden en lammen, ontheemden en vreemdelingen zijn de onderwerpen van Gods ontferming. Aan al deze mensen denkt God als Hij spreekt over rechtvaardigheid. Als je wilt afmeten hoeveel van Gods rechtvaardigheid je bezit, dan moet je kijken naar de mate waarin je bewogen bent met deze groepen.

—

Dank U Heer dat U zo goed voor ons zorgt. Ik zie in dat de armen, wezen, weduwen, gehandicapten, verdrukten en vreemdelingen onderwerpen zijn van Uw ontferming – daarom maak ik hen ook het richtpunt van mijn bewogenheid. Zoals een Vader bewogen is over zijn kinderen, zo is de Heer bewogen over mij. Amen.

Bron: Wezen, weduwen, armen en verdrukten - Gods hart (boek)

WEEK 38

Ik heb de Geest van het zoonschap ontvangen,

door wie ik roep: Abba Vader.

Want u hebt niet de Geest van slavernij ontvangen,

die opnieuw tot angst leidt,

maar u hebt de Geest van aanneming tot kinderen ontvangen,

door Wie wij roepen: Abba, Vader!

ROMEINEN 8:15

17 SEPTEMBER

PAPA VADER

Immers, zovelen als er door de Geest van God geleid worden, die zijn kinderen van God. Want u hebt niet de Geest van slavernij ontvangen, die opnieuw tot angst leidt, maar u hebt de Geest van aanneming tot kinderen (adoptie) ontvangen, door wie wij roepen: Abba, Vader! (Romeinen 8:14,15).

'Abba' is een Aramees of Hebreeuws woord dat letterlijk 'papa' betekent. In Israël noemen kleine kinderen hun vader 'abba'. En omdat we de Geest van adoptie hebben ontvangen, hebben we het recht om God 'abba' te noemen. Papa. In dit stuk leert Paulus ons dat we twee opties hebben. We kunnen door de Geest van God geleid worden, of we kunnen (opnieuw) onder de geest van slavernij leven. De geest van slavernij maakt ons bang voor straf; de Geest van adoptie leidt ons als kinderen van God.

Het Griekse woord dat hier is vertaald met 'zoon' doelt op een volwassen zoon. Als je net bent wedergeboren door Gods Geest, ben je nog een baby of een kind. Maar als je wordt geleid door de Heilige Geest, dan word je een volwassen zoon of dochter van God. De weg naar volwassenheid is je te laten leiden door de Heilige Geest, en niet langer gebonden te zijn aan een geest van slavernij. Zoals Paulus in Galaten 5:18 schreef: *Als u echter door de Geest geleid wordt, bent u niet onder de wet.*

Om een volwassen zoon of dochter van God te worden, moet je dus door de Heilige Geest geleid worden. Maar denk erom: als je door de Geest geleid wordt, dan ben je niet onder de wet. Dat is onze vrijheid - geen vrijheid om te zondigen, maar een vrijheid om lief te hebben. Onze motivatie om een dienaar van Jezus te zijn is liefde, de sterkste motiverende kracht ter wereld. Liefde werkt beter dan angst. Liefde is wat God ons wil geven. Dat is wat ons tot volwassen zonen of dochters maakt. Dat is het resultaat als we bevrijd zijn van de wet.

—

Dank U Vader dat ik Uw kind ben. Ik proclameer dat ik niet langer onder een geest van slavernij hoef te leven. Ik heb de Geest van adoptie ontvangen, de Geest van het zoonschap, waardoor ik roep: Abba Vader! Amen.

Bron: The fullness of the cross, vol.2: Deliverance from the law (CD)

Lees ook: Het kruis, je kunt er niet omheen – Bevrijd van de wet (boek)

18 SEPTEMBER

GEBOORTE EN ADOPTIE

Op het moment dat je Jezus Christus aanneemt, word je een kind van God en ontvang je ook de 'Jezus-natuur'. Deze natuur weet dat we God 'papa' mogen noemen en brengt ons net als Jezus in een natuurlijke, open relatie met God als Vader.

In Romeinen 8 spreekt Paulus over twee belangrijke onderwerpen, geboorte en adoptie – maar die twee zijn in mijn ogen niet hetzelfde. Door geboorte ontvangen we een natuur; door adoptie ontvangen we een wettige status, die de volheid van onze geestelijke erfenis voor ons beschikbaar maakt.

God is zo goed dat we ze allebei mogen ontvangen; zowel geboorte als adoptie. Ze leveren echter niet hetzelfde op. Bij elk van deze processen ontvangen we iets anders en specifieks.

We kunnen dit het beste uitleggen in het licht van de gebruiken in het Romeinse rijk. In de tijd van Paulus was het niet ongebruikelijk dat de Romeinse keizer veel zonen had, maar als hij een zoon moest kiezen die hem zou opvolgen als keizer, dan 'adopteerde' hij die zoon ook nog eens. Daarna zouden alle wettige rechten en aanspraken van het keizerrijk overgaan op de geadopteerde zoon. Het doel van adoptie was juridisch – het verzekerde de zoon van de volle erfenis die hem wachtte.

Wij zijn wedergeboren en hebben de 'Jezus-natuur' ontvangen. Maar door de doop in de Heilige Geest worden we ook nog *geadopteerd*. De beste advocaat van hemel en aarde komt binnen en verzekert ons ervan dat we kinderen van God zijn (een status die we feitelijk al hadden door onze 'geboorte') en als zodanig mogen we ook aanspraak maken op de volle erfenis in Hem. De Heilige Geest van de belofte is het zegel op de erfenis, waarvan we hier op aarde al een voorsmaak mogen ervaren.

—

Dank U Vader, dat ik Uw kind ben. Ik proclameer dat door geboorte en adoptie ik zowel de natuurlijke als de wettige status heb ontvangen. Ik heb de Geest van het zoonschap ontvangen en door Hem roep ik: 'Abba Vader'. Amen.

Bron: Way into the Spirit-filled life: Romans 8: The new life in the Spirit (CD)

19 SEPTEMBER

GELEID DOOR DE GEEST

Er wordt nogal eens geprobeerd mensen ervan te overtuigen dat ze eerst supergeestelijk moeten zijn voor ze zich een kind van God mogen noemen. Paulus bestrijdt deze gedachte in het achtste hoofdstuk van Romeinen, waar hij schrijft dat allen die door de Heilige Geest worden geleid kinderen van God zijn. *Immers, zovelen als er door de Geest van God geleid worden, die zijn kinderen van God* (Romeinen 8:14). De leiding van de Heilige Geest zou je niet nodig hebben als je al 'volmaakt' zou zijn, maar juist als je nog op weg bent om volmaakt te worden naar het voorbeeld van Jezus, dan heb je de Heilige Geest nodig.

Leven als een echte zoon of dochter van God betekent dat je je op dagelijkse basis laat leiden door de Heilige Geest. Jezus zei: *Mijn schapen horen naar Mijn stem... en ze volgen Mij* (Johannes 10:27). Met 'horen' bedoelt Jezus 'geregeld horen en volgen'. Dat is niet af en toe, eens in de week horen, maar een voortdurende relatie.

Paulus ging verder in Romeinen 8:15: *Want u hebt niet de geest van slavernij ontvangen, die opnieuw tot angst leidt, maar u hebt de Geest van aanneming tot kinderen (adoptie) ontvangen, door wie wij roepen: Abba, Vader!* De 'geest van slavernij' is de wet. In plaats van gebonden te zijn door de wet, hebben we de Geest van God ontvangen, die ons verzekert van onze identiteit als kinderen van God. En als ze kinderen zijn, dan zijn ze ook erfgenaam van God en mede-erfgenaam met Christus.

Het is mijn ervaring dat veel mensen de blijvende, onomstotelijke zekerheid een kind van God te zijn pas ontvangen als ze gedoopt worden in de Heilige Geest. De Heilige Geest komt binnen om je ervan te verzekeren dat je een kind van God bent en dat je een wettig recht hebt op de erfenis. Je bent niet alleen geboren in Gods gezin, maar ook geadopteerd - en er ligt dus een duidelijk verband tussen adoptie en het beschikken over de volle erfenis – alles wat God ons voor nu en de eeuwigheid heeft gegeven door Zijn Geest.

—

Dank U Vader, dat ik Uw kind ben. Ik proclameer dat ik een kind van God ben, met alle geestelijke vrijheid, zonder slavernij aan de wet, en alle recht op mijn volle erfenis. Ik heb de Geest van het zoonschap ontvangen, en door Hem roep ik: Abba Vader. Amen.

Bron: Way into the Spirit-filled life: Romans 8: The new life in the Spirit (CD)

20 SEPTEMBER

OP WEG NAAR PINKSTEREN

*D*e Geest zelf getuigt met onze geest dat wij kinderen van God zijn (Romeinen 8:16).

Vandaag wil ik graag de aandacht vestigen op een helder, eenvoudig, historisch feit – het is een conclusie die de meeste Bijbelgetrouwe theologen met me delen. Er is   qua tijdsperioden een duidelijke, rechtstreekse overeenkomst tussen de bevrijding van Israël uit Egypte en de ervaringen van de vroege christenen.

- Het slachten van het paaslam correspondeert met de dag waarop Jezus stierf.
- De oversteek door de Rode Zee komt overeen met Jezus' opstanding uit het graf.
- Het ontvangen van de Wet van Mozes op de berg Sinaï, vijftig dagen na het slachten van het paaslam, komt overeen met de uitstorting van de Heilige Geest met pinksteren.

Ik leg dit uit, omdat als je bent bevrijd door het bloed van Jezus en één bent met Zijn opstanding, dan heb je daarna twee keuzes: Je kunt naar Sinaï gaan, of naar pinksteren. Veel mensen kiezen voor Sinaï – ze keren terug onder de wet. Zij *ontvangen de geest van slavernij, die opnieuw tot angst leidt* (vers 15). Maar Paulus zegt: „U heeft niet ontvangen de geest van slavernij; die opnieuw tot angst leidt. Maar U hebt ontvangen de Geest van adoptie, die je vertelt dat je een kind van God bent." Kies bewust om te leven vanuit pinksteren, en de slavernij aan de wet achter je te laten!

—

Dank U Vader, dat ik Uw kind ben. Ik proclameer dat ik niet de geest van slavernij heb ontvangen om opnieuw te leven in angst of ik het wel goed doe. Dank U voor de Geest van adoptie, die me vertelt dat ik Uw kind ben en dat Uw Geest me leidt. Door Uw Geest zeg ik: Papa Vader. Amen.

Bron: Way into the Spirit-filled life: Romans 8: The new life in the Spirit (CD)

21 SEPTEMBER

LIJDEN EN REGEREN

Paulus schreef in Romeinen 8:18: *Want ik ben ervan overtuigd dat het lijden van de tegenwoordige tijd niet opweegt tegen de heerlijkheid die aan ons geopenbaard zal worden.* Als we willen regeren met Christus, dan moeten we bereid zijn om te lijden. In 2 Timoteüs 2:11-13 lezen we: *Dit is een betrouwbaar woord. Want als wij met Hem gestorven zijn, zullen wij ook met Hem leven. Als wij volharden, zullen wij ook met Hem regeren. Als wij Hem verloochenen, zal Hij ons ook verloochenen. Als wij ontrouw zijn, blijft Hij getrouw. Hij kan zichzelf niet verloochenen.*

We zien hier dus: als we volharden door het lijden heen, dan zullen we regeren. Maar als we Jezus Christus ontkennen, dan zal Hij ons ook niet kennen. Er komen momenten in ons leven dat we worden uitgedaagd om of met Hem te lijden, of Hem te verloochenen, en deze keuze wordt ons op diverse plaatsen helder geschilderd (zie bijvoorbeeld Handelingen 14:22; Filippenzen 1:29,30; 2 Thessalonicenzen 1:4-10).

Ik wil je graag een prachtig beeld beschrijven. De tekening is afgeleid van de tabernakel en de drie belangrijkste kleuren die in de tabernakel zijn gebruikt, namelijk blauw, paars en rood. (Met name in het gewaad van de hogepriester.) Blauw is een beeld van de hemel; rood is de kleur van de menselijke natuur en van bloed; paars is de volmaakte menging van blauw en rood, en spreekt van Christus als God die vlees werd. Het is een prachtig beeld van Jezus Christus, die zowel God is als mens, volmaakt gemengd in een nieuwe kleur.

Het betekenis van paars in de Bijbel is tweevoudig: het benadrukt koninklijkheid en lijden. Je kunt geen paars dragen in Gods koninkrijk als je het niet eerst op aarde draagt in het lijden. Als we bereid zijn te lijden, dan zullen we regeren.

—

Dank U Vader, dat ik Uw kind ben. Ik proclameer dat ik zal volharden als ik lijden ondervindt, opdat ik ook met U zal regeren. Ik heb de Geest van het zoonschap ontvangen, door wie ik roep: Papa Vader! Amen.

Bron: Way into the Spirit-filled life: Romans 8: The new life in the Spirit (CD)

22 SEPTEMBER

DE REIKWIJDTE VAN ONZE ERFENIS

In Romeinen 8:32 lezen we over de reikwijdte van onze erfenis in Christus: *Hoe zal Hij Die zelfs Zijn eigen Zoon niet gespaard, maar voor ons allen overgegeven heeft, ons ook met Hem niet alle dingen schenken?* Als we Christus ontvangen, dan geeft God ons vrijuit *alle dingen.* Sta daar eens bij stil: buiten Hem ontvangen we helemaal niets, maar in Hem alles! In dit vers ligt sterke nadruk op het bereik van onze erfenis en het feit dat de erfenis helemaal gratis is. Je kunt de erfenis onmogelijk verdienen. We ontvangen haar als een vrije gift, die alle dingen omvat. Als we Christus ontvangen, dan zijn we erfgenamen van de volledige erfenis – dus alles wat de Vader heeft, en alles wat de Vader en de Zoon hebben, is ook voor ons!

In de eerste brief van Paulus aan de gemeente in Korinthe probeert Paulus de gelovigen te laten zien hoe rijk ze wel niet zijn. Hij bestraft hen een beetje omdat ze doen alsof ze arm zijn en zich gemeen, kinderachtig en jaloers ten opzichte van elkaar gedragen. Paulus schrijft in feite: „Jullie realiseren je niet wat je hebt."

Laat daarom niemand roemen in mensen, want alles is van u. Of het nu gaat om Paulus, Apollos of Kefas, wereld, leven of dood, tegenwoordige of toekomstige dingen, alles is van u. U echter bent van Christus en Christus is van God (1 Korinthe 3:21-23). Wat een adembenemende stelling. Paulus zei eigenlijk: „Alle dingen zijn van jullie. Houd dus op om kinderachtig te doen en je zo druk te maken. Hang je ziel en zaligheid niet op aan predikers. Stop ermee zo klein te denken. Alles is van jullie." De gave van de erfenis wordt vrij aan ons gegeven; we kunnen haar niet verdienen. Maar het is belangrijk dat we de Heilige Geest vragen om ons geloof en begrip te vergroten. De Heilige Geest is de vertegenwoordiger, en tenzij Hij tot ons spreekt en ons in de waarheid leidt, bestaat die erfenis alleen maar in woorden, maar wordt ze geen realiteit. De Heilige Geest maakt Gods beloften een realiteit.

—

Dank U Vader, dat ik Uw kind ben. Ik proclameer dat ik door het ontvangen van Christus een erfgenaam ben geworden van de volledige erfenis. Ik heb de Geest van het zoonschap ontvangen, door wie ik roep: Papa Vader. Amen.

Bron: Onbegrijpelijke liefde (boek)

23 SEPTEMBER

HET EEUWIGE VADERSCHAP VAN GOD

We zullen de relatie van de Vader met Zijn kinderen eens wat nader bekijken: *Om deze reden buig ik mijn knieën voor de Vader van onze Heere Jezus Christus, naar wie elk geslacht in de hemelen en op de aarde genoemd wordt* (Efeze 3:14).

De J.B. Phillips vertaling van vers 15 luidt: *...vanwaar al het vaderschap, aards en hemels, is afgeleid.* Dit vers geeft ons een geweldige openbaring – namelijk dat alle vaderschap eeuwig is. Het is vernoemd naar het vaderschap van God in de hemel; de heiligheid en autoriteit wordt van het goddelijke, eeuwige vaderschap in de hemel geprojecteerd naar alle vaderschap hier op aarde.

Voordat de schepping plaatsvond, was God al Vader – de Vader van onze Heer Jezus Christus. Deze relatie van vaderschap en zoonschap binnen de Godheid is eeuwig. Voordat de schepping plaatsvond, was God al eeuwig Vader en was Christus eeuwig Zijn Zoon. Ieder vaderschap in de schepping is dus afgeleid van het eeuwige vaderschap van God.

In een bekend vers uit het evangelie van Johannes, zegt Jezus: *In het huis van Mijn Vader zijn veel woningen* (of: kamers) (Johannes 14:2). Deze tekst openbaart het feit dat God een Vader is en dat Hij een huis heeft. In de Bijbel wordt het woord 'huis' echter meestal niet gebruikt om een materieel gebouw te beschrijven, maar wordt het gebruikt om een gezin te beschrijven en het gebouw waar dit gezin verblijft. Toen Jezus zei: *In het huis van Mijn Vader*, bedoelde Hij Gods hemelse gezin. God is voor eeuwig Vader, en zijn gezinsleven waar jij en ik bij horen, heeft zijn oorsprong in de hemel, in de relatie tussen de Vader en de Zoon.

—

Dank U Vader, dat ik Uw kind ben. Ik proclameer dat het Vaderschap van God eeuwig is en dat ik deel uitmaak van Gods hemelse gezin. Ik heb de Geest van het zoonschap ontvangen en door Hem roep ik: Abba Vader! Amen.

Bron: Fatherhood (CD)

WEEK 39

MIJN VADER HEEFT MIJ GEMAAKT.

Doet u dit de HEERE aan, dwaas en onwijs volk?

Is Hij niet Uw Vader, die u verworven heeft, die u gemaakt

heeft en u stand heeft doen houden?

DEUTERONOMIUM 32:6

24 SEPTEMBER

ZIET, WELK EEN LIEFDE...

Ziet, welk een liefde ons de Vader heeft gegeven, dat wij kinderen Gods genoemd worden, en wij zijn het ook. (1 Joh. 3:1)

Op latere leeftijd, vlak nadat ik gevierd had dat ik vijftig jaar in de bediening stond, kwam God op een nieuwe manier in mijn leven. Door een bijzondere, bovennatuurlijke ervaring leerde ik God kennen als mijn persoonlijke Vader. Het was het verschil tussen de theologische status een 'kind van God' te zijn en dit werkelijk te ervaren. In bovenstaande tekst komt dit ook naar voren: Johannes zegt eerst dat we kinderen van God 'genoemd worden', maar wetend dat we dit vaak moeilijk kunnen pakken, benadrukt hij nog eens extra: *en wij zijn het ook!*

Die nieuwe relatie met God als Vader heeft een diepgaand effect op mijn leven gehad. Meer dan vijftig jaar had ik Christus naar beste vermogen gediend en in die tijd heeft God veel vrucht geschonken aan mijn bediening. Maar door deze nieuwe openbaring van God als mijn Vader ben ik persoonlijk een heel nieuwe mate van intimiteit en veiligheid gaan beleven in mijn relatie met Hem, dieper dan ik ooit eerder heb gekend. Die nieuwe relatie heeft me overigens niet gespaard voor de beproevingen die horen bij het leven, maar het heeft me in staat gesteld om die beproevingen met meer innerlijke kracht en vertrouwen het hoofd te bieden. Ook kwamen de beproevingen niet tussen mij en God in te staan, maar brachten die me juist dichter naar Hem toe. Laat me dit toelichten. Ongeveer drie jaar na mijn openbaring van God als Vader, moest ik door een van de moeilijkste ervaringen van mijn hele leven heen – de Heer haalde mijn lieve vrouw Ruth bij Zich thuis. Het gevoel van gemis is niet te beschrijven. Toch is, midden in deze situatie, mijn besef van de liefhebbende tegenwoordigheid van mijn Vader geen moment van me geweken. Tijdens de begrafenisdienst riep ik uit: „Vader, ik vertrouw U. Dank U dat U altijd goed, liefhebbend en rechtvaardig bent. U maakt geen vergissingen. Wat U doet is altijd het beste." Alleen het besef dat God heel persoonlijk als Vader bij me was, stelde me in staat om deze belijdenis op dat belangrijke moment te doen. Als je de openbaring van Gods Vaderhart hebt ontvangen, dan wéét je dat je Zijn kind bent, zelfs als je door de diepste diepten heengaat. Hij kent je. Hij heeft je gemaakt. Geef je aan Hem over.

—

Dank U Vader, voor Uw werk in mij. Ik sta open voor die diepe, persoonlijke openbaring van Uw Vaderschap in mijn leven. Ik proclameer dat U altijd goed bent en trouw, wat voor situaties ik ook tegenkom. Mijn Vader kent mij en heeft mij gemaakt. Amen.

Bron: Man & Vader (boek)

25 SEPTEMBER

DE SCHOONHEID VAN HET LEVEN

In Genesis 2:7 lezen we hoe de mens geschapen werd. Een persoonlijke God creëert een persoonlijke mens, om persoonlijke gemeenschap mee te beleven. Ik benadruk het woord 'persoonlijk', omdat het niet gaat om iets abstracts. God is niet een soort mysterieuze kracht, aan het werk in het heelal. Nee, Hij is een Persoon die een andere persoon schept om gemeenschap, dus relatie, mee te beleven. Voor mij laat dit duidelijk zien dat relatie de belangrijkste reden was waarom God de mens schiep. De betekenis van het leven is relatie.

Stel je die gebeurtenis eens voor! De Heer knielde neer, nam stof in Zijn handen, mengde het met water en kneedde het in de vorm van een mens. Maar het was nog levenloos. Toen gebeurde er iets ontzagwekkends. De Schepper boog neer, drukte Zijn lippen en neusgaten tegen de lippen en neusgaten van klei, en blies leven naar binnen. Zijn adem doordrong deze vorm van klei en transformeerde het tot een levend menselijk wezen, waarin ieder orgaan in het lichaam volmaakt functioneerde. Alle ontzagwekkende lichamelijke, geestelijke, intellectuele en emotionele vermogens en reacties waartoe een mens in staat is - het zicht en de andere zintuigen, het zenuw- en spierstelsel, spijsvertering, de hersenen - alles functioneerde compleet. Geen schepsel is ooit op zo'n manier gemaakt.

De woorden om dit wonder te beschrijven, zijn ook bijzonder levendig. De Hebreeuwse taal is een taal waarin de klank van sommige woorden direct gerelateerd is aan de actie die ze beschrijft. De klank van het Hebreeuwse woord voor 'ademde' kun je omschrijven als 'yip-pach'. Die klank bestaat uit een kleine, binnensmondse explosie, gevolgd door een krachtige uitademing van lucht vanuit de keel. Dit beschrijft prachtig de actie die ermee gepaard ging. Toen de Heer neerboog over die lippen en neusgaten van klei, zuchtte Hij niet zachtjes. Hij blies een krachtige adem in dat lichaam van klei, waardoor de kleiklomp een wonderlijke vervulling ontving met Gods eigen leven.

—

Dank U Heer, voor Uw werk in mij. Ik proclameer dat de Heer van mij wil genieten door onze gemeenschap, en Hij heeft Zijn eigen leven in mij geblazen. Mijn Vader heeft mij gemaakt. Amen.

Bron: Bible psychology, vol. 1: What God's mirror reveals: Triune man at creation (CD)

Extra studie: Besef je hoe waardevol je bent (DVD)

26 SEPTEMBER

ONS ONBETAALBARE LICHAAM

Laten we vandaag eens kijken naar het materiaal waarvan ons menselijk lichaam volgens de Bijbel is gemaakt. Sommigen beseffen wellicht niet dat de Bijbel hier veel over te zeggen heeft.

Het doet me altijd verdriet als christenen denigrerend of minderwaardig spreken over hun lichaam. Beste broer, lieve zus, je lichaam is een wonder. Als je auto een wrak zou zijn en je moest die vervangen, dan heb je alleen maar een zak met euro's nodig om een nieuwe te kopen. Maar zou je ook maar zoiets kleins als een oog beschadigen, dan kun je die niet vervangen. Ons lichaam is van onschatbare waarde. Dit geldt voor ieder orgaan en elk lichaamsdeel. Soms kom ik christenen tegen die beter voor hun auto zorgen dan voor hun eigen lichaam. Dat is een dwaze manier van prioriteiten stellen. In Psalm 139 overdacht David het wonder van zijn eigen lichaam. Hij zei tegen de Heer: *Ik loof U omdat ik ontzagwekkend wonderlijk gemaakt ben; een wonder zijn Uw werken, mijn ziel weet dat zeer goed* (vers 14).

In deze veel geciteerde tekst had David het over zijn lichaam. Kun jij hem dit met heel je hart nazeggen? Voor een aantal mensen zou dit een verandering teweegbrengen in hun kijk op hun lichaam. Sommige christenen zien hun lichaam echt als een last. Ze zouden willen dat ze niet zo'n last hadden van hun lichaam. Dat is echter een verkeerd gezichtspunt. Zeg David eens hardop na: „Ik prijs U, want ik ben ontzagwekkend wonderlijk gemaakt."

—

Dank U Heer, voor Uw werk in mij. Ik proclameer dat mijn lichaam van onschatbare waarde is en ik zeg: Ik prijs U, want ik ben ontzagwekkend wonderlijk gemaakt. Mijn Vader heeft mij gemaakt. Amen.

Bron: God's plan with your body (CD)
Meer studie: Waarom God jou belangrijk vindt (boek)

27 SEPTEMBER

ONTZAGWEKKEND GEMAAKT

In het boek Job vinden we een prachtige beschrijving van Gods creatieve werk, toen Hij ons lichaam maakte: *Uw handen hebben mij gevormd en gemaakt, geheel en al – en nu wilt U mij verdelgen? Bedenk toch dat U mij uit leem gevormd hebt, wilt U mij tot stof doen terugkeren? Hebt U mij niet als melk uitgegoten en als kaas doen stremmen?* (10:8-10).
Zoals in Genesis 2:7 het woord 'gevormd' aangeeft dat God tijdens de hele schepping zeer zorgvuldig en bekwaam te werk ging, zo benadrukt ook Job de immense bekwaamheid en zorg die God besteedde bij het vormen van het menselijk lichaam. Wat een levendige uitdrukkingen. In vers 11 lezen we: *Met vlees en huid ben ik door U bekleed, met botten en pezen hebt U mij samengeweven.* Wat een schitterend beeld van de relatie die er bestaat tussen de verschillende delen in het lichaam. In Psalm 139 schreef David: *Uw ogen hebben mijn ongevormd begin gezien, de dagen dat het gevormd zou worden, toen er nog niets van bestond; alles was in Uw boek beschreven* (vers 16).
God heeft je lichaam gemaakt volgens een bepaalde bouwtekening, als het ware met een nummertje voor ieder deel. Elk deel van je lichaam staat beschreven in Gods boek. Vergelijk dit eens met wat Jezus zegt in Lukas 12:7: *Ja, ook de haren van uw hoofd zijn alle geteld. Wees dan niet bevreesd: u gaat veel musjes te boven.* Zo intens is Gods zorg voor ons lichaam – Hij interesseert zich zelfs voor de kleinste details. Als we ons deze waarheid realiseren, moeten we ook bedenken dat God een doel had met het ontzagwekkende ontwerp van ons lichaam.

—

Dank U Heer, voor Uw werk in mij. Ik besef dat God mij heeft gevormd met immense zorg en bekwaamheid – en dat Hij een doel heeft met dit prachtige werkstuk, dat mijn lichaam is. Mijn Vader heeft mij gemaakt. Amen.

Bron: Bible psychology, vol. 2: Achieving inner harmony: God's plan for the believer's body (CD)

28 SEPTEMBER

ZIJN WOONPLAATS

Wat is het doel waarvoor ons lichaam is gemaakt? Het is een belangrijk doel en het antwoord op die vraag is eenvoudig maar opwindend. Paulus schreef in zijn eerste brief aan de gemeente in Korinthe: *Of weet u niet, dat uw lichaam een tempel is van de Heilige Geest, die in u is en die u van God hebt, en dat u niet van uzelf bent?* (6:19). Waarom ontwierp en schiep God een lichaam voor de mens? Het antwoord is verbazingwekkend. Hij wilde dat het lichaam van iedere verloste gelovige zou functioneren als een tempel waarin Hij Zijn intrek zou kunnen nemen door Zijn Heilige Geest. Als je je lichaam bekijkt vanuit die gedachte, dan verandert je hele houding. Je lichaam is ontworpen om een tempel voor God te zijn, waarin Hij kan wonen.

De Bijbel leert ons dat God niet woont in tempels die door mensenhanden zijn gemaakt (zie Handelingen 7:48; 17:24). Je kunt allerlei gebouwen neerzetten – synagogen, kathedralen, kerken, wat dan ook – God zal er niet in gaan wonen. Als Gods volk in zulke gebouwen samenkomt, zal God daar bij hen zijn, maar Hij woont er niet. God heeft Zijn eigen tempel ontworpen. Wat is deze tempel? Ons lichaam.

Het is verbijsterend te bedenken dat de Almachtige God, de Schepper van hemel en aarde, Zijn woning heeft gekozen in ons fysieke lichaam en het maakt tot Zijn tempel.

Toen Jezus in Johannes 7 sprak over de Heilige Geest, zei Hij: *Wie in Mij gelooft, zoals de Schrift zegt: Stromen van levend water zullen uit zijn buik vloeien. (En dit zei Hij over de Geest…)* (vers 38,39). Er is een gebied in je lichaam dat God wil bewonen door Zijn Heilige Geest. In je buik kun je de aanwezigheid van Zijn Geest ervaren.

——

Dank U Heer, voor Uw werk in mij. Ik proclameer dat mijn lichaam een tempel is van de Heilige Geest die in mij woont. Mijn Vader heeft mij gemaakt. Amen.

Bron: God's plan for your body (CD)

29 SEPTEMBER

ONZE LEDEMATEN AANBIEDEN

We kijken nog even verder naar Gods doel voor ons menselijk lichaam. Onze ledematen, onze lichaamsdelen, moeten slaven - of instrumenten - worden van de gerechtigheid. Ten eerste neemt de Heilige Geest Zijn intrek in ons lichaam; vervolgens wordt ons lichaam een instrument in Zijn handen. *Ik spreek op menselijke wijze vanwege de zwakheid van uw vlees. Want zoals u uw leden slaafs beschikbaar gesteld hebt aan de onreinheid en van de ene wetteloosheid tot de andere wetteloosheid, stel zo nu uw leden beschikbaar ten dienste van de gerechtigheid, tot heiliging* (Romeinen 6:19).

Gods bedoeling voor onze ledematen is dat ze aan Hem worden aangeboden als slaven, klaar om Zijn wil te doen, wat die wil ook is. Romeinen 13 moedigt ons aan om onze fysieke ledematen aan te bieden als *instrumenten van de gerechtigheid*. Als ze zonder reserve aangeboden worden aan God, worden onze lichamen geheiligd en worden we waardige tempels van de Heilige Geest.

Als onze ledematen aan Hem zijn overgegeven, als slaven of instrumenten om Zijn wil te doen, dan zegt God op Zijn beurt: „Goed, aangezien dit mijn lichaam is, aanvaard ik de volle verantwoordelijkheid voor het onderhoud en welzijn van dit lichaam, zowel in dit leven als in het volgende." We mogen vertrouwen op Gods zorg, ook voor ons lichaam.

—

Dank U Heer, voor Uw werk in mij. Ik proclameer dat ik mijn lichaam op dit moment aanbied, zonder reserve, om geheiligd te worden als een waardige tempel voor de Heilige Geest. Mijn Vader heeft mij gemaakt. Amen.

Bron: What is man?, part 2 (CD)

30 SEPTEMBER

OP HET ALTAAR GELEGD

In Romeinen 12:1 draagt Paulus ons op om onze lichamen te offeren terwijl we nog leven: *Ik roep u er dan toe op, broeders, door de ontfermingen van God, om uw lichamen aan God te wijden als een levend slachtoffer, heilig en voor God welgevallig, dat is uw redelijke godsdienst.*

Als je je lichaam als een levend offer aan God aanbiedt, dan claim je niet langer zeggenschap over je lichaam. Jij beslist niet langer waar je lichaam naartoe gaat. Jij beslist niet langer wat je lichaam doet. Je beslist niet langer wat je lichaam eet of wat het zal dragen. Je hebt het recht op zulke beslissingen opgegeven. Vanaf dit moment is jouw lichaam niet langer van jezelf, maar van God. Je hebt het levend geofferd, op Zijn altaar.

Wat op Gods altaar is gelegd, behoort vanaf dat moment toe aan Hem. Het is niet langer van de persoon die het op het altaar heeft gelegd. Dat is wat God van ons eist: dat we onze lichamen opofferen, precies zoals Jezus deed. Het verschil is dat Jezus Zijn lichaam opofferde door Zijn dood, terwijl wij worden geacht ons levende lichaam te offeren op Gods altaar. Wij geven ons huidige leven op, onze rechten en onze claims op ons leven.

Dit is voor velen misschien een beangstigend concept, met name in een wereld waarin 'zelfbeschikking' een heersende verworvenheid is. Maar ik wil je vertellen dat het juist heel opwindend en geweldig is om je lichaam aan God over te geven. Hij heeft allerlei ideeën over wat Hij met jou en je lichaam wil doen. Maar Hij zal het je niet vertellen voordat je het aan Hem hebt overgegeven. Je moet eerst je lichaam aan Hem toewijden; dan zal Hij je laten zien wat je ermee moet doen.

—

Dank U Heer, voor Uw bijzondere werk in mij. Ik proclameer dat ik op dit moment mijn levende lichaam op Gods altaar leg. Het is niet meer van mij, maar van God. Mijn Vader heeft mij gemaakt. Amen.

Bron: Gods wil mijn levensdoel (boek)
Meer studie: Je roeping

WEEK 40

Bid voor de vrede van Jeruzalem:

wie Israël zegent, zal gezegend worden.

Bid om vrede voor Jeruzalem,

laat het wie u liefhebben goed gaan.

PSALM 122:6

1 OKTOBER

BIDDEN VOOR DE VREDE VAN JERUZALEM

De afgelopen maand hebben we Gods trouw als hemelse Vader bestudeerd. Ten grondslag aan dat onderwerp ligt Gods eeuwige verbondstrouw. En dat thema brengt ons vrijwel onmiddellijk bij onze 'oudere broer' Israël. In Genesis 12:2,3 lezen we Gods oorspronkelijke belofte aan Abraham, toen Hij hem opdroeg Ur der Chaldeeën te verlaten en naar een ander land te gaan: *Ik zal u tot een groot volk maken, u zegenen en Uw Naam groot maken; en u zult tot een zegen zijn. Ik zal zegenen wie u zegenen en vervloeken wie u vervloekt; en in u zullen alle geslachten van de aardbodem gezegend worden.*

Het Joodse volk is de toetssteen op basis waarvan alle andere volken beoordeeld zullen worden. De Bijbel waarschuwt ons in dit verband: *Laat beschaamd en achteruitgedreven worden allen die Sion haten* (Psalm 129:5). Ieder land dat Gods doel, namelijk het herstel van Sion, tegenwerkt, zal beschaamd en achteruitgedreven worden. Volken bepalen hun bestemming door hun reactie op het herstel van Gods volk.

Een prachtige en bekende belofte van zegen voor hen die zich verbinden met Gods doelen voor Jeruzalem, voor Israël en voor Gods volk, lezen we in Psalm 122:6: *Bid om vrede voor Jeruzalem, laat het wie u liefhebben goed gaan.* Een neutrale houding aannemen is niet mogelijk. We kunnen niet zeggen: „We zullen maar afwachten wat er gebeurt." We moeten onszelf actief verbinden met wat God in Zijn Woord zegt en met wat Hij doet in de geschiedenis.

De belangrijkste manier waarop we dit kunnen doen is door te bidden. We kunnen bidden voor de vrede van Jeruzalem en voor haar herstel – bidden dat Jeruzalem dat zal worden wat God in de Bijbel heeft vastgelegd. Voor hen die bidden en bewogen zijn, is dit de belofte: *Zij die u liefhebben zal het goed gaan.*

—

Dank U Heer, voor de zegen die U belooft aan hen die Israël liefhebben. Ik proclameer dat het ieder die bidt voor Jeruzalem en over Israël bewogen is, goed zal gaan. Versterk ook in mij de passie voor Israël, zodat ik in lijn ben met Uw hart en gedachten ten aanzien van Uw verbondsvolk. Ik bid voor de vrede van Jeruzalem. Amen.

Bron: De eindtijd, wat gaat er gebeuren?

2 OKTOBER

HET GOEDE VOOR ISRAËL ZOEKEN

De Bijbel spoort ons aan om voor Israël het goede te zoeken door onze gebeden. Om effectief te kunnen bidden, is het belangrijk om Gods bedoelingen voor Israël en Jeruzalem te bestuderen en begrijpen. Daarna moeten we met wijsheid en volharding bidden voor de uitwerking en vervulling van die bedoelingen. In de komende dagen zullen we ontdekken dat uiteindelijk gerechtigheid en vrede vanuit Jeruzalem naar de hele wereld zullen stromen. Het welzijn van ieder land ligt dus eigenlijk besloten in ons gebed voor Jeruzalem.

Een uitdagend Bijbels voorbeeld van dit soort gebed vinden we bij Daniël. Hij bad drie keer per dag voor het open raam richting Jeruzalem. Daniëls gebeden verontrustten satan en bedreigden zijn koninkrijk dusdanig, dat hij de jaloezie van slechte mannen gebruikte om de wetten van het hele Perzische wereldrijk te wijzigen, zodat Daniëls gebeden verboden zouden worden. Maar het bidden voor Jeruzalem betekende zoveel voor Daniël, dat hij liever in de leeuwenkuil gegooid werd dan zijn gebed op te geven. Zoals je weet, overwonnen Daniëls geloof en moed uiteindelijk alle satanische tegenstand en werd het plan van de tegenstander verijdeld. Hij kwam als overwinnaar tevoorschijn uit de leeuwenkuil – en hij bleef bidden voor Jeruzalem.

Ook uit eigen ervaring weet ik dat zo'n radicale toewijding aan gebed voor Jeruzalem en Israël altijd veel tegenstand oproept van satanische machten. Anderzijds heb ik ook ontdekt dat God Zijn belofte aan hen die zo bidden altijd nakomt. Dit is een Bijbelse weg naar voorspoed – financiële/materiële voorziening - maar ook een algemene zekerheid van Gods genade op je leven. Dit moet natuurlijk niet je eerste motivatie zijn (je motivatie is jouw hart en doelen één te maken met Gods hart en doelen), maar het is een Bijbels principe dat als we het goede voor Israël zoeken, Gods gunst op ons leven is.

—

Dank U Heer, voor de zegen die U belooft aan hen die van Israël houden. Ik bid voor Jeruzalem en vereenzelvig mij met Uw liefde voor Uw uitgekozen volk. Sterk hen, troost hen, bescherm hen en red hen Vader. Ik proclameer de vrede voor Jeruzalem! Amen.

Bron: Wachters op de muur (boek)

Meer materiaal: Wachters op de muur (proclamatiekaart)

3 OKTOBER

GODS HERSTEL VOOR ZIJN VOLK

De roep om te bidden voor Jeruzalem gaat uit naar iedereen die de Bijbel aanvaardt als Gods gezaghebbende Woord. Hij verwacht van al Zijn kinderen, uit elk land en van iedere achtergrond, dat zij bewogen zijn over de vrede van die ene stad: Jeruzalem. Daar is een praktische reden voor. Gods einddoel met dit tijdperk vindt haar climax in de vestiging van Zijn koninkrijk. Iedere keer dat we de woorden bidden: *Uw koninkrijk kome*, verbinden we onszelf met dat doel (zie bijvoorbeeld Matteüs 6:10).

We moeten echter onthouden dat het gebed verder gaat met: *Uw wil geschiede zowel op aarde als in de hemel* (Matteüs 6:10). Het is op aarde dat Gods koninkrijk gevestigd zal worden. Zijn koninkrijk is nog onzichtbaar voor menselijke ogen, maar het is niet vaag of een soort atmosfeer. Het zal uiteindelijk een tastbaar, aards koninkrijk zijn. De hoofdstad en het centrum van Gods koninkrijk op aarde zal de stad Jeruzalem zijn. De uitvoering van Gods rechtvaardige regering zal uitgaan van Jeruzalem tot het einde van de aarde. Als reactie daarop zullen de gaven en de aanbidding van deze volken terugstromen naar Jeruzalem. De vrede en de voorspoed van alle naties hangt dus af van de vrede en voorspoed van Jeruzalem. Totdat Jeruzalem haar vrede binnengaat, kan geen enkel land op aarde ware, voortdurende vrede ervaren. Aan ieder die Gods oproep om Jeruzalem lief te hebben hoort, geeft God een bijzondere, kostbare belofte. *Het zal hen goed gaan* (Psalm 122:6). Het woord 'goed' stijgt ver uit boven het materiële. Het beschrijft een diep, innerlijk welzijn; een vrijheid van zorgen en angst. Als we onszelf verbinden met Gods plan door te bidden voor Jeruzalem, ervaren we een voorsmaak van Zijn vrede. Een gevoel van innerlijke rust en vrede is voor hen die temidden van alle onrust op de wereld, zichzelf actief verbinden met Gods plan om Zijn volk te herstellen.

Dank U Heer, voor de zegen die U belooft aan hen die Israël liefhebben. Als ik bid voor Uw doel U volk te herstellen, ervaar ik bijzondere vrede. Ik bid voor de vrede van Jeruzalem: laat het wie Jeruzalem liefhebben goed gaan. Amen.

Bron: Zegeningen uit de Psalmen (boek)

Meer materiaal: De redding van Israël (proclamatiekaart)

4 OKTOBER

DE HEER ERAAN HERINNEREN

In Jesaja 62 roept God ons op om intens en volhardend te bidden, met name voor Jeruzalem: *Op uw muren, o Jeruzalem, heb Ik wachters aangesteld, die de ganse dag en de ganse nacht nimmer zullen zwijgen. Gij, die de HERE indachtig maakt, gunt u geen rust. En laat Hem geen rust, totdat Hij Jeruzalem grondvest en het stelt tot een lof op aarde* (vers 6,7).

In het Nieuwe Testament vertelde Jezus de gelijkenis van de onrechtvaardige rechter, die voortdurend wordt 'belaagd' door een weduwe die haar recht wil halen. Jezus eindigt de gelijkenis met deze vraag: *Zal God dan geen recht doen aan Zijn uitverkorenen, die nacht en dag tot Hem roepen, hoewel Hij hen soms lang laat wachten?* Deze twee teksten laten zien dat sommige onderwerpen zo belangrijk en dringend zijn, dat ze onze gebeden niet alleen overdag, maar ook 's nachts nodig hebben. Het herstel van Jeruzalem is zo'n onderwerp.

De profeet Jesaja beschrijft deze 'wachters' als mensen die 'de Heer indachtig maken', of aanroepen. Ze herinneren God dus ergens aan. In modern Hebreeuws is dit het woord voor 'secretaresse'. Een belangrijke taak van een secretaresse is haar chef te herinneren aan de afspraken die op zijn agenda staan. Deze betekenis geeft ons heel praktisch inzicht in de manier waarop God wil dat we bidden voor Jeruzalem. Als Zijn 'voorbede-secretaresse' hebben we twee belangrijke verantwoordelijkheden: ten eerste om Zijn profetische agenda te kennen. Ten tweede om Hem te herinneren aan de afspraken (beloften) die op die agenda staan vermeld. Een van die afspraken is Gods eindtijd-toewijding om Israël te herstellen en Jeruzalem te herbouwen. Dat is wat Jesaja 62 duidelijk zegt.

—

Dank U Heer, voor de zegen die U belooft aan hen die Israël liefhebben. Ik proclameer dat ik de Heer zal herinneren 'tot Hij Jeruzalem grondvest en het stelt tot een lof op aarde'. Ik bid voor de vrede van Jeruzalem: laat het wie U liefhebben goed gaan. Amen.

Bron: Beloofd Land (boek)

5 OKTOBER

VERTROOSTING UITSPREKEN

Hoe verbinden we ons aan Gods doel met Israël? Ik denk dat dat heel eenvoudig is. In Jesaja 40:1,2 zegt God: *Troost, troost Mijn volk, zegt uw God. Spreekt tot het hart van Jeruzalem, roept het toe, dat zijn lijdenstijd volbracht is, dat voor zijn ongerechtigheid geboet is, dat het uit de hand des HEREN dubbel ontvangen heeft voor al zijn zonden.*

Toen ik dit vers analyseerde en bij de zin *troost Mijn volk* aankwam, begreep ik dat het ging over Jeruzalem. Het Joodse volk kan niet getroost worden zonder Jeruzalem. Het hart van de Joden is volledig verbonden met de stad van de grote Koning, Jeruzalem. Dus als ik gelijk heb en 'Mijn volk' is het Joodse volk, tot wie zijn deze woorden dan gesproken? Ze moeten gesproken zijn tegen mensen die de God van de Bijbel en het gezag van Zijn Woord erkennen. Jij en ik dus; gelovige volgers van Jezus. Wat zegt God tegen ons? Vertroost Mijn volk Israël. God verlangt dat wij Israël troost bieden.

Ik ben bevriend met een aantal Joodse mensen die in Jezus geloven. Deze vrienden hebben mij er geregeld op gewezen dat de wereldwijde Kerk meer tijd besteed aan het bekritiseren van Israël, dan het troost bieden aan dit volk. We zijn niet geroepen om te bekritiseren; we hebben wel de opdracht om te vertroosten. Neem jij die verantwoordelijkheid op je?

Ik geloof dat deze vertroosting een manier is om de weg van de Heer te bereiden. Er zijn vele eeuwen van vooroordeel, vervreemding, vervolging en onbegrip die teniet gedaan moeten worden. Al deze negativiteit heeft bij het Joodse volk koude harten veroorzaakt, maar deze zullen worden opgewarmd door zuivere christelijke warmte en liefde. Ik geloof dat dat onze roeping is in deze tijd.

—

Dank U Heer, voor de zegen die U belooft aan hen die van Israël houden. Ik proclameer troost richting Gods volk en vertroosting naar Jeruzalem. Ik bid voor de vrede van Jeruzalem: laat het wie u liefhebben goed gaan. Amen.

Bron: Where are we in bible prophecy?: Israel in the end times (CD)

The last word on the Middle East: Our response to God's purpose (CD)

Meer materiaal: Troost voor Israël (proclamatiekaart)

6 OKTOBER

DE HEER ONZE GENEESHEER

Vlak nadat God Israël uit Egypte had bevrijd en de Israëlieten Zijn verloste verbondsvolk werden, was de eerste specifieke openbaring die Hij van zichzelf gaf het feit dat Hij hun genezer was. Deze eigenschap van God staat in Exodus 15:26 waar de Heer tot Israël spreekt: *Ik ben de HEERE, uw Heelmeester.*

Een 'heelmeester' is een arts of dokter. Het woord dat in deze tekst wordt genoemd, is hetzelfde woord dat in modern Hebreeuws nog steeds wordt gebruikt voor 'dokter'. Dit woord heeft in de drieduizend jaar geschiedenis van de Hebreeuwse taal zijn betekenis niet verloren. God zei letterlijk: „Ik ben jullie Dokter."

Twee zaken die nooit veranderen zijn Gods Naam en Gods verbond. De positie en functie van God als Heelmeester van Zijn volk is verbonden met Zijn Naam en Zijn verbond, en zal dus ook nooit veranderen.

Vele eeuwen later, toen Jezus de Messiaanse beloften vervulde door naar Israël te komen als Redder en Verlosser, manifesteerde God zich in Hem opnieuw als de Heelmeester van Zijn volk. De genezingsbediening van Jezus ging niet van Hemzelf uit, maar het was een uiting van Vaders genezende karakter en het verbond van God met Zijn volk als de Heer hun Dokter. De basis van Gods voorziening in genezing en gezondheid voor Zijn volk is Zijn Woord, de Bijbel.

Het is zo belangrijk te zien dat Gods antwoorden op onze noden hoofdzakelijk te vinden zijn in Zijn Woord! Als we Zijn Woord negeren, hebben we geen recht te verwachten dat Hij in onze nood zal voorzien. Maar als we ons naar Zijn Woord keren en Hem daarin zoeken, dan zullen we ontdekken dat Hij in Zijn Woord in al onze noden voorziet – zowel geestelijk als lichamelijk.

—

Dank U Heer, voor de zegen die U belooft aan hen die Israël liefhebben. Ik proclameer dat de Heer Heelmeester is van Zijn volk, en Zijn functie als Heelmeester is verbonden met Zijn Naam en Zijn verbond. Ik bid voor de vrede van Jeruzalem: laat het wie u liefhebben goed gaan. Amen.

Bron: Walking through the land of God's promises, part 3 (CD)

7 OKTOBER

NIET LANGER ZELFGERICHT...

Het is goed om iedere dag te bidden voor de vrede van Jeruzalem, zeker nu in deze periode van de geschiedenis de geestelijke strijd in en om Israël zich verscherpt. Ik geloof echter ook dat je deze gebedsopdracht breder moet zien, dat als de Bijbel ons opdraagt te *bidden voor de vrede van Jeruzalem* (Psalm 122:6), dit ook betekent dat we moeten bidden voor de vrede van het lichaam van Christus. We moeten ons niet alleen bekommeren om ons eigen kleine gebiedje, maar voor alle behoeften in het wereldwijde lichaam van Christus. We moeten andere christenen niet veroordelen, maar voor hen bidden.

In Psalm 122:7 staat: *Laat vrede in uw vesting zijn, voorspoed in uw paleizen.* Ik geloof dat deze tekst een goddelijke orde laat zien: als we vrede houden, zullen we voorspoedig zijn. Als we oorlog voeren met elkaar – dus elkaar bekritiseren, elkaar onder druk zetten, elkaar de rug toekeren of elkaar ondermijnen – dan zullen we geen voorspoed hebben. Eerst vrede, daarna komt voorspoed. In vers 8 lezen we: *Ter wille van mijn broeders en mijn vrienden zeg ik nu: Vrede zij u!* Dit bidden om vrede en eenheid komt eigenlijk voort uit een fundamenteel principe. We moeten onze neiging om zelfgericht te zijn ontvluchten. Zelfgerichtheid is een gevangenis waar de duivel je in houdt. Hoe meer de duivel je zelfgericht kan maken, hoe meer grip hij op je leven kan krijgen en je leven kan vergallen doordat genade ontbreekt. Vele honderden mensen heb ik mogen helpen om vrij te komen van boze geesten, en voor velen van hen gold dat zelfgerichtheid een van hun grote zonden was. Door er tegen te strijden en bewuste keuzes te maken met onze wil, kunnen we loskomen van zelfgerichtheid. Daarom houd ik van de frase *ter wille van mijn broeders en mijn vrienden.* Het is niet genoeg dat het goed gaat met mij. Ik wil weten hoe in de behoeften van mijn broeders en vrienden kan worden voorzien... Vanuit zo'n hart dat buiten jezelf gericht is, kun je pas echt bidden voor de vrede van Jeruzalem, in al haar facetten.

———

Dank U Heer, dat U mij vrij maakt van zelfgerichtheid. Ik heb Israël lief en proclameer: Laat vrede in uw vesting zijn, voorspoed in uw paleizen. Ik bid voor de vrede van Jeruzalem: laat het wie u liefhebben goed gaan. Amen.

Bron: Fitly joined together (Artikel New Wine Magazine).
Meer materiaal: Vrede voor Israël (proclamatiekaart)

WEEK 41

**LATEN WE VREZEN, ZODAT WE NIET FALEN
IN HET RUSTEN IN CHRISTUS.**

*Laten wij er dan beducht voor zijn dat
van niemand van u ooit blijkt dat hij is achtergebleven,
terwijl de belofte om in Zijn rust binnen te gaan
nog van kracht is.*

HEBREEËN 4:1

8 OKTOBER

GODS OPDRACHT OM TE RUSTEN

In Deuteronomium 28 vinden we een lijst van alle zegeningen en vloeken. De zegeningen beginnen met deze woorden: *En het zal gebeuren, als u de stem van de HEERE, uw God, nauwgezet gehoorzaam bent (...) dat al deze zegeningen over u zullen komen en u bereiken* (vers 1,2). De vloeken beginnen met de volgende woorden: *Als u de stem van de HEERE, uw God, niet gehoorzaam bent (...) zullen al deze vervloekingen over u komen en u treffen* (vers 15). Het staat of valt met het horen of veronachtzamen van Gods stem.

Gehoorzaamheid in aanbidding is de aangewezen weg om in die houding en relatie tot God te komen, waarin we werkelijk Zijn stem verstaan. Met andere woorden, we zullen Gods stem niet verstaan, tenzij we een houding van aanbidding hebben. En als we Gods stem horen, gaan we in tot Zijn rust. Aanbidding is dus de weg naar rust. Alleen zij die weten hoe ze echt moeten aanbidden, kennen werkelijke rust.

Er blijft dus een rust over voor het volk van God. Want wie Zijn rust binnengegaan is, die rust zelf ook van zijn werken, zoals God van de Zijne. Laten wij ons dan beijveren om die rust binnen te gaan, opdat niemand door dit voorbeeld van ongehoorzaamheid ten val zal komen (Hebreeën 4:9-11). De Bijbel laat hier zien dat Gods volk de rust niet binnenging, vanwege ongehoorzaamheid. Ik wil niet zeggen dat we terug naar de wet moeten en de sabbat moeten gaan houden, of de zondag maken tot sabbat. Ik stel alleen vast dat we Gods opdracht om rust te nemen gemakkelijk kunnen missen.

Ik ben ervan overtuigd geraakt dat als ik iedere week zeven dagen lang druk ben, ik God niet behaag. Bovendien (of juist daardoor?) breng ik daarmee mijn gezondheid ernstig in gevaar. God heeft iets in mijn hart bewerkt inzake de sabbatsrust. Ik geloof dat Hij ook iets in jouw hart kan doen, wat je ertoe zal brengen om heel natuurlijk Zijn goddelijke, eeuwige, onveranderlijke wetten te houden.

—

Dank U Heer, voor de belofte om Uw rust binnen te gaan en dat ik dat kan doen door tijd te nemen voor mijn aanbiddingsleven met U. Ik proclameer dat ik 'mij zal beijveren die rust binnen te gaan'. Ik zal U vrezen, zodat ik niet faal in het rusten in Christus.

Bron: Rules of engagement (boek)

9 OKTOBER

AANBIDDING EN DIENSTBETOON

Terwijl we nadenken over de roep om binnen te gaan in Gods rust, schieten ons een aantal vragen te binnen: Besteden we onze tijd goed en efficiënt? Weten we wat het betekent om te rusten? Zijn we in staat te stoppen met dingen doen, om echt tot rust te komen – zowel lichamelijk als in ons denken? Kun je even gaan liggen en stoppen met bedenken wat je allemaal nog moet doen? God is meer geïnteresseerd in ons karakter dan in onze prestaties. Prestaties zijn alleen in dit leven van belang, maar karakter is eeuwig. Ons karakter bepaalt hoe we de eeuwigheid zullen doorbrengen. Jesaja kreeg een visioen van de hemel met glorieuze wezens en de troon van de Heer (Jesaja 6). De wezens die serafs worden genoemd, waren bezig te aanbidden. Het woord 'seraf' is rechtstreeks afkomstig van het woord voor 'vuur'. Deze vurige wezens bevonden zich dicht bij de troon van God en riepen dag en nacht: *Heilig, heilig, heilig is de HEERE* (vers 3). Elk van deze serafs had zes vleugels en de manier waarop ze deze gebruikten is veelzeggend. Met twee vleugels bedekten ze hun gezicht; met twee andere vleugels bedekten ze hun voeten; en met de twee overige vleugels vlogen zij (zie vers 2). Het bedekken van het gezicht en de voeten zie ik als de nederigheid van aanbidding, en het vliegen als dienstbetoon. Dit spreekt mijns inziens van de juiste verhouding in ons leven tussen aanbidding en dienstbetoon. Twee keer zoveel aanbidding en 'relatie' met God, als dienen of 'doen' vanuit die relatie.

Laat er in je leven veel tijd zijn om je 'vleugels' over je gezicht en voeten te leggen in nederige aanbidding, om te luisteren naar wat God te zeggen heeft.

—

Dank U Heer voor de belofte om Uw rust binnen te gaan. Ik wil die houding van aanbidding ontwikkelen en leren om te rusten om echt Uw stem te verstaan. Ik zal vrezen, zodat ik niet faal in het rusten in Christus. Amen.

Bron: Rules of engagement (boek)

Meer studie: In Gods aanwezigheid (boek)

10 OKTOBER

Kiezen om te aanbidden en te rusten

Ik zal vrezen, zodat ik niet faal in het rusten in Christus
In Psalm 95:7 lezen we twee redenen waarom we de Heer zouden moeten aanbidden: *Want Hij is onze God en wij Zijn het volk van Zijn weide en de schapen van Zijn hand.* De eerste reden om God te aanbidden, is omdat Hij God *is* – *onze* God. Hij is de enige in het universum die het waard is om te aanbidden. Mensen kunnen we prijzen, maar we mogen hen niet aanbidden. Aanbidding is de meest specifieke manier waarop we met God als God in contact kunnen zijn.

Ik ben ervan overtuigd dat alles wat we aanbidden, controle over ons krijgt. Hoe meer we het gaan aanbidden, hoe meer we erop gaan lijken en hoe meer controle het over ons zal krijgen. Omgekeerd evenredig: als we God niet aanbidden, in hoeverre is Hij dan werkelijk onze God? En wie of wat heeft er dan wel controle over ons?

De tweede reden om de Heer te aanbidden is: *wij zijn het volk van Zijn weide* (sommige andere vertalingen zeggen 'van Zijn kudde'). Aanbidding is de manier om Hem te erkennen als onze God, en het is de gepaste reactie op Zijn zorg voor ons. De psalm eindigt met een ernstige waarschuwing: *Heden, indien u Zijn stem hoort, verhard uw hart niet, zoals te Meriba... Veertig jaar heb ik verdriet gehad van dat geslacht; Ik heb gezegd: Zij zijn een volk met een dwalend hart, Mijn wegen kennen zij niet. Daarom heb Ik in mijn toorn gezworen: Mijn rust zullen zij niet binnengaan* (vers 8-11).

Deze tekst stelt ons voor een keuze: Ware aanbidding binnengaan, of dit weigeren. In aanbidding horen we Gods stem. En door Gods stem te horen en te gehoorzamen, komen we binnen in Zijn rust.

——

Heer, dank U wel voor de belofte dat ik Uw rust mag binnengaan. Ik kies om U werkelijk te aanbidden, Uw stem te leren verstaan en gehoorzamen, en zo Uw rust binnen te gaan. Ik zal vrezen, zodat ik niet faal in het rusten in Christus. Amen.

Bron: Een hart van ware aanbidding (Onderwijsbrief)
Meer studie: Een hart dat volkomen naar God uitgaat – deel 1 en 2. (studies op de website)

11 OKTOBER

WANDELEN IN VREZE DES HEREN

In de Hebreeënbrief staan een aantal zogenaamde 'Laten wij'-stellingen. De eerste hiervan was: *Laat ons dan vrezen* (4:1). Verrast dit je? Veel christenen tegenwoordig hebben nauwelijks ruimte voor het begrip 'vrezen'.

De mensen die mij tot de Heer hebben geleid waren fijne christenen die woonden in Yorkshire, Engeland. Toen ik hen na de Tweede Wereldoorlog opnieuw bezocht, ging het geestelijk niet goed met hen. De man was van mening dat er geen ruimte kon zijn voor vrees (angst) in het leven van een christen. Ik probeerde uit te leggen dat dit ervan afhangt over welke vorm van angst je het hebt. In Psalm 19 staat: *De vreze des Heren is rein, zij bestaat tot in eeuwigheid* (vers 10). Aan die vorm van vrees komt nooit een eind. Deze man had besloten nooit medicijnen te gebruiken, een standpunt dat heel subtiel toch een soort van arrogantie in zich bergt. Ik zag dit in de context van zijn mening dat iedere vorm van vrees verkeerd was. Tragisch genoeg ontwikkelde hij suikerziekte en moest zijn been geamputeerd worden. Hij kon nauwelijks over de schok heenkomen dat zijn geloof hem geen genezing had gebracht. Ik denk dat zijn werkelijke probleem was dat hij niet kon vatten dat een zekere vorm van vrees wel degelijk deel is van het christelijke leven. De woorden in deze brief *'laat ons dan vrezen'* zijn gericht tot christenen, niet tot ongelovigen. Onthoud goed dat er altijd de mogelijkheid bestaat dat we niet ontvangen wat God voor ons heeft bestemd. De rest van de tekst is als volgt: *dat van niemand van u ooit blijkt dat hij is achtergebleven, terwijl de belofte om in Zijn rust binnen te gaan, nog van kracht is.*

Iedere belofte heeft twee kanten. Ze brengt je het goede, maar als je jezelf de belofte niet toe-eigent, word je ergens van beroofd. In het leven als christen is het vaak hetzelfde. Het goede is beschikbaar, maar er is altijd de mogelijkheid het niet te krijgen. Ik geloof dat deze houding van vreze des Heren een goede waarborg is om niet te missen wat God ons wil geven, en ook om de rust te ontvangen die Hij voor ons heeft bedoeld.

—

Dank U Heer, voor de belofte om Uw rust binnen te gaan. Ik proclameer dat ik tot God kom met de juiste houding van vrees om die rust binnen te gaan. Ik zal vrezen, zodat ik niet faal in het rusten in Christus. Amen.

Bron: God's last word, vol. 1: Hebreeën 4:1-4:16 (CD)
Meer materiaal: De vreze des Heren is mijn schat (proclamatiekaart)

12 OKTOBER

IK ZAL VREZEN, ZODAT IK NIET FAAL IN HET RUSTEN IN CHRISTUS

Immers, wij die tot geloof gekomen zijn, gaan de rust binnen, zoals Hij gezegd heeft: Daarom heb Ik in Mijn toorn gezworen: Mijn rust zullen zij niet binnengaan! En toch waren Zijn werken van de grondlegging van de wereld af al volbracht. Want Hij heeft ergens van de zevende dag als volgt gesproken: En God heeft op de zevende dag van al Zijn werken gerust. En op deze plaats opnieuw: Zij zullen Mijn rust niet binnengaan! (Hebreeën 4:3-5)

In dit gedeelte staat de zinsnede *'wij die tot geloof gekomen zijn'* in de voltooid verleden tijd; maar *'zullen Mijn rust niet binnengaan'* staat in de toekomende tijd. Voordat we Gods rust kunnen binnengaan, moeten we dus al geloofd hebben. We gaan niet steeds opnieuw geloven; tot geloof komen is een eenmalige gebeurtenis. We hebben die beslissing genomen, en op die basis gaan we verder om de rust van God binnen te gaan. Zij die voortdurend opnieuw moeten besluiten te geloven, komen niet in aanmerking om Gods rust binnen te gaan. Alleen zij die geloofd hebben, gaan die rust binnen. In Genesis 2:2 staat ook iets over het thema 'rust': *Toen God op de zevende dag Zijn werk, dat Hij gedaan had, voltooid had, rustte Hij op de zevende dag van al het werk dat Hij gedaan had.* Gods rust houdt in dat Hij stopte met al het werk dat Hij deed. Ik geloof niet dat God rustte omdat Hij moe was. Hij vond het fijn om te ontspannen. Hij ging rustig zitten en bekeek alles wat Hij had gemaakt; hij nam de tijd om ervan te genieten. Hoe vaak neem jij de tijd om te genieten van de dingen die je hebt gedaan of gemaakt? Vaak zijn we, zodra een project of werk klaar is, al weer op weg naar het volgende. God gaf echter een ander voorbeeld; neem tijd om te genieten van de dingen die je hebt afgerond. Het vermogen om te ontspannen hebben we van God gekregen.

—

Dank U Heer, voor Uw belofte dat ik Uw rust mag binnengaan. Een van de goede dingen die U met ons wil delen is Uw rust – U wilt dat ik de rust binnenga die U bent binnengegaan. Help mij om dit te leren en te genieten van de dingen die ik voor U mag doen! Ik zal dus vrezen, zodat ik niet faal in het rusten in Christus. Amen.

Bron: God's last word, vol. 1: Hebreeën 4:1-4:16 (CD)

13 OKTOBER

GENIETEN VAN DE SCHEPPING

Geregeld hebben we het over onze tienden – het principe dat God instelde als basis voor het geven van onze inkomsten – maar hoe zit het met Gods verwachtingen hieromtrent in onze tijd? Van de Israëlieten wilde God één van de zeven dagen per week hebben; dat is een hoger percentage dan van hun bezittingen. Hoeveel mensen geven God werkelijk één op zeven dagen? Ik geloof dat dit een van de oorzaken is dat veel christenen een burn out krijgen of overspannen raken – veel te veel zijn er gefrustreerd, gejaagd en druk - en lijken hun werk nooit af te hebben.

We zagen al: God was de eerste die rust nam. Een vriend van mij, een Palestijnse Arabier die veel restaurants bezit, zei eens: ,,God werkte niet om een gezin te onderhouden. En Hij rustte niet uit omdat Hij moe was. Het was veel belangrijker dan dat. God werkte omdat Hij de Schepper is." Ik geloof dat God uitrustte omdat Hij wilde genieten van wat Hij had geschapen. Als we nooit de tijd nemen om te genieten van wat we hebben gemaakt, dan zijn we er miserabel aan toe.

Wat vraagt eigenlijk meer geloof? Werken of rusten? Israël was niet in staat om de rust binnen te gaan vanwege haar ongeloof. Zou het kunnen zijn dat niet echt tot rust kunnen komen is vanwege dezelfde reden: ongeloof? Ik geloof dat dit een belangrijke diagnose is voor sommige mensen.

Echte ontspanning komt als je beseft dat God dit fenomeen heeft uitgevonden. Ons woord 'vakantie' komt van 'vacant' en dat betekent 'leeg'. Soms is het goed om niets te doen te hebben – een lege agenda. Toch voelden mijn vrouw en ik ons nog beter thuis bij het (Engelse) woord 'holidays'. Dit komt van 'Holy days', oftewel, de 'heilige dagen' die de Israëlische kalender heeft ingesteld. Je kon er niet omheen, omdat ze door God waren ingesteld – niet omdat iemand lui wilde zijn, maar omdat God had gezegd: Neem een heilige dag!

—

Dank U Heer, voor de belofte dat ik Uw rust mag binnengaan. Zoals U rustte om te genieten van wat U geschapen had, wil ik dat ook doen. Help mij te genieten van het werk dat ik door Uw kracht mag doen. Ik zal vrezen, zodat ik niet faal in het rusten in Christus. Amen.

Bron: The headship of Jesus, part 1 (CD/DVD)

14 OKTOBER

WANDELEN EN RUSTEN...

Ik zal vrezen, zodat ik niet faal in het rusten in Christus.
De enige echte reden dat de Israëlieten hun van God gekregen erfenis niet binnengingen, was ongeloof. Datzelfde kan ons gebeuren. De schrijver van de Hebreeënbrief paste de situatie van Israël toe op gelovigen in Jezus Christus: *Maar het gepredikte woord deed hun geen nut, omdat het niet met geloof gepaard ging bij hen die het hoorden* (4:2). Gods Woord kan tot ons komen, maar het zal niets uitwerken en ons geen zegen brengen, als we het niet ontvangen met geloof.

In het volgende vers staat: *Immers, wij die tot geloof gekomen zijn, gaan de rust binnen.* Echt geloof brengt ons in de rust. Ken jij die rust in geloof? Of loop je hetzelfde gevaar als de Israëlieten, die hun hart verhardden? Vanwege hun ongeloof misten ze alles wat God voor hen had. De schrijver van de Hebreeënbrief maakt duidelijk dat dit ons ook kan gebeuren. Sterker nog, het zal ons zeker gebeuren, als we geen ernst maken met het zoeken van die geloofsrust.

Een stuk verder in Hebreeën lezen we de praktische toepassing van deze les: *Laten wij ons dan beijveren om die rust binnen te gaan, opdat niemand door dit voorbeeld van ongehoorzaamheid ten val zal komen* (Hebreeën 4:11). Steeds als we in de Bijbel het woordje 'dan', 'dus' of 'daarom' tegenkomen, moeten we kijken waarom het er staat... Zo laat onze bovenstaande tekst zien dat we niet op dezelfde manier moeten afdwalen als de Israëlieten in het Oude Testament. Laten we ons wapenen tegen ongeloof – ons hart erop zetten om te wandelen in geloof, ons geloof voeden en elkaars geloof versterken. Laten we niet dezelfde tragische fout maken die Israël maakte. Onthoud dat er altijd een direct verband is tussen ongeloof en ongehoorzaamheid – en omgekeerd maakt echt geloof juist altijd dat we wandelen in gehoorzaamheid.

—

Heer, dank U voor de belofte dat ik Uw rust mag binnengaan. Echt geloof brengt mij in Uw rust. Laat mijn gehoorzaamheid aan U altijd gebaseerd zijn op geloof. Daarom zal ik vrezen, zodat ik niet faal in het rusten in Christus. Amen.

Bron: Faith, part 1 (CD)

WEEK 42

IK ZAL MIJ INZETTEN.

Laten wij ons dan beijveren om die rust binnen te gaan,

opdat niemand door dit voorbeeld van ongehoorzaamheid

ten val zal komen.

HEBREEËN 4:11

15 OKTOBER

HET BELANG VAN IJVER

Deze week kijken we naar een tweede 'Laten wij...-stelling' die voorkomt in het vierde hoofdstuk van Hebreeën, namelijk een oproep tot ijver: *Laten wij ons dan beijveren om die rust binnen te gaan, opdat niemand door dit voorbeeld van ongehoorzaamheid ten val zal komen* (Hebreeën 4:1)
Eerder gaf ik al aan dat deze waarschuwing gaat over de Israëlieten in de woestijn. De meesten van hen kwamen nooit aan in het beloofde land vanwege hun wangedrag en hun verkeerde houding, terwijl dit toch de bestemming was die God hen had beloofd. De Bijbel vertelt ons dat hun lichamen vielen in de woestijn door ongeloof en ongehoorzaamheid (zie Numeri 14:29, 32). Door hun ongeloof en ongehoorzaamheid waren ze niet in staat de stem van de Heer te verstaan. Ze hadden wel de uiterlijke vormen, maar misten het essentiële innerlijke kenmerk van ware godsdienst, namelijk het horen van Gods stem.
Dat was dus Israëls tragische fout. Nadat hij in vers 1 heeft geschreven 'Laten we vrezen...' vervolgt de schrijver – nog steeds op basis van het voorbeeld van Israël – met: 'Laten wij ons dan beijveren'. Hier zie ik een natuurlijke overgang; als we de gevaren van de geestelijke conditie van ongeloof werkelijk ter harte nemen en vrezen, dan is onze natuurlijke reactie vervolgens gezonde ijver. Je zou kunnen zeggen: 'Maar je *beijveren* om *rust* te leren is toch met elkaar in tegenstelling?' Ik geloof dat hier een geheimenis in schuilt dat we zullen ontdekken als we samen met God op weg gaan – de ijver die God bedoelt (ijver om in de rust te komen en Zijn stem te horen) vormt geen tegenstelling met de rust waarover we eerder hebben geleerd, maar is er juist mee in balans.

Dank U Heer, voor de belofte dat ik mag binnenkomen in Uw rust. Ik zie dat het essentiële, innerlijke kenmerk van alle ware godsdienst het horen van Uw stem is, en daarvoor zal ik mij beijveren. Ik zal mij inzetten. Amen.

Bron: Twelve steps to a good year, part 1 (CD)

16 OKTOBER

GROEIEN EN VOORUITGANG BOEKEN

Studerend op het thema van ijver, laten we nu ook de volgende verzen in Hebreeën tot ons doordringen: *Maar wij verlangen ernaar dat ieder van u dezelfde inzet toont, tot volle zekerheid van de hoop, tot het einde toe, opdat u niet traag wordt, maar navolgers bent van hen die door geloof en geduld de beloften beërven* (6:11,12). We moeten niet alleen ijverig zijn, maar die ijver ook tot het einde toe volhouden. De betekenis van een woord kun je vaak goed bestuderen door haar tegenovergestelde te bekijken – het tegengestelde van ijver wordt heel ontnuchterend omschreven als 'traag' of 'lui'. Niet lichamelijk lui, maar geestelijk lui.

En daarom moet u zich er met alle inzet op toeleggen om aan uw geloof deugd toe te voegen, aan de deugd kennis, aan de kennis zelfbeheersing, aan de zelfbeheersing volharding, aan de volharding godsvrucht, aan de godsvrucht broederliefde en aan de broederliefde liefde voor iedereen (2 Petrus 1:5-7). Het leven als christen hoort niet statisch te zijn. Het is een leven van voortdurende groei en vooruitgang. Als het leven van een gelovige wel statisch is, dan gaat hij of zij feitelijk achteruit. Voor groei zoals Petrus het hier omschrijft is veel inzet nodig. Petrus roept ons op dit na te streven met alles wat in ons is. Petrus vervolgt met een 'als': *Want als deze dingen bij u aanwezig zijn en toenemen, maken zij u niet doelloos en onvruchtbaar in de kennis van onze Heere Jezus Christus. Immers, bij wie deze dingen niet aanwezig zijn, die is blind en kortzichtig, omdat hij de reiniging van zijn vroegere zonden vergeten is* (vers 8, 9).

Kun je geloven dat het mogelijk is dat iemand wordt gereinigd van zijn vroegere zonden, maar daarna vergeet dat dit is gebeurd? Het klinkt onwerkelijk, maar de Bijbel leert duidelijk dat dit mogelijk is. Laten we ervoor waken dat dit ons gebeurt...

—

Dank U Heer, ik heb de belofte om Uw rust te mogen binnengaan. Ik proclameer dat ik nooit doelloos en onvruchtbaar zal zijn in het kennen van de Heer, maar dat ik steeds zal blijven wandelen en groeien in geloof en gehoorzaamheid, om te beërven wat beloofd is. Daar zal ik mij voor inzetten. Amen.

Bron: Twelve steps to a good year, part 1 (CD)

17 OKTOBER

LUIHEID OVERWINNEN

In 2 Petrus 1:8 en 9 stelt Petrus ons twee tegengestelde mogelijkheden voor ogen:

1. Effectief en productief zijn in het kennen van de Heer Jezus Christus.
2. De andere keuze is om ineffectief en niet productief te zijn, vanwege een conditie die hij omschrijft als *blind en kortzichtig* (vers 9). Die woorden laten aan duidelijkheid niets te wensen over. In dit licht begint Petrus de volgende verzen met 'daarom'. Het heeft dus te maken met de waarschuwing die hij zojuist heeft gegeven: *Daarom, broeders, beijver u des te meer om uw roeping en verkiezing vast te maken; want als u dat doet, zult u nooit meer struikelen. Want zo zal u in rijke mate de toegang worden verleend tot het eeuwig Koninkrijk van onze Heere en Zaligmaker, Jezus Christus* (vers 10,11).

Dat is goed nieuws! Er zijn dingen die we kunnen doen om te garanderen dat we nooit zullen vallen, maar ook dat ons een rijk welkom wordt verleend in het koninkrijk van onze Heer.

De fundamentele conditie waartegen we worden gewaarschuwd is luiheid. Bij tijd en wijle ben ik best ongerust over het gebrek aan aandacht voor geestelijke luiheid in christelijke kringen. De meerderheid van de christenen ziet dronkenschap als een ernstige zonde. Een dronkaard die beweert dat hij christen is, zal men in het algemeen niet serieus nemen en afwijzen. Maar hoewel ik dronkenschap zeker niet wil goedpraten, geloof ik dat luiheid in de Bijbel veel vaker wordt veroordeeld dan dronkenschap. Heel wat christenen die er niet aan dénken zich te bedrinken, kunnen wel degelijk geestelijk lui zijn en herkennen dat niet als net zo'n obstakel voor hun weg met God. Laten we de waarschuwing tegen geestelijke luiheid ter harte nemen.

———

Dank U Heer, voor de belofte dat ik Uw rust mag binnengaan. Luiheid zal ik overwinnen in de Naam van Jezus, en ik zal mij beijveren om mijn roeping en verkiezing zeker te stellen. Ik zal mij daarvoor inzetten. Amen.

Bron: Twelve steps to a good year, part 1 (CD)

18 OKTOBER

FORMULE VOOR WARE RIJKDOM

Twee prachtige verzen uit Spreuken zijn lange tijd een lichtbaken voor me geweest. Samen sommen ze de voorwaarden op voor ware rijkdom, of Gods voortdurende voorziening. Eén voorwaarde vervult de Heer, de andere moeten wij zelf vervullen. Aan beide voorwaarden moet voldaan zijn, voor we de resultaten ervan zien in ons leven. De voorwaarde waaraan de Heer voldoet staat in Spreuken 10:22: *Het is de zegen van de Heer die rijk maakt, en Hij voegt er geen zorgen aan toe.*

De grote, allereerste voorwaarde voor ware rijkdom – zowel geestelijk als in andere opzichten – is de zegen van de Heer. Zonder de zegen van de Heer kunnen we niet op iets goeds rekenen. Aan de andere kant is de zegen van de Heer alleen niet voldoende. In Spreuken 10:4 lezen we namelijk: *Een luie hand brengt armoede, maar ijverige handen maken rijk.* Om werkelijke welstand te kennen, is de zegen van de Heer nodig, aangevuld met onze ijver. Het is niet genoeg om alleen maar te wachten op de zegen van God, of die zelfs alleen maar te ontvangen. Het zal Gods doel in je leven niet vervullen, tenzij je er jouw eigen, persoonlijke ijver aan toevoegt. We zagen al: ijver en inzet zijn het tegenovergestelde van luiheid.

Het is een tekst die in mijn eigen ervaring steeds opnieuw waar is gebleken, tientallen jaren lang. Ik ben in allerlei verschillende omstandigheden geweest, in vele vormen van bediening, in vele landen op enkele continenten. En ik denk dat ik kan zeggen dat ik, door Gods genade, altijd inzet heb getoond, in zowel kleine als grote dingen. Iedere situatie waarin ik betrokken ben geweest, mocht ik naderhand achterlaten in betere conditie dan die waarin ik haar gevonden had – zowel geestelijk, als financieel en in andere opzichten. Ik hoop dat je dit herkent; de optelsom van Gods zegen en onze ijver maakt dat dingen onder onze handen groeien en tot bloei komen. Vraag Gods zegen en maak dit één met jouw ijver, en je hebt werkelijke geestelijke rijkdom.

—

Dank U Heer, voor de belofte om Uw rust binnen te gaan. Ik proclameer: 'de zegen van de Heer maakt rijk' en de 'hand van de ijverige maakt rijk'. Laten die twee waarheden in mijn leven in harmonie zijn met elkaar. Ik zal mij inzetten en ijverig zijn, terwijl ik Uw zegen verwacht. Amen.

Bron: Twelve steps to a good year, part 1 (CD)

19 OKTOBER

VERVULLING VAN GODS BELOFTEN

De meeste van Gods beloften zijn voorwaardelijk. Als God iets belooft, dan zegt Hij meestal: „Als jij dit doet, dan zal ik dat doen." We hebben geen recht om ons een belofte toe te eigenen, als we niet eerst voldoen aan de voorwaarde die Hij stelt. De vervulling van Gods beloften is niet afhankelijk van onze omstandigheden, maar van de vraag of we aan Gods voorwaarden voldoen. Zo vaak laten we ons beïnvloeden door allerlei omstandigheden die ons ervan weerhouden te doen wat God van ons vraagt.

Deze gedachte druist misschien in tegen ons idee van genade, maar laat me het principe illustreren aan de hand van het leven van Abraham. God had Abraham een zoon beloofd als erfgenaam, maar toen hij 99 werd, had hij nog steeds geen erfgenaam (inmiddels was hij wel vader van Ismaël geworden, maar die kon geen erfgenaam zijn). Waarom liet God Abraham zo oud worden voordat Hij zijn belofte inloste? Waarom laat God soms omstandigheden toe die het haast onmogelijk maken, voordat Hij de beloften vervult waar wij op basis van Gods Woord aanspraak op willen maken?

Ten eerste worden we zo verlost van te uitbundig zelfvertrouwen, zodat we leren vertrouwen op God. We realiseren ons dat als er iets gedaan moet worden, God de enige is die het kan doen. Sara haar baarmoeder was niet in staat om nageslacht voort te brengen. Op natuurlijke wijze kon de belofte dus niet worden vervuld, maar Abraham moest zijn ogen uitsluitend richten op God. Hij was de enige die in staat zou zijn om de belofte te vervullen.

De tweede reden is dat, als de belofte uiteindelijk dan toch vervuld is, alle eer daarvoor naar God zal gaan. Het doel van Gods beloften is dat Zijn Naam verheerlijkt wordt. Als er ook maar de kleinste mogelijkheid is om dingen uit eigen kracht te doen, komen we in de verleiding om er zelf ook de eer van op te strijken. Maar als we weten dat we van onszelf totaal machteloos zijn, geven we alle dank en eer werkelijk aan God.

———

Dank U Heer, voor de belofte om Uw rust te mogen binnengaan. Ik proclameer dat het doel van al Gods beloften is dat Zijn Naam verheerlijkt wordt. Ik zal mij inzetten en Gods Naam verheerlijken. Amen.

Bron: Claiming our inheritance, part 2 (CD)

20 OKTOBER

IJVER ONTWIKKELEN

Vandaag wil ik je bewustmaken dat inzet en ijver ook vruchten zijn die ontwikkeld moeten worden. We bekijken een aantal manieren waarop we dat kunnen doen.

In 2 Timoteüs 2:6 schrijft Paulus: *De landbouwer die zware arbeid verricht, moet als eerste van de vruchten genieten.* Paulus noemt hier een simpel principe: het ontwikkelen van rijpe oogst kost 'zware arbeid'. Je krijgt het niet voor elkaar zonder inspanning. Dat geldt ook voor de vrucht van de Geest. Vaak zeggen we dat deze 'vanzelf moet groeien'... Men bedoelt dan dat je deze vrucht niet kunt laten groeien uit 'eigen kracht', en dat klopt ook. Tegelijkertijd geldt ook voor deze vrucht dat ze niet zal groeien zonder onze inspanning. Hoe kunnen we geestelijke vrucht in ons leven zien groeien? Op twee manieren:

1. We moeten Gods Woord bestuderen, want dat is de basis van alles wat God voor ons heeft. Als we niet thuis zijn in de Bijbel, dan zullen we veel van Zijn voorziening niet kunnen ontvangen, simpelweg omdat we het niet begrijpen. Paulus schreef ook het volgende aan Timoteüs: *Doe uw uiterste best om uzelf welbeproefd voor God te stellen, als een arbeider die zich niet behoeft te schamen en die het Woord van de waarheid recht snijdt* (2 Timoteüs 2:15). Om het Woord van God, de Bijbel, te kunnen gebruiken, moeten we ons uiterste best doen als echte harde werkers. Mouwen opstropen en aan de slag.

2. We moeten tijd doorbrengen in gebed. Gebed is niet alleen maar tegen God aan praten, maar echt naar Hem luisteren is minstens zo belangrijk, en misschien nog wel belangrijker. Jezus is hierin ons volmaakte voorbeeld. De basis van Jezus' aardse bediening was zijn relatie met de Vader. Om die relatie te ontwikkelen en te onderhouden, nam Jezus veel tijd om te bidden. Vaak was dat vroeg in de morgen. Daar hoorde Jezus de stem van de Vader en ontving Hij leiding voor Zijn bediening.

—

Dank U Heer Jezus, voor de belofte dat ik Uw rust mag binnengaan, en voor het voorbeeld dat U me gaf. Net als U wil ik ijver ontwikkelen door Uw Woord te bestuderen en tijd met U door te brengen in gebed. Ik zal mij daarvoor inzetten. Amen.

Bron: Fruit of the Spirit, part 1 (CD)

21 OKTOBER

GEMEENSCHAP EN DISCIPLINE

De vrucht van ijver wordt ook voortgebracht door het ontwikkelen van gemeenschap met andere christenen. Laten we niet proberen om in ons eentje christen te zijn. De Bijbel leert ons dat we leden zijn van één lichaam; we hebben elkaar allemaal nodig. *Want, gelijk wij in één lichaam vele leden hebben, en de leden niet alle dezelfde werkzaamheden hebben, zo zijn wij, hoewel velen, één lichaam in Christus, maar ieder afzonderlijk leden ten opzichte van elkander* (Romeinen 12:4,5). Waarom hebben we elkaar zo hard nodig?

Denk eens aan David die erop uit trok om Goliath te verslaan. Als munitie nam hij vijf gladde stenen uit de beek. Waarom moesten die stenen glad zijn? Anders kon hij ze niet secuur richting geven en dat zou hem zijn leven kunnen kosten. Hoe waren de stenen glad geworden? In de beek stroomde voortdurend water over de stenen heen en werden ze steeds tegen elkaar aan geschuurd, waardoor alle scherpe randjes verdwenen.

Hierin ligt een prachtig beeld van bruikbare stenen voor Jezus. Als Hij bruikbare christenen zoekt, gaat Hij naar de beek, naar de plaats waar christenen gemeenschap met elkaar hebben en waar het zuivere water van Gods Woord voortdurend over de stenen heen stroomt. Zo worden ze gewassen en aan elkaar geslepen. Door de gemeenschap met elkaar worden de scherpe kantjes van ons afgeslepen en worden we gladde, bruikbare stenen.

Met het oog op die gemeenschap raad ik je aan je te onderwerpen aan discipline. Vrucht komt nooit zonder discipline. Daarbij denk ik aan twee vormen van discipline. Ten eerste: zelfdiscipline – de manier waarop we ons leven organiseren. Hierin gaat het zelfs om de kleinste details, zoals wanneer we 's ochtends opstaan, wat we eten en dragen en persoonlijke hygiëne. Al deze details zijn belangrijk als we echt optimaal vrucht willen dragen. De tweede vorm is de discipline van een gemeente. Ik geloof dat iedere christen zich zou moeten onderwerpen aan de discipline van een gemeente; samen groeien in discipelschap, door je aan te sluiten bij een gemeente en je te onderwerpen aan het leiderschap.

—

Dank U Heer, voor de belofte om Uw rust binnen te gaan. Dank U voor de sleutels die ik heb ontvangen om de vrucht van ijver in mijn leven te zien groeien, door zelfdiscipline en gemeenschap met andere christenen. Ik zal mij inzetten. Amen.

Bron: Fruit of the Spirit, part 1 (CD)

WEEK 43

LATEN WE ONZE BELIJDENIS VASTHOUDEN.

Nu wij dan een grote Hogepriester hebben,

die de hemelen doorgegaan is, namelijk Jezus, de Zoon van

God, laten wij aan deze belijdenis vasthouden.

HEBREEËN 4:14

22 OKTOBER

ONZE HOGEPRIESTER EN ADVOCAAT

Jezus' functie als Hogepriester heeft te maken met wat we belijden. Laten we drie gedeelten uit de Hebreeënbrief bekijken. Eerst Hebreeën 3:1: *Daarom, heilige broeders, die deel hebt aan de hemelse roeping, geef nauwkeurig acht op de Apostel en Hogepriester van onze belijdenis: Christus Jezus.* Jezus was de apostel die door God werd uitgezonden om redding te brengen. Toen Hij dit had gedaan, keerde Jezus terug naar de hemel om in de aanwezigheid van God onze Hogepriester te zijn – maar let wel, er staat: 'Hogepriester van onze belijdenis'. Met andere woorden: Geen belijdenis? Geen hogepriester! Als we op aarde onze kiezen op elkaar houden en niets belijden, dan maken we onze Advocaat in de hemel monddood. Hoe meer we belijden, hoe meer we Zijn hogepriesterlijke bediening over ons leven vrijzetten.

Ten tweede lezen we Hebreeën 4:14: *Nu wij dan een grote Hogepriester hebben, die door de hemelen doorgegaan is, namelijk Jezus, de Zoon van God, laten wij aan deze belijdenis vasthouden.* Iets vasthouden betekent dat we iets zeggen en dit vervolgens ook *blijven* zeggen. Laat je niet terugdringen of ontmoedigd worden als je nog niet onmiddellijk effect ziet!

Ten derde: *en omdat wij een grote Priester hebben over het huis van God, ... Laten wij de belijdenis van de hoop onwrikbaar vasthouden, want Hij die het beloofd heeft, is getrouw* (Hebreeën 10:21,23). Merk je hier de verandering op? Opeens staat hier niet meer de belijdenis van ons geloof, maar de belijdenis van de *hoop.* Als we lang genoeg ons geloof belijden, wordt dit tot hoop. *Het geloof nu is een vaste grond van de dingen die men hoopt* (Hebreeën 11:1). Als we een vaste grond van geloof hebben gebouwd, dan verschijnt de hoop. Mijn definitie van Bijbelse hoop is: 'een solide verwachting van het goede'. Maar we moeten onwrikbaar vasthouden aan onze belijdenis, zonder te verzwakken. De strijd is gestreden en gewonnen, als we onze belijdenis onwrikbaar vasthouden.

———

Dank U Jezus, dat U de Hogepriester van mijn belijdenis bent. Ik proclameer dat Jezus mijn Advocaat is in de hemel, in Gods aanwezigheid, en ik houd onwrikbaar vast aan die belijdenis. Amen.

Bron: Complete salvation and how to receive it, part 2 (Boek/CD/DVD)

Meer studie: Leven door geloof (boek)

23 OKTOBER

DE JUISTE BELIJDENIS

Het begrip 'belijdenis' wil ik graag illustreren aan de hand van het boek 'Fear no evil' van Natan Sharansky, een Joodse vluchteling. Sharansky was geen christen, maar werd evengoed door de KGB (Russische geheime politie) gearresteerd en ging negen jaar lang door allerlei ellende heen. Zijn verhaal lezend, zag ik in de KGB een levendig beeld van satan en zijn tactieken om mensen uit te putten en te ontmoedigen. Natan Sharansky liet echter de weg naar overwinning zien. Hij was een kampioen schaakspeler, en hij besloot om met de KGB te doen wat hij deed met een tegenstander op het schaakbord: hij bleef zijn tegenstander steeds één zet voor. Hoewel hij niet in een persoonlijke God geloofde, had Natan door zijn Joodse wortels wel een bepaalde mate van godsdienst meegekregen. Om zichzelf Hebreeuws aan te leren, had hij een van de Hebreeuwse gebeden overgeschreven, om het steeds te kunnen herhalen als hij het nodig had. Veel Joodse gebeden beginnen met: „O Heer, onze God, Koning van het universum…" en wat volgde was een smeekbede aan God om bij hem te zijn, zijn gezin te beschermen en hem naar Israël te brengen. Als hij onder druk kwam – bijvoorbeeld als er weer een ondervraging voor de deur stond – sprak hij dit gebed meerdere malen uit. Minstens tien keer per dag, negen jaar lang… Dat is meer dan 30.000 keer. Mijn vraag is: hoeveel christenen zouden hun gebed zo vaak blijven herhalen? Een belangrijk doel van de KGB was om Sharansky een valse belijdenis of 'bekentenis' te laten afleggen. Als hij alleen maar zou zeggen dat hij een verrader was, zouden ze hem vrijlaten. Maar hij weigerde dit. De strijd duurde negen jaar. Door de juiste belijdenis te blijven afleggen en het juiste gebed te blijven herhalen, won hij. Hij emigreerde later als overwinnaar naar Jeruzalem. Zijn wapen was te blijven bij de waarheid. Dit verhaal zegt me veel over satans tactiek. Hij gebruikt iedere vorm van druk, indoctrinatie en leugen – met maar één doel: ons de verkeerde belijdenis te laten uitspreken. Maar de Bijbel zegt: *Stelt u dan op, de lendenen omgord met de waarheid...* We verslaan de duivel door vast te blijven houden aan de juiste belijdenis.

———

Dank U Jezus, dat u de hogepriester bent van onze belijdenis. Ik proclameer dat we de vijand verslaan, door vast te houden aan de juiste belijdenis. Ik zal mij steeds vasthouden aan U, die de Waarheid bent. Amen.

Bron: Complete salvation and how to receive it, part 2 (Boek/CD/DVD)

24 OKTOBER

DE WOORDEN DIE WE UITSPREKEN

Een ander woord voor belijdenis is getuigenis. In Openbaring 12:11 staat: *En zij hebben hem overwonnen door het bloed van het Lam en door het woord van hun getuigenis, en zij hebben hun leven niet liefgehad tot in de dood.*
We zagen al eerder dat we satan overwinnen door persoonlijk te getuigen wat Gods Woord zegt dat het bloed van Jezus voor ons doet. Getuigen is heel eenvoudig – het uitspreken van woorden die overeenkomen met de Bijbel. Dit getuigenis redt ons; het is onze bescherming.
Jezus wordt 'de hogepriester van onze belijdenis' genoemd (Hebreeën 3:1). Letterlijk betekent 'belijdenis': 'hetzelfde zeggen als...' Voor ons die geloven in de Bijbel en in Jezus Christus, betekent belijdenis dus dat we met onze mond hetzelfde zeggen als Gods Woord. We zorgen ervoor dat onze woorden overeenstemmen met Gods woorden. Jezus kan ons alleen vertegenwoordigen als we de juiste belijdenis uitspreken. Of we dit nu 'getuigen' noemen of 'belijden', het is onmisbaar om redding van God te ontvangen.
Jezus zei: *Want op grond van uw woorden zult u rechtvaardig verklaard worden, en op grond van uw woorden zult u veroordeeld worden* (Matteüs 12:37). We bepalen onze bestemming door de woorden die we uitspreken. Jakobus schreef dat de tong is als het roer van een schip; hoewel het maar een heel klein onderdeeltje is van een schip, bepaalt het precies de koers ervan, en daarmee dus de bestemming (zie Jakobus 3:4). Zo bepalen we ook de koers van ons leven door het gebruik van onze tong. We kunnen het juiste zeggen en de woorden van onze mond laten overeenstemmen met het Woord van God, of we kunnen het verkeerde zeggen en ervoor zorgen dat ons leven uit koers raakt. We komen òf veilig in de haven aan, òf we eindigen in een schipbreuk, of op een heel andere plaats. Het hangt ervan af hoe we onze tong gebruiken.

—

Dank U Jezus, dat U de hogepriester van onze belijdenis bent. Ik proclameer dat ik de duivel overwin door het bloed van het Lam en door het woord van mijn getuigenis. Ik zal mijn belijdenis vasthouden. Amen.

Bron: How to apply the blood (CD)

25 OKTOBER

ONZE ADVOCAAT

Jezus is *de hogepriester van onze belijdenis* (Hebreeën 3:1). Maar helaas is het omgekeerde dus ook waar; als we niets belijden, hebben we geen hogepriester. Niet omdat Jezus dan gestopt is onze hogepriester te zijn, maar omdat we Hem geen gelegenheid geven om Zijn bediening als hogepriester in ons leven uit te oefenen.

Als we met onze mond de juiste dingen uitspreken in geloof, en het is in lijn met de Bijbel, dan heeft Jezus zich er voor eeuwig aan verbonden erop toe te zien dat we niet beschaamd zullen uitkomen – dan zullen we ook gaan ervaren wat we belijden. Maar als we niet of negatief belijden, en dus niet de waarheid van Gods Woord uitspreken, dan sluiten we daarmee ook de lippen van onze hogepriester Jezus. Dan heeft Hij in de hemel niets te zeggen tot ons voordeel.

Jezus wordt ook wel onze advocaat genoemd (1 Johannes 2:1). Het woord 'advocaat' houdt in dat Jezus de rechtskundige expert is om onze zaak in de hemel te bepleiten. Hij heeft nog nooit een zaak verloren. Maar als we geen belijdenis uitspreken, dan heeft Hij geen zaak om voor te pleiten, en hebben we niets om op te staan. Onze zaak pakt dan negatief uit wegens onze eigen 'afwezigheid'.

Onze derde 'laat ons'-stelling, uit Hebreeën 4:14, is dus heel belangrijk: *Laten we vasthouden aan onze belijdenis.* Dit principe van de juiste belijdenis heeft een centrale plaats in het evangelie, net als onze ervaring van verlossing. In feite bestaat er geen verlossing zonder de juiste belijdenis.

—

Dank U Jezus, dat U de hogepriester van onze belijdenis bent. Als ik in geloof dingen uitspreek die in lijn zijn met de Bijbel, dan heeft Jezus zich voor eeuwig verbonden om mij te laten ervaren wat ik belijd. Daarom zal ik vasthouden aan mijn belijdenis. Amen.

Bron: Twelve steps to a good year, part 1 (CD)

26 OKTOBER

MET HART EN MOND

In het tiende hoofdstuk van Romeinen legt Paulus helder uit wat ervoor nodig is om gered te worden: *Maar wat zegt zij? Dicht bij u is het Woord, in uw mond en in uw hart. Dit is het Woord van het geloof, dat wij prediken: Als u met uw mond Jezus als Heere belijdt en met uw hart gelooft dat God Hem uit de doden heeft opgewekt, zult u zalig worden* (vers 8,9).

De basis voor redding is Gods Woord, en dat moet toegepast worden door middel van geloof. Vervolgens zijn er twee dingen die we moeten doen – het eerste met ons hart en het tweede met onze mond. We moeten geloven met ons hart, maar we moeten belijden, dus het uitspreken, met onze mond. Paulus vervolgt: *Want met het hart gelooft men tot gerechtigheid en met de mond belijdt men tot zaligheid* (vers 10).

Zie je dat er zonder belijdenis ook geen redding is? Het is goed om met je hart te geloven, maar geloof alleen is niet voldoende. We moeten niet alleen geloven met ons hart, maar het ook vrijmoedig belijden met onze mond, zodat onze woorden overeenstemmen met Gods Woord. Onze eerste geloofsbelijdenis brengt ons in relatie met Jezus als hogepriester, maar Zijn voortdurende bediening voor ons als hogepriester hangt af van onze voortdurende belijdenis.

—

Dank U Jezus dat U de hogepriester bent van mijn belijdenis. Ik proclameer dat ik met mijn hart geloof in Uw belofte van redding en dit belijd ik met mijn mond. Ik zal vasthouden aan mijn belijdenis. Amen.

Bron: Twelve steps to a good year, part 1 (CD)

27 OKTOBER

DE VRUCHT VAN ONZE WOORDEN

De hele Bijbel laat ons zien: onze woorden bepalen onze bestemming. In Spreuken 18:21 lezen we: *Dood en leven zijn in de macht der tong, wie aan haar toegeeft zal haar vrucht eten.* Als we verkeerd belijden, zal onze tong de dood voortbrengen in ons leven, maar als we de juiste belijdenis uitspreken, zal ze leven voortbrengen. Wat we ook uitspreken met onze tong, we zullen altijd haar vrucht eten. Die waarheid echoot ook door in de woorden van Jezus: *Maar Ik zeg u dat de mensen van elk nutteloos woord dat zij zullen spreken, rekenschap moeten geven op de dag van het oordeel. Want op grond van uw woorden zult u rechtvaardig verklaard worden, en op grond van uw woorden zult u veroordeeld worden* (Matteüs 12:36,37).

Christenen zeggen vaak domme dingen die geen eer brengen aan God en verontschuldigen zich dan met de woorden: „Ik bedoelde het niet zo." Maar Jezus had het hier over *elk nutteloos woord.* Het is geen excuus dat je iets achteloos uitspreekt maar het eigenlijk niet zo bedoelde. Er is gelukkig altijd vergeving als je je fout erkent, maar je moet je er wel van bekeren! Leer de goede, positieve, Bijbelse belijdenis vast te houden. Jezus zei: *En wie een woord spreekt tegen de Zoon des mensen, het zal hem vergeven worden; maar wie tegen de Heilige Geest spreekt, het zal hem niet vergeven worden, niet in deze eeuw, en ook niet in de komende. Stel dat de boom goed is, dan is ook zijn vrucht goed; of dat de boom slecht is, dan is ook zijn vrucht slecht. Want aan de vrucht wordt de boom gekend* (Matteüs 12:32,33).

Hier zien we de twee alternatieven waaruit we kunnen kiezen. Een derde optie is er niet. In geestelijke zaken is er uiteindelijk nooit ruimte voor een neutrale opstelling. Jezus zei: *Wie niet met Mij is, die is tegen Mij* (Matteüs 12:30). We doen de juiste belijdenis om gered te worden, of we doen de verkeerde belijdenis, die geen redding brengt.

—

Dank U Jezus, dat U de hogepriester bent van mijn belijdenis. Ik belijd voor de mensen dat Jezus mijn Heer is en Hij zal mij belijden voor onze Vader die in de hemel is. Ik houd altijd vast aan deze belijdenis. Amen.

Bron: Twelve steps to a good year, part 1 (CD)

28 OKTOBER

ONDER WELKE DRUK
WE OOK KOMEN TE STAAN...

Als de Bijbel ons oproept om vast te houden aan onze belijdenis (zie Hebreeën 4:14), dan ligt daarin ook de waarschuwing dat we onder druk zullen komen te staan. Die druk kan ervoor zorgen dat we intrekken wat we eerder hebben gezegd. Maar dat moeten we niet doen. We moeten ons moedig vasthouden aan onze belijdenis, datgene wat we belijden en kiezen te geloven. Ten eerste doen we de juiste belijdenis; we zorgen dat de woorden die we uitspreken in overeenstemming zijn met de woorden van de Bijbel. We spreken uit wat Jezus voor ons heeft gedaan, precies zoals Gods Woord het zegt. Bijvoorbeeld: *Door Zijn striemen zijn wij genezen* (Jesaja 53:5), *Hij werd arm zodat wij rijk zouden worden* (2 Korinthe 8:9), *Hij smaakte de dood, opdat wij het leven zouden hebben* (zie Hebreeën 2:9) en *Hij nam de vloek op zich, zodat wij de zegen kunnen ontvangen* (zie Galaten 3:13,14). Dit zijn allemaal goede belijdenissen. We spreken ze uit en houden ons eraan vast, onder welke druk we ook komen te staan, hoezeer de dingen ook verkeerd lijken te gaan; we blijven vasthouden aan onze belijdenis. Dat maakt ons geloof actief en effectief, en het stelt Jezus in staat Zijn hogepriesterlijke bediening uit te oefenen in ons leven.

Geloof brengt ons in contact met de geestelijke werkelijkheid die onze natuurlijke zintuigen niet kunnen waarnemen. Zolang we slaaf blijven van onze natuurlijke zintuigen, kunnen we niet bewegen in geloof. Paulus zei duidelijk in 2 Korinthe 5:7: *Wij wandelen door geloof, niet door wat we zien.* Met andere woorden, wat we doen en hoe we leven als christen is gebaseerd op wat we geloven, niet op wat we zien of kunnen ervaren met onze zintuigen. Soms zeggen onze zintuigen ons iets, terwijl ons geloof iets anders zegt – dat is een moment van conflict. Daarom moedigt de schrijver van de Hebreeënbrief ons aan om een belijdenis uit te spreken en eraan vast te houden. Als Gods Woord iets zegt, dan is het zo.

—

Dank U Jezus, dat U de hogepriester bent van onze belijdenis. Ik zal de waarheid van Gods Woord blijven belijden zonder deze weer in te trekken, onder welke druk ik ook kom te staan. Ik zal mij aan mijn belijdenis vasthouden. Amen.

Bron: Identification, part 4 (CD)

WEEK 44

IK ZAL VRIJMOEDIG DICHT BIJ DE TROON VAN DE GENADE KOMEN.

*Laten wij dan met vrijmoedigheid toegaan
tot de troon van de genade,
opdat wij barmhartigheid verkrijgen en genade vinden
om geholpen te worden op het juiste tijdstip.*

HEBREEËN 4:16

29 OKTOBER

EEN UITNODIGING VAN GOD

We zijn toe aan de vierde 'laten we'-uitspraak uit Hebreeën 4. Deze vierde stap is direct gerelateerd aan de eerste drie stappen, en ook de volgorde is belangrijk. Om in staat te zijn vrijmoedig dicht bij de troon van de genade te komen, moeten we zeker zijn dat we de eerste drie stappen genomen hebben.

De eerste stap was: *Vrezen* (Hebreeën 4:1). Vrezen betekent dat we komen met een houding van eerbied, bewust van onze behoefte aan Gods genade. De tweede stap was: *Laten we ons beijveren* (Hebreeën 4:11). Dit is onze gepaste, logische reactie op Gods genade. We komen niet laks, lui of onverschillig tot God. Gods genade rechtvaardigt nooit een onverschillige of luie, gemakkelijke houding; integendeel, Gods genade zou in ons een houding van ijver en inzet moeten bewerken. Ten derde: *Laten we vasthouden aan onze belijdenis* (Hebreeën 4:14). We spreken de juiste belijdenis uit die in lijn is met Gods Woord; met onze mond spreken we de waarheid over Jezus en alles wat Hij voor ons heeft gedaan.

De vierde stap, dicht bij de troon van de genade komen, doen we om twee dingen te ontvangen: barmhartigheid en genade. Ik ben overtuigd dat God ons uitnodigt om bij Hem te komen. En als we voldoen aan de voorwaarden, dan liggen barmhartigheid en genade op ons te wachten. We hoeven nooit bang te zijn; we zullen nooit worden teleurgesteld. God zou ons nooit hebben uitgenodigd als Hij de nood die we hebben niet zou kunnen vervullen. Als we komen als kinderen van God, dan hoeven we niet te komen als bedelaars. God heeft geen tweederangs kinderen. Het is heel belangrijk dat we komen met vrijmoedigheid - dat is geloof in actie. Het is het soort geloof dat nooit zal worden weggeschoven. Het is geloof dat God neemt op Zijn Woord, en aanneemt dat God net zo goed is als Zijn Woord. Kom vrijmoedig.

—

Dank U Heer, dat ik vrijmoedig bij U mag komen. Ik proclameer dat God mij heeft uitgenodigd om vrijmoedig tot Zijn troon te naderen. Dank U dat barmhartigheid en genade voor mij klaar liggen. Ik zal vrijmoedig dicht bij de troon van de genade komen. Amen.

Bron: Praying to change history: seven basic conditions for answered prayer (CD)

30 OKTOBER

VEROORDELING EN SCHULD AFSCHUDDEN

Het is belangrijk dat we bij God komen zonder gevoelens van schuld en veroordeling; met andere woorden: vrijmoedig. Want: *Had ik in mijn hart onrecht op het oog gehad, de Heere zou mij niet hebben gehoord* (Psalm 66:18). Als ik in mijn hart ongerechtigheid koester, dan kom ik dus tot God met een bewustheid van iets dat mij veroordeelt. Iedere keer dat ik probeer in geloof tot God te komen, herinnert satan me weer aan iets dat niet goed zit en waar niet mee is afgerekend – misschien een onbeleden zonde, of een beleden zonde die nog nazeurt omdat ik nog geen volledige vergeving heb ontvangen door twijfel of ongeloof. Daarom ben ik voortdurend met dit stuk onrecht in mijn hart bezig. En als ik tot God kom met veroordeling in mijn hart, ontvang ik niet waarvoor ik bid.

Daarom moet ik die bewustheid van zonde uit mijn hart verwijderen. Dit kan door geloof. In de Bijbel staat: *Als wij onze zonden belijden: Hij is getrouw en rechtvaardig om ons de zonden te vergeven en ons te reinigen van alle ongerechtigheid* (1 Johannes 1:9). We kunnen met onze zonden niets anders doen dan ze belijden, ons ervan bekeren en God vertrouwen dat Hij ons vergeeft en reinigt zoals Hij heeft beloofd. Daarna moeten we ons niet meer druk maken om die zonde. Helaas zijn er vele, vele christenen die, ondanks dat ze hun zonden hebben beleden en vergeven zijn, toch nog onder schuld blijven zitten. Maar in Psalm 66 staat dat als je je daar druk om blijft maken, God onze gebeden niet zal horen. De psalmist gaat gelukkig verder: *Maar zeker, God heeft naar mij geluisterd* (vers 19). De dichter stijgt uit boven satans poging om hem te veroordelen en zegt: *God heeft naar me geluisterd.* Waarom hoort God ons? Omdat we in de Naam van Jezus tot Hem komen. Met lofprijs en dankbaarheid voor Jezus' offer aan het kruis, waar Hij alles gedragen heeft, komen we bij de troon van de genade. Daarom worden we niet veroordeeld.

—

Dank U Heer, dat ik vrijmoedig dicht bij U mag komen. Ik schud elke poging van satan om mij te veroordelen van mij af, en ik verklaar dat God mij heeft gehoord omdat ik tot Hem kom in de Naam van Jezus. Ik zal vrijmoedig dicht bij de troon van de genade komen. Amen.

Bron: Praying to change history: seven basic conditions for answered prayer (CD)

31 OKTOBER

ELKE HINDERNIS VERWIJDEREN

In de Bijbel staat: *Want als ons hart ons veroordeelt, God is meer dan ons hart, en Hij weet alle dingen* (1 Johannes 3:20). We moeten niets voor God achterhouden, maar open en eerlijk naar Hem zijn. We moeten oprecht iedere overtreding, elke zondige gedachte en tekortkoming belijden. Maar dan, als alles is beleden, moeten we ook de volledige vergeving en reiniging aanvaarden, want we weten dat God onze zonden niet zal onthouden of ze tegen ons zal gebruiken. En dan kunnen we zonder veroordeling tot Hem komen.

Paulus schreef in 1 Timoteüs 2:8 over gebed: *Ik verlang dat de mannen overal bidden, hun heilige handen opheffend, zonder woede of twijfel.* We moeten wegblijven bij die duistere innerlijke emoties en houdingen die onze toegang tot God in de weg staan. Woede en twijfel moeten uit ons leven verbannen worden. In de Bijbel staat dat als we twijfelen, we veroordeeld worden (zie Romeinen 14:23). We kunnen niet in Gods aanwezigheid komen met innerlijke veroordeling. In de Bijbel staat: *Maar laat hij er in geloof om vragen en daarbij niet twijfelen. Immers, wie twijfelt, lijkt op een golf van de zee, die door de wind voortgestuwd en op- en neergeworpen wordt. Want zo iemand moet niet denken dat hij iets ontvangen zal van de Heere. Hij is een dubbelhartig man, onstandvastig in al zijn wegen* (Jakobus 1:6-8).

We moeten de hele kwestie van schuld zien kwijt te raken, samen met elke negatieve of verkeerde kijk op onszelf en anderen. We mogen vrijmoedig dichtbij komen. Onthoud dat het een troon van de genade is waar we heengaan, en genade heerst met God. We komen niet bij God om gerechtigheid, maar om genade.

—

Dank U Heer dat ik vrijmoedig tot U mag komen. Ik proclameer dat ik elke veroordeling, woede, twijfel, en iedere andere hindernis weg doe uit mijn hart, om vrijmoedig tot de troon van de genade te komen. Amen.

Bron: Praying to change history: seven basic conditions for answered prayer (CD)

1 NOVEMBER

KOM VRIJMOEDIG!

We kunnen vrijmoedig tot Gods troon komen, omdat het een troon van de genade is. We komen niet op basis van onze verdiensten, maar in de naam van Jezus, met lofprijs en dankzegging. We komen vrijmoedig en zonder veroordeling, omdat God ons heeft uitgenodigd. De schrijver van de Hebreeënbrief stelt: *Omdat wij nu, broeders, vrijmoedigheid hebben om in te gaan in het heiligdom door het bloed van Jezus…* (10:19).

Als we tot God bidden, moeten we Hem niet naderen onder gevoelens van veroordeling. Veroordeling is een van de grootste blokkades voor verhoord gebed. De bron van veroordeling is ten diepste zelfrechtvaardiging. Als we het gevoel hebben onszelf te moeten rechtvaardigen en we slaan die weg in, dan blijven we bezig. Daar ben je namelijk nooit mee klaar. Daarom moet er een punt komen dat we al onze hang naar zelfrechtvaardiging afleggen en simpelweg zeggen: „Door geloof ontvang ik de rechtvaardigheid van Jezus Christus, die in mij is gelegd door mijn geloof in Hem, in lijn met het Woord van God. Ik zal niet te koop lopen met mijn goede werken of mijn slechte daden verdoezelen. Ik zal open, transparant en vrijmoedig komen zoals ik ben, want het is de troon van de genade. Ik zal niet voortdurend mijn eigen hart analyseren om erachter te komen of ik wel goed genoeg ben om tot God te mogen bidden. Ik vertrouw God dat het bloed van Jezus mij van alle zonden heeft gereinigd, en mag op basis daarvan binnenkomen in het Heilige der heiligen."

…laten wij dan toegaan met een waarachtig hart, in volle zekerheid van het geloof, nu ons hart gereinigd is van een slecht geweten… (Hebreeën 10:22). Een slecht geweten weerhoudt ons van succesvol gebed. Daarom moeten we Jezus' bloed toegang geven tot ons hart en met volkomen zekerheid aanvaarden dat we vergeven zijn – zo komen we vrijmoedig in Gods aanwezigheid.

—

Dank U Heer, dat ik vrijmoedig bij U mag komen. Ik proclameer dat het bloed van Jezus mij heeft gereinigd van alle zonden. Daarom kom ik vrijmoedig tot Uw troon, rechtstreeks in het Heilige der heiligen. Amen.

Bron: Praying to change history: Seven basic conditions for answered prayer (CD)

2 NOVEMBER

JE MOTIEVEN ONDERZOEKEN

Waarom komen we dichtbij Gods genadetroon? Om hulp te vragen voor specifieke noden. Vandaag kijken we naar een belangrijke voorwaarde: onze motieven. God onderzoekt elk motief van ons hart. Hij is zich zeer bewust vanuit welke motivaties wij Hem dingen vragen. Jakobus 4:2 zegt: *U krijgt niet, omdat u niet bidt* (Jakobus 4:2). De belangrijkste reden dat christenen hun nood niet vervuld zien worden, is omdat ze er niet om vragen. Maar dan schrijft Jakobus in vers 3: *U bidt wel, maar u ontvangt het niet, omdat u verkeerd bidt, met het doel het in uw hartstochten door te brengen.* Met andere woorden: zelfgerichte gebeden laten zien dat je motieven verkeerd zijn. We bidden dan alleen maar om er zelf beter van te worden, wat meer persoonlijke behoeftebevrediging of genot.

Maar wat is dan wel het juiste motief? Jezus was daar duidelijk in: *En wat u ook zult vragen in Mijn Naam, dat zal Ik doen; opdat de Vader in de Zoon verheerlijkt wordt. Als u iets vragen zult in Mijn Naam, Ik zal het doen* (Johannes 14:13,14). Dat is het motief achter de gebeden die God verhoort. Een gebed moet uit een oprecht hart bij God terechtkomen, zodat God die dit gebed verhoort, geëerd wordt in Jezus Christus. Paulus legde dit ook uit aan de christenen in Korinthe: *Immers, zovele beloften van God als er zijn, die zijn in Hem ja en in Hem amen, tot heerlijkheid voor God door ons* (2 Korinthe 1:20).

Het volledige doel waarom we tot God komen en ons Zijn beloften toe-eigenen is dat God geëerd wordt door ons leven heen, als Hij onze gebeden beantwoordt. Dus de motivatie die aanvaardbaar is voor God, is dat degene die bidt, een antwoord verwacht dat God tot eer strekt. Deze gebeden moeten worden opgezonden in de naam van Zijn Zoon, Jezus Christus. Hij – en het offer aan het kruis dat Hij bracht – is immers de bron waaruit alle voorziening voortkomt. Ook voor vandaag, ook in jouw leven!

—

Dank U Heer, dat ik vrijmoedig tot U mag komen. Laat mijn motivatie om tot U te bidden altijd zuiver zijn, namelijk dat U verheerlijkt wordt door Jezus Christus in het antwoord op mijn gebeden. Ik zal vrijmoedig dicht bij de troon van de genade komen. Amen.

Bron: Praying to change history: Seven basic conditions for answered prayer (CD)

3 NOVEMBER

NAAR ZIJN GOEDERTIERENHEID

Psalm 51 is een gebed dat David bad toen hij in diepe nood zat en zijn ziel boven de afgrond hing. Het was een gebed van bekering nadat zijn zonden waren ontdekt: overspel met Batseba en vervolgens het in scene zetten van de moord op haar echtgenoot Uria. David schreef: *Wees mij genadig, o God, naar Uw goedertierenheid, wis mijn overtreding uit naar Uw grote barmhartigheid* (vers 2). Wat hier vertaald is met *'naar Uw goedertierenheid'* betekent letterlijk 'naar Uw verbondhoudende trouw'. David bedoelde: „U heeft uzelf toegewijd om mij te vergeven als ik aan de voorwaarden daarvoor voldoe; daar beroep ik mij nu op." Het is erg belangrijk om God op die manier te benaderen. In Psalm 106:1 staat: *Prijs de Heer, geef dank aan de Heer, want Hij is goed. Want Zijn genade* (of: verbondhoudende trouw) *duurt eeuwig.* Genade is een aspect van Gods eeuwige natuur. In Hebreeën 4:16 lazen we al eerder: *Laten wij dan met vrijmoedigheid toegaan tot de troon van de genade, opdat wij barmhartigheid verkrijgen en genade vinden om geholpen te worden op het juiste tijdstip.*
We hebben Gods goedheid nodig, maar ook Zijn genade. Wat zegt de Bijbel over genade? Dat het niet verdiend kan worden door ervoor te werken. Religieuze mensen denken ten diepste dat ze alles moeten verdienen. Als gevolg daarvan hebben ze de neiging om Gods genade aan de kant te schuiven. Zoals Paulus schreef: *Maar als het door genade is, is het niet meer uit de werken, anders is genade geen genade meer. En als het uit de werken is, is het geen genade meer, anders is het werk geen werk meer* (Romeinen 11:6). In Hebreeën 4:16 worden twee dingen genoemd die we niet kunnen verdienen; goedheid en genade. Genade hebben we nodig voor het verleden - goedheid voor de toekomst. Alleen door Gods genade kunnen we de mensen worden die Hij voor ogen heeft en kunnen we het leven leiden dat Hij verlangt.

—

Dank U Heer dat ik vrijmoedig tot U mag komen. Ik proclameer dat ik kom op basis van Uw goedertierenheid, Uw verbondhoudende trouw. Zo vind ik genade voor mijn verleden en goedheid voor mijn toekomst. Ik zal vrijmoedig dicht bij de troon van de genade komen. Amen.

Bron: What is holiness? Vol. 1: Holiness, the essence of God (CD)

Extra studie: Geen enkel recht, alleen genade (DVD)

4 NOVEMBER

DOOR ZIJN RECHTVAARDIGHEID

We moeten goed beseffen dat onze rechtvaardigheid noch onze trouw de basis vormt voor het feit dat we vrijmoedig mogen naderen tot Gods troon. Integendeel, het is Gods rechtvaardigheid en Zijn trouw die de basis vormt. De eerste brief van Johannes is daar duidelijk over: *Geliefden! Als ons hart ons niet veroordeelt, hebben wij vrijmoedigheid om tot God te gaan; en wat wij ook maar bidden, ontvangen wij van Hem, omdat we Zijn geboden bewaren en doen wat Hem welgevallig is* (3:21, 22).

Als we ook maar een heel klein beetje vinden dat we het recht hebben om tot God te naderen op basis van onze eigen gerechtigheid, dan kunnen we Hem al niet meer met vrijmoedigheid benaderen. Van onszelf hebben we namelijk helemaal niets - we hebben geen rechtvaardigheid uit onszelf. Onze vrijmoedigheid kan daarom nooit gebaseerd zijn op onszelf. Zoals we eerder zagen, geldt het omgekeerde ook: we moeten ons hart niet toestaan onszelf te veroordelen, want dat is eveneens een hindernis. Maar we vertrouwen dus niet op onze eigen rechtvaardigheid of wijsheid, maar op Gods trouw en genade. Daar is onze vrijmoedigheid op gebaseerd. Laat Paulus' woorden goed tot je doordringen: *Zo is er dan geen veroordeling voor hen die in Christus Jezus zijn* (Romeinen 8:1). In het vervolg van dat hoofdstuk schildert Paulus een prachtig beeld van het leven dat vol is van de Heilige Geest en door Hem wordt beheerst. Een heerlijk leven vol zegeningen, voorrechten en voordelen. Maar het begint met dat eerste vers: Geen veroordeling! Niet naar jezelf toe, maar ook niet naar anderen! Ook niet een klein beetje en ook niet af en toe... We moeten alle veroordeling afleggen.

Een laatste vereiste om bij God te komen, is dat we dit doen in Jezus' naam. Komen in de naam van Jezus, haalt de aandacht weg van onszelf en onze inspanning, en verzekert ons dat onze gebeden worden gehoord.

—

Dank U Heer, dat ik vrijmoedig bij U mag komen. Ik kom tot de troon van God in de naam van Jezus, in het geloof dat mijn zonden zijn vergeven en dat ik door God word aanvaard als Zijn kind. Ik zal vrijmoedig dichtbij de troon van de genade komen. Amen.

Bron: How to pray and get what you pray for, part 1 (CD). Meer studie: Genade of niets (boek)

WEEK 45

Ik zal streven naar volwassenheid.

Laten wij daarom het eerste onderwijs met betrekking tot Christus laten rusten, en verdergaan met de volkomen kennis van die leer, zonder opnieuw het fundament te leggen van bekering van dode werken en van geloof in God.

HEBREEËN 6:1

5 NOVEMBER

EEN DOORLOPEND PAD

De vijfde 'laten wij-stelling' uit het boek Hebreeën staat in hoofdstuk 6:1: *Nu wij het basisonderwijs van Christus laten rusten, laten we volwassenheid najagen.* Onwillekeurig krijg je soms de indruk dat je in het leven als christen een punt bereikt dat je kunt zeggen: „Dat was het. Nu ben ik er." Maar zo is het niet. Het is praktisch onmogelijk om in het geestelijk leven 'statisch' te blijven – je blijft altijd groeien. In Spreuken 4:18 staat: *Maar het pad der rechtvaardigen is als het glanzende morgenlicht, dat steeds helderder straalt tot de volle dag.* Iedere rechtvaardige – ieder die gewassen is door Jezus' bloed – gaat steeds helderder stralen.

Rechtvaardigheid is een pad. Het is niet bedoeld om op stil te blijven staan, en nog minder om te gaan zitten. Omdat rechtvaardigheid een pad is, vraagt het dus voortdurende beweging, vooruitgang en ontwikkeling. Als we voor het eerst tot geloof komen en de Heer leren kennen als Redder, is dit pad als de zon die doorbreekt na de duisternis, als het morgenlicht dat ons hart binnenstroomt. Dit ochtendgloren is niet Gods einddoel met ons, maar slechts het begin.

Tijdens onze wandel op het pad van rechtvaardigheid zal het licht steeds helderder gaan schijnen. Elke nieuwe stap en iedere nieuwe dag moet dat licht helderder gaan stralen dan daarvoor, *tot de volle dag.* Dat is onze bestemming: het licht van de middagzon.

Gods wil voor ons is dat we niet stoppen voordat we het volle licht hebben bereikt. Het morgenlicht is ons vertrekpunt, we blijven geestelijk groeien en het licht wordt steeds helderder. Stoppen is niet Gods bedoeling. We mogen natuurlijk rusten in Hem, maar juist in die momenten blijft – net als bij ons natuurlijke lichaam - onze groei gewoon doorgaan. Totdat we de volle dag bereiken.

—

Dank U Heer, dat U mij steeds vooruit leidt. Ik proclameer Gods rechtvaardigheid over mijn leven – een doorlopend pad waarin God beweging, vooruitgang en ontwikkeling geeft. Aan deze weg geef ik mij over en ik zal streven naar volwassenheid. Amen.

Bron: Twelve steps to a good year, part 2 (CD)

6 NOVEMBER

OP WEG NAAR VOLWASSENHEID

De 'laten wij'-oproep van deze week, het streven naar volwassenheid, is zeer toepasselijk voor de nieuwtestamentische Hebreeën, omdat ze er namelijk niet naar leefden. Eigenlijk vertrouwden ze erg op hun bijzondere voorrechten en bleven daarin hangen. Ze waren eigenlijk gewoon lui geworden en namen dingen als vanzelfsprekend aan. De briefschrijver spreekt hen aan: *Hierover hebben wij veel dingen te zeggen, die moeilijk zijn om uit te leggen, omdat u traag geworden bent in het horen. Want hoewel u, gelet op de tijd, leraars zou moeten zijn, hebt u weer iemand nodig die u onderwijst in de eerste beginselen van de woorden van God. U blijkt melk nodig te hebben en niet vast voedsel. Ieder immers die met melk gevoed wordt, heeft geen ervaring om het woord van de gerechtigheid te verstaan, want hij is een kind. Maar vast voedsel is er voor de volwassenen, die hun zintuigen door het gebruik ervan geoefend hebben om te kunnen onderscheiden tussen goed en kwaad* (Hebreeën 5:11-14).

De schrijver stelt hier vast dat de Hebreeën niet meer waren dan geestelijke baby's. Maar eigenlijk hadden ze helemaal het recht niet om nog op dat lage geestelijke niveau te zitten. Al jarenlang hadden ze zoveel gelegenheid gekregen om te groeien, dat ze al lang volwassen hadden moeten zijn. De schrijver van de Hebreeënbrief legt ook uit wat de enige weg is naar die volwassenheid. We moeten onszelf trainen in onderscheiding tussen goed en kwaad. Onze groei naar volwassenheid op het pad van rechtvaardig leven stimuleren we door onszelf voortdurend te oefenen. Dat gaat niet vanzelf; er is discipline voor nodig. Niet voor niets was de eerste stap 'ijver'. In mijn ervaring is onderscheiding een van de grote noden in de Kerk vandaag. Zelfs grote christelijke gemeenten zijn vaak niet in staat om onderscheid te maken tussen wat geestelijk en Bijbels is en wat slechts een vleselijk toneelspel is dat voortkomt uit de ziel. De enige weg is onszelf te trainen door voortdurend 'gebruik' – dus door stap voor stap onze geestelijke zintuigen te oefenen.

—

Dank U Heer, dat U mij vooruit helpt. Ik proclameer dat ik niet zal bouwen op mijn bijzondere voorrechten of daarin zal rusten, maar dat ik mezelf train in onderscheiding tussen goed en kwaad, om te groeien in volwassenheid. Ik zal streven naar volwassenheid. Amen.

Bron: Twelve steps to a good year, part 2 (CD)
Meer studie: Zeven goede voornemens uit Hebreeën (bijbelstudie op onze website).

7 NOVEMBER

OPGEBOUWD

Voor onze groei naar geestelijke volwassenheid heeft God voorzien in een speciaal instrument: de vijfvoudige bediening. Paulus beschrijft dit in Efeze 4:11: *En Hij heeft sommigen gegeven als apostelen, anderen als profeten, anderen als evangelisten en anderen als herders en leraars.* Hier worden vijf kernbedieningen genoemd: apostelen, profeten, evangelisten, herders en leraars. In het volgende vers staat het doel daarvan: *om de heiligen toe te rusten tot het werk van de bediening, tot opbouw van het lichaam van Christus, totdat wij allen komen tot de eenheid van het geloof en van de kennis van de Zoon van God, tot een volwassen man, tot de maat van de grootte van de volheid van Christus* (vers 12,13).

Deze tekst noemt twee belangrijke doelen. Ten eerste, ons toerusten voor het werk van de bediening. We kunnen het werk waartoe wij geroepen zijn niet zomaar doen; daar is voorbereiding en training voor nodig. Daar is de vijfvoudige bediening voor bedoeld.

Het tweede doel is het lichaam van Christus op te bouwen. Deze bedieningen zijn binnen het lichaam van Christus geplaatst om ons één van geloof te maken en ons te leiden tot volwassenheid. Jezus Christus, als Hoofd van dit lichaam, heeft voorzien in deze bedieningen, en ik geloof dat Gods volk zonder deze bedieningen nooit kan groeien tot volwassenheid. Paulus gaat verder: *Van Hem uit wordt het hele lichaam samengevoegd en bijeengehouden door elke band die steun geeft, overeenkomstig de eigen maat waarin ieder deel werkzaam is. Zo verkrijgt het lichaam zijn groei, tot opbouw van zichzelf in de liefde* (vers 16). Het uiteindelijke doel is niet dat er een groot aantal afzonderlijke, geïsoleerde gelovigen zijn, waarbij ieder in een geoliede machine zijn eigen ding doet. Nee, het doel is één lichaam, bijeengehouden door banden – sterke relatiebanden die de lichaamsdelen aan elkaar verbinden – die het lichaam opbouwen zodat het kan groeien in liefde. Het is essentieel dat ieder deel van het lichaam daarin zijn werk doet.

—

Dank U Heer, dat U mij verder leidt. Ik proclameer dat het Gods doel is om Zijn volk toe te rusten voor werken van dienstbaarheid en groei naar volwassenheid, en dat ieder deel van het lichaam daarin zijn taak doet. Ik zal naar volwassenheid streven. Amen.

Bron: Twelve steps to a good year, part 2 (CD)

8 NOVEMBER

GODS PLAN VOOR VOLWASSENHEID

In Gods plan zijn er twee fundamentele eisen voor het groeien naar volwassenheid. Ten eerste moeten we door middel van de door God gegeven bedieningen onder Gods 'discipline-team' komen, dat Paulus benoemt in Efeze 4:11: apostelen, profeten, evangelisten, herders en leraars. Zonder hun bediening is er geen leiderschap en geen toerusting, en zie ik niet in hoe christenen ooit geestelijk volwassen kunnen worden. De tweede vereiste is dat we niet op onszelf moeten blijven, maar deel gaan uitmaken van een groeiend lichaam van gelovigen.

In hetzelfde gedeelte stelt Paulus een ontnuchterend alternatief voor: *opdat wij geen jonge kinderen meer zouden zijn, heen en weer geslingerd door de golven en meegesleurd door elke wind van leer, door de bedriegerij van de mensen om sluw tot dwaling te verleiden* (Efeze 4:14).

Als we niet onder de invloed van die vijfvoudige bediening komen – als we geen deel worden van een geestelijk lichaam en deze Bijbelse weg van discipline niet gaan – dan zullen we volgens Paulus jonge kinderen blijven, *heen en weer worden geslingerd door de golven en meegesleurd door elke wind van leer, door de bedriegerij van de mensen om sluw tot dwaling te verleiden*. Ik ken heel wat christenen die aan deze omschrijving voldoen. Ieder jaar hebben ze weer een of andere nieuwe gril, een nieuwe leer of een nieuwe leraar om die gril aan te wakkeren. We moeten echter onder de discipline komen van Goddelijke, Bijbelse bedieningen. Ook moeten we deel uitmaken van een lichaam van gelovigen. Dat is de enige weg naar echte, blijvende geestelijke volwassenheid. En nu... Hoe zit het met jou? Sta jij onder discipline? Maak jij deel uit van een lichaam? Groei jij naar volwassenheid?

Dank U Heer, dat U mij vooruit leidt. Ik proclameer dat ik onder discipline kom en deel uit ga maken van een lichaam dat voortdurend groeit naar volwassenheid, omdat ik wil groeien in geestelijke volwassenheid. Ik zal naar volwassenheid streven. Amen.

Bron: Twelve steps to a good year, part 2 (CD)

Meer studie: Karaktervorming (DVD)

9 NOVEMBER

DE WIL VAN DE VADER DOEN

In Efeze 1:5 spreekt Paulus over alle gelovigen, als hij zegt: *...tevoren voorbestemd om tot Zijn kinderen aangenomen te worden door Jezus Christus.* Verder beschrijft hij Gods doel voor Zijn kinderen in Romeinen 8:29: *Want die Hij tevoren gekend heeft, die heeft Hij ook tevoren bestemd om aan het beeld van Zijn Zoon gelijkvormig te zijn, opdat Hij de Eerstgeborene zou zijn onder vele broeders.* Jezus is dus de 'voorbeeldzoon', degene aan wie wij – de andere zonen en dochters van God - ons moeten spiegelen in onze groei naar volwassenheid. Hij zelf is de nieuwe en levende weg waarop we wandelen naar volmaaktheid, het allerheiligste binnengaan en tot God naderen (zie Hebreeën 6:1; 10:19-22). De weg die Jezus naar volmaaktheid leidde, is dezelfde weg die wij moeten volgen.

De weg naar volwassenheid was voor Jezus niet gemakkelijker dan voor ons: *Die in alles is verzocht op gelijke wijze als wij, maar zonder zonde* (Hebreeën 4:15). In Zijn menselijke natuur ervoer Jezus iedere vorm van verleiding die wij ook ervaren. Toch zondigde Hij nooit. Het is geen zonde om verleid te worden! De zonde komt pas als we eraan toegeven.

Wat was het, dat Jezus in staat stelde om al deze verleidingen te overwinnen, ondanks het feit dat Hij werkelijk mens was? Zijn succes lag in zijn volkomen, onveranderlijke motivatie om de wil van de Vader te doen. David beschreef dit al in een profetische vooruitblik in Psalm 40:8,9: *Toen zei Ik: Zie Ik kom, in de boekrol is over mij geschreven. Ik vind er vreugde in, mijn God, Uw welbehagen te doen.*

Ook Jezus zelf bevestigde diverse keren dat dit zijn voortdurende onderliggende motivatie was. Bij de bron van Jakob vertelde Hij Zijn discipelen: *Mijn voedsel is dat Ik de wil doe van Hem die Mij gezonden heeft, en Zijn werk volbreng* (Johannes 4:34, zie ook Johannes 5:30; 6:38).

—

Dank U Heer, dat U mijn leven leidt. Net als Jezus wil ik alleen de wil van de Vader doen en Zijn werk volbrengen. Zo zal ik niet hoeven toegeven aan verleidingen en groei ik tot volwassenheid. Amen.

Bron: Behold the man (New Wine Magazine)

10 NOVEMBER

NIET MIJN WIL…

De typerende functie van een oudtestamentische priester was het brengen van offers. Jezus moest ook een offer brengen. Hij was echter geen Leviet, dus kon Hij geen offer brengen in de wettige zin van het woord. Daarom offerde Hij Zijn eigen priesterlijke offer, namelijk gebed. *In de dagen dat Hij op aarde leefde, heeft Hij met luid geroep en onder tranen gebeden en smeekbeden geofferd aan Hem die Hem uit de dood kon verlossen. En Hij is verhoord vanwege Zijn vreze des Heren. Hoewel Hij de Zoon was, heeft Hij de gehoorzaamheid geleerd uit wat Hij heeft geleden* (Hebreeën 5:7,8).

Jezus' eerbiedige gehoorzaamheid zorgde ervoor dat de Vader luisterde naar Zijn gebeden. Hij leerde gehoorzaamheid door lijden heen. Jezus moest gehoorzaamheid leren, en wij dus ook, op dezelfde manier. We ontdekken wat gehoorzaamheid inhoudt door simpelweg te gehoorzamen. We ontdekken het niet alleen door naar preken over gehoorzaamheid te luisteren. Dat kan natuurlijk helpen, maar gehoorzaamheid moet stap voor stap worden uitgewerkt door… te gehoorzamen! Gehoorzaamheid brengt lijden voort, omdat je hiervoor je eigen wil moet loslaten, en zelfs ontkennen. De sleutelwoorden van Jezus over gehoorzaamheid waren: *laat niet mijn wil, maar de uwe geschieden* (Lukas 22:42). Iedere stap van gehoorzaamheid in het leven als christen houdt zelfverloochening in: *Als iemand achter Mij aan wil komen, moet hij zichzelf verloochenen, Zijn kruis opnemen en Mij volgen* (Matteüs 16:24). Dat is pijnlijk, ons oude ego wil helemaal niet ontkend of verloochend worden. Ons ego zegt: „Ik wil…" of: „Ik ben belangrijk…", etc. De Heer eist echter een voortdurend ontkennen van dat ego. Jezus is ons voorbeeld in het nee zeggen tegen zichzelf, om de Vader te gehoorzamen. Nee zeggen tegen jezelf is één van de moeilijkste dingen die er zijn, maar dat is de nieuwe en levende weg.

—

Dank U Heer dat U mij leidt. Ik proclameer dat ik de Heer gehoorzaam en ik kies voor de volkomen zelfverloochening die dit vereist, net als Jezus, die gehoorzaamheid leerde door lijden heen. Ik zal door Jezus' kracht nee zeggen tegen mijn wil, mijn gevoel, mijn belang, en streven naar volwassenheid. Amen.

Bron: Seven pictures of God's people: The temple and the family of God (CD/Boek)
Meer studie: Gods wil, mijn levensdoel (boek)

11 NOVEMBER

ONS GEESTELIJKE DOEL

Laten wij daarom het eerste onderwijs met betrekking tot Christus laten rusten, en verdergaan met de volkomen kennis van die leer, zonder opnieuw het fundament te leggen van bekering van dode werken en van geloof in God, van de leer van de dopen en van de oplegging van de handen en van de opstanding van de doden en van het eeuwig oordeel (Hebreeën 6:1,2). We zijn onderweg naar de volkomen kennis. In Engelse vertalingen staat hier: *perfection*, oftewel 'volmaaktheid'. Daar zijn we naartoe onderweg. Het woord 'volmaaktheid' heeft voor veel christenen echter een onaantrekkelijke klank, omdat ze daarbij denken aan een dwaalleer over zondeloze perfectie, die men dan in eigen kracht gaat nastreven. In de meeste gevallen zien we dat zij die claimen die volmaaktheid ontvangen te hebben, juist van het tegendeel getuigen door hun woorden, gedrag en levensstijl. Deze hypocriete houding heeft mensen juist weer weggehouden van het streven naar volmaaktheid.

Ik wil je echter graag herinneren aan drie alternatieve vertalingen van het woord 'volmaaktheid', namelijk 'volwassenheid', 'vervulling' of 'voleindiging'. Het Griekse basiswoord komt van een vorm die letterlijk 'einde' betekent. Het suggereert dus een bepaald doel waar we naartoe onderweg zijn. Ik denk dat we het er allemaal over eens zijn dat het hebben van een geestelijk doel iets goeds is. Nadat we de weg van rechtvaardiging door geloof zijn ingeslagen, kunnen we ervoor kiezen om terug te keren, of juist door te lopen. God heeft geen welbehagen in mensen die zich op die weg omkeren, dus horen we bij hen die onderweg zijn naar de volle redding van hun zielen (zie Hebreeën 10:38,39). We hebben altijd te maken met twee zaken: de realiteit en het ideaal. Volwassenheid houdt in dat we het ideaal zien, maar leven in de realiteit. Falen betekent dat we de realiteit omarmen maar het ideaal afwijzen, maar ook als we alleen het ideaal omarmen en niet leven in de realiteit, betekent dat falen. Volwassenheid is leven met de realiteit, maar vasthouden aan het ideaal.

—

Dank U Heer dat U mij leidt op de weg vooruit. Ik proclameer dat ik hoor bij hen die vooruitgaan op de weg naar de volle verlossing van hun ziel – het doel van volwassenheid, vervulling en voleindiging. Ik zal naar volwassenheid streven. Amen.

Bron: The way into the holiest, vol. 1: A call to perfection: Let us go on to perfection (CD)
The actual and the ideal (New Wine Magazine)

WEEK 46

LATEN WE NADEREN TOT HET HEILIGDOM.

Omdat wij nu, broeders, vrijmoedigheid hebben

om in te gaan in het heiligdom door het bloed van Jezus,

(...) laten wij dan toegaan met een waarachtig hart,

in volle zekerheid van het geloof,

nu ons hart gereinigd is van een slecht geweten

en ons lichaam gewassen is met rein water.

HEBREEËN 10:19,22

12 NOVEMBER

ONZE PLAATS MET CHRISTUS INNEMEN

Deze belijdenis kunnen we leggen naast een eerdere 'laten wij'-stelling uit Hebreeën, namelijk: *Laten wij dan met vrijmoedigheid toegaan tot de troon van de genade* (4:16). In essentie staat er: ,,Laten we bij God komen." Dit moeten we echter begrijpen in zijn bredere context, en het staat in verband met onze huidige weektekst uit Hebreeën 10:19 en 22: *Omdat wij nu, broeders, vrijmoedigheid hebben om in te gaan in het heiligdom door het bloed van Jezus, (…) laten wij dan toegaan tot God* (Hebreeën 10:19,22). Voor mij wordt hieruit duidelijk dat het 'toegaan tot de troon van God' hetzelfde is als 'het heiligdom in gaan'.

Laten we deze stellingen eens vergelijken. *Laten we vrijmoedig tot de (genade-) troon naderen* betekent dat we komen om de hulp te krijgen die we nodig hebben – we komen om Zijn goedheid en genade te ontvangen. *Laten we vrijmoedig tot God gaan* neemt ons een stap verder mee. De suggestie is niet alleen dat we tot Gods troon komen voor genade, maar we worden tevens uitgenodigd om onze plaats met Christus op de troon in te nemen. Dat betekent het als er staat dat we het heiligdom binnen worden gevraagd.

Omdat de taal in Hebreeën is ontleend aan de opbouw van de tabernakel, zullen we in de komende dagen stilstaan bij de opbouw van de tabernakel. Zo zullen we beter begrijpen wat het betekent het allerheiligste te mogen binnenkomen. De tabernakel bestond uit drie ruimten:

1. de buitenhof,
2. het heilige, achter het eerste gordijn,
3. het allerheiligste of ook wel het heiligdom, achter het tweede gordijn.

Onze bestemming is het heiligdom, voorbij het tweede voorhangsel. Daar nodigt God jou en mij uit.

—

Dank U Heer, dat ik door het bloed van Jezus tot U mag naderen. Ik proclameer dat ik mijn plaats met Christus op de troon inneem en zo nader tot in het heiligdom. Amen.

Bron: Twelve steps to a good year, part 2 (CD)

Meer studie: In Gods aanwezigheid (boek)

13 NOVEMBER

DOOR EEN NIEUWE, LEVENDE WEG

Het enige door God ontworpen meubelstuk in het allerheiligste was de ark van het verbond, een kist van acaciahout, overdekt met goud. Het deksel werd ook wel de 'troon van de genade' genoemd of 'het verzoendeksel'. In de ark lagen de twee tafels met de tien geboden, maar die werden dus bedekt door de troon van de genade, een vooruitwijzing naar Christus' werk van verzoening voor ons. De gebroken wet wordt bedekt door de verzoening. Aan iedere zijde van het verzoendeksel stond een cherub van goud. Deze twee cherubs keken elkaar aan over het centrum van het verzoendeksel. Hun vleugels strekten zich naar elkaar uit en raakten elkaar precies in het midden.

De troon van de genade was Gods troon – Hij zit op de troon van de genade die de gebroken wet bedekt. De twee cherubs die met hun gezichten naar elkaar toe zijn gekeerd met hun vleugels die elkaar raken, vertegenwoordigen de plaats van gemeenschap. Het is dus een plaats van genade en gemeenschap – maar het is ook een troon, de zitplaats van God als Koning.

In dat meubelstuk was geen afbeelding van God, dat was verboden voor de Israëlieten. Maar God kwam wel binnen om zelf Zijn plaats op die troon in te nemen, in de vorm van de shekina-heerlijkheid – de zichtbare, voelbare aanwezigheid van de almachtige God. Het allerheiligste was aardedonker; er was geen kunstmatig of natuurlijk licht aanwezig. Maar toen de shekina-glorie van God binnenkwam, nam de Heer plaats op Zijn troon.

In Hebreeën 10 worden we uitgenodigd in het allerheiligste, om *tot God te naderen* (vers 22). We zijn uitgenodigd om onze plaats met Christus op de troon in te nemen. We mogen komen via *een nieuwe en levende weg* (vers 20). Deze nieuwe en levende weg is Jezus.

—

Dank U Heer, voor de geweldige genade dat ik tot U mag naderen door het bloed van Jezus. Ik proclameer dat ik het allerheiligste binnenkom door Jezus, de nieuwe en levende weg. Door Hem nader ik tot het heiligdom. Amen.

Bron: Twelve steps to a good year, part 2 (CD)

14 NOVEMBER

VIER VEREISTEN

Volgens Hebreeën 10:22 moeten we aan vier eisen voldoen om de troon van de genade in het allerheiligste te naderen. Ten eerste moeten we komen met een oprecht hart, ten tweede met volle zekerheid van het geloof, ten derde moet ons hart gereinigd worden van een slecht geweten en in de vierde plaats moet ons lichaam gewassen worden met rein water. We bekijken deze vier eisen een voor een:

1. *Een waarachtig hart:* We naderen God met ons hart, niet met ons hoofd. God leent zich niet als antwoord op een intellectueel raadsel, maar een oprecht en verlangend hart zal Hij altijd tegemoet komen. We moeten komen zonder pretenties, helemaal open voor God, zonder iets achter te houden.

2. *Volle zekerheid van het geloof:* In Hebreeën 11:6 staat: *Maar zonder geloof is het onmogelijk God te behagen. Want wie tot God komt, moet geloven (...)* We moeten komen met absoluut geloof in Gods trouw – geen geloof in onze kunde of eigen rechtvaardigheid.

3. *Ons hart gereinigd van een slecht geweten:* Een schuldig geweten krijg je van verkeerde, zondige daden. Maar door de sprenkeling van het bloed van Jezus hebben we de zekerheid dat onze verkeerde daden zijn vergeven en dat onze harten schoon zijn van zonde.

4. *Ons lichaam gewassen met rein water:* In 1 Johannes 5:6 staat dat Jezus kwam door water en bloed. In Hebreeën 10:22 zien we dezelfde elementen terug: het bloed dat ons reinigt van een slecht geweten en het water dat ons lichaam wast. Ik geloof dat dit water staat voor de christelijke doop. In het Nieuwe Testament houdt de doop in dat we delen in de dood, begrafenis en opstanding van Jezus Christus. De nieuwe en levende weg die in Hebreeën 10:20 wordt genoemd is dus Jezus. We moeten ons met Hem identificeren in Zijn lijden en sterven voor onze zonden, en in Zijn opstanding uit de dood.

—

Dank U Heer, dat ik tot U mag naderen door het bloed van Jezus. Ik proclameer dat ik bij U kom met een oprecht hart, volle zekerheid van het geloof, mijn hart gereinigd van een slecht geweten en mijn lichaam gewassen met rein water. Wat een genade Heer! Ik nader tot het heiligdom. Amen.

Bron: Twelve steps to a good year, part 2 (CD)

15 NOVEMBER

IDENTIFICATIE MET JEZUS

Paulus schreef aan de kerk van Efeze (en aan ons): *Maar God, die rijk is in barmhartigheid, heeft ons door Zijn grote liefde waarmee Hij ons heeft liefgehad, ook toen wij dood waren door de misdaden, met Christus levend gemaakt – uit genade bent u zalig geworden – en heeft ons mede opgewekt en mede in de hemel gezet in Christus Jezus.*

In deze tekst vinden we drie niveaus van identificatie met Jezus. Ten eerste zijn we met Hem levend gemaakt; ten tweede zijn we met Hem opgewekt; ten derde zijn we met Hem in de hemel gezet. Jezus zit op de troon. Wat betekent het dus als wij 'met Hem in de hemel gezet' zijn? Dat wij ook op de troon zijn gezet; wij delen de troon met Hem!

Als we eenmaal begrijpen dat we geïdentificeerd zijn met Jezus, dan worden we uitgenodigd om Hem de hele weg te volgen. Hij is *de nieuwe en levende weg* (Hebreeën 10:20). We zijn met Hem levend gemaakt en met Hem opgestaan uit de dood, maar daar moeten we niet stoppen. We zijn ook met Hem op de troon gezet!

In de beeldspraak van de tabernakel betekent het eerste gordijn dat we delen in Jezus' opstanding. Het tweede gordijn dat naar het heiligdom leidt, beeldt uit dat we met Jezus delen in Zijn hemelvaart, toen Hij werd opgetrokken naar de troon. Dat is waar God jou en mij ook wil hebben. God wil niet dat we stoppen op deze nieuwe en levende weg voordat we het allerheiligste hebben bereikt, daar waar we de troon delen met Jezus – met Hem gezeten in de hemel. Dat is onze bestemming.

—

Dank U Heer, dat ik tot U kan naderen door het bloed van Jezus. Ik zal niet stoppen voor ik de plaats heb bereikt die U voor mij heeft bestemd, met Jezus de troon delend in de hemelse gewesten. Ik nader tot het heiligdom. Amen.

Bron: Twelve steps to a good year, part 2 (CD)

16 NOVEMBER

ZEVEN MAAL

Het Oude Testament kijkt vooruit naar Jezus die de prijs zou gaan betalen en het laatste offer zou brengen. Deze vooruitblik vinden we in de instelling van de Grote Verzoendag, die in Leviticus 16 gedetailleerd wordt beschreven. Eens per jaar mocht de priester het allerheiligste betreden en moest twee dingen meenemen: een vuurschaal gevuld met brandende wierook, waardoor een soort aromatische wolk de hogepriester en de troon van de genade bedekte. Verder moest hij het bloed van het offer meebrengen dat voor zijn eigen zonden was geofferd. Aangekomen in het heiligdom, moest hij het bloed zeven keer sprenkelen tussen het voorhangsel en de voorzijde (oost) van de troon van de genade (het verzoendeksel). Deze zevenvoudige sprenkeling is volgens mij een profetische voorafschaduwing van hoe Jezus Zijn eigen bloed sprenkelde in Zijn lijdensweg naar het kruis. Jezus' goot letterlijk Zijn bloed (Zijn leven) uit in de dood in deze zeven stappen:

1. Zijn zweet werd bloed (Lukas 22:44)
2. Hij werd in Zijn gezicht geslagen met vuisten en stokken (Lukas 22:63,64)
3. Ze sloegen Hem met een gesel (Lukas 18:33)
4. Zijn baard werd uitgetrokken (Jesaja 50:6)
5. Doorns werden in Zijn schedel gedrukt (Matteüs 27:29)
6. Zijn handen en voeten werden doorboord met spijkers (Johannes 20:25)
7. Zijn zijde werd doorstoken met een speer (Johannes 19:34)

De profetische sprenkeling werd volmaakt vervuld doordat Jezus' bloed precies zeven keer vloeide! Het getal 7 staat voor het werk van de Heilige Geest en is het getal van volmaaktheid. Een volmaakt offer dus, voor jou!

—

Dank U Heer dat ik tot U mag naderen door het bloed van Jezus. Door Zijn bloed zeven keer te laten vloeien, heeft Jezus het volmaakte offer gebracht. Ik nader tot het heiligdom. Amen.

Bron: The fullness of the cross, vol. 4: How to appropriate the blood (CD)

Meer studie: Onbegrijpelijke liefde (Boek)

17 NOVEMBER

LEVEN IN HET BLOED

Vandaag bekijken we de vooruitwijzing die het boek Leviticus geeft naar het offer van Jezus. Dit boek bevat de regels voor het priesterschap van Israël onder de nakomelingen van Aäron. De Heer zei: *Want het leven van het vlees* (andere vertaling: *de* ziel) *is in het bloed, en Ik heb dat zelf voor u op het altaar gegeven om voor uw leven verzoening te doen. Want het is het bloed dat door middel van het leven verzoening bewerkt* (Lev. 17:11). Dit vers is een geweldige profetische uitspraak, die veertien eeuwen later vervuld werd in Jezus. Het woord dat vertaald is met 'leven' is het Hebreeuwse woord voor 'ziel' (nefesh). Dat woord omvat niet alleen het leven van de fysieke mens dat in het bloed is, maar ook de ziel. We weten dat als ons bloed stopt met circuleren in lichamelijke zin, het leven dan verdwijnt. Het leven is dus afhankelijk van het bloed, en dat is geestelijk ook zo. In Leviticus 16 lezen we de regels voor de Grote Verzoendag. Mozes zegt tegen zijn broer Aäron dat hij als hogepriester de enige is die eens per jaar het allerheiligste – in de onmiddellijke aanwezigheid van God - mag binnengaan. In één hand zou hij een vuurschaal met gloeiende kolen en brandende wierook vasthouden, in de andere hand moest hij het bloed van het zondoffer meenemen dat vlak voor de tabernakel was geslacht. Als hij deze twee attributen niet meenam, zou dit zijn dood betekenen. Zonder deze twee zaken mocht hij niet in Gods aanwezigheid verschijnen.

De vuurschaal met wierook is een prachtig beeld van aanbidding. We kunnen nooit in Gods aanwezigheid komen zonder aanbidding. Maar we kunnen ook niet binnenkomen zonder het bloed, dat spreekt van de verzoening voor onze zonden. Is het niet prachtig dat deze profetische beelden uit het Oude Testament vooruitwijzen naar de nieuwtestamentische realiteit die vandaag voor ons geldt?

—

Dank U Heer, dat ik tot U mag naderen door het bloed van Jezus. Ik kom in Uw aanwezigheid door aanbidding en door het bloed van verzoening dat mij heeft gereinigd van mijn zonden. Ik nader tot het heiligdom. Amen.

Bron: The life-giver (CD)

18 NOVEMBER

HET LEVENSBLOED VAN JEZUS

Als de priester het allerheiligste was binnengekomen met de wierook en het bloed, moest hij dit bloed zeven maal sprenkelen op het verzoendeksel, als beeld van de volmaakte verzoening. Ook moest hij het er zeven keer vlak vòòr sprenkelen. Gods opdracht was heel specifiek – niet zes of acht keer, maar zeven. In Jesaja vinden we een beeld van het lijden van Jezus – het meest heldere beeld uit het Oude Testament van die lijdensweg voor onze zonden.

Daarom zal Ik (God) *Hem* (Jezus) *een deel geven onder velen en met machtigen zal hij de buit verdelen, omdat Hij Zijn leven heeft uitgegoten in de dood* (53:12).

Het is mooi om te zien dat hier in Jesaja 53:12 voor 'leven' opnieuw het woord *nefesh* staat: 'ziel'. In Leviticus 17:11 lazen we al: *het leven is in het bloed.* Toen Jezus verzoening deed voor onze zonden, goot Hij Zijn ziel uit in Zijn bloed. Zijn bloed is het kostbaarste wat er is in het hele universum, want in dat bloed zit de ziel van God, de Schepper.

Er is meer kracht in één druppel van het bloed van Jezus dan in het hele koninkrijk van satan. Het levensbloed van Jezus is het leven van God de Schepper zelf – een leven dat groter is dan het hele universum en alles wat Hij ooit geschapen heeft. Dat leven wordt vrijgezet door het bloed van Jezus. Toen Hij Zijn bloed uitgoot, werd Hij de Levengever. We mogen ons nooit, nooit, nooit afkeren van het bloed van Jezus. Er is geen andere verzoening voor onze zonden en geen andere bron van leven. Een van onze grootste problemen is dat we niet genoeg stilstaan bij de kracht van dat bloed.

—

Dank U Heer dat ik bij U mag komen door het bloed van Jezus. Ik proclameer het leven dat wordt vrijgezet door het bloed van Jezus – de Levengever. Ik nader tot het heiligdom. Amen.

Bron: The life-giver (CD)

WEEK 47

IK HOUD VAST AAN MIJN BELIJDENIS,

ZONDER TE WANKELEN.

Laten wij de belijdenis van de hoop onwrikbaar vasthouden,

want Hij die het beloofd heeft, is getrouw.

HEBREEËN 10:23

19 NOVEMBER

HET BELANG VAN DE HOOP

Er zijn vele preken over geloof en liefde, maar over hoop hebben de meeste christenen maar weinig gehoord. Dat gold in ieder geval voor mij, op een moment dat ik er juist heel erg om verlegen zat. In die periode was ik wanhopig op zoek naar hulp van God, en de Heilige Geest leidde me rechtstreeks naar de Bijbel. Ik had in die tijd nog nooit een preek gehoord over het thema *hoop*. De Heilige Geest kwam en gaf me precies wat ik nodig had - daarom vind ik het vandaag, jaren later, nog steeds heel belangrijk dat mensen het belang begrijpen van hoop. Wat is hoop? Hoe belangrijk is het en hoe kun je het krijgen?

Hoop is nodig als we ons geloof en onze liefde willen blijven behouden. Zonder hoop zal ons geloof gaan lekken en onze liefde opdrogen. Hoop is geen leuke extra optie in ons pakket; het is een noodzakelijk principe om het volle leven als christen te kunnen ervaren.

Het gezegde is: hoop doet leven. Als er geen hoop is, is er geen leven. Hopeloosheid is een van de ergste dingen die een mens kan overkomen. Ik kan me weinig voorstellen dat erger is. Toch leven talloze mensen voortdurend in hopeloosheid. Als ik op een vliegveld zit te wachten of op straat loop en naar de gezichten van mensen kijk, dan zie ik vaak vele mensen die hopeloosheid uitstralen. Maar dank God dat we nooit hopeloos hoeven zijn, want de Bijbel zegt: *Christus onder U, de hoop der heerlijkheid* (Kolossenzen 1:27). Hij is de verpersoonlijking van de hoop, oftewel de Hoop in eigen persoon. Waar Hij is, daar is leven.

—

Dank U Heer dat U trouw bent – U geeft mij hoop en sterker nog, U bent de hoop die in mij leeft. Ik proclameer dat waar hoop is, waar U bent, daar is leven. Ik zal mij zonder te wankelen vasthouden aan mijn belijdenis. Amen.

Bron: Hope, part 1 (CD)

20 NOVEMBER

ZONDER TE WANKELEN

In Hebreeën 3:1 worden we aangemoedigd om de juiste belijdenis af te leggen. Vervolgens roept Hebreeën 4:14 ons op om aan die belijdenis vast te houden. Als de Bijbel Jezus onze hogepriester noemt, dan weten we onmiddellijk dat het onze belijdenis is die ervoor zorgt dat Hij die bediening voor ons kan uitoefenen.

Hoe houd je vast aan je belijdenis? Door niet te veranderen wat we zeggen. We moeten de woorden van onze mond in overeenstemming brengen met wat Gods Woord zegt en daar dan bij blijven. In Hebreeën 10:23 staat de volgende stap: *Laten wij de belijdenis van de hoop onwrikbaar vasthouden.* Het woordje 'onwrikbaar' is eraan toegevoegd ten opzichte van Hebreeën 4.

Dus als we in volgorde door de teksten in Hebreeën bladeren, dan zien we een proces van drie stappen, als het gaat om onze belijdenis. Ten eerste spreken we een belijdenis uit. Vervolgens houden we aan die belijdenis vast, en ten derde doen we dat 'onwrikbaar' of zonder wankelen.

Waarom zou 'onwrikbaar' zijn toegevoegd? Zowel logica als persoonlijke ervaring leren ons, dat als we de juiste belijdenis uitspreken, we te maken krijgen met negatieve machten en druk die tegen ons zal losbarsten. Hoewel we de juiste belijdenis hebben uitgesproken en ons daaraan vasthouden, komt er wellicht een tijd dat het lijkt alsof satan al zijn registers tegen ons opentrekt. De verleiding is dan groot om je belijdenis los te laten. Maar de briefschrijver zegt: „Laat niet los! Hou vast! Zonder wankelen." Hoe donkerder een situatie is en hoe groter een probleem, hoe belangrijker het is om vast te houden zonder te wankelen.

God is trouw. Hij heeft zich toegewijd aan Zijn Woord. Jezus is onze hogepriester. Als we ons onwrikbaar vasthouden aan onze belijdenis, dan zal Hij Zijn taak als onze hogepriester uitvoeren.

—

Dank U Heer, dat U trouw bent – U geeft mij hoop. De belijdenis die ik uitspreek verander ik niet, maar ik houd haar vast zonder te wankelen. Amen.

Bron: Hope, part 1 (CD)
Meer studie: De kracht van proclamatie (boek)

21 NOVEMBER

EEN ONVERANDERLIJKE WERELD

Er is een spanningsveld tussen geloven en zien. De natuurlijke mens vertrouwt uitsluitend op wat zijn of haar zintuigen hem duidelijk maken. Maar in het geestelijke leven zouden we niet op onze zintuigen moeten vertrouwen. In 2 Korinthe 5:7 staat: *Want wij wandelen door geloof, niet door aanschouwen.* We leven dus niet op basis van onze zintuigen, maar door geloof. Geloof verbindt ons met een onzichtbare, eeuwige werkelijkheid die nooit verandert. De werkelijkheid die we met onze zintuigen waarnemen verandert voortdurend – ze is tijdelijk, instabiel, eindig en onbetrouwbaar. Door geloof verbinden we ons met een andere wereld – een wereld van eeuwige realiteit en eeuwige waarheid. Als we ons door geloof met die wereld verbinden, dan houden we ook onze belijdenis – die hoort bij die wereld - onwankelbaar vast.

Of we onze zintuigen volgen of ons geloof, wordt bepaald door hoe we reageren op de druk die God in ons leven toestaat. Als we onze belijdenis veranderen onder invloed van druk of duisternis, dan leven we naar onze zintuigen, want in geloof is geen duisternis. Geloof vertrouwt niet op zintuigen; geloof kijkt met innerlijke, geestelijke ogen op een eeuwige, onveranderlijke realiteit, en vertrouwt op een hogepriester die eveneens onveranderlijk is. Dit is wat Jakobus erover schrijft: *Maar laat hij er in geloof om vragen en daarbij niet twijfelen. Immers, wie twijfelt, lijkt op een golf van de zee, die door de wind voortgestuwd en op- en neergeworpen wordt. Want zo iemand moet niet denken dat hij iets ontvangen zal van de Heere. Hij is een dubbelhartig man, onstandvastig in al zijn wegen* (1:6-8).

De mens die Jakobus hier beschrijft begon goed, door te vragen in geloof en zonder twijfel. Maar hij hield zich er niet onwankelbaar aan vast. Als gevolg daarvan werd hij heen en weer geslingerd door de wind en de golven. De oplossing is onze belijdenis vast te houden zonder te wankelen.

—

Dank U Heer dat U trouw bent – U geeft mij hoop. Ik proclameer dat ik niet wandel op basis van mijn zintuigen, maar door geloof richt ik mij op de eeuwige, onzichtbare werkelijkheid van Uw koninkrijk. Amen.

Bron: Hope, part 1 (CD)

22 NOVEMBER

MET VOLLE ZEKERHEID

Paulus beschrijft Abraham als een van de beste voorbeelden van iemand die aan zijn belijdenis vasthield zonder te wankelen. Paulus schreef: *En niet verzwakt in het geloof heeft hij er geen acht op geslagen dat zijn eigen lichaam reeds verstorven was – hij was ongeveer honderd jaar oud – en dat ook de moederschoot van Sara verstorven was* (Romeinen 4:19). Echt geloof gaat de feiten niet uit de weg. Een houding die niet bereid is de feiten onder ogen te zien, is geen houding van geloof. Abraham probeerde niet zichzelf te misleiden; hij hield zichzelf niet voor de gek door zich in te beelden dat de dingen anders waren dan ze waren. Met zijn zintuigen zag hij een lichaam dat al zo goed als dood was, net als de baarmoeder van zijn vrouw Sara. Maar hij ging niet af op wat hij zag. Paulus vervolgt: *En hij heeft aan de belofte van God niet getwijfeld door ongeloof, maar werd gesterkt in het geloof, terwijl hij God de eer gaf. Hij was er ten volle van overtuigd dat God ook machtig was te doen wat beloofd was. Daarom is het hem ook tot gerechtigheid gerekend* (vers 20-22).

Abraham wordt *de vader van allen die geloven* genoemd (vers 11), en we worden aangemoedigd om in de voetsporen van zijn geloof te wandelen (vers 12). Het is de bedoeling dat wij dezelfde weg van geloof afleggen en de belofte van God pakken, onze belijdenis uitspreken, er onwankelbaar aan vasthouden, en weigeren om afgeleid te worden door wat onze zintuigen ons vertellen. We moeten voorbij de zichtbare dingen kijken en ons richten op de onzichtbare wereld, om in geloof onze trouwe hogepriester te zien, daar aan de rechterhand van God.

—

Dank U voor Uw trouw, Heer – U geeft me hoop. Ik proclameer dat ik de feiten onder ogen zie, zonder te wankelen in mijn geloof. Ik zal mij vasthouden aan mijn belijdenis, zonder te wankelen. Amen.

Bron: Hope, part 1 (CD)

Meer studie: Leven door geloof (boek)

23 NOVEMBER

DE STRIJD OM DE BELOFTE

Soms als ik genezingsdiensten leidde, liet ik de aanwezigen de bovenstaande belijdenis uitspreken, omdat dit hen hielp genezing te ontvangen. Als je bijvoorbeeld een probleem hebt met je nieren, dan zou je kunnen belijden: „Jezus droeg mijn ongerechtigheid en mijn ziekten; door Zijn striemen ben ik genezen." Als je daarna nog steeds last hebt van je nieren, wat doe je dan? Vasthouden aan je belijdenis. Maar wat als de last van je nieren aanhoudt? Houd je belijdenis vast zonder te wankelen. Dit is een strijd. Geloof maar dat ik uit ervaring weet dat de weg naar genezing een geweldige worsteling kan zijn.

De schrijver van de Hebreeënbrief zei tegen de Hebreeuwse christenen: *U hebt nog niet tot bloedens toe weerstand geboden in uw strijd tegen de zonde* (12:4). We zijn gewend aan het idee dat we strijden tegen de zonde, maar we vergeten vaak dat we ook een strijd te voeren hebben tegen ziekte. We moeten vechten. We zijn soldaten. We liggen niet op de grond zodat de duivel over ons heen kan lopen, want als we ons gemakkelijk overgeven en berusten, dan brengt dit geen eer aan God.

Voor wat betreft het onwankelbaar vasthouden aan onze belijdenis, moeten we ons overigens niet alleen richten op lichamelijke genezing - hoewel op dit gebied bijna alle mensen wel een nood hebben. Hoe zit het bijvoorbeeld op financieel gebied? Voor mij is het vasthouden aan mijn belijdenis ook een manier om de schatten die God in Zijn voorraadkamer heeft liggen, aan te wenden voor mijn bediening. Op een dag heeft God me gezegd dat Hij volledig heeft voorzien in alles wat wij nodig hebben voor de dingen die Hij ons vraagt te doen. Maar om die voorziening te ontvangen, moeten we geloven en belijden. Dat maak ik persoonlijk door 2 Korinthe 9:8 te belijden: *En God is bij machte elke genadegave overvloedig te maken in ons; zodat wij, die in alles altijd al het nodige bezitten, overvloedig kunnen zijn tot elk goed werk.*

—

Dank U Heer, dat U trouw bent en mij hoop geeft. Ik proclameer genezing en voorziening van God over mijn leven, door te geloven en te belijden. Ik zal mij onwankelbaar vasthouden aan mijn belijdenis. Amen.

Bron: The fullness of the cross, vol. 1: How to enter in (CD)

24 NOVEMBER

ONOVERWINNELIJK GELOOF

Geloof is levensbelangrijk. Jezus zei tegen Petrus: *Ik heb voor u gebeden dat uw geloof niet ophoudt* (Lukas 22:32). Geloof is de basisvereiste om bij God te horen en een kind van Abraham te zijn, die *een vader is van hen die besneden zijn, voor hen namelijk die niet alleen besneden zijn, maar die ook wandelen in de voetstappen van het geloof van onze vader Abraham dat hij had toen hij nog onbesneden was* (Romeinen 4:12). Abraham was veel meer dan zomaar een gelovige – hij is een voorbeeld. Hij ging ons voor, bereidde de weg en nam bepaalde stappen. Om werkelijk nakomelingen van hem te zijn, moeten we in zijn voetstappen volgen. Ik wil graag met je kijken naar de vijf stappen van geloof die Abraham zette: 1. Hij aanvaardde Gods belofte alleen door geloof, zonder bewijs. 2. Hij erkende dat hij zelf de benodigde resultaten echt niet voor elkaar zou krijgen. 3. Hij richtte zich op de belofte zonder daarin te wankelen, en dit geloof werd hem tot gerechtigheid gerekend. 4. Als gevolg ontvingen zowel Sara als hijzelf bovennatuurlijk leven in hun lichaam. 5. Vervolgens werd de belofte vervuld en ontving God de eer.

Dat zijn de stappen van Abraham, de vader van ons geloof. Deze weg van geloof ligt vandaag ook voor onze voeten. Het is geen uiterlijke opdracht, maar een levenslange wandel. Om in Abrahams voetstappen te treden, moeten we doen wat hij deed. We moeten Gods belofte aanvaarden zoals die is. Laten we erkennen dat we zelf niet in staat zijn te produceren wat God ons heeft beloofd. We moeten ons richten op de belofte, niet op onze eigen (on-) mogelijkheden. Als we dat doen, ontvangen we de bovennatuurlijke genade en kracht van God die door geloof in ons leven wordt vrijgezet. Op deze manier zal Gods belofte worden vervuld in ons leven.

—

Dank U Heer, dat U trouw bent – U geeft mij hoop. Ik wil steeds meer wandelen in geloof en voldoen aan de fundamentele vereisten om bij U te horen en een kind van Abraham te zijn. Ik zal mij zonder te wankelen vasthouden aan mijn belijdenis. Amen.

Bron: The roman piligrimage, vol. 1: Romans 4:1-26 (CD/DVD)

25 NOVEMBER

GELOOF VOOR NU –
HOOP VOOR DE TOEKOMST

In Hebreeën 11:1 lezen we een definitie van geloof – het enige Bijbelse woord dat in Gods Woord specifiek wordt gedefinieerd: *Het geloof nu is een vaste grond van de dingen die men hoopt, en een bewijs van de zaken die men niet ziet.* In deze tekst zien we een relatie tussen geloof en hoop. Geloof is voor het hier en nu; hoop is voor de toekomst. Geloof is materieel – iets zo echt dat het in de oorspronkelijke taal eigenlijk 'substantie' wordt genoemd; het is 'vaste grond'. Dit geloof is in ons hart. Op basis van geloof kunnen we legitieme hoop hebben voor de toekomst. Maar hoop die niet gefundeerd is op geloof, is niets meer dan 'wishful thinking'. *Als u met uw mond Jezus als Heere belijdt en met uw hart gelooft dat God Hem uit de doden heeft opgewekt, zult u zalig worden. Want met het hart gelooft men tot gerechtigheid en met de mond belijdt men tot zaligheid* (Romeinen 10:9,10).

In het Nieuwe Testament is het woord 'geloof' een actief woord, dat voortdurende beweging veronderstelt. Het is niet iets statisch of een soort van intellectuele oefening. Het is iets in je hart wat je voortdurend naar nieuwe dingen leidt. Ook vertrouwen is zo'n actief woord: We geloven *tot* gerechtigheid en redding. Je kunt uitsluitend geloven met je verstand, maar niet veranderd worden. Je kunt alle leerstellingen uit de Bijbel aanvaarden met je intellect, en toch dezelfde blijven. Maar als geloof in je hart is, dan leidt het je altijd ergens naartoe: namelijk naar je verlossing!

Geloof is nu; hoop is in de toekomst. Bijbels geloof zit in je hart; hoop zit in je denken. Paulus schreef over beide het volgende: *Maar laten wij, die van de dag zijn, nuchter zijn en aandoen het borstharnas van geloof en liefde en als helm de hoop op de zaligheid* (1 Thessalonicenzen 5:8). We zien hier twee delen van de wapenrusting: *geloof* is een borstharnas en beschermt je hart. Hoop is de helm die je hoofd – je denken - beschermt. Geloof is in je hart; hoop is in je denken.

—

Dank U Heer dat U trouw bent – U geeft mij hoop. Ik trek geloof aan als het borstharnas dat mijn hart beschermt – en zet de helm van hoop op die mijn denken beschermt. Ik zal mij onwankelbaar vasthouden aan mijn belijdenis. Amen.

Bron: Laying the foundation, vol. 1: Through repentance to faith (CD/DVD)

WEEK 48

Ik zal acht slaan op anderen.

En laten wij op elkaar acht geven om elkaar

aan te vuren tot liefde en goede werken.

Hebreeën 10:24

26 NOVEMBER

HET BESTE NAAR BOVEN HALEN

En laten wij op elkaar acht geven om elkaar aan te vuren tot liefde en goede werken. Laten wij de onderlinge bijeenkomst niet verzuimen, zoals het bij sommigen de gewoonte is, maar elkaar opwekken en dat zoveel te meer als u de grote dag ziet naderen (Hebreeën 10:24,25).

Dit vers bevat de achtste 'Laten wij'-stelling in de Hebreeënbrief. In sommige vertalingen staat: „Laten we bedenken hoe we elkaar kunnen aanmoedigen." Maar de volgorde is anders in het Grieks. Daar staat: „Laten we acht slaan op elkaar, hoe we elkaar kunnen aanmoedigen tot liefde en goede werken." Hier zien we de essentie van het acht slaan op elkaar; we moeten acht slaan op elkaar om elkaar te bemoedigen tot goede werken, oftewel het beste in elkaar naar boven halen.

Massa's mensen vandaag zitten opgesloten in hun eigen gevangenis van zelfgerichtheid. Ze zijn nooit echt gelukkig en ervaren nooit werkelijke vervulling en vrede. In feite is het zo dat hoe meer je je zorgen maakt en bezig bent er zelf zo goed mogelijk af te komen, hoe ongelukkiger je wordt. Een Bijbelse manier om uit die gevangenis vrij te komen, is je niet langer druk te maken om jezelf. Laten we Jezus' voorbeeld volgen en doen wat Paulus schrijft: *Doe niets uit eigenbelang of eigendunk, maar laat vanuit een nederig denken de een de ander belangrijker achten dan zichzelf. Laat ieder niet alleen oog hebben voor wat van hemzelf is, maar ook voor wat van anderen is* (Filippenzen 2:3,4).

Het tegenovergestelde van acht slaan op elkaar, is *alleen oog hebben voor wat van jezelf is.* Van zo'n houding kom je alleen los door je meer bezig te houden met anderen dan met jezelf. En dat kun je, omdat God bezig is met jou!

—

Dank U Heer dat U me helpt om anderen lief te hebben. Vanuit Uw liefde voor mij wil ik meer bezig zijn met anderen dan met mezelf. Ik zal acht slaan op anderen en het beste in hen naar boven halen. Amen.

Bron: Twelve steps to a good year, part 2 (CD)

27 NOVEMBER

ONSZELF LEEGMAKEN

In Filippenzen 2 schrijft Paulus dat we Jezus' voorbeeld moeten volgen. Ik zeg altijd dat onze houding bepaalt hoe we handelen, en ons handelen bepaalt de uitkomst. Daarom is dit de basishouding die we moeten ontwikkelen: *Laat daarom die gezindheid in u zijn, die ook in Christus Jezus was, die, hoewel Hij in de gestalte van God was, het niet als roof beschouwd heeft God gelijk te zijn, maar zichzelf ontledigd heeft door de gestalte van een slaaf aan te nemen en de mensen gelijk te worden* (2:5-7).

Jezus werd een slaaf – andere vertalingen zeggen *dienstknecht*. Dus Hij, de Heer over alles, maakte zichzelf leeg en was bereid een slaaf te worden. En die houding moeten wij navolgen.

In Galaten 5:13,14 schrijft Paulus: *Want u bent tot vrijheid geroepen, broeders, alleen niet tot die vrijheid die gelegenheid geeft aan het vlees; maar dien elkaar door de liefde. Want de hele wet wordt in één woord vervuld, namelijk hierin: U zult uw naaste liefhebben als uzelf.*

Acht slaan op anderen is de manier waarop we onszelf bevrijden van onze gerichtheid op ons eigen genot, onze vleselijke natuur en onze voortdurende neiging tot egoïsme. We moeten elkaar dienen door liefde. Ik geloof dat de Heilige Geest in deze tijd deze liefdevolle, onzelfzuchtige houding op Gods kinderen wil leggen. Veel mensen hebben de mond vol over het dienen van God, maar dienen nooit hun medegelovigen. Ik weet niet in hoeverre je God kunt dienen als je niet bereid bent je naaste te dienen, omdat de Heer tot ons komt in de leden van Zijn lichaam. Onze houding ten opzichte van die leden weerspiegelt feitelijk onze houding naar God zelf.

Dank U Heer dat U mij helpt de ander lief te hebben. Ik proclameer dat ik steeds mijn medegelovigen zal dienen. Ik zie dit als een manier om de Heer te dienen. Ik zal op anderen acht slaan. Amen.

Bron: Twelve steps to a good year, part 2 (CD)

28 NOVEMBER

ONSZELF ONTTRONEN

Over de bereidheid om anderen te dienen, schrijft Paulus aan de christenen van Korinthe. Paulus' achtergrond was die van een strenge, wettische, orthodoxe Jood. Hij was een farizeeër en had de kwalificaties om rabbijn te zijn. Hij bezat het soort van rechtvaardigheid dat ervoor zorgde dat hij afstand hield van andere mensen, die hij eigenlijk beschouwde als een lager soort (Hij verachtte hen zelfs).

Maar toen hij Jezus leerde kennen, vond de meest geweldige verandering plaats in zijn diepste wezen. Uit de brief blijkt dat de Korinthiërs behoorden tot de zondaars van de aarde; er zaten prostituees, homoseksuelen, dronkaards en zelfs incestplegers bij. Ze waren geen mensen van de meest fijnbesnaarde klasse. Korinthe was een van de belangrijkste zeehavens in de oude wereld; zoals zovele havensteden, zat de stad Korinthe vol met dit soort mensen.

Maar lees de schokkende stelling van Paulus eens: *Want wij prediken niet onszelf, maar Christus Jezus, de Heere; en onszelf als uw dienstknechten om Jezus' wil* (2 Korinthe 4:5). De trotse farizeeër zegt hier dat hij een dienstknecht van – nota bene - de Korinthiërs wil zijn!

Merk je ook de drie stappen op die Paulus hier noemt? 1. Onttroon jezelf *(wij prediken niet onszelf...)*, 2. Geef Jezus de troon *(Christus Jezus, de Heere)* en 3. Dien de ander *(uw dienstknechten om Jezus' wil)*. Dit zijn drie fundamentele stappen om te ontsnappen aan zelfgerichtheid.

—

Dank U Heer dat U me helpt de ander lief te hebben. Ik proclameer dat ik mezelf onttroon, Jezus verhoog als Heer en Hem op de troon toelaat, en dat ik anderen wil dienen. Ik zal acht slaan op anderen. Amen.

Bron: Twelve stepts to a good year, part 2 (CD)

29 NOVEMBER

GEZOCHT: BEKWAME DIENAREN

Dienen is een bekwaamheid die we moeten aanleren. Je krijgt het niet zomaar in de schoot geworpen en de meeste mensen hebben het zeker niet van nature. Bedienden in een restaurant zijn letterlijk geroepen om te dienen, maar moeten daar wel in worden getraind. Een vriend van mij was zo'n echte kelner. Op een dag legde hij me uit wat er allemaal nodig is voor echte, goede bediening. Door zijn verhaal realiseerde ik me dat dienstbaarheid niet vanzelf komt; het is een bekwaamheid die we moeten leren. We moeten anderen bestuderen om erachter te komen wat een positieve reactie teweeg zal brengen en wat niet. We moeten anderen bestuderen om ze uit te dagen tot liefde en goede daden, niet het tegenovergestelde. Dienen vereist oefening, training en discipline.

Om te dienen heb je bovendien de juiste omgeving nodig. Nadat hij schreef: *En laten wij op elkaar acht geven om elkaar aan te vuren tot liefde en goede werken* (Hebreeën 10:24), vervolgde de schrijver met: *Laten wij de onderlinge bijeenkomst niet verzuimen, zoals het bij sommigen de gewoonte is, maar elkaar opwekken en dat zoveel te meer als u de grote dag ziet naderen* (vers 25). We moeten leren dienen in de juiste omgeving, die wordt beschreven met de woorden 'onderlinge bijeenkomst'. Dat betekent hechte, toegewijde, regelmatige gemeenschap. Direct in het volgende vers wordt het rampzalige alternatief beschreven: *Want als wij willens en wetens zondigen, nadat wij de kennis van de waarheid ontvangen hebben, blijft er geen slachtoffer voor de zonden meer over, maar slechts een verschrikkelijke verwachting van oordeel en verzengend vuur* (vers 26). Dit betekent dat als we niet in de juiste omgeving blijven – dus als we geen hechte, toegewijde en regelmatige gemeenschap hebben – we terug zullen vallen in zonde. De enige veilige weg is om in gemeenschap te blijven, acht te slaan op andere mensen en te leren om hen met vreugde te dienen.

—

Dank U Heer dat U mij helpt om anderen te dienen. Ik zie de noodzaak van gemeenschap met andere gelovigen, om elkaar uit te dagen tot liefdebetoon. In die gemeenschap blijf ik, terwijl ik leer te dienen en steeds acht te slaan op anderen. Amen.

Bron: Twelve steps to a good year, part 2 (CD)

30 NOVEMBER

EERST KIJKEN NAAR JEZUS

Op basis van deze achtste 'laten wij'-stelling in Hebreeën, wil ik even teruggaan naar Hebreeën 3:1, waar dezelfde term 'geef acht' wordt gebruikt: *geef nauwkeurig acht op de Apostel en Hogepriester van onze belijdenis: Christus Jezus.* Als we letten op Jezus, dan zullen we uiteindelijk ook letten op elkaar. Maar die volgorde is wel heel belangrijk; eerst Jezus - daarna ook de ander. Het maakt veel verschil of ik jou benader als zomaar iemand, of als iemand die in Christus is.

Mijn gedachten gaan terug naar een gebeurtenis in de tijd dat ik rector was van een lerarenopleiding in Oost-Afrika. Voor iedere plaats die vrijkwam, kwamen steeds minstens tien toekomstige studenten in aanmerking. Een meisje liep zelfs veertig kilometer op blote voeten om te komen solliciteren. Je kunt je de wanhopige honger naar kennis en opleiding in Afrika in die tijd nauwelijks voorstellen. Onderwijs was (en is) immers de sleutel naar succes in het leven.

Op een dag kwam een oude moeder naar me toe om voor haar zoon te pleiten. Hij kwam niet echt in aanmerking en we hadden hem dan ook afgewezen. Zijn moeder bleef echter zo enorm aandringen, dat ik me eraan begon te ergeren. In Afrika gelooft men niet zo in democratie; ze hebben vertrouwen in de hoofdman, de sterke man. Hij is degene met wie rekening moet worden gehouden. Deze vrouw bleef daarom maar herhalen: „U bent de geweldige; wat U zegt, dat gebeurt." Ik was zo geïrriteerd, dat ik op het punt stond haar eens goed de waarheid te zeggen, en geloof me, mijn gedachten waren op dat moment niet zo geweldig of verheven... Toen sprak de Heer heel vriendelijk tot me: „Bedenk goed dat dit een van mijn kinderen is. Bedenk goed hoe je haar behandelt." Ik bekeerde me. Ze was een lieve, kostbare vrouw, en een kind van God. Als we in onze omgang met anderen eerst acht slaan op Jezus, maakt dat een groot verschil in hoe we met de ander omgaan.

—

Dank U Heer, dat U me helpt de ander lief te hebben. Ik zal allereerst acht slaan op Jezus, waardoor ik ook beter in staat zal zijn op de ander te letten. Amen.

Bron: God's last word, vol. 3: Hebrews 10:23-34 (CD)

1 DECEMBER

DE JUISTE SOORT PROVOCATIE

In Hebreeën 10:24 staat: *Laten we acht slaan op elkaar en elkaar provoceren tot liefde en goede werken.* De term 'provoceren' is een krachtig woord, met in het algemeen een negatieve klank. De vertalers hebben het gebruikt om ons aan het denken te zetten. Wat is meestal het gevolg van provocatie? Boosheid of jaloezie. Maar onze soort van provoceren moet juist liefde en goede werken tot gevolg hebben. Het Griekse woord dat hier vertaald is met 'provoceren' is hetzelfde woord als waar het Engelse woord 'paroxysm' vandaan komt: een plotselinge uitbarsting van emotie, zoals woede of zelfs lachen.

Het negatieve woord 'provoceren' wordt hier dus ten goede gekeerd en we provoceren elkaar tot liefde en goede werken. En er zijn nu eenmaal mensen die moeten worden uitgedaagd om te doen wat goed is.

Maar nu moeten we nog uitzoeken *hoe* we dat doen. Dit is beslist een van mijn minder sterke gebieden. Ik vind het lastig om rekening te houden met de verschillende persoonlijkheden van mensen. Door mijn achtergrond in een militair gezin en een opleiding die draaide om logisch redeneren, vind ik het meestal wel voldoende om mensen gewoon direct en helder te zeggen wat ze moeten doen. Maar de Bijbel leert ons dat we er acht op moeten slaan hoe we dat doen. Als je resultaat wilt bereiken, zul je iedere persoon op een speciale manier moeten benaderen. Ieder die kinderen heeft, weet dat dit waar is – je kunt ze niet precies gelijk behandelen. Het ene kind kun je prima sturen door hem streng te vermanen, terwijl je het andere kind met diezelfde woorden juist ontmoedigt.

—

Dank U Heer dat U mij helpt om anderen lief te hebben. Leid me door Uw Geest, als ik anderen provoceer tot liefde en goede werken. Ik zal acht slaan op anderen. Amen.

Bron: God's last word, vol. 3: Hebrews 10:23-34 (CD)

2 DECEMBER

JUISTE GEMEENSCHAP

Er is een ogenschijnlijk negatief bij-effect van echte gemeenschap met God en onze medegelovigen: we kunnen nooit dezelfde diepte van gemeenschap ervaren met ongelovigen.

Vorm geen ongelijk span met ongelovigen, want wat heeft gerechtigheid gemeenschappelijk met wetteloosheid, en welke gemeenschap is er tussen licht en duisternis? En welke overeenstemming is er tussen Christus en Belial? Of wat deelt een gelovige met een ongelovige? Of welk verband is er tussen de tempel van God en de afgoden? Want u bent de tempel van de levende God (2 Korinthe 6:14-16).

De scheiding tussen gelovigen en ongelovigen die Paulus hier beschrijft, was niet in de eerste plaats fysiek. We bevinden ons waarschijnlijk dagelijks in de onmiddellijke nabijheid van ongelovigen – thuis, op het werk, op school of andere activiteiten. In die situaties vereist ons christelijke getuigenis juist dat we vriendelijk, beleefd en behulpzaam zijn. Maar we zijn niet vrij om met hen dingen te delen die moreel of geestelijk onrein zijn, of die de eer van Christus aantasten. Daarbij denk ik aan dingen als negatieve taal, roddel, of verkeerde houdingen in relationele sfeer. Hoewel deze dingen natuurlijk ook kunnen voorvallen in de omgang met christenen (en ze zijn dan net zo verkeerd, zo niet nog erger!), is de kans op dit soort 'verontreiniging' groter in de omgang met ongelovigen. De Heilige Geest zal ons altijd waarschuwen voor dit soort verontreiniging en ons laten zien hoe we ons ertegen kunnen beschermen.

Juiste gemeenschap is de beste bescherming tegen verkeerde gemeenschap – laat daarom die gemeenschap de overhand hebben. Als Gods kinderen zijn we erfgenaam van ontelbare zegeningen en blijdschap waar de wereld niets van weet. Paulus schreef dat onze Vader God *ons gezegend heeft met alle geestelijke zegen in de hemel in Christus* (Efeze 1:3). Als we deze zegeningen regelmatig delen met de rest van Gods gezin, zal dat onze omgang met ongelovigen onvermijdelijk positief beïnvloeden.

—

Dank U Heer dat U mij helpt om anderen lief te hebben. Ik proclameer dat ik geen gemeenschap wil hebben met de duisternis en vraag bescherming hiervoor in mijn relaties met ongelovigen. Dank U voor de gemeenschap die ik mag ervaren met Gods gezin, mijn broers en zussen in Christus. Ik zal acht slaan op anderen. Amen.

Bron: Your walk with God (New Wine Magazine)

WEEK 49

IK ZAL MET VOLHARDING DE WEDLOOP LOPEN.

Welnu dan, laten ook wij, nu wij door zo'n menigte van getuigen omringd worden, afleggen alle last en de zonde die ons zo gemakkelijk verstrikt. En laten wij met volharding de wedloop lopen die voor ons ligt.

HEBREEËN 12:1

3 DECEMBER

SUCCES IN DE WEDLOOP

De negende 'laten wij'-stelling uit Hebreeën staat in het eerste vers van Hebreeën 12: *Welnu dan, laten ook wij, nu wij door zo'n menigte van getuigen omringd worden, afleggen alle last en de zonde die ons zo gemakkelijk verstrikt. En laten wij met volharding de wedloop lopen die voor ons ligt.* Deze tekst bevat zelfs twee 'laten wij'-zinnen, maar als we naar het Griekse origineel kijken, ontdekken we dat de eerste zin eigenlijk niet in die vorm gesteld staat. Wat er eigenlijk staat is: „Terwijl we alle last naast ons neerleggen, laten wij met volharding de wedloop lopen."

De 'laten wij'-tekst waar we ons op concentreren is daarom het tweede deel van de zin: *laten wij met volharding de wedloop lopen die voor ons ligt.* Hier en op andere plaatsen in het Nieuwe Testament wordt ons leven als christen vergeleken met een hardloopwedstrijd. Deze vergelijking houdt in dat er een specifiek parcours voor ons is uitgestippeld. Succes in ons leven als christen betekent dat we finishen in deze wedloop, volgens de regels van het spel. Kijkend naar de wedstrijd die voor ons is uitgestippeld, moeten we goed begrijpen dat er vier vereisten zijn om de race te kunnen uitlopen. Ze worden allemaal beschreven in de Bijbel : 1. De juiste houding in ons denken; 2. Zelfbeheersing; 3. Volharding; 4. Onze ogen gefocust op Jezus. Als we deze vereisten in gedachten houden, kunnen we de race uitlopen en het geloof behouden.

—

Dank U Vader dat U me helpt volharden. Ik proclameer dat ik de juiste mentale houding koester, zelfbeheersing oefen, volharding toon en mijn ogen op Jezus gericht houd, zodat ik het geloof behoud. Ik zal met volharding de wedloop lopen. Amen.

Bron:Twelve steps to a good year, part 3 (CD)

4 DECEMBER

DE JUISTE MENTALE HOUDING

Een noodzakelijke vereiste om de wedloop te lopen, is dus een juiste mentale houding. Deze waarheid omschreef Paulus toen hij zijn relatie met Jezus Christus beschreef in Filipenzen 3:10 en 11: *...opdat ik Hem mag kennen, en de kracht van Zijn opstanding en de gemeenschap met Zijn lijden, doordat ik aan Zijn dood gelijkvormig word, om op enigerlei wijze te komen tot de opstanding van de doden.*
Paulus had een heel bewust doel. Hij rende niet zomaar een beetje doelloos rond (zie 1 Korinthe 9:26). Hij wist precies waar hij wilde uitkomen, en dit bepaalde zijn mentale houding. Hij schreef verder: *Niet dat ik het al verkregen heb of al volmaakt ben, maar ik jaag ernaar om het ook te grijpen. Daartoe ben ik ook door Christus Jezus gegrepen* (vers 12). Paulus' visie was dat Christus hem gegrepen had met een bepaald doel, en het vervullen van dat doel betekende dat hij zich daarnaar moest richten. Hij moest vastbesloten zijn dat Christus' doel ook zijn doel zou worden.
Broeders, ikzelf denk niet dat ik het gegrepen heb, maar één ding doe ik: vergetend wat achter is, mij uitstrekkend naar wat voor is, jaag ik naar het doel: de prijs van de roeping van God, die van boven is, in Christus Jezus (vers 13,14). 'Ik jaag naar' komt twee keer voor, in vers 12 en vers 14. Dat is de mentale houding die we met Paulus moeten delen: Ik jaag ernaar! Ik heb een doel! Ik heb het doel nog niet bereikt, maar ik weet dat ik ernaartoe op weg ben. De laatste keer dat Paulus deze woorden sprak, bedoelde hij: ,,Ik jaag naar het doel: de prijs van Gods hemelse roeping in Christus Jezus." Er wacht een beloning voor hen die de race succesvol uitlopen. Houd dat doel altijd voor ogen, want we willen niet de beloning die God voor ons bestemd heeft, mislopen.

—

Dank U Heer, dat U mij helpt om het doel na te jagen. Ik kies voor de juiste mentale houding, het juiste denken waarmee ik me steeds blijf richten op het doel. Ik zal met volharding de wedloop lopen. Amen.

Bron: Twelve steps to a good year, part 3 (CD)
Meer studie: De race uitlopen (boek)

5 DECEMBER

DE VOORWAARDE VAN ZELFBEHEERSING

De tweede voorwaarde om de wedloop succesvol te kunnen lopen, is zelfbeheersing of discipline. Paulus illustreert dit in 1 Korinthe 9:24 en 25, waarin hij ons leven als christen vergelijkt met deelname aan een atletiekwedstrijd. Het is een geweldige parallel, die vandaag nog steeds heel aansprekend is, want het is een van de oudste sporten, die wereldwijd nog steeds door miljoenen beoefend en door miljarden op tv bekeken wordt. Hetzelfde principe geldt daarbij nog altijd: *Weet u niet dat zij die in de loopbaan lopen, allen wel lopen, maar dat één de prijs ontvangt? Loop dan zo dat u die verkrijgt* (vers 24).

Dat is het doel. Paulus stelt vervolgens de voorwaarden vast: *En iedereen die aan een wedstrijd deelneemt, beheerst zich in alles. Zij nu doen dat om een vergankelijke krans te ontvangen, maar wij om een onvergankelijke te ontvangen* (vers 25).

Als we de wedstrijd willen winnen, als we die prijs willen bemachtigen, dan moeten we onszelf beheersen. Deze waarheid wordt zo levend als we haar plaatsen tegen de achtergrond van atletiek. Iedere atleet die vandaag de dag iets wil bereiken, moet zich oefenen in strikte zelfdiscipline. Hij moet hard trainen, een streng dieet volgen, voldoende slaap en rust krijgen en zijn hoeveelheid aan trainingsarbeid voortdurend in de gaten houden. Ook mentaal moet hij zich trainen en disciplineren. Hij moet een juiste houding ontwikkelen en kan zich geen negatieve gedachten veroorloven. Hij moet de competitie immers aangaan met een positieve houding, in het vaste geloof dat hij zal winnen. Dat geldt ook voor jou en mij in onze geestelijke wandel.

Dank U Heer, dat U mij helpt om te jagen naar de prijs. Help mij Heer om de juiste houding van zelfdiscipline te ontwikkelen, in het vaste geloof dat ik de race zal volbrengen. Ik zal met volharding de wedloop lopen. Amen.

Bron: Twelve steps to a good year, part 3 (CD)

6 DECEMBER

VOLHARDING MOET JE ONTWIKKELEN

Deze belijdenis leert ons de derde voorwaarde om de race te winnen. Hij staat in Hebreeën 12:1: *Volharding.* Dit is een essentiële eigenschap voor iedere christen die zoekt naar geestelijk succes en vervulling om God te verheerlijken. We moeten volharding ontwikkelen. En dat kan maar op een manier... Door te volharden!

Wat is het tegengestelde van volharding? Het opgeven of stoppen. Christenen kunnen het zich niet veroorloven om op te geven. Als God ons ergens voor roept, moeten we ons erop richten aan die roeping te voldoen en ermee doorgaan. Er bestaat een nauwe samenhang tussen zelfbeheersing en volharding. Zonder zelfbeheersing zullen we nooit volharding leren. We moeten meester worden over onze zwakheden, anders zullen we iedere keer als onze volharding op de proef wordt gesteld door deze zwakheden worden ingehaald. Die zwakheden – emotioneel, psychisch of lichamelijk – zullen ons naar beneden halen en ontmoedigen, en we zullen opgeven op de momenten dat we juist moeten volharden en doorgaan.

Een volgende voorwaarde om een succesvolle race te lopen, is onze ogen gericht te houden op Jezus, zoals in Hebreeën 12:2 staat: *terwijl wij het oog gericht houden op Jezus, de Leidsman en Voleinder van het geloof. Hij heeft om de vreugde die Hem in het vooruitzicht was gesteld, het kruis verdragen en de schande veracht en zit nu aan de rechterzijde van de troon van God.*

We moeten voortdurend naar Jezus blijven kijken. We kunnen onze wedloop niet lopen op basis van zelfvertrouwen. Kijken naar Jezus houdt in dat Hij ons voorbeeld is, en dat we ons vertrouwen stellen op Hem. Hij is de Leidsman (of auteur) – de initiator van ons geloof. Hij is ook de Voleinder – degene die ons naar de overwinning zal leiden.

—

Dank U Heer, dat U me helpt om door te zetten. Ik proclameer dat ik niet zal opgeven, maar mijn blik gericht zal houden op Jezus, degene die me naar de overwinning zal leiden. Ik zal met volharding de wedloop lopen. Amen.

Bron: Twelve steps to a good year, part 3 (CD)

7 DECEMBER

EEN LANGE, DOELGERICHTE WEDLOOP

Als in Hebreeën 12:1 staat dat we 'alle gewicht moeten afleggen', dan moeten we denken in termen van de wedstrijd. Een echte hardloper haalt zijn zakken leeg, zorgt dat hij lichamelijk geen overtollig gewicht heeft en draagt de lichtst mogelijke, flexibele kleding. Hij neemt geen onsje aan onnodig gewicht mee. Sommige dingen die we niet per se herkennen of benoemen als 'zonde', fungeren toch nog steeds als ballast, dat op ons kan drukken en ons kan hinderen in de wedstrijd. Ze putten onze kracht uit en verleiden ons om er teveel tijd en aandacht aan te besteden. Denk daarbij bijvoorbeeld aan gerichtheid op zaken als kleding, de laatste electronica-trends, aandacht voor wat andere mensen over me denken, perfectionisme in ons werk of onze taken, wat echter onnodig veel tijd opslokt. Dit zijn slechts enkele voorbeelden van 'last' die ons volgens Paulus zo makkelijk in de weg zit…

Onthoud goed dat deze wedstrijd geen korte sprint is – het is een lange, doelgerichte race. Het meest noodzakelijke kenmerk is volharding. Veel mensen starten aan hun race als christen alsof het een korte afstand is. Een tijdje later liggen ze uitgeteld aan de zijlijn; ze zijn gestopt terwijl ze nog maar nauwelijks begonnen waren. Een wijze les uit Prediker 9:11 zegt: *niet de snelsten winnen de wedloop, noch de sterksten de strijd* (NBG). Weet je wat het getuigenis van een echte winnaar, de apostel Paulus, was? *Ik heb de goede strijd gestreden. Ik heb de loop beëindigd. Ik heb het geloof behouden. Verder is voor mij weggelegd de lauwerkrans van de rechtvaardigheid, die de Heere, de rechtvaardige Rechter, aan mij op die dag geven zal. En niet alleen aan mij, maar ook aan allen die Zijn verschijning hebben liefgehad* (2 Timoteüs 4:7,8).

Paulus wist dat hij de wedloop had gewonnen. Hij had het traject voltooid en wist dat de prijs op hem lag te wachten. Dat is een heerlijk getuigenis. Het kan ook jouw en mijn getuigenis zijn, als we ons aan de voorwaarden houden. We winnen niet door snelheid of kracht, maar door vol te houden.

———

Dank U Heer dat U me helpt te volharden. Ik proclameer dat ik 'alle gewicht naast mij neerleg' als voorbereiding om een lange en doelgerichte wedstrijd uit te lopen. Ik zal met volharding de wedloop lopen. Amen.

Bron: Twelve steps to a good year, part 3 (CD)

8 DECEMBER

HET VOLHARDINGSPROCES

Laten we een aantal eenvoudige principes doornemen die ons helpen om volharding te ontwikkelen. We lezen wat Paulus schreef in Romeinen 5:1,2: *Wij dan, gerechtvaardigd uit het geloof, hebben vrede bij God, door onze Heere Jezus Christus. Door Hem hebben wij ook de toegang verkregen door het geloof tot deze genade waarin wij staan, en wij roemen in de hoop op de heerlijkheid van God.* We verheugen ons en roemen in de toekomst die ons nog te wachten staat. Maar niet alleen in wat er nog staat te gebeuren, maar ook in wat ons nu ter beschikking staat: *En dat niet alleen, maar wij roemen ook in de verdrukkingen, omdat wij weten dat de verdrukking volharding teweegbrengt, en de volharding beproefdheid en de beproefdheid hoop* (vers 3,4). We roemen in de verdrukkingen; we scheppen erover op en verheugen ons erin. Waarom? Om wat het voor ons karakter doet. De New American Standard Bible vertaalt: „*Vervolging brengt volharding; en volharding brengt beproefd karakter en beproefd karakter brengt hoop.* Volharding bewerkt dus een beproefd karakter in ons leven. Dat is het hart van volharding – karakter dat de proef doorstaan heeft. Zoals Paulus schreef: *En de hoop beschaamt niet, omdat de liefde van God in onze harten uitgestort is door de Heilige Geest, die ons gegeven is* (Romeinen 5:5).

Liefde is een kwestie van karakter. In essentie hebben we dus te maken met de vorming van ons karakter. We verheugen ons in vervolgingen, want vervolging produceert volharding, en volharding geeft ons een beproefd of bewezen karakter. Ik ken mannen met wie ik samen ben geweest, moeilijke dingen heb meegemaakt, tegenstand, onjuiste voorstelling van zaken en misverstand. Maar vandaag kan ik zeggen dat hun karakter bewezen is. Ik weet dat ik hen kan vertrouwen. Midden in een wereld van bedrog en wetteloosheid, wil ik weten wie ik kan vertrouwen.

—

Dank U Heer, dat U me helpt om te volharden. Ik proclameer dat ik mij verheug in verdrukkingen die het karakter en de hoop produceren die ik nodig heb om de race uit te lopen. Ik zal met volharding de wedloop lopen. Amen.

Bron: Karakter dat de proef doorstaat (onderwijsbrief)

9 DECEMBER

TOT HET EINDE

Een van de terugkerende thema's in de brief aan de Hebreeën is het gevaar van terugkomen op je belijdenis van geloof in Christus. Er zijn vijf passages in de brief die ons waarschuwen tegen terugval. Dit zijn vijf van de meest ernstige waarschuwingen in Gods Woord. Daarom is het woord 'volharding' een van de sleutelwoorden die in de brief worden gebruikt. *Maar wij verlangen ernaar dat ieder van u dezelfde inzet toont, tot volle zekerheid van de hoop, tot het einde toe, opdat u niet traag wordt, maar navolgers bent van hen die door geloof en geduld* (volharding) *de beloften beërven* (Hebreeën 6:11,12). Geloof en volharding. Er zijn mensen die je zullen vertellen dat geloof alles is wat je nodig hebt om je Gods beloften toe te eigenen. Maar dat is niet waar. Je hebt geloof èn volharding nodig; allebei. Zoals de briefschrijver vervolgt: *Werp dan uw vrijmoedigheid niet weg, die een grote beloning met zich meebrengt. Want u hebt volharding nodig, opdat u, na het volbrengen van de wil van God, de belofte zult verkrijgen* (Hebreeën 10:35, 36).

Het woord 'vrijmoedigheid' betekent letterlijk 'vrijheid van spreken'. Je kunt vrijmoedig uitspreken (proclameren) wat Jezus voor je gedaan heeft en wat Hij voor je gaat doen in de toekomst. Als je de wil van God hebt gedaan, maar nog niet Zijn belofte hebt ontvangen, wat heb je dan nodig? Volharding. Je moet vasthouden aan het punt dat je bereikte toen je Gods wil deed en je de belofte toe-eigende, en volharden tot je die belofte hebt ontvangen. Sommige mensen doen Gods wil en eigenen zich Gods belofte toe, maar ze houden niet vol. Vervolgens zeggen ze dat het niet werkte. Maar het zal ook niet werken zonder volharding. Je hebt geloof nodig *en* volharding.

—

Dank U Heer dat U me helpt te volharden. Ik proclameer dat ik tot het einde van mijn geloof zal volharden in het doen van Uw wil en het me toe-eigenen van Uw beloften. Ik zal met volharding de wedloop lopen. Amen.

Bron: Karakter dat de proef doorstaat (onderwijsbrief)
Meer studie: Het doel van beproeving (boek)

WEEK 50

IK ZAL MIJN DANKBAARHEID TONEN.

Laten wij daarom, omdat wij een

onwankelbaar Koninkrijk ontvangen,

aan de genade vasthouden en daardoor

God dienen op een Hem welgevallige wijze,

met ontzag en godsvrucht.

HEBREEËN 12:28

10 DECEMBER

GENADE EN DANKZEGGING

De tiende 'laten wij'- uitspraak in het boek Hebreeën staat aan het einde van hoofdstuk 12: *Laten wij daarom, omdat wij een onwankelbaar Koninkrijk ontvangen, aan de genade vasthouden en daardoor God dienen op een Hem welgevallige wijze, met ontzag en godsvrucht* (vers 28,29). In deze tekst lezen we *aan de genade vasthouden*, maar andere vertalingen zeggen hier: *laten we dankbaar zijn*. Het is belangrijk om het verband te zien tussen genade en dankbaarheid. *Dankbaarheid* en *genade* komen uit hetzelfde Griekse woord: 'charis'. De zinsnede 'genade hebben' wordt in modern Grieks nog steeds gebruikt om dankbaarheid te uiten. Dit verband vinden we ook terug in diverse andere talen. In het Frans zegt men 'Grace à Dieu' om te zeggen: dank God. In het Italiaans is 'grazie' (grace - genade) het woord voor 'Dankjewel', en in het Spaans zegt men 'gracias'. Als de Engelsen willen danken voor het eten, dan zeggen ze: "Let's say grace".

Er ligt dus een hele directe en onlosmakelijke verbinding tussen dankbaarheid en genade. In het licht hiervan wil ik je zeggen dat je nooit Gods genade kunt ontvangen zonder een leefstijl en hartshouding van dankbaarheid. Genade en dankbaarheid gaan altijd samen. Er is niets ongenadiger dan een ondankbaar persoon, terwijl een dankbaar iemand altijd de genade van God ervaart en zal uiten naar anderen.

God verwacht twee zaken van ons als Zijn volk. Ten eerste, dat wij waarderen wat Hij voor ons doet. Ten tweede, dat wij die waardering uiten. Het is dus belangrijk te begrijpen dat we onze dankbaarheid naar God voortdurend moeten uiten.

—

Dank U Heer, voor alles wat U voor mij heeft gedaan. Ik proclameer dat ik waardeer wat U voor me heeft gedaan en ik uit die waardering openlijk. Ik zal mijn dankbaarheid tonen.

Bron: Twelve steps to a good year, part 3 (CD

11 DECEMBER

STOP EVEN OM GOD TE DANKEN

Sommige mensen zijn oprecht dankbaar ten opzichte van God maar nemen nooit de tijd om Hem dat te vertellen. Hoe zou het voelen als onze kinderen ons nooit zouden bedanken voor alles wat we voor ze hebben gedaan? Hoe zouden we ons voelen als ze nooit 'dank je' zouden zeggen of hun dankbaarheid zouden tonen, als ze alles wat we voor hen doen zouden aanvaarden alsof ze er recht op hadden, en het gewoon voor lief namen.

Dat is helaas de manier waarop veel van Gods kinderen hun vader behandelen – en daar wordt Hij niet gelukkig van. We worden opgeroepen om te waarderen wat God voor ons doet en de tijd te nemen om onze dankbaarheid te tonen. Een van mijn favorieten bijbelteksten is Spreuken 3:6: *Erken Hem in al uw wegen, dan zal Hij uw paden leiden* (NASB).

Ik heb door ervaring geleerd dat als ik in iedere fase van mijn leven even stop en God erkenning geef, dan kan ik er zeker van zijn dat Hij mijn paden zal blijven leiden. Misschien vraag je je af: 'Hoe kan ik God erkennen?' De eenvoudigste en beste manier is door Hem te bedanken. Zeg voortdurend 'Dank U wel' voor alles wat Hij voor je heeft gedaan en voor Zijn trouw. Je zult onmiddellijke zekerheid krijgen dat Hij ook in het vervolg trouw zal zijn. Net als Hij je in het verleden heeft geholpen en geleid, zal Hij je ook leiden in de toekomst. De sleutel naar deze zekerheid is Hem te erkennen door middel van onze dankzegging.

Toen ik ooit in Oost-Afrika werkte, ontdekte ik dat de taal van de stam van mijn geadopteerde dochter geen woord of zinsnede had die 'dank je wel' betekende. Kun je je voorstellen dat je geen woorden hebt om iemand te bedanken? Ik realiseerde me dat mensen echt de Bijbel nodig hebben om mensen te leren 'dank je wel' te zeggen. Dankbaarheid is verweven met het kennen van Gods genade.

—

Dank U Heer, voor alles wat U voor me heeft gedaan. Ik proclameer dat ik in iedere fase van mijn leven zal stoppen om God te erkennen door Hem te danken. Ik zal mijn dankbaarheid tonen. Amen.

Bron: Twelve steps to a good year, part 3 (CD)

12 DECEMBER

DE JUISTE REACTIE

Om de opdracht tot dankbaarheid goed te kunnen begrijpen, is het nodig om de achtergrond ervan te bestuderen. Het is namelijk een ernstige waarschuwing van de briefschrijver, die een parallel maakt met het Oude Testament, toen God tot Zijn volk Israël sprak door Mozes heen:
Let er dan op dat u Hem die spreekt, niet verwerpt. Want als zij niet zijn ontkomen die Hem verwierpen die op aarde de woorden van God deed horen, veelmeer zullen wij niet ontkomen, als wij ons afwenden van Hem die vanuit de hemelen spreekt. Zijn stem bracht indertijd de aarde aan het wankelen. Nu echter heeft Hij openlijk betuigd: Nog eenmaal zal Ik niet alleen de aarde, maar ook de hemel doen beven. Dit "nog eenmaal" wijst op de verandering van de dingen die kunnen wankelen als van dingen die gemaakt zijn, opdat de dingen die onwankelbaar zijn, zouden blijven (Hebreeën 12:25-27).
Dankbaarheid is de enige juiste reactie op de voorrechten en voordelen die we in God ontvangen. We zijn niet afhankelijk van een wankel koninkrijk. We hebben een eeuwig koninkrijk, een onwankelbaar koninkrijk, het koninkrijk van God zelf, het koninkrijk dat *gerechtigheid en vrede en blijdschap in de Heilige Geest* inhoudt (Romeinen 14:17). Temidden van alles wat om ons heen schudt en wankelt – alle onrust, onzekerheid, verbijstering, verwarring, haat, verdeeldheid, oorlog en angst – hebben wij een onwankelbaar koninkrijk ontvangen. We hebben vrede, zekerheid en een doel. Wat is de juiste reactie? Maar één ding: dankbaarheid. *Laten wij derhalve, omdat wij een onwankelbaar koninkrijk ontvangen, dankbaar zijn en hierdoor God vereren op een Hem welbehagelijke wijze met eerbied en ontzag* (Hebreeën 12:28). Laten we onze dank aan God uiten – laten we de genade vasthouden!

Dank U Heer voor alles wat U voor mij heeft gedaan. Ik proclameer dat ik altijd dankbaar zal zijn, omdat ik een onwankelbaar koninkrijk heb ontvangen. Ik zal die dankbaarheid tonen. Amen.

Bron: Twelve steps to a good year, part 3 (CD)
Meer materiaal: Dankbaarheid (proclamatiekaart)

13 DECEMBER

WAT DANKZEGGING VRIJZET

W e zagen gisteren: dankbaarheid is de gepaste reactie op wat God heeft gedaan – en nog doet – voor ons. Het is iets dat we Hem schuldig zijn, iets dat we Hem moeten betalen. De uiting van onze dankbaarheid doet echter ook iets in onze eigen geest wat niets anders kan doen.

Ik druk het als volgt uit: Dankbaarheid zet onze geest vrij voor aanvaardbare aanbidding en dienstbetoon. Daarom zei de schrijver van de Hebreeënbrief: *Laten wij derhalve, omdat wij een onwankelbaar koninkrijk ontvangen, dankbaar zijn en hierdoor God vereren op een Hem welbehagelijke wijze met eerbied en ontzag* (12:28). Zonder dankbaarheid is onze dienst aan God niet aanvaardbaar. Het is die houding van dankbaarheid die ons dienstbetoon aanvaardbaar maakt en onze geest vrijzet om te aanbidden. Een ondankbaar persoon is gebonden aan zichzelf. Hij is zelfgericht en kan geen ware vrijheid kennen. Maar dankbaarheid zet onze geest vrij.

Dank God in alles. Want dit is de wil van God in Christus Jezus ten opzichte van u. Blus de Geest niet uit (1 Thessalonicenzen 5:18,19). Dat is een heldere opdracht: als we niet dankzeggen, zijn we ongehoorzaam. We staan dan ook buiten de wil van God. Het niet tonen van dankbaarheid dooft de Geest uit. De enige vrijzetting van de Geest – om God aanvaardbaar te dienen – is door dankzegging.

Let ook op de waarschuwing aan het einde van Hebreeën 12: *want onze God is een verterend vuur.* We moeten deze heilige, ontzagwekkende God naderen met de juiste houding, met nederige, dankbare harten. Blij over Zijn Koninkrijk, maar ook bewust van Zijn werkelijke, absolute, totale Koningschap!

—

Dank U Heer, voor alles wat U voor me heeft gedaan. Ik proclameer dat ik een heilige, ontzagwekkende God nader met een nederig en dankbaar hart. Daardoor zal mijn geest worden vrijgezet voor aanbidding en dienstbetoon. Ik zal mijn dankbaarheid tonen. Amen.

Bron: Twelve steps to a good year, part 3 (CD)

Meer studie: Aanbidding, deel 1 en 2 (DVD)

14 DECEMBER

DE NOODZAAK VAN DANKBAARHEID

Als we de situatie in de wereld om ons heen bekijken, dan is het duidelijk dat we leven in de laatste dagen. We weten dat het zal gaan schudden (zie Hebreeën 12:26,27). Laten we vooral eens kijken naar de instorting van karakter en de normen en waarden. Paulus schreef:

En weet dit, dat in de laatste dagen zware tijden zullen aanbreken. Want de mensen zullen liefhebbers zijn van zichzelf, geldzuchtig, grootsprekers, hoogmoedig, lasteraars, hun ouders ongehoorzaam, ondankbaar, onheilig, zonder natuurlijke liefde, onverzoenlijk, kwaadsprekers, onmatig, verwilderd, zonder liefde voor het goede, verraders, roekeloos, opgeblazen, meer liefhebbers van (zin-)genot dan liefhebbers van God. Zij hebben een schijn van godsvrucht, maar hebben de kracht daarvan verloochend. Keer u ook van hen af (2 Timoteüs 3:1-5).

Hier staat een afschrikwekkende lijst van morele gebreken en degeneratie van het menselijk karakter, die het einde van dit tijdperk markeren. Ik voorspel dat als je deze lijst doorneemt, je al snel zult zien dat deze neergaande spiraal al ruimschoots is begonnen in deze tijd. In het midden van de lijst staat: *Hun ouders ongehoorzaam, ondankbaar, onheilig, zonder natuurlijke liefde.* Het woord 'ondankbaar' staat vlak voor het woord 'onheilig'; dat is niet zomaar, daar zit een logisch verband in. Je kunt niet heilig zijn en tegelijk ondankbaar, want onze God is een verterend vuur (zie Hebreeën 12:29). God verlangt dat wij Hem dienen in heiligheid, dat is passend. We moeten Hem ook dienen met dankbaarheid en onze dank naar Hem uiten in Zijn aanwezigheid.

Laten we dus dankbaarheid tonen, zodat we Hem op een aanvaardbare wijze dienen, met ontzag en de vreze des Heren (zie vers 28).

—

Dank U Heer voor alles wat U voor mij heeft gedaan. Ik proclameer dat, omdat onze God een verterend vuur is, ik Hem zal dienen met heiligheid en dankbaarheid. Ik zal mijn dankbaarheid tonen. Amen.

Bron: Twelve steps to a good year, part 3 (CD)

15 DECEMBER

DANKBAARHEID TONEN AAN GOD

We zagen: dankbaar zijn is een Bijbelse opdracht. We zijn ongehoorzaam als we niet dankbaar zijn (zie 1 Thessalonicenzen 5:18). Dankbaarheid – zoals de meeste belangrijke christelijke houdingen – komt voort uit onze wil, niet uit onze emoties. We hoeven ons niet dankbaar te *voelen* om dankbaar te *zijn*. Ouders leren hun kinderen om 'dank je wel' te zeggen als ze iets krijgen. In Engeland leren veel kinderen zelfs al 'bedankt' te zeggen voordat ze iets krijgen. Dat is gewoon een kwestie van beleefd gedrag.

God gaat ook vaak op die manier met ons om, dat we eerst Hem danken voordat we iets van Hem ontvangen. Als we wachten tot we eerst iets krijgen, dan ontvangen we het vaak niet. Eerder dit jaar leerden we al dat er een verschil is tussen in geloof geestelijk iets 'ontvangen' en de ervaring van het 'hebben'.

En laat de vrede van God heersen in uw harten, waartoe u ook in één lichaam geroepen bent; en wees dankbaar. Laat het woord van Christus in rijke mate in u wonen, in alle wijsheid; onderwijs elkaar en wijs elkaar terecht, met psalmen, lofzangen en geestelijke liederen. Zing voor de Heere met dank in uw hart. En alles wat u doet met woorden of met werken, doe dat alles in de Naam van de Heere Jezus, terwijl u God en de Vader dankt door Hem (Kolossenzen 3:15-17). Dit gedeelte vraagt twee dingen van ons: Alles in de Naam van de Heer Jezus doen, en God danken terwijl we ze doen. Dit onderwijs geldt voor iedere taak die we uitvoeren, of we nu de keukenvloer schrobben, autorijden of een brief schrijven.

Dit geeft ons veel duidelijkheid over goed of verkeerd. Als er iets is wat we heel oprecht niet in de Naam van Jezus kunnen doen, daarbij God dankend door Hem, dan kunnen we er beter niet aan beginnen. Dit onderwijs snijdt een heleboel dingen weg die we beter wel of niet kunnen doen. Het is een fundamenteel principe om onze woorden en daden door te laten leiden.

—

Dank U Heer voor alles wat U voor mij heeft gedaan. Ik proclameer dat ik alles doe in de Naam van de Here Jezus, terwijl ik God de Vader ervoor dank. Ik zal mijn dankbaarheid tonen. Amen.

Bron: Thankfulness (CD)
Meer studie: Dankzegging, lofprijs, aanbidding (boek)

16 DECEMBER

GODS WIL VERVULLEN

Dankbaarheid is een manier om de vrede van Christus in ons hart uit te drukken - een uiting van het Woord van Christus dat rijkelijk in ons is. Dankzegging is een principe dat ons in alles wat we doen zou moeten leiden (zie Kolossenzen 3:15-17). Laten we drie korte maar belangrijke teksten doornemen, te beginnen met 1 Thessalonicenzen 5:16-18: *Verblijd u altijd. Bid zonder ophouden. Dank God in alles. Want dit is de wil van God in Christus Jezus ten opzichte van u.* Hier zie we drie eenvoudige instructies: 1. Je altijd verblijden; 2. Bidden zonder ophouden; 3. God in alles danken. Over dat danken concludeert Paulus: *Want dit is de wil van God in Christus Jezus ten opzichte van u.* Als we God niet danken, dan vervullen we Zijn wil niet. Dan zijn we dus buiten Zijn wil. Het is heel belangrijk dat te beseffen.

Het tweede vers over dankzegging beschrijft dat dankbaarheid een essentiële uiting is van de volheid van de Geest. Paulus schreef: *Blus de Geest niet uit.* En dit is wat hij schrijft in Efeze 5:17,18: *Wees daarom niet onverstandig, maar begrijp wat de wil van de Heere is. En word niet dronken van wijn, waarin losbandigheid is, maar word vervuld met de Geest.*

Paulus beschrijft hier een positief en een negatief begrip over de wil van God. Als we deze waarheden over Gods wil niet begrijpen, dan zijn we dom. Iedere vermaning is van gelijke waarde. Het is verkeerd voor een christen om dronken te worden, maar het is net zo verkeerd om niet vervuld te zijn met de Heilige Geest. Vaak richten we ons veel meer op de dingen die we niet mogen doen – onszelf zo volgieten met wijn dat we er dronken van worden – maar we vergeten wat we wél moeten doen – ons laten vervullen met de Heilige Geest. Die vervulling is noodzakelijk.

—

Dank U Heer voor alles wat U voor me heeft gedaan. Ik proclameer dat door dank te zeggen, ik de wil van God doe en uiting geef aan de volheid van de Geest in mij. Ik zal mijn dankbaarheid tonen. Amen.

Bron: Thanksgiving (CD)

WEEK 51

Ik zal buiten de legerplaats naar Hem uitgaan.

Laten wij dan naar Hem uitgaan buiten de legerplaats

en Zijn smaad dragen.

Hebreeën 13:13

17 DECEMBER

ONZE TOEKOMSTIGE STAD

De elfde 'laten wij'-uitspraak in Hebreeën, staat in hoofdstuk 13: *Daarom heeft ook Jezus, om door Zijn eigen bloed het volk te heiligen, buiten de poort geleden. Laten wij dan naar Hem uitgaan buiten de legerplaats en Zijn smaad dragen. Want wij hebben hier geen blijvende stad, maar wij zoeken de toekomstige* (Hebreeën 13:12-14). Deze tekst gaat over onze houding en relatie met de tegenwoordige wereld. Er staat dat deze wereld niet ons thuis is. We hebben geen blijvende plaats op aarde. De wereld verwierp Jezus, dreef Hem uit hun stad en kruisigde Hem buiten de stadspoorten.

De Bijbel benadrukt steeds het feit dat Jezus' kruisiging buiten de stadsmuren plaatsvond. Jezus werd afgewezen en uit de samenleving gestoten; de wereld wilde Hem niet. En op de manier waarop de wereld Jezus behandelde, zal ze – vroeg of laat – ook ons, Zijn volgelingen, behandelen. We moeten bereid zijn om naar Hem uit te gaan – naar de plaats van kruisiging, afwijzing en schaamte – en Zijn smaad te dragen. Ergens anders in Hebreeën staat dat de smaad van Christus grotere rijkdommen voortbrengt dan alle schatten van Egypte (11:26). Zijn smaad wordt dus onze heerlijkheid.

De schrijver geeft vervolgens een schitterende reden om die smaad te dragen: *Want wij hebben hier geen blijvende stad.* Andere mensen mogen denken dat deze wereld permanent is, maar wij weten beter. *...maar wij zoeken de toekomstige.* Er is een specifieke stad die de bestemming en het thuis is van alle gelovigen. Daar horen wij thuis. Ben jij er diep van doordrongen dat deze wereld niet jouw thuis is – niet jouw blijvende verblijfplaats? Laten we onze toekomstige stad zoeken...

—

Dank U Heer, dat U mij oproept om deze wereld achter te laten. Ik proclameer dat ik bereid ben om tot Jezus uit te gaan 'buiten de stadsmuren', om Zijn smaad te dragen. Ik zal buiten het legerkamp naar Hem uitgaan. Amen.

Bron: Twelve steps to a good year, part 3 (CD)
Meer studie: Opstanding der doden (DVD), Overwinning over de dood (boek)

18 DECEMBER

EEN STAD IN GEREEDHEID GEBRACHT

In het elfde hoofdstuk van Hebreeën brengt de schrijver een soort eerbetoon aan vele trouwe heiligen uit het Oude Testament. Na die opsomming schrijft hij: *Deze allen zijn in het geloof gestorven. Zij hebben de beloften niet verkregen, maar hebben die vanuit de verte gezien en geloofd en omhelsd, en zij hebben beleden dat zij vreemdelingen en bijwoners op de aarde waren. Want wie zulke dingen zeggen, laten duidelijk blijken dat zij een vaderland zoeken. En als zij aan het vaderland gedacht hadden van waaruit zij weggegaan waren, zouden zij gelegenheid gehad hebben om terug te keren. Maar nu verlangen zij naar een beter, dat is naar een hemels vaderland. Daarom schaamt God Zich niet voor hen om hun God genoemd te worden. Want Hij had voor hen een stad gereedgemaakt* (11:13-16) Deze voorlopers in het geloof – Adam, Abraham, Mozes, en vele anderen waren mannen en vrouwen die op zoveel manieren een voorbeeld voor ons zijn. Zij beleden dat ze vreemdelingen en pelgrims waren op aarde. Ze hoorden er niet werkelijk thuis, maar waren op zoek naar een eigen vaderland.

In onze wereld vandaag zijn talloze vluchtelingen die het leed ervaren dat ze geen vaste woonplaats hebben voor zichzelf. Ook de mensen uit Hebreeën 11 waren op zoek naar een eigen plaats, maar niet in deze wereld. Als ze wilden, hadden ze terug kunnen gaan naar de plaats waar ze vandaan kwamen. Abraham had bijvoorbeeld kunnen terugkeren naar Ur der Chaldeeën. Maar hij had zijn denken op de toekomst gericht; hij keek niet om. Ze verlangden naar een beter land – een hemels vaderland. Vervolgens lezen we de ontroerende zin: *Daarom schaamt God zich niet voor hen om hun God genoemd te worden.* Als we onszelf met God identificeren – in Zijn voorbereiding om een stad voor ons gereed te maken – dan is Hij trots om onze God te zijn. Hij heeft een stad gereedgemaakt voor hen, en ook voor jou en mij!

Dank U Heer dat U mij roept om deze wereld achter me te laten. Ik proclameer dat ik een vreemdeling en pelgrim ben op deze aarde, op zoek naar de stad die God voor mij heeft voorbereid. Ik zal buiten het legerkamp naar Hem uitgaan. Amen.

Bron: Twelve steps to a good year, part 3 (CD)
Meer studie: Hoe ver wil jij gaan? (brochure)

19 DECEMBER

IDENTIFICATIE MET HET KRUIS

Toewijding aan Jezus vereist identificatie met Zijn kruis en Zijn uitgaan naar de plaats waar Hij gekruisigd werd. Deze toewijding zal twee dingen uit je leven verwijderen: jezelf behagen en de wereld behagen.

Wees samen mijn navolgers, broeders, en houd het oog gericht op hen die zo wandelen zoals u ons tot een voorbeeld hebt. Want velen – ik heb het u dikwijls van hen gezegd en zeg het nu ook huilend – wandelen als de vijanden van het kruis van Christus. Hun einde is het verderf, hun god is de buik en hun heerlijkheid is in hun schande; zij bedenken de aardse dingen (Filippenzen 3:17-19). Paulus sprak hier over mensen die alleen maar met woorden belijden dat ze christen zijn, vijanden van het kruis, die claimen volgelingen van Christus te zijn. Zij zwelgen in zichzelf en zetten hun gedachten op de dingen van deze wereld. Het principe van het kruis – dood aan jezelf en aan de dingen van het vlees – is nog niet van toepassing in hun leven. Zelfs binnen de Kerk belijden veel mensen toewijding aan Christus, maar ze wijzen het kruis af. Hun einde is de vernietiging.

Door onze identificatie met het kruis van Jezus verwijderen we ook het behagen van de wereld. Jakobus sprak hierover duidelijke taal richting belijdende christenen: *Overspelige mannen en vrouwen, weet u dan niet dat de vriendschap met de wereld vijandschap tegen God is? Wie dan nu een vriend van de wereld wil zijn, maakt zich tot een vijand van God* (Jakobus 4:4). Jakobus noemt deze mensen 'overspeligen'. De Kerk die op weg is om de bruid van Christus te worden, moet zich houden aan een diepgaande toewijding: zij moet volkomen toegewijd en overgegeven zijn aan Jezus en naast Hem niets anders toelaten in haar hart. Als die toewijding aan Jezus wordt geïnfiltreerd en gecompromitteerd door vriendschap met deze wereld, dan plegen we geestelijk overspel. Dan zijn we niet trouw aan Christus, de bruidegom. Een vriend van de wereld zijn betekent dat je geestelijk overspel pleegt.

—

Dank U Heer dat U mij oproept om deze wereld achter te laten. Ik proclameer dat ik dit principe van het kruis toepas – ik verklaar mezelf dood voor de dingen van deze wereld en levend voor U. Ik zal buiten het legerkamp naar Hem uitgaan. Amen.

Bron: Twelve steps to a good year, part 3 (CD)

20 DECEMBER

HET TEKEN VAN AFSCHEIDING

In het evangelie van Johannes zegt Jezus: *Als de wereld u haat, weet dat zij Mij eerder dan u gehaat heeft. Als u van de wereld zou zijn, zou de wereld het hare liefhebben; maar omdat u niet van de wereld bent, maar Ik u uit de wereld heb uitverkoren, daarom haat de wereld u* (Johannes 15:18,19).

Als de wereld 'ons als de hare zou liefhebben' is dat een behoorlijk duidelijk teken dat we niet bij Jezus horen. We moeten die waarschuwing goed in onze oren knopen. Hoe zou onze houding moeten zijn? Paulus geeft hier duidelijk antwoord op in Galaten 6:14: *Maar ik zal mij volstrekt niet beroemen op iets anders dan op het kruis van onze Heer Jezus Christus, door wie de wereld voor mij gekruisigd is en ik voor de wereld.*

Laten we nooit trots zijn op of zekerheid vinden in iets anders dan het kruis van de Heer. Niet in onze opleiding of onze baan, niet in onze religie of ons kerkgenootschap – in niets daarvan. We kunnen alleen maar volkomen trots zijn op en roemen in het kruis van de Heer Jezus Christus, waar Hij een totale, permanente en onomkeerbare overwinning boekte op alle machten van het kwaad. Door het kruis *is de wereld voor mij gekruisigd en ik voor de wereld.* Het kruis is het teken van afscheiding tussen de mensen van God en de mensen van deze wereld. Als we het principe van het kruis in ons leven aanvaarden, dan behoren we niet langer toe aan deze wereld. Jezus gaf onze deze geweldige belofte van overwinning: *Deze dingen heb Ik tot u gesproken, opdat u in Mij vrede hebt. In de wereld zult u verdrukking hebben, maar heb goede moed: Ik heb de wereld overwonnen* (Johannes 16:33).

Er zullen moeilijkheden komen – maar Jezus heeft de wereld overwonnen! Door Hem kunnen wij ook de wereld overwinnen, als we bereid zijn tot Hem uit te gaan – buiten het legerkamp, Zijn lijden te dragen. Ik kan uit rijke ervaring getuigen dat dwars door moeilijkheden heen, Jezus zich altijd laat vinden als we naar Hem uitgaan.

—

Dank U Heer dat U mij oproept om deze wereld achter mij te laten. Ik proclameer dat ik het kruis aanvaard als een teken van afscheiding tussen mij en de wereld – een wereld waar ik niet langer toe behoor. Ik zal buiten het legerkamp naar Hem uitgaan. Amen.

Bron: Twelve steps to a good year, part 3 (CD)

21 DECEMBER

HIJ WERD VERDREVEN; WIJ WERDEN AANVAARD

In het zestiende hoofdstuk van Leviticus lezen we over de zondebok die op de grote verzoendag werd losgelaten. Eigenlijk waren er bij de verzoendag twee bokken betrokken. De ene bok diende als zondoffer en werd gedood. De tweede bok, die 'azazel' of 'zondebok' werd genoemd (vers 18), werd de woestijn in gedreven naar een onbewoond stuk land, om daar rond te dolen en te sterven van dorst. De bok kwam nooit terug. In de beeldspraak van de grote verzoendag was Jezus de zondebok. Hij werd verdreven uit de aanwezigheid van de Almachtige. Maar Jezus is ook het beeld van die andere bok. Als het zondoffer stierf Jezus aan het kruis. Maar als de zondebok werd Hij verdreven uit Gods aanwezigheid, om onze afwijzing te ondergaan. Het tegenovergestelde van verdreven worden is aanvaard worden. Dit wordt in Efeze 1:6 uitgelegd: *tot lof van de heerlijkheid van zijn genade, waarmee Hij ons begenadigd* (andere vertalingen zeggen: 'aanvaard') *heeft in de Geliefde.* We moeten allemaal begrijpen dat we aanvaard zijn. Een van de meest voorkomende problemen in onze Westerse samenleving is het gevoel van verwerping en afwijzing. In iedere gemeente zijn verschillende mensen die met gevoelens van afwijzing kampen. In veel gevallen komen deze gevoelens door hun ouders. Ze groeiden op zonder echt zeker te weten dat hun ouders hen echt wilden, en dus hebben ze nooit geleerd zich aanvaard en geliefd te voelen. In helaas steeds meer andere gevallen komt het door echtscheiding. Ook deze mensen gaan door het leven met een gevoel van afwijzing; ze zijn diep van binnen ongelukkig en niet in staat om zich te verbinden met andere mensen of om anderen lief te hebben, omdat ze zelf geen liefde hebben ervaren. Een van de sleutels waarmee ik in mijn leven duizenden mensen heb mogen helpen, is hen in gebed te leiden tot de zekerheid dat God hen heeft aanvaard. Het is zo troostend te weten dat Hij zelf ook gevoelens van afwijzing heeft gekend. Niemand is zo diep verworpen en afgewezen als Jezus, toen Hij stierf aan het kruis voor onze zonden.

Dank U Heer, dat U mij roept om deze wereld achter mij te laten. Omdat Jezus uit de aanwezigheid van de Vader werd verworpen, ben ik 'aanvaard in de geliefde'. Ik zal buiten het legerkamp naar Hem uitgaan. Amen.

Bron: Complete salvation and how to receive it, part 2 (CD/Boek)
Meer studie: Van afwijzing naar acceptatie (studie op de website)

22 DECEMBER

DE 'ARM VAN DE HEER' AANVAARDEN

Jesaja 53 begint met een waarschuwing over het gevaar dat de profetie die de profeet namens God moet overbrengen, door veel mensen met ongeloof zal worden ontvangen: *Wie gelooft, wat wij gehoord hebben, en aan wie is de arm des HEREN geopenbaard?* (vers 1)
De dienaar van de Heer die werd geïntroduceerd (in hoofdstuk 52:13-15), en die wordt voorzegd in deze profetie, wordt beschreven als *de arm van de Heer.* Hiermee wordt Gods kracht bedoeld die ten behoeve van Zijn kinderen tussenbeide komt. Al voor die dag aanbrak werd duidelijk dat door Jezus Christus God tussenbeide zou komen om Zijn volk te verlossen. Het werd allemaal vervuld in Jezus. Hij kwam om God te openbaren en Zijn verlossing en genezing te brengen naar iedereen. Petrus – een ooggetuige van de aardse bediening van Jezus – somde het op: *hoe God Jezus van Nazareth gezalfd heeft met de Heilige Geest en met kracht en hoe Hij het land doorgegaan is, goeddoende, en allen genezend die door de duivel overweldigd waren, want God was met Hem* (Handelingen 10:38).
Het evangelie van Johannes past Jesaja's profetie rechtstreeks toe op Jezus: *Maar hoewel Hij zoveel tekenen in hun bijzijn gedaan had, geloofden zij niet in Hem; opdat het woord van de profeet Jesaja vervuld werd dat hij gesproken heeft: Heere, wie heeft onze prediking geloofd en aan wie is de arm van de Heere geopenbaard?* (Johannes 12:37,38).
We moeten vasthouden aan ons geloof in Hem die de oudtestamentische profetieën vervulde. Zelfs velen van hen die zelf getuige waren van de wonderen van Jezus bleven ongelovig. Laten we niet zoeken naar wonderen en tekenen, die garanderen geen geloof. Maar laten we volharden in geloof in degene die onze verlossing verwierf; het grootste wonder aller tijden.

—

Dank U Heer dat U mij roept om deze wereld achter te laten. Ik proclameer dat hoewel vele van Jezus' eigen mensen Hem afwezen, ik Hem ontvang als de 'arm van de Heer' die verlossing brengt. Ik zal buiten het legerkamp naar Hem uitgaan. Amen.

Bron: Three messages for Israel (CD)

23 DECEMBER

'GEEN GESTALTE NOCH LUISTER'

Jesaja 53:2 is een profetische beschrijving van Jezus' eerste jaren op aarde: *Want Hij zal voor Hem opgroeien als een kostbare plant, en als een wortel uit droge grond. Hij heeft geen gestalte of luister; en als we Hem zien, is er geen schoonheid dat wij naar Hem zouden verlangen* (NASB). Van Zijn jeugd tot aan Zijn volwassenheid, groeide Jezus op als een stugge plant, rechtop en Godvrezend in al Zijn wegen. Dit wordt ook in Lukas 2:40 beschreven: *En het kind groeide op en het werd gesterkt in de geest en vervuld met wijsheid, en de genade van God was op Hem.* Tegelijkertijd was Jezus een *wortel uit droge grond.* Hij kwam voort als Gods boodschapper voor Israël tijdens een periode van langdurige geestelijke armoede. Israël had al ongeveer driehonderd jaar geen profetische openbaring meer gehad. Deze profetische stilte werd alleen doorbroken door Johannes de Doper, direct gevolgd door Jezus zelf, die beiden de komst van Gods koninkrijk aankondigden.

Toen Jezus op aarde kwam, wat vele miljoenen mensen in de komende dagen vieren, had Hij geen uiterlijke verschijning die Zijn ware identiteit zou verraden. Ze zagen niets meer in Hem dan de zoon van Jozef, de timmerman (zie Matteüs 13:54,55). Toen Petrus Hem als de Messias en de Zoon van God erkende, zei Jezus dat Petrus dit niet wist op basis van zijn natuurlijke zintuigen, maar als een openbaring van God de Vader (zie Matteüs 16:17). De profetie vervolgt: *Hij was veracht en van mensen verlaten, een man van smarten en vertrouwd met ziekte, ja, als iemand, voor wie men het gelaat verbergt; hij was veracht en wij hebben hem niet geacht* (vers 3, NBG). Jezus was niet op zoek naar de gunst van de rijken. Hij werd geboren als arm kind, en Hij zette zich onvermoeibaar in om juist de armen en de lijdende mensen te helpen. Hij kwam in aanraking met pijn en ziekte en nam deze uiteindelijk op zich; alle pijn en ziekte van het volledige menselijke ras. En aan het kruis – in schande en folterende pijn – werd Hij *als iemand, voor wie men het gelaat verbergt.*

—

Dank U Heer, dat U mij roept om deze wereld achter me te laten. Ik proclameer dat hoewel Jezus werd veracht en afgewezen door mensen, ik Hem ontvang en eer als Messias, de Zoon van God en Redder van de mensen. Ik zal buiten het legerkamp naar Hem uitgaan. Amen.

Bron: Three messages for Israel (CD)

WEEK 52

IK ZAL VOORTDUREND EEN OFFER

VAN LOFPRIJS BRENGEN.

Laten wij dan altijd door Hem aan God een lofoffer brengen,

namelijk de vrucht van lippen die Zijn Naam belijden.

HEBREEËN 13:17

24 DECEMBER

LIPPEN DIE DANKZEGGEN

Dit is de twaalfde en laatste 'laten wij' passage uit het boek Hebreeën: *Laten wij dan altijd door Hem aan God een lofoffer brengen, namelijk de vrucht van lippen die Zijn Naam belijden* (of danken) (13:15). Deze aanmoediging is zeer toepasbaar en mooi, omdat het iets is wat we voortdurend kunnen doen. En daartoe worden we ook aangemoedigd. Als we voortdurend een offer van lofprijs brengen aan God, het hele jaar door, dan zal dat het grote verschil maken voor wat het nieuwe jaar voor ons in petto heeft. Laten we het feest van de komende dagen vieren als een feest van dankbaarheid voor Jezus' komst naar de wereld en ons leven, die ons vervolgens genoeg dankbaarheid verschaft voor elke dag van ieder jaar!

Deze laatste stap, het offeren van lofprijs aan God, verbindt ons rechtstreeks en praktisch aan de twee voorgaande stappen, 'laten we dankbaar zijn', en 'laten we buiten de legerplaats tot Hem uitgaan'.

Dankbaarheid leidt van nature tot lofprijs. Er zijn veel Bijbelgedeelten waarin dankzegging wordt gerelateerd aan lofprijs. Een van de mooiste is Psalm 100:4: *Ga Zijn poorten binnen met dankzegging, Zijn voorhoven met lofprijs.* De eerste stap om toegang tot God te krijgen is dankzegging; de tweede stap is lofprijs. Dankbaarheid leidt tot lofprijs, wordt geuit door lofprijs en vloeit naar buiten door middel van lofprijs.

De stap hiervoor, 'laten wij buiten de legerplaats tot Hem uitgaan' brengt ons bevrijding van twee slavendrijvers, namelijk het behagen van onszelf en het behagen van de wereld. Ook deze stap is trouwens direct verbonden aan het offeren van lofprijs. Misschien zie je dat niet zo snel, maar er zijn twee hindernissen voor spontane, vrijuit stromende lofprijs in ons leven, namelijk onszelf behagen en het behagen van de wereld. Zolang onze genoegens zijn gericht op onszelf en op de wereld, zijn we niet werkelijk vrij om God te prijzen. Het kruis verwijdert deze twee hindernissen en zet ons vrij om God te prijzen.

—

Dank U Heer. Ik prijs U. Ik proclameer dat ik alle hindernissen verwijder en mijn lofprijs aan God offer – de 'vrucht van mijn lippen die Zijn naam danken'. Ik zal voortdurend een offer van lofprijs brengen. Amen.

Bron: Twelve steps to a good year part 3 (CD)

25 DECEMBER

MOPPERAAR OF LOFPRIJZER?

Ook al gaat het kerstfeest dat ieder jaar door miljoenen wereldwijd gevierd wordt over Jezus' geboorte, de werkelijke gebeurtenis die de wereldgeschiedenis voor altijd veranderde, was Zijn sterven aan het kruis en Zijn opstanding! Het kruis van Jezus verwijdert de hindernissen van gerichtheid op onszelf en op de wereld. Als we dan niet langer gericht zijn op wat er met onszelf gebeurt, dan worden we ook niet meer zo ernstig beïnvloed door onze stemming, onze problemen of allerlei schijnbare tegenstand. Ook wat er in de wereld om ons heen gebeurt, heeft niet langer invloed op ons.

Soms zitten we naar het nieuws te kijken en staan vervolgens op met een hoofd vol gedachten over hoe slecht het er in de wereld aan toegaat – crises, rampen, oorlog, misdaad, immoraliteit. Maar we moeten inzien dat deze wereld ons denken niet overheerst. We zijn *in* de wereld, maar niet *van* deze wereld. Als we bevrijd worden van de slavernij van deze wereld – wanneer de wereld niet langer ons denken beheerst en we door het kruis bevrijd zijn in onze innerlijke houding ten opzichte van de wereld – dan staat niets ons meer in de weg om God te prijzen.

We prijzen God niet alleen als alles goed gaat in de wereld of met onszelf. We prijzen God omdat Hij dat waard is. Onze bevrijde geest wordt niet beheerst door zelfliefde en de liefde voor deze wereld.

Je kunt veel over iemand (en over jezelf) te weten komen op basis van hoeveel hij (of jijzelf) lofprijst. Ben je een slaaf van de oude mens of ben je binnengetreden in het opstandingsleven van de nieuwe mens? De oude mens is een mopperaar. Als we iemand horen mopperen, dan horen we de oude mens spreken. De nieuwe mens is een lofprijzer. Wat ben jij? Een mopperaar of een lofprijzer? De oude mens zegt: „Ik kan dit niet meer aan. Het wordt steeds erger. Niemand behandelt me op een goede manier. Wat is er toch mis met deze wereld?" De nieuwe mens zegt: „Halleluja, prijs de Heer! Ik ben vrij. Ik ben een kind van God. De hemel is mijn thuis. God houdt van mij." Welke houding typeert jou?

—

Dank U Heer. Ik prijs U. Ik proclameer dat ik door het kruis ben bevrijd om God te prijzen, omdat Hij het waard is. Ik zal voortdurend een offer van lofprijs brengen. Amen.

Bron: Twelve steps to a good year, part 3 (CD)

26 DECEMBER

EEN DUUR OFFER

Laten we een tekst uit het boek Spreuken bekijken waarin het belang van onze woorden wordt benadrukt: *Woorden hebben macht over leven en dood, wie zijn tong koestert, plukt daarvan de vruchten* (18:21). Twee dingen komen voort uit het gebruik van de tong: dood en leven. Als we mopperen, negatief of zelfgericht zijn, zal onze tong dood brengen. Maar als we bevrijd zijn van al dat negatieve en we wandelen in lofprijs en aanbidding voor God, dan zal onze tong leven voortbrengen. Welke vrucht onze tong ook voortbrengt – zoet of bitter – we zullen die vrucht eten.

Laten we nog eens onze weektekst bekijken en er een ander belangrijk principe uit halen: *Laten wij dan altijd door Hem aan God een lofoffer brengen, namelijk de vrucht van lippen die Zijn Naam belijden* (of danken) (Hebreeën 13:15). Een opvallend woord hier is 'offer'. Lofprijs is een offer. Volgens de principes van Gods Woord vereist een offer een sterven. Bij de oudtestamentische (dier) offers werd er niets aan God geofferd dat niet eerst was gestorven. We zien dus dat een offer van lofprijs ook een sterven vereist – een sterven van de oude mens. De oude mens kan God niet prijzen zoals God dat toekomt. Er moet eerst een sterven zijn.

We weten dus dat een offer ons iets kost; het is dus duur. Laat ik het zo zeggen: We moeten God vooral prijzen als we er het minst toe geneigd zijn. Lofprijs kan niet afhankelijk zijn van ons gevoel. Het is een offer van onze geest.

—

Dank U Heer. Ik prijs U. Ik proclameer dat lofprijs een offer is, iets duurs, en of ik het nu voel of niet, ik zal U prijzen. Ik zal voortdurend een offer van lofprijs brengen. Amen.

Bron: Twelve steps to a good year, part 3 (CD)
Meer studie: Dankzegging, lofprijs, aanbidding (boek), Lofprijs voor de Koning (proclamatiekaart)

27 DECEMBER

BESMETTELIJKE LOFPRIJS

Laten we Psalm 34 van David eens bekijken. De introductie vertelt ons: *Een psalm van David; toen hij zich als een waanzinnige had gedragen bij Abimelech, die hem wegjoeg, zodat hij ervandoor ging.* Op dit moment in zijn leven was David een vluchteling in zijn eigen land. Koning Saul probeerde hem te vermoorden, dus David moest wegvluchten uit zijn thuisgebied.

Hij ging naar het hof van een heidense koning om zich te verschuilen, maar de koning verdacht hem ervan dat hij een vijand was. Om zijn leven te redden moest hij zich gedragen als een waanzinnige. Het historische boek 1 Samuël vertelt dat hij tegen de deur klauwde en zijn speeksel in zijn baard liet lopen (1 Samuël 21:10-15). Dat was de situatie. Maar wat was Davids reactie? *Ik zal de HEERE altijd loven, Zijn lof zal voortdurend in mijn mond zijn. Mijn ziel zal roemen in de HEERE; de zachtmoedigen zullen het horen en verblijd zijn* (Psalm 34:2,3).

Temidden van zo'n vreselijke situatie vol intimidatie en druk, terwijl zijn leven aan een zijden draadje hing en met de schande zich voor te doen als een gek, prees David de Heer. Dat is het offer van lofprijs. Toen hij op het laagste punt in zijn leven stond, besloot David om te roemen in de Heer. Toen er niets was om in te roemen, besloot hij om te roemen in God.

David ging verder: *Maak de HEERE met mij groot, laten wij samen Zijn naam prijzen* (vers 4). Lofprijs is besmettelijk. Als we God op deze manier leren prijzen, zullen anderen mee gaan doen. Maar mopperen en klagen is ook besmettelijk. Als we mopperen, zullen we andere mopperaars aantrekken. We moeten leren voortdurend een offer van lofprijs aan God te brengen.

—

Dank U Heer. Ik prijs U. Ik proclameer dat ik ondanks mijn omstandigheden, God een offer van lofprijs geef en zal roemen in de Heer. Ik zal voortdurend een offer van lofprijs brengen. Laat ook in mijn leven de lofprijs voor U besmettelijk zijn voor anderen, Heer! Amen.

Bron: Twelve steps to a good year, part 3 (CD)

28 DECEMBER

LOFPRIJS IN DE WOESTIJN

Toen ik tijdens de Tweede Wereldoorlog dienst deed in het Engelse leger, was ik gestationeerd in de woestijnen van Noord-Afrika. Een negatief aspect van woestijn-omstandigheden is dat ze snel gemopper en geklaag veroorzaken. Dit gebeurde voortdurend met Israël, en het bracht hen Gods oordeel en ontevredenheid. Zelf kreeg ik ook zo genoeg van de woestijn, het eten en de vloekende soldaten, dat ik begon te klagen. Toen ik dit deed, verloor ik het gevoel voor Gods aanwezigheid en zegen.

Ik besloot om een dag apart te zetten voor gebed en vasten en God te vragen waarom Zijn aanwezigheid verdwenen leek. Ik bad: „Heer, waarom bent U niet dichtbij me? Waarom moet ik hier in deze monotone, vermoeiende woestijn zitten?" Tegen de avond had God me antwoord gegeven. Hij sprak heel duidelijk: „Waarom heb je Mij niet gedankt? Waarom heb je mij niet geprezen?" Toen ik hierover nadacht, realiseerde ik me dat ik het gevoel van Zijn aanwezigheid was verloren omdat ik ondankbaar was geworden.

Daarna leidde de Heilige Geest me naar een aantal bijbelgedeelten, waaronder 1 Thessalonicenzen 5:16-19: *Verblijd u altijd. Bid zonder ophouden. Dank God in alles. Want dit is de wil van God in Christus Jezus ten opzichte van u. Blus de Geest niet uit.* Als we ons niet voortdurend verblijden, bidden zonder ophouden en in alles God danken, dan blussen we de Geest uit. Door mopperen en klagen in plaats van lofprijzen en danken, had ik de Heilige Geest in mijn leven gedoofd.

God verwacht dat wij Hem voortdurend een offer van lofprijs brengen met onze lippen – niet alleen met ons hart. We moeten onze lofprijs via onze stem naar buiten laten komen door de naam van de Heer te danken.

—

Dank U Heer. Ik prijs U. Ik proclameer dat ik de Geest niet zal uitblussen, maar mij altijd verblijd, bid zonder ophouden en in alles God dank, zelfs als ik door een woestijnperiode ga. Ik zal voortdurend een offer van lofprijs brengen. Amen.

Bron: Pages from my life's book: Discipled in the desert (boek)

Meer lezen: Derek Prince, de biografie, door Stephen Mansfield (boek)

29 DECEMBER

HET TEKEN VAN DANKBAARHEID

Zoals we gezien hebben, is dankbaarheid een directe opdracht in de Bijbel en een onvervangbaar kenmerk van de vervulling met de Heilige Geest. Deze feiten leiden ons naar twee praktische conclusies: ten eerste is een ondankbare christen ongehoorzaam. Ten tweede is een ondankbare christen niet vol van de Heilige Geest.

Dankzegging is ook een vereiste om in Gods aanwezigheid te komen. Psalm 100:4,5: *Ga Zijn poorten binnen met een loflied, Zijn voorhoven met lofgezang. Loof Hem, prijs zijn naam. Want de HEERE is goed, Zijn goedertierenheid is tot in eeuwigheid, van geslacht tot geslacht Zijn trouw.* Twee essentiële stappen in onze toegang tot God zijn het binnenkomen in de poorten met dankzegging, en Zijn voorhoven binnenkomen met lofprijs.De psalmist geeft ook drie specifieke redenen waarom we altijd reden hebben om God te danken:

1. de Heer is goed.
2. Zijn goedertierenheid is tot in eeuwigheid.
3. Zijn trouw gaat van generatie op generatie.

Elk van deze redenen is eeuwig en onveranderlijk. God is altijd goed; Zijn goedertierenheid duurt eeuwig en Zijn trouw geldt voor alle generaties. De belangrijkste redenen om God te danken zijn dus nooit afhankelijk van onze gevoelens of omstandigheden. De ene dag voelen we ons opgewekt en de andere dag voelen we ons down. Soms zijn we bemoedigd, soms ontmoedigd. Maar er is geen enkele reden om geen houding van dankbaarheid te hebben naar God.

Om God te naderen op basis van deze drie eeuwige feiten, moeten we onze focus veranderen. We moeten niet kijken naar de dingen die ons irriteren, ontmoedigen of verontrusten. In plaats daarvan zien we naar de eeuwige dingen, die we zien met ogen van geloof. Als we naar God komen met de juiste focus, dan zijn we in de positie om van God te horen en van Hem te ontvangen.

—

Dank U Heer. Ik prijs U. Ik proclameer dat ik Uw poorten doorga met dankzegging en Uw voorhoven betreed met een lofgezang, omdat U altijd goed bent, Uw goedertierenheid is eeuwig en Uw trouw reikt tot in verre geslachten. Ik zal voortdurend een offer van lofprijs brengen. Amen.

Bron: Thanksgiving (CD)

30 DECEMBER

LOFPRIJS BRENGT DE DUIVEL TOT ZWIJGEN

Lofprijs is een geestelijk wapen waarmee we de duivel tot zwijgen kunnen brengen. Dat is een van de belangrijkste feiten in de Bijbel. Uit het oogpunt van praktisch leven als christen, heeft God je een manier gegeven om de duivel het zwijgen op te leggen. In Psalm 8:3 staat: *Door de mond van kleine kinderen en zuigelingen hebt U een sterk fundament gelegd, om uw tegenstanders te verslaan, om de vijand en wraakzuchtige te laten ophouden.* De psalmist die tot God sprak, heeft het over 'vijanden' (meervoud) en 'de vijand en de wraakzuchtige' (enkelvoud). Die laatste is de duivel zelf. Het meervoudswoord 'vijanden' zijn boze geesten die satan tegen ons inzet. Vanwege satan en zijn boze geesten heeft God ons een sterk fundament gegeven zodat we de duivel het zwijgen kunnen opleggen.

Dit vers wordt ook geciteerd door Jezus, in het evangelie van Matteüs. Het citaat is een openbaring over de volle betekenis van de Psalm. Jezus is in de tempel de zieken aan het genezen. De kinderen rennen door elkaar en roepen: *Hosanna voor de zoon van David!* (Matteüs 21:15). Dit tot woede van de religieuze leiders, dus zeggen ze tegen Jezus: *Hoort U wat zij roepen!* (vers 16). Dan geeft Jezus als antwoord: *Ja, hebt u nooit gelezen: Uit de mond van de jonge kinderen en van de zuigelingen hebt U voor uzelf lof tot stand gebracht?* In Psalm 8 staat: *een sterk fundament gelegd.* Jezus legde dit uit: *hebt U voor uzelf lof tot stand gebracht?* Dus lofprijs is het sterke fundament om de duivel het zwijgen op te leggen. God heeft het mogelijk gemaakt om satan en al zijn boze geesten te muilkorven, door volmaakte lofprijs.

Laten we dit meenemen als gedachte (en praktijk) voor elke dag van het komende jaar: Als we God prijzen 'als kleine kinderen en zuigelingen', dan zal uit onze mond een wapen komen dat de duivel het zwijgen oplegt. En God zal verheerlijkt worden.

—

Dank U Heer. Ik prijs U. Ik proclameer dat ik door mijn 'volmaakte lofprijs' de duivel het zwijgen opleg en U verheerlijk, elke dag opnieuw. Vul mij met Uw Geest om Uw naam te prijzen, Heer, elke dag! Ik zal voortdurend een offer van lofprijs brengen. Amen.

Bron: Spiritual conflict, vol. 4: Strategy for conquest: triumphant praise (CD)

31 DECEMBER

EEN BEROEP DOEN OP GODS ZEGEN

De climax van de priesterlijke zegen die Aäron en zijn nageslacht over het volk Israël moest uitspreken was als volgt: *Zo moeten zij Mijn Naam op de Israëlieten leggen; en Ik, Ik zal hen zegenen* (Numeri 6:27).

Vaak zijn de meest effectieve gebeden die we voor anderen kunnen opzenden, gebeden van lofprijs en dankzegging, waarin we een beroep doen op de naam van de Heer Jezus. Als we de naam van Jezus leggen op de mensen waarvoor we bidden, dan doen we een beroep op Gods zegen op hen. Weinig christenen realiseren zich hoe we mensen in hun geest omhoog tillen, door eenvoudig God te prijzen voor hen. Dit is een belangrijk onderdeel van de bediening van voorbede.

De 'biddende Hyde' was een buitengewone zendeling in Punjab, India in de vorige eeuw, toen India nog een kolonie van Engeland was. Hyde's bediening was gebed; al het andere was daaraan ondergeschikt. Op een dag ontmoette hij een Indiase evangelist, die hij ineffectief en koud vond. Toen hij voor deze man begon te bidden, zei hij: „Heer, U weet hoe broeder zus en zo is..." De Heilige Geest onderbrak hem echter en liet hem Spreuken 30:10 zien: *Belaster een slaaf niet bij zijn meester: hij zou je vervloeken en het zou je duur komen te staan.* Broeder Hyde veranderde ter plekke zijn benadering. Hij begon te denken aan de goede dingen in het leven van deze man, en hij ging God daarvoor danken. Binnen een paar maanden werd deze man zeer succesvol in zijn bediening. Wat had hem veranderd? Het feit dat hij niet werd veroordeeld in gebed, maar juist het object was van dankzegging.

God leerde me dat als ik Hem niet voor iemand kan danken, ik waarschijnlijk ook geen recht heb om voor hem of haar te bidden. Dan kan ik beter niet bidden, want dat zou alleen nog maar schade aanrichten. Zoals in Numeri 6:27 staat: *Zo moeten zij Mijn Naam op de Israëlieten leggen; en Ik, Ik zal hen zegenen.*

—

Dank U Heer. Ik prijs U! Ik proclameer dat ik niet een van Uw knechten belaster, maar juist een beroep doe op Uw zegen voor de ander. Vader zegen de mensen die ik komende jaar ontmoet, waar ik mee werk, met wie ik omga... Maak mij tot een zegen voor hen. Ik zal voortdurend een offer van lofprijs brengen. Amen.

Bron: Man & Vader (boek)

Nog even teruglezen over...

FUNDAMENTEN:

MIJN PLAATS IN DE GEESTELIJKE WERELD:

OMWISSELINGEN:

IDENTITEIT EN GODS LIEFDE:

Hebt u genoten van dit boek?

Wilt u ons helpen dit onderwijs te verspreiden in zendingslanden?

Wist u dat Derek Prince' boeken wereldwijd in meer dan 100 talen beschikbaar zijn? Door fondswerving en verkoop van Dereks onderwijs in het Westen wordt de vertaling en verspreiding gefinancierd van ditzelfde onderwijs in onder meer China, India, Rusland, Oost-Europa, Midden-Oosten, Afrika en Latijns-Amerika.

Als u dit werk wilt ondersteunen, lees dan de informatie op de pagina hiernaast.

DEREK PRINCE MINISTRIES
OPBOUW VAN BINNENUIT

GRATIS ONDERWIJSBRIEVEN

Derek Prince Ministries stuurt vier keer per jaar richtinggevende, opbouw-ende onderwijsbrieven over allerlei Bijbelse onderwerpen. Deze Bijbelstudies kun je gratis ontvangen. Informeer ook naar de andere onderwijsmaterialen van DPM: boeken, audiocassettes en video's/dvd's en onze schriftelijke Bijbelschool.

CORRESPONDENTIESCHOOL DE PIJLERS

Een systematische, diepgaande schriftelijke Bijbelschool van ongeveer anderhalf jaar, voor een stevig fundament in Gods Woord. Thuis studeren in je eigen tempo, met begeleiding! Met als basis Derek Prince' klassieker 'De Pijlers van het christelijk geloof', doe je een cursus die je leven verandert, en die je in staat stelt en uitdaagt het geleerde in praktijk te brengen en over te dragen op anderen. Vraag de uitgebreide studiegids aan, of kijk op de website!

DPM ZENDING

De bediening van Derek Prince als Bijbelleraar is in de afgelopen jaren uitgegroeid tot een wereldwijd werk, dat vooral de jonge, groeiende kerk in Rusland, China, India, Midden-Oosten, Oost-Europa en andere zendingsgebieden, tot zegen is. Via conferenties, Bijbelscholen en literatuurverspreiding wordt het onderwijs verder gebracht.

MEER WETEN?

Voor meer informatie over de DPM-materialen, het ontvangen van de gratis onderwijsbrief, of wil je meer weten over het zendingswerk van Derek Prince? Neem dan contact op:

DPM Nederland
Postbus 326
7100 AH Winterswijk
0251-255 044
www.derekprince.nl
info@dpmnederland.nl

OVER DE AUTEUR

Derek Prince (1915-2003) is in India geboren als enige zoon van Britse ouders. Hij studeerde Grieks en Latijn aan Eton College en de befaamde Cambridge Universiteit in Engeland. Na zijn afstuderen kreeg hij hier een leerstoel klassieke en moderne filosofie. In deze tijd was hij filosoof en zelfbenoemd agnost. Later studeerde hij ook Hebreeuws, Aramees en moderne talen aan de universiteit van Cambridge en die van Jeruzalem.

In militaire dienst (als gewetensbezwaarde diende hij in de Britse Medische troepen tijdens de Tweede Wereldoorlog), begon Derek de Bijbel te bestuderen als filosofisch standaardwerk. Na een levensveranderende ontmoeting met Jezus Christus bekeerde hij zich en werd een aantal dagen later vervuld met de Heilige Geest. Na deze ervaring kwam hij tot twee fundamentele conclusies. Ten eerste: Jezus leeft. Ten tweede: de Bijbel is een waar en relevant boek. Deze conclusies veranderden de koers van zijn leven voorgoed en hij wijdde zich toe aan het bestuderen en onderwijzen van de Bijbel als het Woord van God.

Ontslagen uit het leger in Jeruzalem in 1945, trouwde hij met Lydia Christensen, oprichtster van een plaatselijk kindertehuis. Door dit huwelijk werd hij per direct vader van Lydia's acht geadopteerde dochters – zes Joodse, één Palestijns-Arabisch en één Engelse. Samen maakte het gezin de oprichting van de staat Israël in 1948 mee. In de late jaren vijftig adopteerden ze nog een negende dochter, toen Derek diende als rector van een opleidingsinstituut in Kenia.

In 1963 emigreerde het gezin naar de Verenigde Staten om een gemeente te leiden in Seattle. In 1973 werd Derek een van de medeoprichters van 'Intercessors for America'. Zijn boek 'Verander de geschiedenis door bidden en vasten' wees christenen wereldwijd op hun verantwoordelijkheid te bidden voor hun overheid. Velen zien de ondergrondse vertalingen van dit boek als een instrument dat meewerkte aan de val van de communistische regimes in Rusland, Oost-Duitsland en Tsjechoslowakije.

Lydia Prince stierf in 1975 en in 1978 hertrouwde Derek met Ruth Baker (een alleenstaande moeder met drie geadopteerde kinderen). Net als zijn eerste vrouw, ontmoette Derek Ruth in Jeruzalem. Na twintig jaar wereldwijd met Derek in de bediening te hebben gestaan, stierf Ruth in december 1998 in de stad van David, waar het echtpaar sinds 1981 woonde.

In 2003 overleed Derek Prince op 88-jarige leeftijd in zijn woonplaats Jeruzalem. Tot kort daarvoor volhardde Derek in de bediening waartoe God hem op een nacht in de woestijn van Soedan, tijdens zijn jaren in het leger, had geroepen; wereldwijd heeft Derek Prince Gods geopenbaarde waarheid uitgelegd, voor zieke en gebonden mensen gebeden en zijn profetische inzicht over wereldgebeurtenissen gedeeld in het licht van de Bijbel. Internationaal wordt Derek Prince gezien als een toonaangevende Bijbelleraar en geestelijk vader voor velen. Derek Prince Ministries is al meer dan zestig jaar actief en opereert inmiddels op zes continenten. De ruim vijftig boeken van zijn hand en 600 van zijn predikingen op CD en DVD worden vertaald en verspreid in meer dan 100 talen. Derek Prince was een pionier in baanbrekende thema's, zoals het verbreken van generatievloeken, het Bijbelse belang van Israël, de structuur van de Kerk, de Heilige Geest en bevrijdingspastoraat. Ook zijn boek De Pijlers van het Christelijk Geloof is vormend geweest voor tienduizenden leiders wereldwijd.

Zijn gave om de Bijbel op een heldere en eenvoudige manier uit te leggen helpt een fundament van geloof te bouwen in miljoenen gelovigen. Dereks interkerkelijke benadering maakt dat zijn onderwijs door mensen uit alle culturen en kerken wordt gewaardeerd. In 2002 verklaarde Derek: „Het is mijn verlangen – en ik geloof ook Gods verlangen – dat DPM het werk dat God zestig jaar geleden door mij heen is begonnen, zal voortzetten totdat Jezus terugkomt."

Derek Prince Ministries blijft Dereks Bijbelonderwijs verspreiden en wereldwijd zendelingen, voorgangers en individuele gelovigen toerusten via ruim 40 werkstations over de hele wereld, waaronder de hoofdkantoren in Australië, Canada, China, Frankrijk, Duitsland, Nederland, Nieuw Zeeland, Noorwegen, Rusland, Zuid-Afrika, Zwitserland, Engeland en de Verenigde Staten. Vanuit DPM Nederland wordt het werk in tien Oost-Europese landen en België aangestuurd. Voor meer informatie over deze en andere contacten in de wereld, kijk op www.derekprince.nl

Andere titels van Derek Prince:

- Actieve, krachtige Woord, het
- Als je het beste wilt van God
- Bekering & Wedergeboorte
- Belofte van voorziening, de
- Beloofd land
- Bidden voor de regering
- Biografie (Stephen Mansfield)
- Bitter water
- Doel van beproeving, het (onderwijsbrieven)
- Doop, de
- Doop in de Heilige Geest, de
- Eerste mijl, de
- Eindtijd, wat gaat er gebeuren?, de
- Fundament van geloof door bijbelstudie
- Gaven van de Geest, de
- Geestelijke strijd
- Geheim van een goed huwelijk, het
- Genade of niets
- God en je partnerkeuze
- God incognito
- Gods antwoord voor afwijzing
- Gods kerk herontdekt
- Gods kracht doorgeven
- Gods plan voor je geld
- Gods wil mijn levensdoel
- Gods woord geneest
- Gods woord: kracht & gezag
- Hoe ver wil jij gaan?
- Hoger = lager
- Huwelijk, een verbond, het
- Ik vergeef je
- Je roeping
- Israël in het nieuws
- Kracht van het offer, de
- Kracht van proclamatie, de
- Kruis, je kunt er niet omheen, het
- Leer bidden
- Leven door geloof
- Leven in de laatste dagen
- Lucifer ontmaskerd
- Man & Vader
- Omwisseling aan het kruis, de
- Onbegrijpelijke liefde
- Ontmoeting in Jeruzalem(ook als luisterboek)
- Oordelen
- Overgave
- Overwinning over de dood
- Pijlers, van het christelijke geloof, de
- Psalmen, de (dagboek)
- Race uitlopen, de (onderwijsbrieven)
- Regeren met Christus (onderwijsbrieven)
- Toekomst van Israël en de Kerk, de
- Van vloek naar zegen
- Vasten
- Vanwege de engelen (onderwijsbrieven)
- Verander de geschiedenis door bidden en vasten
- Verzoening, jouw ontmoeting met God
- Vijanden die tegenover ons staan

- Volg Mij! (onderwijsbrieven)
- Waar het hart vol van is
- Waarom God jou belangrijk vindt
- Wachters op de muur
- Wezen, weduwen, armen en verdrukten, Gods hart
- Wie is de Heilige Geest (onderwijsbrieven)
- Wonderen en tekenen
- Zegen of vloek, aan u de keus
- Zij zullen boze geesten uitdrijven
- Leren in de stilte (Dagboek + CD):
  1. Wandelen met God
  2. Luisteren naar God
  3. Veilig bij God
  4. De namen van God

Verkrijgbaar in de evangelische boekwinkel of bij DPM Nederland.
Vraag ook de gratis catalogus: 0251-255044, info@dpmnederland.nl,
www.derekprince.nl